抗日战争专题研究

张宪文　主
朱庆葆　编

第一辑
日本侵略者
研究

日本"兴亚"论研究

史桂芳　著

江苏人民出版社

图书在版编目(CIP)数据

日本"兴亚"论研究/史桂芳著. --南京:江苏
人民出版社,2022.6

(抗日战争专题研究/张宪文,朱庆葆主编)
ISBN 978-7-214-26041-3

Ⅰ.①日… Ⅱ.①史… Ⅲ.①侵华战争—文化侵略—
研究—日本 Ⅳ.①K265.607

中国版本图书馆 CIP 数据核字(2021)第 060622 号

书　　　名	日本"兴亚"论研究	
著　　　者	史桂芳	
责 任 编 辑	史雪莲	
装 帧 设 计	刘葶葶	
责 任 监 制	王　娟	
出 版 发 行	江苏人民出版社	
地　　　址	南京市湖南路 1 号 A 楼,邮编:210009	
照　　　排	江苏凤凰制版有限公司	
印　　　刷	苏州市越洋印刷有限公司	
开　　　本	652 毫米×960 毫米　1/16	
印　　　张	31　插页 4	
字　　　数	355 千字	
版　　　次	2022 年 7 月第 1 版	
印　　　次	2022 年 7 月第 1 次印刷	
标 准 书 号	ISBN 978-7-214-26041-3	
定　　　价	118.00 元	

(江苏人民出版社图书凡印装错误可向承印厂调换)

教育部哲学社会科学研究重大委托项目
2021年度国家出版基金资助项目
南京大学"双一流"建设卓越计划项目
"十四五"国家重点出版物出版专项规划项目

合作单位

南京大学　北京大学　南开大学　武汉大学
复旦大学　浙江大学　山东大学
台湾中国近代史学会

学术顾问

金冲及　章开沅　魏宏运　张玉法　张海鹏
姜义华　杨冬权　胡德坤　吕芳上　王建朗

总　序

张宪文　朱庆葆

日本侵华与中国抗日战争是近代中国最重大的历史事件。中国人民经过 14 年艰苦卓绝的英勇奋战，付出惨重的生命和财产的代价，终于取得伟大的胜利。

自 1945 年抗日战争结束至 2015 年，度过了漫长的 70 年。对这一影响中国和世界历史进程的重大事件，国内外历史学界已经做过大量的学术研究，出版了许多论著。2015 年 7 月 30 日，在抗日战争胜利 70 周年前夕，中共中央政治局就中国人民抗日战争的回顾和思考进行集体学习，习近平总书记发表重要讲话，指示学术界应该广为搜集整理历史资料，大力加强对抗日战争历史的研究。半个月后，中共中央宣传部迅速制定抗日战争研究的专项规划。8 月下旬，时任中共中央宣传部部长刘奇葆召开中央各有关部委、国家科研机构和部分高校代表出席的专题会议，动员全面贯彻习总书记的讲话精神，武汉大学和南京大学的代表出席该会。

在这一形势下，教育部部领导和社会科学司决定推动全国高校积极投入抗战历史研究，积极支持南京大学联合有关高校建立抗战研究协同创新中心，并于南京中央饭店召开了由数十所高校的百余位教授、学者参加的抗战历史研讨会。台湾"中国近代史学会"也派出十多位学者,在吕芳上、陈立文教授率领下出席会议,共同协商在新时代深入开展抗战历史研究的具体方案。台湾著名资深教授蒋永敬在会议上发表了热情洋溢的讲话。经过几个月的酝酿和准备,南京大学决定牵头联合我国在抗战历史研究方面有深厚学术基础的北京大学、南开大学、武汉大学、复旦大学、浙江大学、山东大学及台湾"中国近代史学会",组织两岸历史学者共同组建编纂委员会,深入开展抗日战争专题研究。中央档案馆和中国第二历史档案馆也积极支持。在南京中央饭店学术会议基础上,编纂委员会初步筛选出130个备选课题。

南京大学多次举行党政联席会议和校学术委员会会议,专门研究支持这一重大学术工程。学校两届领导班子均提出具体措施支持本项工作,还派出时任校党委副书记朱庆葆教授直接领导,校社科处也做了大量工作。南京大学将本项目纳入学校"双一流"建设卓越计划,并陆续提供大量经费支持。

江苏省委、省政府以及江苏省委宣传部,均曾批示支持抗战历史研究项目。国家教育部社科司将本项研究列为哲学社会科学研究重大委托项目,并要求项目完成和出版后,努力成为高等学校代表性、标志性的优秀成果。

本项目编纂委员会考察了抗战历史研究的学术史和已有的成果状况,坚持把学术创新放在第一位,坚持填补以往学术研究的空白,不做重复性、整体性的发展史研究,以此推动抗战历史研究在已有基础上不断向前发展。

本项目坚持学术创新,扩大研究方向和范围。从以往十分关注的"九·一八"事变向前延伸至日本国内,研究日本为什么发动侵华战争,日本在早期做了哪些战争准备,其中包括思想、政治、物质、军事、人力等方面的准备。而在战争进入中国南方之后,日本开始实施一号作战,将战争引出中国国境,即引向亚太地区,对东南亚各国及东南亚地区的西方盟国势力发动残酷战争。特别是日军偷袭美军重要海军基地珍珠港,不仅给美军造成严重的军事损失,也引发了日本法西斯逐步走向灭亡的太平洋战争。由此,美国转变为支援中国抗战的主要盟国。拓展研究范围,研究日本战争准备和研究亚太地区的抗日战争,有利于进一步揭露日本妄图占领中国、侵占亚洲、独霸世界的阴谋。

本项目以民族战争、全民抗战、敌后和正面战场相互支持相互依靠的抗战整体,来分析和认识中国抗日战争全局。课题以国共两党合作为基础,运用大量史实,明确两党在抗日战争中的地位和作用,正确认识各民族、各阶级对抗日战争的贡献。本项目内容涉及中日双方战争准备、战时军事斗争、战时政治外交、战时经济文化、战时社会变迁、中共抗战、敌后根据地建设以及日本在华统治和暴行等方面,从不同视角和不同层面,深入阐明抗日战争的曲折艰难历程,以深刻说明中国抗日战争的重大意义,进一步促进中华民族的伟大复兴。

对于学界已经研究得甚为完善的课题,本项目进一步开拓新的研究角度和深化研究内容。如对山西抗战的研究更加侧重于国共合作抗战;对武汉会战的研究将进一步厘清抗战中期中国政治、经济、社会的变迁及国共之间新的友好关系。抗战前期国民党军队丢失大片国土,而中国共产党在十分艰难的状况下,在敌后逐步收复失地,建立抗日根据地。本项目要求各根据地相关研究课题,应在以往学界成果基础上,着力考察根据地在社会改造、经济、政治、人才培养等方面,如何探索和积累经验,为1949年后的新中国建设提供有益的借鉴。抗战时期文学艺术界以其特有的文化功能,在揭露日军罪行、动员广大民众投入抗战方面,发挥了重要作用。我们尝试与艺术界合作,动员南京艺术学院的教授撰写了与抗日战争相关的电影、美术、音乐等方面的著作。

本项目编纂委员会坚持鼓励各位作者努力挖掘、搜集第一手历史资料,为建立创新性的学术观点打下坚实基础。编纂委员会要求全体作者坚决贯彻严谨的治学作风,坚持严肃的学术道德,恪守学术规范,不得出现任何抄袭行为。对此,编纂委员会对全部书稿进行了两次"查重",以争取各个研究课题达到较高的学术水平,减少学术差错。同时,还聘请了数十位资深专家,对每部书稿从不同角度进行了五轮审稿。

本项目自2015年酝酿、启动,至2021年开始编辑出版,是一项巨大的学术工程,它是教育部重点研究基地南京大学中华民国史研究中心一直坚持的重大学术方向。百余位学者、教授,六年时间里付出了艰辛的劳动,对抗战历史研究做出了重要贡献!编纂委员会向全体作者,向教育部、江苏省委省政府以及各学术合作院校,向江苏凤凰出版传媒集团暨江苏人民出版社,向全体编辑人员,表示最崇高的敬意和诚挚的感谢!

目　录

导 论

一、"亚洲"的由来与"兴亚"论

"亚洲"(Asia)也称"亚细亚洲",在地球七个大洲中,面积最大、人口最多。中日两国是近邻,均位于亚洲的东部,是亚洲的重要国家。亚洲这一名称的起源悠久,最早是西方人对位于自己东部地区的称呼,是比较广阔而笼统的称呼。古代生活在这一地区以东的人们并没有把自己所在的区域称为"亚洲",当然,也没有与之对应的欧洲、美洲、非洲等地理概念。相传,"亚洲"最早是腓尼基人使用的地理方位名词。腓尼基人生活在地中海东岸,他们善于航海和经商,其足迹很早就遍及地中海的各个角落。航海需要确定海上方位,于是,腓尼基人把爱琴海以东的地区泛称为"Asu"。Asia 一词是由腓尼基语的 Asu 演化来的,从比较模糊的泛指逐渐发展成较为明确的地理概念,成为世界各国称呼东方广大地域的地理概念。亚洲位于东半球,也被称为东方或者东洋,亚洲是与欧洲、北美洲、南美洲、大洋洲、非洲等相对应的概念。亚洲幅员辽阔,文化多样,按照地理位置,又可以划分为东亚、东南亚、南亚、中亚、西亚、北亚几个不同的地区。亚洲历史悠久、文化灿烂,世界三大宗教——基督教、佛教、伊斯兰教,都起源于亚洲,两河流域文明、古印度文明、中华文明,曾经引领了世界的发展。亚洲面积辽阔,不同地区的文化、语言、风俗等差异较大。

近代日本"兴亚"论所指的地理区域,主要是东亚地区,即中国、日本、朝鲜等,也是西方人常说的"远东"地区。根据长期从事东亚历史研究的学者王晓秋研究,地理上的东亚包含广义和狭义两个意思。广义的东亚涵盖了东北亚和东南亚地区,即中国、日本、韩国、朝鲜、蒙古以及俄罗斯的远东地区。东南亚则指越南、泰国、缅甸、老挝、柬埔寨、印度尼西亚、马来西亚、新加坡、文莱、菲律宾等东盟国家。狭义的东亚主要指中国、朝鲜半岛和日本列岛这一区域。本书研究的"兴亚"论的地理范围,是指狭义的东亚。东亚地区各国在历史、文化、经济方面有许多共同性,尤其是在文化上,都属于"汉字文化圈"或"儒学文化圈"。近代日本的"兴亚"论,利用了东亚历史、文化的共性,以东西方文明对立为前提,排斥西方列强,以达到其主导东亚、称霸东亚之目的。

日本位于东亚的东部,也是亚洲的最东端,与中国隔海相望。中日两国地理接近,交流历史悠久。古代中国文明程度远高于日本,古代日本受经济发展、科技水平的制约,对外交流地区有限,日本人到达列岛以外最远的地方,主要是中国、朝鲜、琉球等地。古代中日交流主要是日本向中国学习。随着欧洲进入工业化时代,其开拓海外市场的需求强烈,位于世界东方的中日两国先后面临着西方的叩关。鸦片战争后,中国被迫向英国打开国门,欧洲各国纷纷效仿。19世纪中期日本被美国的"黑船"打破了持续200多年的"锁国"体制。"西力东渐"下,日本人开始接触并使用"亚洲"这一概念表述自身及周边的位置。面临西方入侵的威胁,日本产生了"脱亚"论与"兴亚"论两种截然相反的思想。"兴亚"论最初主张东亚各国联合起来,抵抗西方的入侵,振兴亚洲。最初的"兴亚"论一度包含印度,随着时间的推移,逐渐明确为中国、日本、朝鲜三个东亚国家。

明治维新后日本实行社会改革,在政治、经济、文化、军事等各个方面学习西方,数十年内就完成了工业化,成为亚洲唯一资本主义国家,并迅速跻身于世界强国之列。然而,明治维新后日本并没有立即实现完全国家的主权独立,西方各国在日本仍然拥有领事裁判、协议关税等特权。明治政府建立后,曾组织规模宏大的使团出访欧美各国,企图以《万国公法》为依据,与西方各国商谈修改不平等条约事宜。日本的要求为欧美各国以各种理由所拒绝,日本由此意识到外交是以实力为后盾的,遂采取措施加快国内经济发展,以达到能够与西方列强真正比肩的国力。同时,日本通过向朝鲜、中国等近邻的扩张,弥补从西方失去的权益。1899 年,日本终于实现了 20 多年前岩仓使团没有达到的目的,废除了西方列强在日本的领事裁判权,取得了司法独立。1911 年,日本又实现关税自主,从法理上获得了司法、关税的独立自主。与之相对应的是,日本的亚洲邻国却沦为西方列强的殖民地或半殖民地,丧失了国家的领土主权。

在"西力东渐"形势下,日本产生了"兴亚"思想,并随着日本内外政策的变化而变化。无论是初期的"连带""同文",还是后来的"盟主""领导",直到中日战争时期的"东亚联盟""东亚协同体""东亚共荣圈"等理论,都在"同文同种""共存共荣"的旗号下,实行扩张侵略。日本"兴亚"论自产生之日起,其出发点就是维护日本的利益。幕末时期日本提出的"兴亚"思想,使用带有家族关系色彩的"连带"一词。这里的"连带"是以日本为主的东亚"联合",它要求亚洲各国要服从日本的"领导",以日本利益为第一,根本没有顾及亚洲其他国家的利益和诉求,而是以隐蔽的方式确立日本在亚洲首先是东亚的权益。经过甲午战争、日俄战争,日本的"兴亚"论进一步发展,在20世纪初形成了理论完备的亚洲主义思想。亚洲主义此后成为日本"复兴"亚洲,实行对外扩张的重要理论依据。

近代日本的亚洲主义,也经常被称作"泛亚洲主义"或"大亚洲主义""大亚细亚主义"。需要指出的是,亚洲主义之"主义",与社会主义、资本主义等不是一个层次的概念,从内涵上说,它更类似于国际关系中的"泛斯拉夫主义""门罗主义"等。亚洲主义作为对外关系的理论,其内容是十分庞杂的,给其做出确切的定义,不是一件容易的事情。战后日本社会曾经对亚洲主义有过反思,著名的亚洲主义研究者竹内好指出:"亚洲主义是特殊的,又是多义的,对其看法因人而异,主张各不相同。"①亚洲主义作为贯穿日本近代的"兴亚"思想,其缘起可以追溯到幕末的亚洲"连带"思想,并在此基础上不断地演进与发展。概而言之,亚洲主义是以东西方文化、人种差异为前提,以东亚共同抵抗欧美列强为旗号,要求亚洲邻国接受、服从日本的"领导",以达到日本独霸亚洲之目的的主张。

亚洲主义与自由民权论、法西斯主义等日本国内各种政治主张有区别又有联系。值得注意的是,作为"兴亚"思想的亚洲主义,在日本政治左右分野中都不乏赞同者和实践者,亚洲主义也引起了中国的维新派、以孙中山为代表的革命派的关注和共鸣。日本支持孙中山推翻清朝、建立共和革命活动,在日本政府与民间都有亚洲主义理论的赞同者,其中许多人还直接或间接地支持过孙中山为代表的资产阶级革命派,在武昌起义中,就可以找到日本亚洲主义者的身影,有的亚洲主义者甚至为中国资产阶级革命献出了

---

① [日]竹内好:《亚洲主义》,东京:筑摩书房,1963年,第7页。

宝贵的生命。日本的不少亚洲主义者，与孙中山保持着终生友谊。这体现出了日本亚洲主义的复杂一面。

明治维新后，日本这个善于学习的国家，实行了"殖产兴业""文明开化""富国强兵"等政策，全面学习西方，显示出对世界发展的敏感，其政策具有高度的灵活性。在全面学习、追赶西方过程中，日本也在思考与亚洲邻国的关系，在如何看待东西方文明、如何定位日本与亚洲邻国和西方关系上，产生了多种思想与主张，可以归纳为"兴亚"与"脱亚"两种思潮。众所周知，"脱亚"论以有"日本伏尔泰"美誉的福泽谕吉为代表，他毫不留情地批判日本曾经学习过的中国文化，认为中国文化是"虚文空论"，成为僵死、无用之物，欧美的"实学"是先进文化，符合时代的潮流，是日本强国之所依。日本应吸收西方思想、科技、文化，促进日本文明开化。日本不能坐等朝鲜、中国等国家发展，而应"与西方文明诸国共进退"，效仿西方的方式对待这些野蛮、半开化邻国。"兴亚"论没有把东方文明看得一无是处，甚至认为东方文明是世界上最优秀的文明，在各个方面都比西方文明强。西方文化以我为中心，崇尚强权，不断对外扩张，造成战争和灾难。东方文化是宽容、温和的，给人类带来的是和平与幸福。亚洲各国继承发扬优秀的东方文化，可以抵御西方列强的侵略，实现亚洲的复兴。日本是亚洲国家中唯一继承优秀文化的国家，亚洲各国只有在日本的"领导"下，才能保持民族独立，与西方文化相抗衡，进而战胜西方文化。

"兴亚"论与"脱亚"论对待东方文化的态度不同，但是，他们所说的东方文化也好，亚洲文化也罢，都指的是以儒家为代表的中国文化。两者都不否认中国文化对日本社会发展的进步作用，但是，对中国文化的评价却截然相反。"脱亚"论认为，中国文化虽然推动了日本及东亚各国的发展，但是，在"西势东渐"、西方列强纷纷开拓海外殖民地的时代,儒家文化已经落伍了,成为缺少活力的无用"虚学",中国已经无力维护自身的独立、主权,其文化缺乏发展动力,如果日本再奉儒家思想为核心的中国文化为圭臬,必然导致亡国灭种。现在儒家文化已经成为阻碍亚洲社会进步的桎梏。日本要自存、自保、自强,就必须在西方的"实学"中寻找出路,摒弃以儒家思想为代表的中国文化,在思想、文化上与亚洲相剥离。唯有如此,日本才能在弱肉强食的世界中得以生存。当日本经过维新,成为亚洲唯一资本主义强国后,"脱亚"论主张日本应效仿西方对待亚洲邻国方式,向邻国扩张,去开疆扩土。

"兴亚"论强调东方文化当今并没有落伍,东方文化有许多合理与优越的成分,不劣于甚至高于西方文化。拥有优越文化的亚洲各国之所以遭受西方的侵略,是因为东方文化的精华被埋没,连东方文化起源地的中国都将东方的优秀文化丢失殆尽。在西方列强向亚洲扩张的形势下,亚洲各国只有发扬优秀的东方文化,才可能与欧美列强抗衡,并战胜西方的霸道文化。现在亚洲只有日本很好地继承和发扬了亚洲文化,成为东方文化的代表。亚洲各国在先进的日本"领导"下联合起来,就可以对抗西方,摆脱民族危机。

"兴亚"论与"脱亚"论都是以日本"利益"为核心的,丝毫不顾及亚洲邻国的安全和利益,甚至为了达到日本的目的,要求邻国牺牲本国利益。因此,"兴亚""脱亚"都不过是达到日本称霸亚洲之目的的手段而已,不过是路径不同。"兴亚"与"脱亚"在近代历史上相生相伴,并非水火不容,而是内容时有交集,从不同角度为侵略战争提供理论支持。福泽谕吉明确提出"脱亚"主张,"脱亚入欧"成为明治政府的政策目标,而福泽谕吉在声称日本应该与西方列强为伍,"脱亚"的同时,又提出"任东亚盟主者为我日本",要做亚洲的"盟主",其并非真正脱离亚洲,而是要支配亚洲,独霸亚洲。"兴亚"思想一开始就明确提出日本应该"领导"亚洲,把日本放在高于亚洲邻国的地位,"拯救"亚洲,实际与"脱亚"的主张有相近的地方。

近代以来,日本"兴亚"论和"脱亚"论作为不同的思潮,既有相互矛盾、对立的方面,又有相互交集、共同达到日本主宰东亚的目标,它们都影响着日本政府的内外政策,只不过政府对其采纳的时期、多少有所区别而已。明治维新时期,日本政府明确提出了"脱亚入欧"的目标,要在短时间内追赶西方,与西方列强一道成为瓜分亚洲邻国的"食者"。当日本在对外战争中接连获得利益,国力、军力增强后,其野心进一步膨胀,从与西方列强共同瓜分邻国,发展到与西方竞争甚至"独霸"亚洲。日俄战争日本直接向欧洲大国开战,抢占其在中国东北的利益。第一次世界大战期间,日本对德国宣战,抢占德国在亚洲及太平洋岛屿的利益。第二次世界大战期间,日本偷袭美国海军基地,向美国宣战。在与欧美列强的竞争中,日本把自己打扮成亚洲各国的朋友,以共同抵抗白人侵略的名义侵略扩张,也就重点强调"兴亚"。20世纪30年代日本发动全面侵华战争时期,国内出现了"东亚联盟""东亚协同体""大东亚共荣圈"等各种"兴亚"理论。日本政府也将"建设东亚新秩序"、建立"大东亚共荣圈"作为扩张权益的基本口号。

从近代历史发展来看,日本"兴亚"论并不拒绝用"霸道"的方式对待邻国,而"脱亚"论也不是彻底告别亚洲,而是学习对日本国家发展有利的西方思想、文化、科技等,在步入所谓的西方"文明"之列以后,再效仿西方的做法对待亚洲邻国,达到日本独自称霸东亚的目的。"兴亚"论与"脱亚"论作为两种典型的亚洲观,虽然看待东西方文明的角度有差异,但是,它们藐视亚洲邻国,对亚洲都抱着一种优越感则是共同的。"兴亚"论虽然承认以儒家思想为代表的东方文化的地位和作用,但是,其认为中国人已经将东方优秀文化丢失殆尽,而日本汲取、保存和光大了亚洲优秀文化,并与日本精神相结合,成为东方文化的宝库。在西势东渐形势下,亚洲只有日本保持了民族独立,也就最有资格"领导"亚洲,抵抗西方入侵。"脱亚"论不惜一切地贬低中国文化,认为中国文化没有任何实际用途,西方文明越来越显示出其强大的力量,推动着世界的文明与进步。日本通过明治维新,从精神到物质、从政治到经济全面吸取西方文化,社会取得了巨大的发展,成为亚洲最先进的国家。日本完全有资格与列强为伍,效仿西方列强对待亚洲邻国的方式,参与对邻国的瓜分。"兴亚"论与"脱亚"论在各个历史阶段都对日本对外政策产生过影响,可以说,两者目的一致,方法、路径上也有交集,从不同的角度为日本对外侵略提供理论支持。

二、"兴亚"论的主要特征

随着"西力东渐",亚洲各国领土主权被侵害,先后出现了前所未有的民族危机。日本认为老大的中国都无法抵御英国的船坚炮利,更何况区区之日本列岛。因此,"兴亚"论主张日本应该与亚洲各国联合起来,以弥补自身势单力孤的状况,与亚洲各国形成比较强大的合力,与西方抗衡。"兴亚"论主要利用日本与中国、朝鲜等国地理相近、交流历史悠久,有抵御西方侵害的共同要求等条件,达到维护日本主权之目标。"兴亚"论的首要目标是维护日本的利益,并非考虑亚洲其他国家的独立和主权,也不是真正的振兴亚洲。随着日本国力的增强,"兴亚"论逐渐演进为日本独霸亚洲的侵略理论,协助日本打着"联盟""协同""共存共荣"的旗号发动对外侵略战争。日本的"兴亚"论有以下几个明显的特点。

首先,夸大东西方人种在自然方面的差异,将人种体态上的不同扩大到文化、行动上,鼓吹黄白人种的对立。认为人种的不同不仅表现为身体的外在特征,更重要的是在文化、观念、行为方式上的对立,亚洲尤其是东亚人种相同、文化相近、交流密切,应该联合起来,对抗白种人的入侵。"兴亚"论认为,黄种人与白种人在种族上存在着天然的差别,这种肤色、眼色、体型、身高等体貌方面的差异伴随着文化、行为方式等方面的不同,必然带来东西方利益的根本对立和冲突。现在亚洲面临着西方的压迫和入侵,亚洲各国要牢记黄种人的"同种"之谊,共同反对作为"异类"的欧美白种人,实现亚洲的振兴。

在漫长的人类历史的发展中,由于生活环境、遗产因素等形成了不同的人种。人种是具有形态和生理上的特点及语言习俗等历史文化因素组成的、有区域性特点的群体。人类学的研究认为,世界上主要有四个人种:黄种人、白种人、黑种人和棕种人。黄种人又被称为蒙古人种或亚美人种。白种人属于欧罗巴人种或高加索人种。黄白种人在体态、肤色上具有明显的不同,这是人类长期发展演进的结果,人种并没有优劣高下之分。然而,很久以来,世界上就存在着不同形式的种族歧视,中日两国人都是黄种人。而近代意义上的种族歧视是随着资本主义发展而产生的,近代文明、近代工业化以及国际体系建立都是从欧洲开始的,欧美白种人自以为是高尚民族,对有色人种有天然的优越感,歧视其他种族的人。

幕末西方叩关时,身材矮小的日本人对西方人的高大身材、蓝色眼睛、黄色头发,充满好奇与羡慕,一部分人由此产生了深深的自卑,甚至认为"日本国民的理解力迟钝,体格弱小","能力"低下。有人提出日本人应该与西方通婚,达到优化人种之目的,从思想到身体彻底"脱亚"。有些人对这种毫无自信的谦卑心理表示愤慨和忧虑,他们认为日本无需羡慕西方人的体态与西方文明,应该树立自信心和自豪感,坚信天皇领导下的大和民族是优秀的,也一定能够振兴亚洲。"兴亚"论认为,日本人身材虽然不及欧美人高大,皮肤没有他们白皙,但是,日本人有许多天然的优势:心灵手巧、耐力持久等,即使在体力上,日本的柔术选手也并不比西方的摔跤手差。作为黄种人的日本人无需自卑,只要发挥自己的优势,与亚洲各国联合起来,就一定能够战胜西方文明。

其次,在文化上,强调东方文明比西方文明优越,而日本是东方文明的集大成者,最有资格担当复兴亚洲的"盟主"。"兴亚"论在表达东西方差异时,经常混合使用"文明""文化"这两个概念。从词源上讲,"文明""文化"是两个内容相近又明显不同的概念。从一般的意义上来说,文明是人类历史发展过程中沉淀下来的人类对客观世界的适应和认知,是符合人类精神追求且为大多数人认可与接受的精神财富、发明创造,主要包括哲学、宗教、艺术等。文化是一个非常广泛的概念,也是学界多年来一致讨论的热点问题,中国学者关于"文化"的定义有数百种之多。文化是一种社会现象,是人们在长期生产生活中创造形成的,文化既是历史现象,又是社会发展的积淀。鉴于日本"兴亚"论并没有将文化、文明做细致分类,而是做同一概念使用,本书也将两个概念一并论述,都是指历史发展过程中形成的,被绝大多数人认可和接受的精神财富、发明创造。

日本的"兴亚"论并不否认中国、印度所创造的古老而灿烂的文化在推动亚洲社会发展、文明进步中的作用,承认日本曾经努力学习以儒家思想为代表的中国文化,日本文化是在汲取中国文化基础上形成的。早期"兴亚"论的代表者中,无论是樽井藤吉,还是冈仓天心,都承认中国文化是亚洲的宝贵财产,是人类的共同财富。中国是世界文明，更是东方文明的诞生地。东方文化最核心的内容是崇尚仁义、道义、礼义，讲究和平与爱，与西方的个人主义、唯利是图、炫耀武力不同，东方文化更符合人性。但是，西方列强来到亚洲以后，中国、印度等曾经拥有先进文化的国家，逐渐沦为殖民地或半殖民地，大部分亚洲国家成为被西方列强压迫、掠夺的对象。究其原因，这并不是西方武力多么强文明多么先进，而是亚洲各国丢失了东方文化的精华。中国文化因为外族入侵而丧失殆尽，正所谓"崖山之后无中国　明朝之后无华夏"。而在中国儒家文化遭到外来破坏时，日本因远离亚洲大陆，没有受到外来侵犯，因此很好地保留、继承和发扬了东方的优秀文化，是东方文明的集大成者。亚洲复兴的希望在日本。"兴亚"论阐述东方文化意义时，并不仅仅停留在文化层面上，而是将日本民族、文化优秀论与"神国"观念结合在一起，赋予其更广泛的含义。日本能够继承优秀的东方文化，除地理因素外，更重要的是因为有优秀的"国体"，有"万世一系"的天皇。在"西力东渐"的形势下，亚洲各国要想维护民族独立，就要拥戴天皇，在日本的领导下实行亚洲的复兴，进而战胜西方的霸道文化。

　　最后，从历史上，强调东西方发展道路的不同，阐释亚洲各国应发扬和平、和谐的历史传统，一道完成振兴亚洲的任务。"兴亚"论认为，无论是亚洲还是欧洲各国，自古都有相互交流的历史，而亚洲各国的交流与欧洲的交流明显不同。亚洲的交流以和谐、和平与光明为主，而西方的交往中充满了互相征战、杀戮，是血腥的、恐怖的历史。亚洲历史是值得骄傲的，比西方的野蛮征伐优越得多。现在，人类历史发展到了一个新阶段，亚洲各国在工业化、社会进步程度等方面虽然落后于西方列强，但是，亚洲的落后是暂时的，亚洲各国只要继承优秀的历史传统，以具备亚洲文化精髓的日本为"盟主",就可以与西方列强分庭抗礼,亚洲的复兴就有希望。亚洲不仅可以和西方列强比肩,更可以凭借强大的文化底蕴去超越它,主宰世界发展的方向。

总之,日本"兴亚"论在人种、文化、历史等方面,强调东西方的差异,打着亚洲联合的旗号,首先是要维护日本的利益。近代日本的"兴亚"论与极端民族主义、国权主义交织在一起,为日本对外侵略张目。需要指出的是,日本"兴亚"论的主流是维护并扩大日本的权益,而赞成"兴亚"论的人中,也有真心希望中国革命成功,认为亚洲复兴的希望在中国的,如宫崎滔天、梅屋庄吉等,但是,他们不是近代日本"兴亚"思想的主流。

三、"兴亚"论的演进

日本的"兴亚"思想萌芽于幕末,形成于甲午战争时期,在日俄战争、第一次世界大战期间发展成为亚洲主义。20世纪30—40年代侵华战争时期,日本又出现了"东亚联盟"论、"东亚协同体"论、"大东亚共荣圈"论等各种"兴亚"理论,其中"大东亚共荣圈"还成为日本对外扩张的国策。

如上所述,"兴亚"思想最早可追溯到日本幕末时期,在西方频频叩关的形势下,日本产生了亚洲"连带"思想。"兴亚"思想的"亚洲",在地理上还是比较笼统、模糊、广大的概念,既包括东亚,也涵盖南亚地区。印度18世纪沦为英国的殖民地,印度人开始了反对英国殖民统治的斗争。由于印度与中国、日本有反对西方压迫的要求,印度在反抗英国殖民统治的斗争中,与日本主张亚洲"连带"的人有过交流,认为亚洲"连带"是复兴亚洲的途径,印度包括在日本亚洲"连带"的范围之内。随着历史的发展,日本越来越感到东亚文化、地理相近更便于"连带",也便于日本借"连带"之名统治东亚，"兴亚"论所言地域概念逐渐明朗。

至甲午战争，日本仍然把"亚洲"与"东亚""东洋""东方"等概念并用。而"东亚""东方"是相对于"欧洲""西方"而言的，主要包括中国、日本和朝鲜半岛。这时候的"东洋"不仅包括地理位置，还涵盖了种族、文化、历史等诸多内容，尤其强调东西方文明、种族等方面的差异，认为东洋文明是精神的，西洋文明是物质的；东洋是和平的、友善的，西洋是暴力的、压迫的。亚洲应该维护和发扬自己的优良传统，防止西方文化的侵蚀。19世纪，美国总统门罗提出"美洲是美洲人的美洲"，日本人借用"门罗主义"，提出亚洲是亚洲人的亚洲，"兴亚"就是要把西方列强赶出亚洲，表现了其独霸亚洲的野心。

为了表示东方文明、人种的优越，日本大肆宣扬日俄战争是亚洲人战胜欧洲人，黄种人战胜白种人的战争，日本的胜利表明了"亚洲的勇气"和力量，开创了新的历史时代。日本作为亚洲小国，打破了世界上拥有最多陆军的白人国家俄罗斯，一跃而成为世界的"一等国"，为亚洲各国树立了榜样。第一次世界大战期间，日本乘列强无暇东顾，大肆扩张在中国的利益，引起了西方列强的警惕和担忧。华盛顿会议确立"门户开放"政策，打破了日本独霸西太平洋地区的美梦。日本在没有能力与欧美列强直接对峙的时候，打出了"协调"外交的口号，在与欧美"协调"中向中国渗透。日本表面上"协调"，其实一直没有放弃向中国扩张的企图，终于在20世纪30年代发动了侵华战争，不仅要维护在中国的"特殊权益"，而且要完全控制中国。抗日战争时期，也是日本"兴亚"论从民间走向官方的时期。"东亚联盟""东亚协同体""大东亚共荣圈"等各种"兴亚"主张，都打着中日共同防卫、经济协同、文化沟通的幌子，企图把中国的抗日转向与日本"协调"，实现武力侵略达不到的目的，“不战而屈人之兵”。当然，日本的“合作”“防共”“协同”并没有瓦解中国的民族认同、民族意识，中国建立并坚持抗日民族统一战线，最终赢得了抗战胜利，各种“兴亚”理论因协助侵略战争，被扫进了历史的垃圾堆。

近代以来日本“兴亚”论不断演进，内容和重点各不相同，但是“兴亚”思想有一个共同的特点，就是宣扬日本为东亚文化的代表，最有资格做亚洲的“盟主”，“领导”亚洲各国驱逐西方列强，实现亚洲复兴。明治初年，樽井藤吉曾经鼓吹大东合邦，认为日本在亚洲率先实行了改革，走上了近代化道路，是亚洲的强国，有责任“帮助”其他亚洲国家实现民主、走上近代化道路，抵抗西方列强的侵略。随着日本在甲午战争、日俄战争中取胜，日本对曾经学习的中国和中国文明失去了敬畏之心，自认为是东亚的“中心”，可以做亚洲的“盟主”，开始构筑以日本为核心的华夷秩序，“兴亚”论恰为日本对外扩张提供了理论依据。

近代日本有许多“兴亚”团体，与以孙中山为代表的资产阶级革命党人有过比较密切的关系，有一些团体和个人还从物质上支持过孙中山，有资本主义之父美誉的涩泽荣一就从物质上给予过孙中山许多支持，现在神户孙文纪念馆收藏大量涩泽荣一支持孙中山的信函、照片等，反映了历史的复杂性。日本带有黑社会性质的黑龙会也从经济上、精神上给孙中山及革命党人很多支持。1905年，中国各革命团体在东京召开中国同盟会筹备会议，会议就是在黑龙会本部内田良平的家里召开的。中国同盟会中有许多日本会员。黑龙会是典型的“兴亚”团体，帮助孙中山的目的很明确，就是要先向中国东北扩张，以为与俄罗斯对抗的基地。日本与俄罗斯都觊觎中国东北，而日本认为其实力很难与俄罗斯抗衡。清朝政府已是明日黄花，腐朽无能。日本未来要取得在中国的利益，需要寻找能够与日本合作，又具有一定影响的新势力。无论是日本政府、财阀，还是"兴亚"组织，他们支持孙中山是希望以孙中山为代表的革命派取得成功后，能够给予支持过他们的日本一些利益，因此现在就要积累与之讨价还价的资本。

以孙中山为代表的革命党人，以推翻腐朽的清王朝，建立民主共和为理想，但是，他们自身力量十分微弱，不得不寻求外部支持。同盟会成立后领导的武装起义，都曾经得到日本政府和民间等方面的支持，日本的"兴亚"论者甚至直接参加反抗清政府的武装起义，山田良政就是在惠州起义中牺牲的，孙中山称之为"外国义士为中国共和牺牲者之第一人"。1912 年 1 月 15 日，南京临时政府成立后，孙中山给黑龙会的内田良平发去了委任状，"今委任内田良平为外交顾问。此状"[①]。

日本的"兴亚"团体支持孙中山及其领导的资产阶级革命，是出于占据中国有利地位的目标，因此，随着形势的变化，他们对孙中山的态度发生了变化。当孙中山领导"二次革命"失败再度亡命日本时，日本政府看到孙中山的实力远不如袁世凯，因此拒绝支持孙中山，转而支持北洋军阀。由此可见，日本支持孙中山是出于利益驱使。孙中山及革命党人很清楚日本对中国的野心，但是，由于自身力量微弱，不得不寻求外部支持。孙中山虽然为取得日本的支持而放低身段，但是，一直强调中日的"合作"应该在平等的基础上。1924 年 11 月，孙中山抱病北上，路过日本，在神户作了著名的《大亚洲主义》演讲。孙中山希望通过演说，能唤起与中国同文同种的日本政府和国民的良知，放弃对中国的侵略政策，与中国一道

---

① 陈旭麓、郝盛潮主编，王耿雄等编：《孙中山集外集》，上海：上海人民出版社，1990 年，第 667 页。

抵御西方列强的侵略,做王道的干城。这个演讲只是孙中山希望中日平等合作、共同抵抗西方的善良愿望而已,不可能改变日本政府向中国扩张的政策。

四、"兴亚"论与各种侵略理论之关系

日本走上近代化发展道路,并成为亚洲唯一资本主义强国后,独享亚洲利益的思想抬头,"兴亚"思想发展成亚洲主义。近代日本的亚洲主义与民权主义、极端民族主义、法西斯主义在内容上有许多交集,亚洲主义组织也与民权团体、法西斯团体有密切关联。19世纪70年代,日本兴起了自由民权运动。自由民权运动的倡导者提出国民应有参与政治等民权,国民有了基本权利,才能形成爱国精神,应该将国民权利与维护国家利益联系起来,"小到一身一家,大到维护国家权力,最终增进天皇陛下的尊荣福祉,使我帝国与欧美诸国对峙"①,这里维护国民权利,主要是提高日本人对国家的认知程度,加强国家对国民的控制力,增强与欧美列强抗衡的力量。自由民权运动与亚洲主义的终极目标是一致的,即以国家利益为最高准绳,他们在处理"民权"与"国权"的关系上,都首先强调国权,认为"民权即国权",国权在任何情况下都高于民权。民权主义者多数也是亚洲主义者,自由民权运动家们在甲午战争前曾经反对日本向中国开战,认为日本当时不是中国的对手,如果战败,会导致国运衰败。而当日军在朝鲜、辽东半岛的作战取胜后,这些自由民权运动家、亚洲主义者无不欢呼日军的胜利,认为日军张扬了国威,转而以各种形式支持战争,迅速从维护民权走向扩张国

---

① [日]古川哲史、石田一良编:《日本思想史讲座·6·近代思想1》,东京:雄山阁出版株式会社,1976年,第62页。

权，滑向极端民族主义。

　　亚洲主义者与日本的右翼团体、法西斯主义有千丝万缕的联系，在维护日本权益、向亚洲大陆扩张等方面目标一致。著名的法西斯理论家北一辉撰写了《国家改造法大纲》，他提出通过"东亚经纶"，扩张日本的生存之地，认为国土狭小的日本对外扩张是合理的，鼓吹战争万能，日本有为被不义强力压迫的国家和民族开战的权利，鼓吹通过战争在亚洲建立以日本为核心的帝国。他还提出了加强天皇权力，否认西方民主，改造国家的观点。北一辉自称是社会主义者，与日本早期社会主义研究者有联系。北一辉所谓的社会主义，其实是用社会主义的一些手段，如加强国家权力，让日本的太阳旗占领世界，是十足的法西斯主义。北一辉本人与孙中山、宋教仁等资产阶级革命家有比较密切的联系。辛亥革命时期，北一辉来到中国，对中国革命表示过支持与称赞。但是，他支持辛亥革命的目的，是为了使日本成为亚洲的"领导"，中日联合起来共同对抗西方。北一辉是日本第一个法西斯团体犹存社的精神领袖，其改造国家的法西斯理论对不满现状的青年军官影响很大。1936 年发动"二二六事件"的青年军官，就信奉北一辉的"国家改造"理论。"二二六事件"虽然最终被镇压下去，但是，却加快了日本法西斯化的进程。

　　日本著名法西斯分子大川周明也是亚洲主义的鼓吹者，他在《复兴亚细亚诸问题》《日本精神研究》等著述中，鼓吹对内实行法西斯统治，对外实行亚洲主义。九一八事变后，大川周明支持日本在中国东北扶植建立伪满洲国，认为伪满洲国对东亚和平有极大的贡献。日本发动全面侵华战争后，他竭力鼓吹"中日提携"，瓦解中国抗战。第二次世界大战结束后，东京远东国际军事法庭上，大川周明被定为甲级战犯，因其在狱中装疯而免于法律制裁。

日本侵华战争时期的"东亚联盟""东亚协同体""大东亚共荣圈"等各种侵略理论，均打着"协同""共存共荣"的旗号，虽然以西方政治学观念论述"兴亚"论，避免用"连带"等带有家族色彩的词语，但是，从出发点和根本目标上看，其与日本最早的亚洲"联合"思想是一致的。它们都是从文化、人种、历史等方面强调东西方文明的差异，鼓吹中日战争是日本"领导"亚洲复兴的新起点，具有划时代的历史意义。为了早日从长期战争的泥潭中拔出脚来，他们主张对内实行专制独裁，以昭和维新来强化天皇的权力，以集中一切力量实行举国一致的战争体制。这些"兴亚"理论不同程度地影响着日本政府的内外政策。卢沟桥事变后，日本开始国民精神总动员运动，第二次近卫内阁时期的大政翼赞运动，效仿德国建立"一国一党"的法西斯体制，伴随着政治上的高度强权，日本加强了对经济的控制，行业界成立了名目繁多的"报国"组织，这些都被"兴亚"团体视为昭和维新，其积极参与、支持这些加强法西斯统治的活动。

总之，日本"兴亚"论萌发于幕末，是在西力东渐形势下为应对西方冲击而提出的，并随着日本国力的增强而逐渐演变为对外扩张的理论。"兴亚"论并不完全排斥西方的政治、经济、科技等有利于增强日本国力的东西，而是要借助西方列强所没有的，与东亚各国文化、地理、历史等方面的便利，向东亚扩张，使东亚各国放松对日本的警惕，增加对日本的亲近感，进而为日本取代西方独霸亚洲创造条件。

第一章 "兴亚"思想之源起

第一节 古代日本与亚洲的交流

一、日本与中国交流的起始

自人类社会产生以来，为了生存、发展的需要，不同地域、不同风俗习惯的人就开始了交流活动，在人类的不断交往中，各地区文化相互了解与融合，推动着社会的进步。文化是流动的。文化在流动中，向周围扩散，促进了世界各种文化的演进与发展。

关于日本列岛与亚洲大陆的关系，前辈学者做了大量的研究。根据地质年代推断：大约一万五千年前，日本列岛与亚洲大陆是连在一起的。大约一万年前，海平面上升，大陆桥被阻断，形成了日本海以及朝鲜海峡、津轻海峡、宗谷海峡等，日本列岛逐渐脱离大陆而孤悬海外。两千多年前，日本列岛人就开始了对外交流活动。古代受生产力水平以及航海技术的制约，日本对外交流的主要地域是中国和朝鲜半岛。日本学者森公章指出："在古代日本的国际关系中，占据主要地位的是朝鲜诸国（含渤海）和中国诸王朝。"①在漫长的古代社会,中国的科技、经济、文化等领先于日本列岛,日本对外交往的目的就是学习中国先进的生产力、政治制度和思想文化,以促进其社会的进步与发展。

日本文字形成得晚,中国古籍关于日本列岛最早的记载是成书于战国时代的《山海经》。据《山海经·海内北经》记载,"盖国在钜燕南、倭北、倭属燕"。"倭"即为日本,倭是矮的意思。盖国就是现在朝鲜平壤以西地区,而燕则为我国东北地区。《山海经》对日本列岛有了方位比较确切的记载,虽然还没有记载其社会、政治、经济、文化等,但是,根据所记载的内容,已经看到中日之间有了相互往来。

古代中国长期是万邦来朝的"上国",中原王朝保持对周边政权的政治优势地位,是东亚的"中心"。东亚地区的这种政治格局和相互关系,被学界称为"宗藩体制""朝贡体系""华夷秩序""天朝礼治体系"。秦汉以来,各周边政权需要接受中原政权的册封以取得合法地位。朝鲜、越南、琉球、缅甸、泰国、尼泊尔等国以及一段时期的日本都在这个体系中。中央政权对各地方政权往往直接封为"某某国王",各受封国对中原政权负有进贡的义务。直到清代,东亚一些国家的国王还须得到中国皇帝册封和承认。正如日本著名学者滨下武志所言,"亚洲地区的国际关系呈现出特有的政治、社会、文化的多元性,这是历史发展中同化与异化造成的。亚洲与其他地域相比受到以儒教为核心的多种宗教'文明'的洗礼,并与多样化的土著文化融合造就了文化的多元性;受到以中国为核心的朝贡秩序的影响,政治文化差异明显"②。这种朝贡关系并不是完全平等的,中

① [日]森公章:《古代日本的对外认识与通交》,东京:吉川弘文馆,1988年,第28页。
② [日]滨下武志编:《东亚世界》,东京:山川出版社,1999年,第8页。

国视周围诸国为臣,但是,这个册封体系长期以来却是和平、稳定的。中国以恩惠之手段施予"夷","厚往薄来",使其沐浴皇帝德治的恩惠,从而维持与周边国家关系,维护中央政权的地位与尊严。

由于日本列岛很早便与亚洲大陆隔绝开来,自身社会经济文化落后,因此其积极向外发展,接受更先进的外来文化,以不断促进列岛经济社会的发展。朝鲜与中国陆地毗邻,更容易接受中国文明,其社会经济发展水平也高于日本。日本最初就是通过学习朝鲜来吸收中国文化的,也就是间接汲取中国的思想文化、科学技术。日本还通过中国吸收印度等地的文明。日本著名汉学家内藤湖南认为:"东亚文化自古以来就是以中国为中心。当然还有印度,但就与日本的关系这一点来看,印度文化也并不是直接就从印度来到日本的,大部分是穿越中国来到日本的"①,这个评价是实事求是的。

秦朝时,中国人把日本列岛想象成"蓬莱仙境",秦始皇希望秦朝能够千秋万代,企盼自己长生不老。秦始皇为了长寿,不仅让方士练仙丹,还派徐福率童男童女数千人去"蓬莱"仙山寻找长生不老药。中国的一些史书记载了徐福赴日的传说。在日本近畿地区南部的和歌山县还筑有徐福(芾)墓,墓前所立的石碑上刻着"秦徐福之墓"的字样。司马迁在《史记·淮南王安传》中记载徐福(芾)率童男童女数千人去"蓬莱"仙山为秦始皇寻找长生不老药到达日本,在日本"得平原广泽,止王不来"。司马迁虽然没有记载日本社会发展的具体情况,但是,当时中国人已经知道东边有日本的存在。关于司马迁这段记述的真实性和可信度,学界至今仍然存在不同看法。有人认为司马迁生活的年代离秦始皇时代不远,他本

---

① [日]内藤湖南著,刘克申译:《日本历史与日本文化》,北京:商务印书馆,2014 年,第 10 页。

身又是一位严谨的史家,记述的徐福东渡一事不会是凭空杜撰。日本"徐福研究会",多年来不断收集关于徐福东渡的资料,其考证与研究不仅为研究徐福,更重要的是为中日交流增添了许多新素材。

　　日本有若干个徐福登陆地以及徐福在日本的活动遗迹,很多日本人确信徐福东渡不是空穴来风。他们根据洋流、潮汐变化等,认为和歌山的新宫市为徐福登陆地点。笔者曾经到位于和歌山新宫市的徐福祠、徐福宫等名胜参观,看到了徐福公园内种植的传说中的长生不老药,其实就是一般的绿植而已。新宫市有以徐福命名的街道、寿司等,可以说,徐福已成为当地的一张名片。徐福东渡是传说,还是确有其事,也许并不重要,重要的是,它提供了秦代中日比较频繁交流的信息。当时日本正处于从绳文时代向农耕为主的弥生时代发展,中国移民对日本列岛生产力的发展肯定有促进作用。

　　班固的《汉书·地理志》中也有关于日本列岛的记载,且这些记载较之司马迁的《史记》更为详细:"夫乐浪海中有倭人,分为百余国,以岁来献见云。"这里,不仅记载了日本列岛的位置在"乐浪

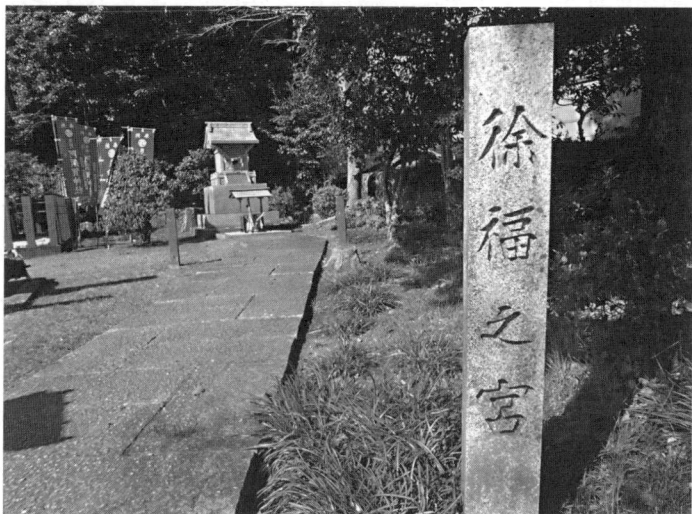

海"，还概述了列岛小国林立，这里的"国"实际是部落，主要是日本西部地区。考古学家在日本九州北部发现了铜剑铜铎、王莽时代的铜镜等，在日本四国、关西地区也发现了同样的文物，可以肯定，西汉时期，中国文化就已经影响到尚处于部落时期的日本，这些器物出土之处，显示了中国文化在日本的传播状况。

中国的农业生产技术比较早地就传到日本。公元前10世纪，水稻种植技术就已经传到日本，伴随着种植水稻，石制、木制的农具也传到日本，在日本福冈、宫崎、冈山等县都出土过水稻遗迹。邪马台国时期，日本人逐渐掌握了铸铁、锻铁和制造青铜器的技术。日本仿照中国的铜镜制造出"倭镜"。

日本列岛处于部族纷争时期，各个部落首领为取得政治上的优势，竞相与中国王朝建立联系。日本的各个部落争相与中国建立联系，就是要利用中国大帝国的势力保证自己的王权，加强其对周围各部落的优势。东汉初期，委奴国王向东汉王朝派遣使节，接受中国的封号，领受汉的印绶。日本学者内藤湖南认为这位委奴国王的

"委"与倭国的"倭"当为同字。《后汉书·东夷传》记载了日本开始向中国派遣使者,向中国朝贺、献"生口"(奴隶),中国中央政权封"倭奴国王"的经过。笔者 2018 年 8 月到日本福冈考察,登上了发现金印的志贺岛,参观了福冈市博物馆,看到了"委奴国王"金印原件。这件精美的金印,证明汉代中国中央政权对日本国王实行册封的真实历史,也表明汉字已开始在日本使用。"汉给予其待遇非常慎重,像国王印这类器物也是授予海外大国的具有象征意义之物。"①

　　公元 1—2 世纪,日本出现了邪马台国。邪马台国积极摄取中国的物质文化,并以加入中国王朝的册封体系的方式摄取中国文化,不断向中国派遣使节,请求册封。为了取得中国的物质文化,邪马台主动与中原王朝联系,加入册封体系。公元 238 年,邪马台国,以"男生口 4 人、女生口 6 人,班布 2 匹 2 丈"②,"进献"于魏王。魏王回赠的东西十分丰厚,"绛地交龙锦五匹、绛地绉粟罽(音记,用毛做成的毡子一类的东西)十张、菁绛五十匹、绀青五十匹"作为答谢,并以"绀地句文锦三匹、细班华罽五张、白绢五十匹、金八两、五尺刀二口、铜镜百枚、真珠铅丹各五十斤",赏赐女王。邪马台国王对魏王赐予的这些物品,主要不是用于个人享用,而是用来学习和仿制。公元 240 年(魏正始元年),魏王朝派"建中校尉梯俊等奉诏书、印绶"③等出使邪马台国。魏国使节带去了诏书及金帛、锦、刀、短弓矢等礼品。卑弥呼女王及臣属非常高兴,"因使上表,答谢恩诏"④。这次魏王派遣使节赴邪马台国,是中国有文献记载的第一批正式的赴日使节。邪马台国上魏王的表文,也是目前所知日

① [日]内藤湖南著,刘克申译:《日本历史与日本文化》,第 20 页。
②③④ 陈寿著,裴松之注:《三国志·东夷传》第三册,北京:中华书局,2006 年,第 857 页。

本列岛政权递交中国最早的官方外交文书。《三国志》记载魏王封
邪马台女王为"亲魏倭王"①。

邪马台国以加入中国王朝册封体系的方式,大量汲取中国的
先进物质文明和科技文化成果,加强对列岛内其他势力的威慑
力。邪马台国借助中国王朝的威力,加强自身的统治力量,无疑
是明智之举。邪马台国时期,日本人以中国的铜镜为样板,制造
"倭镜"。圣德太子时期,日本效仿中国,制定了第一部成文法《宪
法十七条》,以儒家精神为指导,让臣下为天皇而尽忠,服从天皇。
大量的文字、出土文献都表明,中日交流历史悠久,汉代日本接受
中国的册封,建立了官方关系。中日文化交流,促进了日本列岛
的进步。

二、隋唐时期日本的对外交流

公元4世纪末5世纪初,位于日本列岛奈良一带的大和国基本
统一了日本本州地区。这正值中国历史上多个政权并立的南北朝
时代,尽管这个时代中国政权更迭频繁,长期的封建割据和连绵不
断的战争,使中国文化发展受到严重影响,中原经济社会发展相对
缓慢。但是,中国的江南地区经济迅速发展,南北经济趋于平衡。
公元266—413年中国史书中断了关于日本朝贡的记载。据《宋
书·倭国传》记载:自公元413年至502年,大和国曾经先后13次
派遣使者到中国,他们向东晋、宋、梁各朝进贡,请求册封,这就是
中国史书上所谓的"五倭王时代"。

"五倭王时代",大和国势力迅速发展壮大,对中国生产生活物
品的需求量大幅度增加。朝贡是周边政权获得中国物品的一个重

---

① 陈寿著,裴松之注:《三国志·东夷传》第三册,第857页。

要途径,日本也不例外。中国一直对朝贡国实行"厚往薄来"的宗旨,不计较进贡物品的多少、价值,只在意是否奉中国政权为正朔。因此,中国南北朝时期,虽然政权更迭频繁,社会动荡不安,但是日本仍力图保持与中国的朝贡关系,以获得中国的物质文明和精神文明。

公元 581 年隋朝建立,中国终于结束了数百年政治分裂、战争频繁的状态,再度走向统一。隋朝建立后,日本推古朝向中国隋朝派出朝贡使节——遣隋使,以摄取中国的先进文化。公元 607 年和 608 年,小野妹子两次出使中国,中国的《隋书》和《日本书纪》中都有记载。推古天皇时期,日本一共派遣 5 次遣隋使。

隋朝是中国历史上一个短命的王朝,仅存在 38 年,经历三个皇帝。公元 618 年,李渊在长安称帝,建立了唐朝。唐朝是中国历史上繁荣强盛的时代,也是当时世界上最强盛的国家之一,声誉远播,与亚欧国家均有往来,"万国衣冠朝长安",各国使者云集长安。日本积极向唐朝派遣使节,其目的除继续努力汲取中国先进技术和文化以及收集佛教经典外,还要加强日本对朝鲜半岛的影响力。据《旧唐书》《新唐书》的记载,日本自 630 年至 890 年间,共任命遣唐使 19 次,有 13 次成行并到达长安。遣唐使包括日本朝廷的使者、官员、留学生、僧侣、商人等。无论是日本官员还是留学生,都是经过严格选拔产生的,他们有比较好的文化修养,举止文明。遣唐使一般在中国学习一年左右,滞唐期间,他们广泛涉猎中国的典籍、儒学、音乐、医学等。遣唐使不仅学习中国文化,还在中日两国间充当贸易往来的桥梁。遣唐使一般都携带日本政府向唐朝进呈的银、丝、棉、布等礼物,带回唐朝回赠的礼物。唐朝的回礼一般比较多,主要是彩帛、香药、工艺品等。这些使者往来携带了礼物,虽然不是直接进入市场,但是,据日本史书记载:"建礼门前,张立三幄,杂置唐物。内藏寮官人及内侍等交易,名曰宫市"①,也就是说他们从中国带回国的部分物品流入了日本市场,客观上促进了中日贸易的发展。遣唐使中,有人在中国生活二三十年,有人在中国结婚生子,甚至升官进爵。阿倍仲麻吕就担任过唐朝的卫尉卿、秘书监等职,还有一个中国名字——晁衡。阿倍仲麻吕与唐代著名诗人李白、王维、储光羲等结交下深厚的友谊。

佛教经中国传到日本后,日本信众多。但是,日本佛教戒律不完备,僧人不能按照律仪受戒。日本僧人荣睿、普照随遣唐使入唐,邀请高僧去传授戒律。他们在中国访求十年,邀请鉴真东渡日本。鉴真经过五次东渡失败,终于在公元753年、66岁的时候成功在日本鹿儿岛(萨摩国)登陆。鉴真东渡,前后共12年,当他登上日本列岛时,已经双目失明。鉴真大和尚到日本后,受到日本朝野的热烈欢迎。鉴真大和尚经福冈、大阪等地,入平安京(奈良),住东大寺,天皇和皇族、贵族纷纷来拜见。天皇传旨鉴真在日本授戒传律。翌年4月,鉴真亲主戒坛为日本天皇、皇太后、太子以及文武百官,还有400多僧众受戒。天皇令在东大寺修建戒坛院,日本由此有了真正的戒律。鉴真和尚在日本先后为4万多僧人授戒。鉴真带去了佛经、佛像、佛具等宗教物品,还将中国的思想文化、建筑艺术、医药传到日本。唐招提寺就是按照唐代寺院的风格建造的,不仅影响到后来日本寺庙形式,也对世俗建造产生了影响。鉴真和尚所带的50多帖王羲之、王献之书法真帖,扩大了中国书法在日本的影响。鉴真东渡在中日交流史上占有重要地位,对日本经济社会的发展,特别是佛教文化的发展具有重要作用。

唐朝末年,中国爆发了黄巢起义。起义军一度攻陷洛阳、长

---

① [日]《续日本后纪》,承和6年10月条。

安,唐王朝处于风雨飘摇境地。长安作为都城,也失去昔日的繁华与辉煌。日本认为再派遣唐使会使国家有用人才遭遇危险,加之,自以为已经掌握了中国文化的精华,与唐朝完全处于同等地位,中国没有什么再值得日本学习的了,而且唐朝总是将日本使者视为朝贡使,有辱日本。公元894年,日本宇多天皇接受已任命尚未出发的第19次遣唐使奏请,决定第二年正式停派遣唐使。此后,日本列岛只有个别僧人和商贾零星去中国。日本终止向中国派遣唐使后,在吸收、移植唐代文化的基础上,形成了具有日本特色的国风文化。当然,日本贵族、寺院喜欢中国文物、字画的习惯仍然没有改变,王羲之的书法、白居易的诗对日本国风文化产生着深刻影响。

唐灭亡后,中国经过五代十国短暂的分裂、动乱时期,于907年建立了宋王朝。日本为增加财政收入,鼓励对宋贸易。中日双方商人互相往来,日本入宋的学问僧、留学生人数与唐朝大致相等。宋朝时,中日之间保持着贸易往来,日本商船到中国、高丽等从事贸易活动,中国商人也到福冈博多等地从事贸易,有的在日本成家立业,长期住在日本。南宋时期,中国的航海技术更加发达,中日人员相互往来进一步增加,日本更加注重有选择地吸收中国文化,按照日本需要对中国的思想、政治制度加以改造和利用。

三、元明时期中日往来与征战

忽必烈建立元朝后,数次派使臣到日本,要求与日本"通好",均被幕府拒绝。1274年10月,忽必烈派元军2.5万多人,乘900艘战船大举征日。元军在日本沿海诸岛,多次挫败日本武士,迫使其节节败退。元军为防止日本武士夜袭,回到船上。当天夜里一场台风将元军200余艘船掀沉,剩余船只不得不返航。1279年,忽必烈派使者要求日本臣服。日本杀了来使,表示不惜一战也绝不臣服的决心。元朝征服南宋后,1281年,元朝和高丽联军14万,乘4 400艘战船再次征日。联军在肥前国(佐贺和长崎县)伊万里湾口集结。日军准备得充分,致使元军两个月都未登上日本。在危急关头,元军船只被一场台风刮沉大部。台风帮助了日本,日本称这两次台风为"神风",神风的神话一直持续到第二次世界大战后期。当时,日本对美国作战已成败势,日本为了扭转战局,建立了"神风攻击队",对美军舰艇、飞机采取自杀攻击,妄图借助"神风"之名,保佑日本取胜。13世纪,日本虽然借助"神风"击退了忽必烈大军,但是,镰仓幕府的统治也走到尽头。

1368年明朝建立后,朱元璋为防沿海军阀余党与海盗滋扰,下令实施海禁政策,严格禁止中国人出海经商,同时限制外国商人到中国进行贸易(进贡除外)活动。周边来中国朝贡的船只,都必须获得"勘合"(执照),且严格规定朝贡贸易的地点、时间。海禁政策虽起到了自我保护的作用,但大大阻碍了中外交流发展。明朝规定,各国贡期或3年或5年。日本为10年一贡。所有船只都必须持有明廷事先所颁"勘合",中日两国贸易以"勘合"形式进行。

由于中日之间的合法贸易只能以"勘合贸易"形式进行,而海上贸易有巨大利润,使一些人铤而走险,进行海上走私和海盗活动。明中期以后,倭寇活动猖獗,不断侵扰朝鲜半岛和中国沿海地区,中日正常贸易受到危害。倭寇由日本西部的一些名主、庄官、地头、武装商人集团和游民为核心组成。13世纪至16世纪是倭寇的活动时期。倭寇与中国沿海的海盗和私商相互勾结,频繁入侵中国,在山东、江苏、安徽、福建、广东、浙江等省,烧、杀、淫、掠,沿海人民受害深重。明朝官员对倭寇姑息、惧怕,更助长了倭寇的嚣张气焰。为了打击倭寇的嚣张气焰,保护沿海人民生命财产的安全,明朝将领戚继光、俞大猷等组织了抗倭战争。戚继光 1555 年从山东调到浙江,负责镇守宁波、绍兴、台州及所属各县。戚继光到浙江后,招募 4 000 人的新兵,亲自训练,组成了一支具有很强战斗力的新军。"封侯非我愿,但愿海波平。"1561 年 4 月,新军取得龙山大捷,打败了万余倭寇组成的入侵军。次年又在福建攻取倭寇的据点,迫使倭寇在中国沿海无立足之地,逃往广东。广东总兵俞大猷继续追剿倭寇,1566 年,中国沿海倭寇之患基本解除。抗倭战争历经十余年,终于将中国沿海倭寇之患基本解除。中日两国重新开始正常往来。

16 世纪末丰臣秀吉统一日本。丰臣秀吉认为日本资源匮乏,灾害频繁,日本要生存,就必须扩展空间。丰臣秀吉制订了向大陆进军,要先取朝鲜、再占台湾、三取中国大陆、四统治亚洲,最后征服全世界的狂妄扩张计划,构建"大日本"。1592 年 4 月,丰臣秀吉率 17 万日军从朝鲜的釜山登陆,在 20 天时间内就占领了朝鲜首都汉城。6 月,丰臣秀吉又率军侵占平壤,深入到咸镜道北部。朝鲜形势十分危急,朝鲜当时是中国的藩属,朝鲜国王立即向明朝求援。明朝皇帝得到消息,立即派 5 万援军赴朝鲜,与朝鲜军队一起反击日军。1593 年初,中朝军队收复平壤。朝鲜名将李舜臣在海战中取得胜利,迫使日军停战。丰臣秀吉不满明朝册封其为日本王,1597 年 1 月,再率 14 万陆军和数万海军向朝鲜发动战争。中朝军队重创日军主力,丰臣秀吉最终以失败告终。1598 年 8 月,丰臣秀吉病死。日本无力继续向朝鲜进犯。

1644 年清朝建立,对外实行闭关政策,而日本德川幕府也对外奉行"锁国政策",且日本认为满人建立的政权,导致中国"由夏变夷",与中国交往的意愿不强,中日之间的官方往来断绝,民间贸易继续保持,贸易地点主要在长崎口岸。中日交流的规模、范围都不如之前广泛。

第二节 古代日本吸收中国文化的基本特征

日本孤悬海外,在相当长的时间内,对外部的空间认识和所能够达到的地区就是东亚,准确地说主要是朝鲜半岛和中国,日本对亚洲的认识一定程度就是他们对整个外部世界的认识。东汉以降,日本与中国有了正式的官方往来,得以直接学习中国的文化、思想,吸收先进的生产技术,提高列岛的经济社会发展。

古代的日本列岛,不仅在政治、经济、文化等方面与中国有相当大的差距,而且也落后于朝鲜半岛。日本利用与朝鲜交通比较便利的特点,通过朝鲜间接吸纳中国文化。隋朝以前,担任日本海外交往的使者基本上是中国或朝鲜的"归化人",不是日本本土人。日本弥生时代坟墓中出土的青铜器,与朝鲜半岛的极为相似。可以肯定中国的青铜、铁器、水稻种植技术等,都是通过朝鲜半岛传入日本列岛的。

在漫长的社会历史进程中,中日之间的交流,日本人以学习中国文化为主,文化流动也主要是从中国流向日本,交流的单向性明显。古代日本善于学习,他们并非全面照搬或复制中国文化,而是有选择地接纳与吸收,以符合日本社会发展需要为目标。日本有选择地汲取中国文化,并以此为基础形成具有日本特征的文化、制度和艺术。可以说,中日两国虽然地理相近,日本学习使用中国汉字,但是,两国文化从古代开始就有很大不同。日本有选择地吸纳中国文化,具有以下几个方面的特征。

一、努力汲取中国物质文化,推进列岛经济进步

中国战国时代的书籍中就有中日交流的记载,那时的日本列岛尚处于部落联盟时代。汉代日本正式接受中国的册封。邪马台国时期,各个部落首领为取得政治上的优势,竞相与中国王朝建立联系。当时的魏国、吴国都与邪马台国交往,试图将其置于自己的册封之下。魏国封邪马台女王为"亲魏倭王",目的在于明确邪马台对魏国的臣属关系,使其中断与吴国的交流。当时的邪马台国,处在木器与铜、铁器并用的生产状态,他们"种禾稻""无牛马""耕田犹不足食""食海物自活"。邪马台女王为了加强自己的力量,接受册封并遣使向魏朝贡。公元 238 年,邪马台以"男生口四人、女生口六人,班布 2 匹 2 丈"①,向魏王朝"朝献"。魏王还之以厚礼,用"绛地交龙锦五匹、绛地绉粟罽十张、菁绛五十匹、绀青五十匹"答谢邪马台国女王,并以"绀地句文锦三匹、细班华罽五张、白绢五十匹、金八两、五尺刀二口、铜镜百枚、真珠铅丹各五十斤"②,赏赐女王。公元 243 年,邪马台国再次向魏王朝遣使"朝献",物品比以前丰富了许多,进献物品有"倭锦、绛青绵、縣衣、帛布、丹木、柎、短弓矢"③。这些都是仿照中国物品制造的,说明日本吸收中国文化的速度非常惊人。邪马台国时期,中国金属制品大量传到日本,日本的冶炼技术迅速提高,并以中国的铜镜为样板制造出了"倭镜"。

如前所述,中国南北朝时代,虽然连年战乱,人们的生产、生活受到了极大的破坏,但是,由于各民族经济交流、民族融合的加强,也从另一个方面促进了经济的恢复和繁荣。公元 413 年至 502 年,大和国曾 13 次派遣使者,分别向东晋、宋、梁各朝朝贡,请求册封。

---

①②③ 陈寿著,裴松之注:《三国志·东夷传》第三册,第 857 页。

大和国向中国朝贡是为了更多地获取中国的物品,学习中国先进的物质文化。中国虽然经过南北朝时期的战乱和动荡,但是政治、经济、文化发展仍然高于日本,中国自以为是天朝上国,看重朝贡体系中的独尊地位,对日本朝贡回赠品的价值和数量,远远高于进贡物品。大和国时期,中国的炼铁技术经朝鲜半岛传到日本,这一时期,日本已能够自己生产铁制农具和武器。中国的制陶、纺织、建筑、医学、天文、历法等也在日本获得传播,有利地促进了日本列岛生产力水平的提高。

由于中国经济、政治长期领先于日本,古代中日交流中,文化主要是从中国流向日本,单向性比较强,日本模仿中国的成分很多。如邪马台国时期,官员出行,百姓"见大人所敬,但搏手以当跪拜";"下户与大人相逢道路,逡巡入草,传辞说事,或蹲或跪,两手据地,为之恭敬"①。这种尊卑有序的礼仪,就是仿效中国等级制度的结果。圣德太子时期,日本开始向中国派遣大规模的官方使团,努力学习中国文化。圣德太子制定了日本第一部成文法《宪法十七条》,以加强统治者至高无上的权威,并仿照中国建立了中央集权制政府和官员品级。设立了大小 26 个品级,新官员品级逐渐取代了世袭氏族等级。《宪法十七条》规定日本人全体尊敬佛教,提倡儒家道德。这是学习中国政治制度、思想文化的一个重要事件。

隋唐时期,日本多次派使者到中国,遣隋使和遣唐使学习中国的思想文化、经书、音乐、医学、建筑等知识,充当贸易往来的桥梁,促进日本社会的进步。古代日本的建筑、雕刻、绘画、音乐等无不具有中国印记。

公元 646 年,日本孝德天皇颁布《改新之诏》,实行"大化改

---

① 陈寿著,裴松之注:《三国志·东夷传》第三册,第 856 页。

新"。在"大化改新"中,日本仿照隋唐的"均田制",废除了过去"子代之民、处处屯仓""部曲之民、处处田庄"的私自占有部民、土地的部民制度,将中央贵族、地方贵族占有的部民和土地收归国有,成为"公地公民"。在此基础上,实行"班田收授法"和租庸调制。"大化改新"还学习中国的中央集权制,确立集权思想,"置八省百官",在地方设国、郡、里,把贵族统辖的大小诸国,置于中央的直接控制之下。"八省百官"制和国郡里制均受到了唐朝三省六部制和州县制的影响。"大化改新"促进了日本政治、经济、社会的发展,对未来日本的发展产生了深远的影响。

日本最初只有语言没有文字。公元前后,汉字传入日本,日本很长时间用汉字处理国事,汉字是日本了解和学习中国文化的媒介。公元6世纪,日本上层已经推广使用汉字。宫廷贵族用汉字写诗、作文章。公元9世纪左右,日本借用汉字的形和音,创造出了假名。假名是把中国汉字的部分省略,或者用极简草体化而创造出来的表音文字。在日语中,采用正楷汉字偏旁的文字被称为片假名,从汉字偏旁草体化而来的文字叫平假名。日本创造出假名文字后,其官方文件和史书不仅使用汉字,还在汉字中间夹杂假名,这种书写方式一直持续到19世纪。日本仿照中国编写史书,公元8世纪,日本出现了用汉字书写的古书:《古事记》(712年)和《日本书纪》(720年)。《古事记》没有使用"日本"这个词,自称为"倭"或"大和",以记录天皇家的历史为主,体现天皇的正统性。《日本书纪》是编年体史书,书中出现了"日本"一词,用文字来记录国家的历史,体现了日本作为一个独立国家的权威地位,对外宣称了日本的主权,是一部带来外交色彩的书籍。尽管这两部书的内容,有许多牵强附会的东西,却是研究日本历史的重要文献。

二、选择性吸收中国制度文化

古代日本长时间地向中国学习,而且不惜冒着台风、海盗袭击等风险,多次派使节到中国,表现了求知若渴、虚心求教的姿态。然而,古代日本并不是全盘照搬中国的政治、制度和思想文化,而是有选择地接纳和吸收,以有利于维护日本列岛秩序、保留日本文化的特性。世界上所有民族都有自己的生存、生产与发展方式,有属于自己的文化及其特质。古代日本虽然努力汲取中国文化以促进列岛的进步发展,但是,日本在与中国交流的时候,特别注意保留自己民族的特性,也就是后来他们所说的"和魂"。

中国的科举制度肇始时间,学界仍然在争论之中,多数学者认为始于隋,成熟于唐。此后延续 1 300 多年,直到清光绪年间实行"新政"才废止。隋朝实行科举考试,是为了选拔人才,加强国家权力,为有才学的读书人进入国家权力层面提供通道,为皇帝效忠。科举考试在唐代趋于成熟,打破了魏晋以来"上品无寒门、下品无士族"的门阀士族独占政治权力的局面,也曾经推动了文化教育的发展和文学的繁荣。然而,随着科举制度的成熟与演进,其弊端越来越多,读书人脱离实际,读死书、死读书,以致到明、清时代,科举考试以《四书》《五经》为题,形成了"八股"考试,极大地扼杀了人才,造成"万马齐喑究可哀"的局面。

隋唐时代,日本多次派遣使节来到中国,有的还在中央政权担任要职,在中国娶妻生子,终老一生。这些使节回国后,将中国科举考试选拔官吏的制度介绍给日本统治者。渴望学习中国政治文化的日本,也曾经效仿中国科举制度在日本推行"贡举"制度。在中央设置"大学",在地方设置"国学"来培养学生,并按照考试成绩录用官员,考试成为读书人入世的途径之一。但是,由于日本氏族贵族势力强大,他们不愿意放弃"荫位制"特权,因此,日本实行贡举制度的时间不长,也没有形成完备的考核、选拔官员的制度,没有像中国那样,使其成为政治制度的重要组成部分。

中国的宦官制度起源于周,延续两千多年,是一种残酷的扼杀人性的制度。在中国漫长的封建社会中,也不断出现皇权的旁落、宦官专权时期。宦官后天的生理畸形,使其身心受到极大摧残,一旦掌握大权,更加贪得无厌地攫取权力和财富,以获得心理上的平衡,宦官擅权往往比官僚擅权为祸更烈,宦官专权是中国封建社会最黑暗的政治之一。中国历史上的赵高、高力士、童贯、魏忠贤等太监专权,给社会政治经济带来了巨大灾难。日本学习中国政治制度时,并没有学习宦官制度。究其原因,学界有人认为列岛本来人口就不多,加之多年征战,摒弃了宦官制度,避免了由此带来的社会危害。还有人认为日本古代社会发展程度比中国落后,男女大防观念还没有形成,所以,宫廷没有实行宦官制度。笔者倾向后一种说法。不管怎样,日本没有学习宦官制度,对其社会发展是有利的。

唐代中国在各个方面都给日本以极大影响,尤其是政治制度方面,"唐的制度非常复杂,也极其灿烂。日本在采用其制度时,将其变得非常简洁。如果仅从外表来看,似乎只是把唐的制度改换成非常简单的模式。实际上并非如此"①。日本学习唐代政治制度,注意鉴别其合理与不合理成分,以吸取部分有利为原则。日本认为唐代官职中重复职位过多,造成效率较低,农民负担过重,因此,对认为不必要的官职进行精简,以提高效率,更加适用于日本之用。日本在经济上模仿中国的均田制、租庸调制,在政治体制上

---

① 〔日〕内藤湖南:《日本历史与日本文化》,第268页。

建立过两官八省制,地方的国、郡、里等机构,甚至仿照隋唐建立了法律制度等。但是,这些制度都以适合日本需要为目的,对不合适者坚决撤销,所模仿的唐代制度,有一些并未在日本长期存在下去。例如:大化改新中的租庸调制、班田收授制等,在日本只实行了不到半个世纪,不久即为庄园制所取代。"摄关政治"取代了中央机构,地方行政机构演变为世袭的家族领地。幕府时期实行幕藩体制,中央集权与地方分权同时存在,不同于中国的中央集权体制。日本在律令体制建设中,虽然受到隋唐影响最大,但不是全盘照搬,而是注意与自身需要相结合,有学者认为这是"日学为体,唐学为用",表现了高度的再创造、建构的意识。

古代日本在吸收中国文化时,重视与列岛的需要结合起来,特别是在思想文化上,注意对中国文化的再创造,保留"和魂"。公元10世纪,日本逐渐形成了具有自己特点的"国风文化"。所谓"国风文化"虽然从大的方面说"是东亚或者大中华文化的一支,但由于地理环境的关系,它又不像大陆各地域的文化有那么多的一致性和统一性。就像物种在不同的环境下进化成各种形态一样,孤岛的日本文化和其他地域的东亚文化是有所区别的"①。这一时期日本创造了世界上第一部长篇小说《源氏物语》,还有《古今和歌集》《枕草子》等作品。在戏曲、绘画等方面也保留着日本民族特色。

佛教产生于印度,一般认为西汉时期传入中国,历经数百年的延续、发展,逐渐成为有中国特点的佛教。唐代中国佛教经过朝鲜半岛传入日本,日本佛教的母体是中国佛教,又与中国佛教有许多不同。日本佛教不是寺院或出家僧侣之专属,出家与在家区别不

---

① 王仲涛、汤重南:《日本史》,北京:人民出版社,2008年,第63页。

大。原始神道是日本列岛的宗教信仰,是日本自发生成文化的代表。佛教传到日本后,与日本神道教相结合,形成了佛神合一具有日本特点的佛教思想。再如:中国的老庄思想、儒学等,都被日本人重新建构,中国儒家思想核心是"仁",日本在吸收儒家思想中,则最强调"忠",臣子忠于天皇,家臣忠于主人,"忠"是维系日本社会的最高道德,以致影响到日本近代的社会发展。在日本固有文化与外来文化的冲突、融合中,日本一直努力保持本土特有的精神。其注重日本文化与外来文化差异的思想,表明日本在吸收、鉴别外来文化中的警惕性和自主意识。内藤湖南比较了日本与新罗吸收中国制度、文学、美术等文化方面的差异,认为在吸收中国文化并内化为自己精神方面,日本表现出了更卓越的才能。可以说,日本自古以来在学习外来文化中,不仅对其甄别、改造,始终保持自身特点,还对外来文化保持着警觉,无论是"和魂汉才",还是"和魂洋才"都要坚守日本固有的精神。

三、努力争取与中国对等的政治地位

古代日本虽然努力汲取中国的先进文化,但是在与中国交流中,并不甘心居于"边缘"地位,而是努力寻求与中国的对等地位,政治上与中国平起平坐。古代日本在与中国关系上,表现出比中国周围其他政权更强烈的平等意识。随着日本社会的进步发展,这种求对等乃至平等的意识亦越加强烈,且将"对等"逐渐演化为"征服",甚至要取而代之,在东亚构建以日本为中心的"华夷秩序"。古代东亚地区以中国为核心的"朝贡体系",是以东亚各国的利益共同、共建安全体系为核心的。日本虽然处于中华文化圈内,但是,不愿意永远"臣服"于中国,其自立意识比琉球、安南(越南)、朝鲜等国高得多。大化改新后,日本开始独立制定年号,不愿意接

受中国中央政权的册封,而朝鲜、越南等国则长期使用中国年号,向中国称臣纳贡。公元 6 世纪以前,中国文献中不见有"日本"之称呼。《旧唐书》记载日本乃"倭国之别种也","以其国在日边,故以日本为名。或曰:倭国自恶其名不雅,改为日本"①,认为日本修改国号是因为厌恶"倭国"名称不雅。这是否为真实原因,目前很难判定。《新唐书》中,日本是与倭国并称的。《新唐书》中倭国称呼不再,只见"日本",《宋史》直呼"日本"。《日本书纪》大化元年(645 年)有"明神御宇,日本天皇昭旨"的记载。日本国号何时改为日本,学术界有争论,多数学者认为,在 7 世纪是比较可信的。从汉语的词义上讲,"倭"与犬戎、夷狄、蛮等相比,并非丑陋不堪。日本改国号与 7 世纪后日本天皇自称天照大神后代,政治上加强皇权、对外关系上彰显自主不无关系。

圣德太子时代,日本接受中国的大一统思想,试图建立以天皇为中心的中央集权制,实行了一系列的改革。圣德太子执掌大权时,恢复了中断一个世纪的中日国交。公元 607 年,圣德太子派遣小野妹子出使中国,带来了日本天皇给隋炀帝的一封信,信中称:"日出处天子致书日没处天子无恙"②。当时,东亚国际体系中,只有中国的皇帝才能称天子,隋炀帝见信非常不高兴,对鸿胪卿曰:"蛮夷书有无礼者,勿复以闻。"③隋炀帝以"皇帝问倭王"的形式,拒绝了日本对等外交的请求。这件事表明,日本力争在不打破中国册封体系的前提下,与自称"天子"的中国皇帝取得对等的外交地位。当时隋炀帝正在征讨高丽,不愿意树敌太多,608 年派裴世清等 13 人回访日本,带有教化日本人的目的。裴世清所带国书以

---

① 刘昫编:《旧唐书·东夷传》第十六册,北京:中华书局,1975 年,第 5340 页。
②③ 魏征编:《隋书·东夷传》第六册,北京:中华书局,1973 年,第 1827 页。

"皇帝问倭王"的形式开头。圣德太子盛赞隋为礼仪之邦,表达了"偏居海隅,不识礼仪"岛国日本对大隋的敬仰。609年,圣德太子再度派小野妹子出使中国,仍然没有放弃与中国对等地位的追求。小野妹子第二次使隋所带的国书不再自称"天子",而是"东天皇敬白西皇帝"①,这是日本最早使用"天皇"的称呼。对于这个称呼,史书没有记载隋炀帝表现出什么不满。而"日出天子""东天皇"等,都是从中国文化体系中产生出来的。尽管日本追求与中国对等关系在当时很难实现,日本使者官阶很高,而隋朝派遣到日本的使节只是八九品官员,但是,日本对中国表现出强烈的对等意识是不容忽视的历史存在,反映了日本不甘久居人下的争强心理。

　　关于隋唐时期日本向中国派遣正式使节的原因,中日双方的史料记载存在着本质上的不同。日本史书记载,其派遣使节到中国,是为了与中国实行对等交易和外交,中国《旧唐书》《新唐书》则记载遣唐使是朝贡使,与周边政权并无区别。日本遣唐使接受遣隋使自称"天子之国"惹怒隋炀帝的教训,送给中国皇帝的国书中,都直接使用日本天皇的年号,以表示与中国皇帝的对等。唐代皇帝对于日本追求对等意识不以为然,以致唐太宗时期,出现了派高仁表随日本使节去日本,因外交礼仪之争"不宣朝命而还"的不愉快事件。唐朝从未将日本视为对等国家,而日本也不再接受唐朝的册封。可见,古代日本不懈追求与"天朝上国"对等地位的努力。

　　镰仓幕府建立后,日本有选择地吸收中国文化的自主意识进一步增强,对中国文化,根据日本的社会状况和需要加以改造。佛教的禅宗,在中国唐代是贫苦民众的思想慰藉,宋代以后在中国与

---

① [日]《日本书纪》,推古天皇16年9月条。

儒学结合,为士大夫阶层所接受。而禅宗传到日本后,首先为幕府和武士所接受,鼓励武士们"死生如一",成为武士们修炼身心、刻苦自励的精神武器。朱子学是南宋的官方哲学,明清两代都把朱子学作为正宗的儒学。中国儒学发展史上,朱熹理学影响力很大,是仅次于孔子的思想。朱子学传到日本后,日本一度形成朱子热,后醍醐天皇以其作为复兴皇室的理论根据。明代,王阳明提倡"心学",主张"心即理",知行合一,要求人民恪守儒家伦理,成为圣人,这对专制统治是有利的。王阳明的"心学"传到日本后,吉田松阴、西乡隆盛等看重阳明学中强调主观实践的方面,以之作为鼓励他们从事幕末维新运动,改革现状的思想武器,与王阳明"心外无物""心外无理"的"心本论"已相去甚远。

日本自古以来偏居一隅,列岛多地震、海啸和火山,其民众危机意识强。当社会生产力有了一定发展后,日本感到其生存空间狭小,力图向外扩张,构建"大日本"。由于地理位置等因素,古代日本对外战争的首要目标就是朝鲜。早在 7 世纪就发生过著名的白江口之战,日本虽然大败,但是并没有放弃对外扩张。丰臣秀吉统一日本后,1592 年和 1597 年两次出兵朝鲜,目的是向中国进军,狂言将日本首都迁到中国北京。这两次战争均以日本失败而告终。丰臣秀吉虽然统一了日本,实行了一些改革措施,使日本列岛的经济有了长足的进步,但是,日本的国力还根本无法与中国相匹敌。丰臣秀吉不仅不再接受中国皇帝的册封,反而挑战以中国为核心的朝贡体系,要建立日本统治下的包括朝鲜、中国、印度、菲律宾等广大范围内的"大亚洲",取中国而代之,可见其野心之大。

德川幕府建立后不久,明朝灭亡。清朝建立后,开放海禁,促进了中日贸易的迅速发展。中国的丝绸、书画、文具、茶、药材等商品在日本很受欢迎,而日本却没有相应货物出口,在与中国的贸易中处于"入超"的地位。于是,德川幕府对中日贸易实行了一些限制,长崎是中日贸易的唯一港口。清朝是中国封建社会的最后一个王朝,中国的封建社会已经走下坡路了,在经济、政治、文化等方面渐渐落后于西方各国,但是文化、经济、社会发展水平仍然高于日本,中日交往的主流仍然是中国文化向日本传播,中日交流的单向趋势并没有改变。清代中国的著作大量传到日本,日本大量翻译出版中国人的著作。最著名的就是魏源的《海国图志》,该书对日本维新志士产生很大影响。德川幕府虽然与中国保持着贸易往来,但是,不再向中国朝贡,从贸易、经济乃至国家意识层面,摆脱对中国的从属关系。不仅如此,日本还开始构建以自己为核心的小的"华夷"秩序,出现了"海外雄飞论",通过发展军事,夺取朝鲜、琉球、中国东北、中国台湾、菲律宾等。日本向朝鲜派遣使节,迫使朝鲜、琉球臣服于日本,加强对这些国家的实际控制力,削弱甚至切断这些国家与中国的联系。

总之,古代东亚地区就存在着密切的交流与联系,在东亚地区的文化流动中,长时间是以纵向为主的,也就是中国文化向周边比较落后的地区辐射,促进了周边国家政治、经济、文化的发展。孤悬海外的日本,不遗余力地吸收中国的先进文化,并根据自身社会发展的需要,创造了具有日本特点的文化、艺术、制度等。随着日本列岛的政治、经济、文化、艺术等方面的进步,日本对中国及其东亚邻国的看法发生了变化,对自身评价提高。日本从东汉末年主动要求加入中国中央政权下的册封体系,到隋朝时期追求对等外交,再到丰臣秀吉时代"大日本"的构想,反映了日本在学习中国过程中心态的变化,对中国从崇敬、仰视到对等的演变,反映了日本善于吸收先进文明,以及崇尚强者的心态。

第三节 从"锁国"到"开国"日本人亚洲观的转变

　　1603 年日本江户（德川）幕府成立，日本历史进入了近世时代。德川幕府在对外关系上，实行"锁国"政策，严格限制日本与国外的交往，对外贸易限于长崎一港。日本的近世是连接古代与近代的重要时期，也是日本对外交流范围迅速扩大时期，即是由以中国、朝鲜为主扩大到欧美等西方地区的时代。德川幕府的"锁国"政策没有挡住西方的船坚炮利，日本在欧美频频叩关的压力下，被迫打开紧闭的国门，允许西方各国在日本通商、设置居留地、享受领事裁判权，日本的主权受到侵害，出现了前所未有的民族危机。在历史转折关头，日本这个自古就善于吸取外来文明的民族，迅速转变方向，把目光转向西方，通过明治维新，走上了资本主义发展道路，成为亚洲唯一的工业化强国。随着日本实力的上升，其中国观、亚洲观也悄然变化，尤其是对中国为代表的文明从崇拜、努力汲取，到藐视、贬低。

一、日本"锁国"体制的建立

　　自古以来世界各种文明就相互交流、彼此影响，共同推进着人类社会的进步与发展。"世界充满了流动。流动是文化的原动力。每一个国家和民族，都可纳入世界范围的多向、多元的文化流动之中。即便在人类文化繁荣的轴心时代，文化演进也时常处在流变之中。"①远古时代由于技术的限制，各国交往主要限于地理位置较近的周边，在东亚地区是以中国为核心的"朝贡体系"，体现了东亚

---

① 王京生：《文化是流动的》，北京：人民出版社，2013 年，第 3 页。

地区的国际关系和特点。随着科学技术的不断进步,远距离甚至跨海交流成为可能,文明流动的范围更加广泛。15—16世纪,欧洲国家的航海技术取得长足进步,特别是指南针用于航海后,跨洋远航不再是难事。资本主义早期实行重商政策,葡萄牙、西班牙等国由于所处地理方位及经济社会发展条件的限制,将海外发展作为强国战略,这刺激了它们航海技术的发展,其远洋航海能力称雄世界。

　　1492年,西班牙人哥伦布登上美洲大陆,开启了东西方交流的新时代。"大航海时代"的葡萄牙、西班牙,有许多冒险家飘洋越海来到遥远的东方,从事商业贸易、传教甚至海盗活动。1543年,一只葡萄牙船队在前往中国宁波的途中遭遇台风,船只被迫漂泊到日本鹿儿岛(大隅国)南部的种子岛。他们是最早到日本的欧洲人。日本人对金发碧眼、身材颀长的西方人充满好奇,更使他们感兴趣的则是葡萄牙人随身携带的步枪。种子岛岛主惠时、时尧父子高价购买2枝葡萄牙步枪,反复研究,命人仿制,很快学会了步枪的使用和制造方法。日本人将步枪用于战场,提高了军队的战斗力。"铁铳传来"后,这种新式武器深受大名的喜爱。从这种新式武器中,日本人真实感受到西方科技进步所带来的变化,也促进了日本列岛军事战术的变革与发展。

　　继葡萄牙人之后,西班牙人也来到日本。他们在从事贸易活动的同时,也带来了西方的宗教信仰和价值观念,他们在日本建立教堂,传播天主教教义,发展日本信徒,一些大名、武士也接受洗礼,成为天主教徒。有的大名还捐出土地供修建教堂和传教士传教所用。据统计,1582年前后,日本各地教徒有15万人之多,教堂200多座。① 西班牙、葡萄牙、荷兰、英国等国还在日本开辟"居留

---

① 吴廷璆主编:《日本史》,天津:南开大学出版社,1994年,第199页。

地",享受治外法权。天主教认为上帝是万物之主,在上帝面前人人平等,与幕府统治下的等级制度产生矛盾。天主教会通过发展信徒,形成了庞大的教徒组织。南方的一些大名,为了壮大实力,还通过教会购买武器,加强自己的军事力量。这一切都威胁着幕府的统治。早在丰臣秀吉时代,日本就曾禁止天主教传播。丰臣秀吉认为日本是神国,天主教是邪教,1596 年发布禁教令。禁教令发布后,日本各地不断发生毁坏教堂、逮捕教徒的事件。1697 年,长崎发生了处决 26 名天主教徒的"大殉教"事件。

为了维护幕府统治,控制大名与国外贸易、交流,德川幕府于 1632—1639 年连续发布五道"异船御禁止"令(后人称之为"锁国"令),全面禁止外来船只进入日本,也不允许日本人到海外,禁止各地制造用于海外贸易的大船。幕府要求日本的天主教徒一律改信佛教,防止西方人的观念侵蚀日本,危及统治。荷兰属于新教国家,为了取代葡萄牙、西班牙在日本的贸易,荷兰国王致函德川家康,说传教士唆使日本教民制造内乱,要征服日本。这正是幕府所担心的。于是,1613 年幕府下令禁教,驱逐葡萄牙传教士,焚毁教堂,幕府只允许荷兰人继续在日本从事贸易活动,但是,对其活动范围进行严格限制。1641 年幕府命令所有荷兰人全部集中到长崎,在长崎专门建设了填海造地的人工岛——出岛,供荷兰人居住和贸易活动。长崎是"锁国"体制下唯一与西方人通商的港口。幕府的"锁国"对象主要是西方国家,日本与中国、朝鲜的贸易一直没有中断。日本通过长崎,引进少量荷兰文献,吸收西方医学、天文学、地理学、测量术、航海术等"兰学"知识。

德川幕府"锁国"的主要目的是维护其统治地位,虽然"锁国"政策带有一定的防范西方资本主义侵略、避免日本领土主权受到危害的目的,但是,"锁国"毕竟是一种消极政策,不可能阻挡历史发展的大趋势,也不可能因此维护日本的主权利益。说到底,"锁国"政策与历史发展方向背道而驰,必定随着社会的发展而被抛弃。日本的"锁国"政策,只能延缓民族危机的到来,不能从根本上克服危机,甚至会导致更严重的民族危机。

二、"黑船"叩开日本国门

日本宣布"锁国"的第二年即 1640 年,英国掀开了资产阶级革命的序幕。英国资产阶级革命,在世界上第一次结束了封建专制统治,用法律形式限制王权,确立了君主立宪制度,标志着人类社会进入崭新的历史阶段。资本主义代表着当时历史发展的新方向,继英国资产阶级革命后,18 世纪美国开始了独立战争、法国发生了轰轰烈烈的大革命,资本主义制度先后在西欧、北美确立了统治地位。18 世纪中叶英国开始的工业革命使资本主义生产力获得史无前例的飞速发展。随着工业革命的发展,蒸汽机用于航海,随着新航路的开辟,从遥远的欧洲到达亚洲的时间大大缩短,欧洲各国纷纷开始远洋航行,他们来到遥远的东方,寻找商品销售市场,开拓海外殖民地。

1840 年英国为了打开中国的市场,发动了鸦片战争。鸦片战争以中国失败、签订不平等的《南京条约》而告终。中国被迫开放通商口岸,向英国割地、赔款,丧失了司法和关税等基本主权。中国在鸦片战争中失败的消息很快就传到日本,并引起幕府的极度惶恐和忧虑。陆军总裁胜海舟认为:"邻国之事也是我国之鉴。欧洲的势焰渐入东洋,有剥林以肤之诚。识者寒心,岂其梗概"[①],

---

① [日]胜海舟:《海舟全集》第 2 卷(上),第 43 页,转引自王晓秋:《近代中日关系史研究》,北京:中国社会科学出版社,1997 年,第 137 页。

老中①水野忠邦认为日本的防卫力量很弱,鸦片战争"虽为外国之事,但足为我国之戒"②。日本思考中国作为"天朝上国"被英国打败的原因,认为"中国封建统治者,妄自尊大,闭目塞听,既不学习外国的先进技术,又不了解世界形势,甚至依然把西方各国当作昔日夷狄加以轻视,结果才惨遭失败"③,幕府担心鸦片战争会波及日本,故欲极力避免重蹈中国之覆辙。

　　果然如幕府所担心的,鸦片战争结束后不久,英国、法国等西方国家的船只纷纷来到日本,向日本提出开放通商口岸,在日本自由传教、自由居住和贸易等要求。"锁国"时代,荷兰一直与日本有贸易往来,但是,荷兰希望日本开放更多的通商口岸,给其更多的便利。荷兰国王威廉二世甚至威胁日本:如果不开国,将效仿英国对中国的方式,以武力打开日本的国门。在"西力东渐"的大潮之下,日本面临着"生存或死亡"的选择。幕府力避与西方各国发生直接冲突,遂修改了驱逐外国船只命令,允许向漂流到日本的外国船只供应水和粮食等生活必需品,但是,不同意"开港"。

　　1846—1848 年美国通过美墨战争,夺取了墨西哥的加利福尼亚州,其领土扩展到太平洋东岸。鲸油是 19 世纪重要的照明材料,国土辽阔的美国对鲸油有很大的需求,大量的美国捕鲸船穿梭往来于北太平洋地区。美国的捕鲸船经常遭遇海上暴风雨,他们经常要到日本尤其是北海道地区躲避。另外,捕鲸船和对华贸易船只长途航行,需要中途停靠港口,补充必要物资。日本所处的地理位置,非常适合作为远洋航行船只的停靠地,为美国在北太平洋

---

① 江户幕府的职名,是征夷大将军直属的官员,负责统领全国政务,是幕府的最高官职。
② [日]小岛晋治:《太平天国革命的历史和思想》,第 292—293 页,转引自王晓秋:《近代中日关系史研究》,第 137 页。
③ 王晓秋:《近代中日启示录》,北京:北京出版社,1987 年,第 20 页。

地区作业的船只补充粮食、淡水和燃料等,"当美国成为太平洋国家后,跨越大洋的继续西进,自然作为美国国家发展的新的战略目标被提上日程"①,美国决定用武力压迫日本开港。鸦片战争后,中国国门洞开,中国巨大的市场潜力为列强所觊觎,横跨太平洋航路的开辟,更刺激了美国进一步向太平洋地区扩张的野心。位于太平洋航道上的日本对美国西扩来说,是非常重要的地点。

　　1852年美国政府任命海军准将培里为东印度舰队司令,委以实现日本"开港"的重任。1853年7月,培里作为美国对日使节,率四艘军舰到日本江户湾的浦贺港,其中两艘为蒸汽动力,两艘为风帆动力。一艘蒸汽军舰排水量达到2 450吨,并装着六门大炮,另外一艘蒸汽军舰排水量达到1 692吨,安装了12门大炮。两艘帆船各装载4门大炮。船只停泊在浦贺港,炮口对着岸上。培理舰队的所有船只都为黑色,这次航行被日本称为"黑船来航"。当时,日本海军军舰都使用风帆作为动力,其炮射程及火力难与培里舰队相比。培理向幕府递交了美国总统的国书,要求日本向美国开放港口。"黑船来航"在日本国内引起强烈的反响,幕府上下一片恐慌,赶紧商讨对策。幕府老中认为,英国在鸦片战争中把老大的中国打败了,区区之日本怎能与强大的美国作对。他们认为,如果幕府拒绝美国的要求,可能招致战争。日本战败再签订条约,那就只能割地、赔款了,条件肯定比现在要苛刻许多。权衡利弊,不如现在就接受美国的要求,开放一些通商口岸,为美国船只提供煤炭、淡水等急需之物,换得幕府统治的稳固。幕府担心接受美国的要求,会受到日本国内的抨击,危及统治。幕府首席老中阿部正弘提议,幕府可以采用拖延的方法,告诉培里接受美国的要求,必须

---

① 宋成有:《新编日本近代史》,北京:北京大学出版社,2006年,第68页。

得到天皇的批准,这需要时间。于是,幕府与培里约定,来年春天给美国以正式答复。

第二年(1854年)1月,培理率七艘军舰再度来日,这七艘军舰中有三艘是蒸汽动力,美国舰队一直深入江户湾内,到达横滨附近才停船。幕府接待培里的地点也从浦贺港变为横滨。面对培里的强硬姿态,幕府只好接受开国的要求。3月,在美国的强大压力下,幕府与美国签订了《日本国美利坚合众国和亲条约》(即《神奈川条约》),日本被迫开放下田、箱馆(函馆)两港;日本同意向美国船只提供煤炭、淡水等物资,救助遇难船员;日本今后给予他国好处时,也应给予美国;在下田开设领事馆等。《日美和亲条约》是日本历史上的第一个不平等条约,随后,其他西方国家纷纷效尤。1854年10月14日,日本与英国签订了《日英协定》,1855年2月7日签订《日俄亲善条约》,1856年签订《日本国荷兰国亲善条约》。从1854年到1856年,日本与美、英、俄、荷四国结成了条约关系,大体形成了一个以日本为中心的条约体系。1856年,日美签订《日本国美利坚合众国修好通商条约》。随后,英、法、俄、荷等国与日本签订类似条约及贸易章程,即"安政五国条约"。这些条约,规定日本开放箱馆、兵库、长崎等五个港口,江户、大阪辟为商埠,日本与各国互派驻领事、公使,日本承认领事裁判权、协定关税率制度等,从翌年7月起实施。日本200多年的"锁国"体制宣告结束,被迫卷入西方条约体系之中。"黑船来航"后,日本政治混乱,幕府统治也将走入尽头。

对于培里叩关带来的影响,出于各种原因,日本没有做过多的批判,而是认为培里来航,是日本近代外交的起点。笔者2019年8月到位于浦贺附近的培里公园,公园矗立着培里登陆纪念碑,碑文是日本首任内阁总理大臣伊藤博文写的"北米合众国水师提督伯理上陆纪念碑"几个字,落款为"大勋位侯爵伊藤博文书"。纪念碑是培里登陆日本48年后的1901年建立的,当时对美友好协会的金子坚太郎为树立纪念碑做了很多努力。金子参与起草明治宪法,是日本有名的法律专家,在日本政界很有影响。为修建纪念碑,金子多方奔走,在日本和美国筹措了经费,花八个月的时间建成纪念碑。伊藤博文是对美友好协会名誉会员,亲自撰写碑文。昭和十年(1935年)培里登陆纪念碑成为神奈川县横须贺市指定文化财。1941年12月,太平洋战争爆发后,美国和日本相互宣战,两国成为交战的敌国,培里对日本来说,不再是带来近代文明的恩人,纪念碑被推倒。1945年11月,培里纪念碑才重新被树立起来。

　　现在的培里公园中建有培里纪念馆,纪念馆门口放置着培里的塑像。纪念馆中展览内容丰富,以图文并茂的形式,呈现培里第一次登陆日本时所率领的四艘黑船样式、吨位和移动情况。培里叩关之时,一般日本人对西方人和西方文明,基本不了解,他们也没有机会接近培里船队去目睹西方人的尊容。于是,日本的漫画家根据自己的想象,画了许多培里及其一行的漫画。漫画中的美国人有不同的面目,夸张而搞笑。在漫画家的笔下,有的美国人长得像鹰,高耸的鼻子几乎占据脸的三分之一;有的眼睛又大又圆,面目狰狞。这些漫画与美国人实际长相相去甚远,反映了"锁国"体制下,日本人对于外边世界的想象、好奇与误解,具有鲜明的时代印记。

　　1953年是培里"黑船"舰队到日本100周年。在培里当年登陆地横须贺市,市民举行了盛大的纪念活动。为了组织好开国百年"嘉年华"活动,日本做了详细的计划,日本著名剧作家永田衡吉写脚本,当红演员河竹登志夫参加表演,据说这些活动中体现了时任首相吉田茂的想法。纪念活动丰富多彩,有黑船登陆、号炮、狼烟等,日本在美军基地周围的盛装游行等。扮演培里和美国士兵的是横须贺市役所的职员。1960 年日美通商修好 100 周年,日本发行了各种纪念日美关系发展商品。这一切活动,反映了日本人对开国、对被卷入国际条约体系和走向近代化的认识,也隐含着对西方文明的向往和尊重。

三、学习"实用"的西方文明

鸦片战争后中国社会开始发生变化,日本从中国在鸦片战争被打败的教训中,从被迫"开国"的严酷现实中,感到了西方资本主义的巨大力量。有识之士开始思考日本的出路和发展方向问题,他们深深感到了工业文明的威力,认为资本主义主导世界是不可抗拒的,日本要在强国林立的世界中生存发展下去,不能故步自封,须汲取西方文明,在政治、经济、社会等各个方面实行改革,增强日本的国力。日本这个自古以来善于吸收、学习先进文化的国家,在近代化席卷世界的形势下,果断选择了与西方为伍,实行社会改革,采用资本主义的生产方式、政治制度和文化教育政策。"资产阶级,由于一切生产工具的迅速改进,由于交通的极其便利,把一切民族甚至最野蛮的民族都卷到文明中来了。它的商品的低廉价格,是它用来摧毁一切万里长城、征服野蛮人最顽强的仇外心理的重炮。它迫使一切民族——如果它们不想灭亡的话——采用资产阶级的生产方式;它迫使它们在自己那里推行所谓文明制度,即变成资产者。一句话,它按照自己的面貌为自己创造出一个世界。"①茅海建在《天朝的崩溃》一书中,对于日本没有抵抗,选择与西方签订条约,做出了这样的评价:"避免交战,减少损失,也是一

————————

① 《马克思恩格斯选集》第 1 卷,北京:人民出版社,1995 年,第 276 页。

种明智的选择;即使订立了不平等条约,也不见得必然一味沉沦。失败的民族仍有机会再度辉煌,关键在于战后的奋发。"①这对于我们理解日本走向近代化的历程,有很大的启示。当然,奋发后以什么样的方式对待相对落后的邻国,这又是值得我们深思的问题。

日本在西方的压迫下"开港"后,西方各国凭借条约赋予的各种特权,疯狂攫取经济利益。他们向日本倾销其廉价的工业品,给日本传统的农业、手工业带来巨大的冲击,外国商人利用国际市场金银的差价,从日本套走黄金,导致日本国内金融的混乱和物价高涨,国民经济与民众生活受到严重冲击,加剧了日本社会的矛盾。日本打开国门后,西方商品大量流入。1860 年日本商品进口额为160 多万美元,1867 年就涨到 2 160 多万美元,短短的数年,进口额陡然增加 13.5 倍之多。② 西方国家不仅在日本倾销商品,还在通商口岸设置居留地,居留地成为西洋人的特权地区。西方国家在日本享有领事裁判权,他们的国民在日本犯法可以逍遥法外,逃脱法律的制裁。幕府腐朽无能,引发了日本人的强烈不满,各地不断爆发反对幕府的"民变",社会矛盾尖锐,"开港"后的日本陷于严重的危机中。

日本被迫"开港",刺激了商品经济的发展,一个新的阶级——资产阶级产生了。随着商品经济的发展,农村出现新的社会阶层——新兴地主富农。新兴的资产阶级、地主富农,不满幕府压制工商业的政策,希望社会变革。日本的下层武士、资产阶级、部分公卿、农民和城市贫民联合起来,提出"王政复古"的口号,实行倒

---

① 茅海建:《天朝的崩溃——鸦片战争再研究》,北京:生活、读书、新知三联书店,2005年,第 559 页。
② [日]山崎隆三:《幕末维新时期的经济变动》,《岩波讲座日本历史·近世 5》,东京:岩波书店,1977 年,第 145 页。

幕,要还政于天皇。1868 年,幕府统治被推翻,日本建立了以天皇为首的新政权。

明治新政府建立后,实行了一系列发展资本主义的政策,推动国家走向近代化。日本天皇发布《五条誓文》,决定"广兴会议,万机决于公论;上下一心,盛行经纶",打破旧习、官民一体,追赶西方列强。为此,日本把"富国强兵""殖产兴业""文明开化"作为基本政策,从政治、军事、经济到文化、习俗等,全面向西方学习,促进资本主义的发展。

日本实行军制改革,以达"富国强兵"之目标。1872 年,日本建立陆、海军省,统一全国军事力量。1873 年,日本发布征兵令,实行国民义务兵役制,效仿法、英等国建立陆海军,有了真正近代意义上的常备军。日本还建立了各级各类军校,培养军事人才,改扩建兵工厂,改良武器装备。为推动"殖产兴业",日本在城市和农村实行了一系列有利于资本主义发展的政策。1874 年,日本实行地租改革,承认土地所有权,允许土地买卖。1869 年,成立通商司,对特权公司既保护又干预。1870 年成立工部省,主管全国的铁路、电信、灯塔建设,管理采矿、炼钢等近代的重工业。政府鼓励民间资本发展,大力推进产业革命。

在科技教育领域,日本大力推进"文明开化"。1872 年政府颁布了教育法令——《学制》,制定日本教育改革的纲领,确立了在日本实行国民教育的方向,仿照欧美建立小学、中学、大学等各级各类学校,要求 6 岁以上男女儿童必须入学。1879 年废止了《学制》,代之以《教育令》,1886 年日本政府先后制定了《帝国大学令》《小学令》《中学校令》和《师范学校令》,基本确立了近代学校制度,确立了普及小学及国民教育和大学选拔人才的方针、措施和办法。为增加适龄儿童的入学率,日本政府将大量的"寺子屋"改为西式学堂,强制实行四年制初小义务教育。日本政府通过开办新式学校,学习西方自然科学和社会科学知识,同时,日本政府又加强对教育的控制,向师生灌输皇国观念,使学校教育配合国家内外政策尤其是对外侵略政策。日本政府还不惜重金聘请外籍教师和技术人员,大量派遣留学生赴欧美国家留学,直接学习西方思想文化、政治制度和行政管理制度。

　　为控制国民思想,1870 年日本颁布了"大教宣布"诏书,宣布神道为国教,把日本传统的宗教与现实政治统治结合起来,控制民众的思想。这就形成了近代日本占统治地位的意识形态——皇国史观。关于皇国史观,日本学界做过大量的分析研究,《广辞苑》的定义是"基于国家神道,将日本历史描写成万世一系现人神天皇永远君临的万邦无比的神国历史。十五年战争期间作为正统历史观而处于支配地位,在统合、动员国民方面,发挥了巨大作用"①。《日本国语大辞典》的定义是"以万世一系天皇统治为日本历史特色的观念。把古事记、日本书纪的神话当作历史事实。是日中战争到太平洋战争时期军国主义教育的强有力后盾"②。日本还出版了许多版本的国语辞典、历史辞典,其对天皇制和皇国史观的解释大同小异。所谓皇国史观,就是以日本是神国为前提,将古代传说与日本现实政治结合起来,以"忠君"和"神国"观念为核心的思想体系,是近代日本对国民实行思想统制的工具,也是推行内外政策的理论基础。日本的神国观念在近世或者更早就已经形成了。明治维新后,日本政府制定《大日本帝国宪法》,将古代传说与近代立宪法相

---

① [日]新村出编:《广辞苑》,东京:岩波书店,1989 年(第五版),第 860 页。
② [日]日本国语大辞典第二版编集委员会、小学馆国语辞典编集部编:《日本国语大辞典 第二版》第五卷,东京:小学馆,2001 年,第 274 页。

结合,以法律形式确立日本神国观念,成为日本社会占主导地位的意识形态。日本为了支配亚洲乃至世界,把传说中的神话作为真实的历史存在进行宣传,鼓吹日本是神国,天皇是"现人神",借以统治人民。1890年10月,日本天皇颁布《教育敕语》,宣称日本"肇国宏远""树德深厚",要求国民敬爱天皇,实际就是利用天皇的权威,通过神化天皇,灌输"忠君""爱国"思想,使国民甘愿被统治阶层驱使,充当侵略战争的炮灰。

明治维新后,日本政府利用"后发"优势,通过一系列促进近代化发展的政策、措施,迅速走上了资本主义发展道路,初步实现了工业化,用十几年的时间走过了西方国家上百年才走完的近代发展之路,成为亚洲唯一的资本主义强国。明治维新后,日本没能立即废除与西方列强签订的不平等条约,没有获得完全的独立主权。尽管如此,日本已经确立了主动地冲出列岛,实行对外扩张的政策,要"开拓万里波涛,布国威于四方"①,效仿列强方式对待朝鲜、中国等邻国,向邻国扩张是日本政府基本的对外政策。伴随着日本确立开疆拓土的对外政策,日本国内形成了不同的中国观、亚洲观,最具有代表性的就是"脱亚"论和"兴亚"论,其对中国、对亚洲邻国的看法不同,但都是为了扩张日本在亚洲的利益。

---

① [日]日本外务省编:《日本外交文书》第1卷,第1册,东京:日本国际协会,1936年,第558页。

第二章　亚洲主义

——"兴亚"论的发展

第一节　亚洲主义的萌芽与"兴亚"团体的建立

一、"兴亚"团体的出现

明治维新后,日本在国家政策方面,选择学习西方文明,要效仿西方,把日本建成近代化国家。明治政府大力推进的"殖产兴业""文明开化""富国强兵"等,就是学习西方的具体举措。日本要借这些政策去实现"与西方文明共进退"①的目的。明治政府的这些政策,成效显著,日本在短短几十年的时间里就实现了工业化,走完了西方国家近百年的路。然而,日本经济迅速发展,也带来了一些新的社会问题,社会上出现了盲目崇拜西方,鄙夷自身文化传统等问题。有些人开始担心日本政府大张旗鼓地学习西方,实行"文明开化",可能导致日本人精神上的迷茫,长此以往,日本精神将不复存在,这是很危险的。他们认为日本在学习西方文化时,不

----

① [日]《福泽谕吉全集》第 10 卷,东京:岩波书店,1960 年,第 240 页。

应该抛弃日本的传统,提出"和魂洋才",不能丢失根本,要坚守日本文化。为了增强日本人的自信心,他们提出东方文明并不比西方文明逊色,汲取西方科技,是为了维护日本道德的纯洁性,而不是完全以西方文明为样板。在学习西方科技中,要光大日本文化,"兴亚"思想应运而生。"兴亚"论认为,东方文明正在受到西方文明的侵蚀,日本及其邻国都受到西方的侵害,东方文明面临危机。在这种形势下,日本应该与亚洲各国联合起来,共同振兴亚洲,以抵抗西方文明,进而与西方列强分庭抗礼,在世界范围内战胜西方文明。"脱亚入欧"与"亚洲连带"①是幕末时代产生的,也是贯穿日本近代的两大思潮。在近代日本政府对外政策中交织着"脱亚"与"兴亚"两种亚洲观,前者作为明治政府的对外政策而大力推进,后者长期作为民间思想而存在,在日本全面侵华战争时期,"兴亚"从民间走向官方,成为日本发动和扩大侵略战争的理论基础。如前文所述,"脱亚"与"兴亚"这两种亚洲观在维护日本利益方面是一致的,而鼓吹"兴亚"的人多曾经学习过"兰学",主张"脱亚"者也有学习儒学的经历。由此可见,"脱亚"与"兴亚"并非完全对立,两者不仅终极目标一致,在手段上,也有一些相似之处,在不同时期,对日本政府政策的影响力也不同。

　　幕末日本著名的"经世家"佐藤信渊,曾经接触并学习过"兰学",但是,他打着抵抗西方侵略的旗号提出了向五洲邻国扩张的

---

① "连带"一词,在中国经常被翻译成联合。其实,"连带"与"联合"是有区别的,"连带"有纵向的含义,包含上下级关系在其中,有主次之分;而"联合"指横向的结合,没有主次。具体而言,日语里的"连带"主要用于家族关系,如:父母为孩子提供的"连带"保证,在家庭、村落、血缘内经常使用,"连带"是上下级关系,不是横向关系。"连带"包涵主从、盟主的意思,是臣下对君主、子女对家长、妻子对丈夫的服从关系,不能用于国际关系。在汉语中找不到适合的词汇,本文直接使用日语汉字。

主意。1823年佐藤信渊写《宇内混同秘策》,提出日本作为"皇大御国,乃大地最初之成国,为世界万国之本"[①],要向中国、朝鲜半岛扩张,征讨中国,进而向印度、东南亚扩张。实际是以"兴亚"为名,扩张日本的权益。

1853年培里率领"黑船"叩开日本国门后,幕府屈服于美国的压力,与美国签订了日美《亲善条约》和《通商条约》。美国打开日本国门,让日本人切身感受到近代科技的力量,对西方的思想、文化、技术都充满了新奇,日本出现学习西方、摒弃儒家思想的呼声。当然,也有人认为西方的先进科技动摇不了日本的传统和东亚的秩序,日本应该联合周围国家,共同抵抗西方的入侵,"兴亚"思想大行其道。这些打着"振兴""复兴"亚洲的思想,无不主张亚洲各国接受日本的"领导",以日本利益为出发点,根本没有考虑亚洲各国的利益,实际就是要建立以日本为核心的东亚关系。

日本通过明治维新走上近代化发展道路,国力迅速增强。明治维新不到30年的时间里,日本即通过甲午战争打败了曾经学习的对象——中国,获得了巨大的利益。中国人虽然对败于"蕞尔小国"手下颇感愤懑,但是,也使更多人思考日本为什么能够打败中国。有人看到了明治维新后日本社会迅速发展的客观现实,希望日本能够顾及中日文化相近、交流悠久的历史,与中国一道反抗西方列强的入侵。于是,日本的"兴亚"思想得到一部分中国人的认可与响应。甲午战争结束后的第二年,清政府就开始派遣官费留学生去日本,要通过日本间接学习西方器物,巩固统治。中国立志变革的维新志士,也无不希望效仿日本变法,实现富国强兵,维护

---

① [日]尾藤正英、岛崎隆夫校注:《日本思想大系·45》,东京:岩波书店,1977年,第426页。

国家主权。

不可否认，明治维新后日本的"兴亚"思想，带有一定的维护日本主权、安全的诉求，但是，其"兴亚"却是以日本利益为核心，不是真正地"振兴"或"复兴"亚洲，而是要求亚洲各国服从日本的利益，说到底，亚洲"连带"是要确立日本在亚洲的统治地位，将东亚传统的以中国为核心的秩序，变为以日本为中心的新秩序。所谓的亚洲"连带"从来就不是以东亚"和睦""敦睦"为前提的，而是以日本为盟主，以维护和扩张日本权益为唯一目标的。日本最初的"兴亚"，是以"连带"这样带有强烈家族观念的词语来表示的，实际就是以日本为主，把用于血缘、邻里间的"连带"扩大到近代东亚的国际关系中，在东亚建立日本的霸权。这种居高临下的"连带"，一旦被政府采用，就很容易走向国家主义、对外扩张主义。

甲午战争，日本打败了中国，凭借《马关条约》获得了巨额赔款、在中国内地通商、割占中国领土等侵略利益，日本自以为取得了在亚洲中心的地位。日本开始大力发展军事工业，企图重新夺回因"三国干涉还辽"而失去的在中国东北的权益。日本明明是为了夺取中国的利益，却口口声声地说是为了振兴亚洲，认为黄种人与白种人的文化、种族不同，这就必然引起不同种族人之间的矛盾，日本作为黄种人的代表，希望与亚洲各国联合起来，"振兴"亚洲，驱逐西方列强于亚洲。

明治维新后政府公开实行"殖产兴业""富国强兵""文明开化"等政策，"兴亚"思想就以民间的形式进行传播。鼓吹"兴亚"的人，通过成立民间的"兴亚"团体、创办"兴亚"刊物等方式，传播其基本主张。这些"兴亚"的民间团体，实际上自成立之日起，就与日本政府保持着比较密切的关系。日本最早的"兴亚"组织是1877年成立的"振亚社"。"振亚社"的始作俑者是有着"明治维新三杰"美誉

之一的大久保利通。大久保利通在明治政府中担任大藏大臣,是
"殖产兴业""文明开化"的积极推动者。他认为在学习西方科技的
同时,应该不忘振兴亚洲,在"亚细亚萎靡衰退之时,竟无人使之协
同共进,兴起振作",因而要以"兴亚"为起点,对抗西力东渐,振兴
亚洲。① "振亚社"认为西方的入侵,导致亚洲的危机,日本首先意
识到这种危机,因此要与中国一起振兴亚洲,对抗西方的入侵。
"振亚社"打出的旗号,有一定的蛊惑性和欺骗性。中国自鸦片战
争以来,就不断遭受西方列强的侵略,有识之士不断寻找救国的道
路,日本提出的"兴亚"主张,立即引起了中国一些人的关注。"振
亚社"成立的时候,中日已经仿照西方条约体系,建立了近代的国
家关系。中国驻日公使何如璋得知日本成立"兴亚"组织的消息
后,决定派代表出席"振亚社"成立大会。

　　1880 年 3 月,"振亚社"更名为"兴亚会",会长是长冈护美。曾
根俊虎、中村正直、宫崎诚一郎等"中国通"都成为这个团体的核心
人物。"兴亚会"编辑发行《亚细亚会报》,开办中国语学校,培养通
晓中文和中国文化的人才,以实现振兴亚洲,与欧美抗衡的目的。
"兴亚会"在大阪、神户、福冈等地设立支部,活动范围比"振亚社"
扩大,曾计划在中国、朝鲜等地设立分支机构,扩大影响。"兴亚
会"的主张与活动,曾经得到中国洋务派官僚的支持。张之洞赠诗
长冈护美,称"尔雅东方号太乎,同文宏愿盖环瀛。荆州课武惭陶
侃,齐国多艰感晏婴。止有合纵纾急劫,故知通道胜要盟。卫多君
子吾何敢,愧此朋簪倦倦情",希望作为"兴亚会"会长的长冈护美,
能担当起复兴亚洲的重任,中日一道抵抗西方的入侵与压迫。"兴
亚会"虽然声称"民间组织",但是实际上有着深厚的官方背景,与

---

① [日]《兴亚公报》,东京,1880 年 3 月 14 日,第 4 页。

外务省、军方关系密切。这从"兴亚会"的经费来源上，就可以看出一二。"兴亚会"的经费，除会员缴纳的会费外，日本外务省的机密费、政府颁发的奖金也是其主要来源。"兴亚会"成员来自日本民间、官方等不同阶层，有民间人士、文化人、军政官员、情报系统人员等，会长长冈护美就是外务省的御用挂（工作人员），"兴亚社"的各届会长都与外务省有密切关系。

1883 年中法战争爆发，"兴亚会"派会员到中国各地刺探情报，在中国策划叛乱，企图借清政府混乱之机，取得在朝鲜的利益，为取得中国东北的利益创造条件。1894 年中日甲午战争爆发后，"兴亚会"一度担心日本国力比较微弱，一旦开战可能导致日本国运衰败，反对发动战争。然而，随着日军在朝鲜、中国辽东半岛的胜利，"兴亚会"迅速从反对开战转而支持战争。"兴亚会"成员利用通晓中文的便利，主动去前线担任翻译、收集中国的军事情报等，直接为政府的战争政策服务。"兴亚会"后来改称"亚细亚协会"，组织机构、规模都不断扩大，是日本非常有影响力的"兴亚"团体。

1881 年 8 月，头山满、平冈浩太郎等"兴亚"论者，在日本九州的福冈建立玄洋社。玄洋社是著名的右翼团体，鼓吹国粹主义和国权主义，认为在殖民主义席卷世界的形势下，国民的基本权利必须通过强化国家权力来实现。玄洋社对外主张与俄罗斯争夺朝鲜和中国东北，取得日本的优势地位，要"破支那，胜俄国，吞并朝鲜"，在支持亚洲各国独立的幌子下，扩张日本权益，独霸在东亚的权益，把西方列强的势力从东亚排除出去。玄洋社成立后，其骨干即密谋和策划侵略中国、朝鲜，计划把东北和蒙古从中国分离出去。玄洋社的主张和活动，得到日本军部、财阀、政界等方面的支持。

1884 年，玄洋社在上海开办东洋学馆，以办学之名，培养刺探中国情报的间谍,并不断派大陆浪人、间谍到中国刺探情报。1887年,玄洋社在上海开办制鞋厂,利润用来做玄洋社的活动经费。1893年,玄洋社与日本陆军参谋总长川上操六共同策划,成立了浪人组织“天佑侠”,对朝鲜实行颠覆活动。日俄战争期间玄洋社的十余名骨干组成“满洲义军”收买中国东北的马贼,进行军事侵略活动。玄洋社打着亚洲主义的旗号,为了取得在中国的利益,曾经支持过孙中山的革命活动。1911年武昌起义爆发后,玄洋社组织友邻会,派成员到中国同革命军联络,购买武器,筹集资金。玄洋社支持孙中山,是因为它看到清王朝大势已去,希望孙中山革命成功后,能够给日本更多的利益。武昌起义爆发后,玄洋社立即向孙中山提出日本对于东北的权益要求,在被孙中山拒绝后,玄洋社转而支持军阀段祺瑞和张作霖。

二、《大东合邦论》

“大东合邦”是“兴亚”思想的理论来源,始作俑者为樽井藤吉。樽井藤吉出生于幕末奈良的一个木材商家庭,他对经营不感兴趣,热衷于政治活动,重点研究日本对外“开拓”,实际上就是向朝鲜、中国扩张。1882年5月,樽井藤吉与赤松泰助等在长崎成立东洋社会党,出版机关刊物《半钟警报》,这是日本最早以社会党冠名的组织,党员主要是当地农民。由于以社会党作为名称,日本政府认为这是一个企图在日本实行共产主义革命的组织,成立后的第二个月就被解散,樽井藤吉本人因违反集会条例被监禁一年。出狱后他积极参与“玄洋社”等右翼团体的活动。1884年中法战争爆发后,樽井藤吉曾经到中国上海、福州一带活动,并与玄洋社的平冈浩太郎、自由民权理论家中江兆民等策划在上海成立“东亚学馆”,培养东亚合作的人才。樽井藤吉与日本的亚洲主义者一样,密切关注中国政治形势的变化,伺机寻找日本进入中国的机会。

樽井藤吉在被监禁前,即基本完成了《大东合邦论》的草稿,入狱时丢失。他经过十多年对东亚形势的思考,1890 年再度起草《大东合邦论》,终于在 1893 年出版。

《大东合邦论》共计 16 章,樽井藤吉首先对世界形势做了分析,认为当今世界上主要存在着竞争与"亲和"两种状态。西方各国崇尚"竞争","竞争"也确实给西方带来了文明的进步与社会的发展。然而,"竞争"不适合东亚社会,可以说有百害而无一益。中国、日本、朝鲜都属于黄种人,更适合"亲和"原则。他认为中国、日本、朝鲜都是"单一种族",这三个国家可以通过"亲和"而达到"合邦",联合起来,免遭白人的侵略。樽井藤吉认为,欧美的白种人对东方虎视眈眈,最终要吞并亚洲。现在白人当中,尤以俄罗斯的威胁最大,因此,在"世界竞争形势中,联合亚洲同种友国,与异种人相竞争"[1],亚洲有肥沃的土地,数倍于白种人的人口,只要联合起来,就不畏惧与白种人竞争。

为了与西方对抗,樽井藤吉主张日本应与中国"合纵",与朝鲜"合邦",在此基础上,统一建成一个新的国家,名为"大东","两国不用旧号,使用大东一词,避免两国不平等"[2],实现日韩两国的共和。他认为朝鲜缺乏自主能力,通过合邦就可以使朝鲜人有立宪意识,从而实现各邦的自治。"世界竞争形势中,联合亚洲同种友国,与异种人相竞争"[3],东亚"亲和"就是要"合邦","大东合邦"分

---

① ［日］樽井藤吉:《大东合邦论》,竹内好编:《亚洲主义》,东京:筑摩书房,1963 年,第124 页。

② ［日］樽井藤吉:《大东合邦论》,铃木正、李彩华:《アジアと日本》,东京:农文协,2007年,第45 页。

③ ［日］樽井藤吉:《大东合邦论》,竹内好编:《亚洲主义》,第 124 页。

为两个步骤。第一就是与朝鲜"合邦",第二是与中国"合纵"。日本与朝鲜合并为一个国家,组成新的"大东国"。进而以"大东国"为核心,与中国以及其他国家"合纵",制止西方的侵略。"我国希望清国(指中国,原文如此)富强开明,清国希望与在东方的我国相亲,共同御不测之祸。西方人称有东方海陆两个强国,就是指的日本与中国。幸亏东亚有两个强国,我们可以保持黄种人的威严。如果没有这两国,白种人将践踏遍整个亚洲"①,他认为亚洲有肥沃的土地,数倍于白种人的人口,只要联合起来,就不畏惧与白种人竞争。日韩合并成为一个国家,再与中国"合纵",就可以阻止俄罗斯舰队越过对马海峡进入中国海。《大东合邦论》提出重点防范俄罗斯入侵东亚,潜藏着日本向朝鲜、中国进犯,向亚洲大陆发展的野心。

樽井藤吉的建立东亚强盛国家,与西方相抗衡的"大东合邦论",对日本对外侵略政策有深刻的影响,所谓日本、中国、朝鲜是"单一种族"的思想,逐渐被发展为东亚"同文同种"的理论,是打着"兴亚"旗号的亚洲主义的思想来源与基础。日本侵华战争时期,"兴亚"演变为"东亚联盟论""东亚协同体论""大东亚共荣圈论"等各种打着"解放"亚洲旗号的侵略理论,从思想理论上配合日本"建设东亚新秩序"的侵略政策。

三、非主流的"兴亚"论

19 世纪末,日本持"兴亚"思想的人很多,其中比较著名的是:宫崎滔天、萱野长知、平山周、犬养毅、头山满、平冈浩太郎等。他们中的大部分人是以扩张日本在亚洲势力,取得中国东北、内蒙古

---

① [日]樽井藤吉:《大东合邦论》,竹内好编:《亚洲主义》,第 124 页。

权益为目的的。然而,在"兴亚"论者中间,也有一些人对以日本为核心的"兴亚"不以为然,认为中国革命成功才是亚洲复兴的希望,其中最典型的代表就是宫崎滔天和梅屋庄吉。他们无私地支持孙中山革命派的人,真诚地希望中国革命成功,从物质、行动等各个方面支持中国推翻清王朝统治的斗争,为中国建立民主共和制作出了贡献。当然,宫崎滔天和梅屋庄吉在日本亚洲主义者中属于"另类",不是"兴亚"论的主流。

宫崎滔天出生于日本九州熊本的一个下层武士家庭。早在东京专门学校(现在的早稻田大学)读书时,就接触到自由民权思想,并开始关注亚洲各国的命运与革命运动。他认为在弱肉强食的世界,黄种人遭受白种人的压迫,黄种人应该联合起来,只有中国,才能对抗白种人的强权,"中国不仅是东亚命运的关键,也关系着全世界的命运"①,对亚洲来说,明治维新是亚洲复兴的第一步,中国革命是第二步,中国革命必然会影响到日本,进而引起亚洲其他国家的革命,最终扩展为世界革命,现在亚洲应该以中国为中心实现联合。由此可见,宫崎滔天与同时代日本的亚洲主义最大的区别就是,主张亚洲各国在平等的基础上联合,抵抗欧美对亚洲各国的侵略,反对日本对中国及亚洲各国的侵略,反对日本对中国提出的"二十一条",要求日本放弃侵占的中国台湾、朝鲜。"我等认为向来的对支政策及对台湾、朝鲜政策是非常不人道、不正义的,是军国侵略主义乃至利己主义的。"②其热情地支持中国革命,希望以中国为根据地解决亚洲危机,"我决意亲自到中国,遍访英雄,游说他

① [日]竹内好编:《亚洲主义》,第 157 页。
② [日]宫崎滔天:《宫崎滔天全集》,第 2 卷,东京:平凡社,1977 年,第 169 页。

们共图大事。如能找到此人,我愿效犬马之劳来帮助他"①。1891
年,宫崎滔天第一次到中国上海。从上海回国后,宫崎滔天接到外
务省对他的任命,派他去中国调查秘密结社的情况。于是,宫崎滔
天得以与中国革命党人联系。

　　1897 年 9 月,宫崎滔天在横滨陈少白家里第一次见到孙中山,
与孙中山一见如故。孙中山赞赏宫崎滔天关于振兴亚洲是亚洲人
责任,中国是复兴亚洲第一步等观点,认为日本是亚洲最强之国,
中国是东洋最大之国,这两个国家提携,不仅给东洋和平,而且可
以维持世界和平。宫崎滔天更是对孙中山的革命意志和理想赞赏
有加,称"孙逸仙实在已接近真纯的境地。他的思想何其高尚! 他
的见识何其卓越! 他的抱负何其远大! 而他的情感又何其恳切!
在我国人士中,像他这样的人究竟能有几人? 他实在是东洋的珍
宝。从此时起,我已把希望完全寄托在他身上了"②,深深地为孙中
山的理想和魅力所折服,认为孙中山是中国的希望,也是亚洲的希
望,中日应该联合起来,振兴亚洲。从此,宫崎滔天倾其全力支持
孙中山,甚至变卖自家的土地、山林、房屋,连家传佛像也卖掉,援
助中国革命。

　　宫崎滔天将孙中山的英文著作《伦敦蒙难记》译成日文,题为
《清国革命领袖孙逸仙幽囚录》,在《九州日报》上连载,孙中山的名
字开始在日本传开来,提高了孙中山在海外的知名度和影响力。
1902 年他写的《三十三年之梦》在日本发表,书中详细介绍了孙中
山及其革命事业,使很多中国留日学生了解并开始接受孙中山的

---

① [日]宫崎滔天:《宫崎滔天全集》,第 5 卷,第 23 页。
② [日]宫崎滔天著,林启彦译注:《三十三年之梦》,桂林:广西师范大学出版社,2011
　　年,第 117 页。

革命思想。宫崎滔天还将日本政治家犬养毅、持有亚洲主义思想的浪人团体头领头山满等，介绍给孙中山，在日本形成了一股支持孙中山的力量。宫崎滔天介绍黄兴、孙中山相识，促进了中国资产阶级革命派在组织上的联合，壮大了革命派的力量，对于推动中国资产阶级革命起了重要作用。

1905 年 8 月，中国第一个资产阶级革命政党——中国同盟会在东京召开成立大会，宫崎滔天参加了中国同盟会成立大会，是中国同盟会第一批外籍会员。宫崎滔天还把自己在东京的住宅贡献出来，作为中国同盟会早期活动的据点，同盟会机关报《民报》最早就是在宫崎滔天东京的寓所发行的。孙中山非常信任宫崎滔天，两人在数十年的交往中，结下了深厚的友谊。孙中山在为宫崎滔天《三十三年之梦》题写的序言中，称宫崎滔天"今之侠客也。识见高远，抱负非凡，具怀仁慕义之心，发拯危扶倾之志"①。

宫崎滔天不仅在经济上支持孙中山，还亲自参与策划资产阶级革命党推翻清政府的活动，帮助革命党人潜入中国，刺探清军动向，与国内同志联络。1900 年宫崎滔天为惠州起义筹措经费和军火。在这次起义中，日本人山田良政牺牲。1911 年辛亥革命爆发后，又到武汉参加黄兴领导的革命军。1912 年 1 月，南京临时政府成立，宫崎滔天参加了孙中山就任南京临时大总统的仪式和庆贺宴会。在大典仪式上，宫崎滔天失声痛哭，说："恨我生不是中国人。"

孙中山等中国革命党人领导的"二次革命"失败后，孙中山与黄兴在革命党改组问题上出现了严重的意见分歧，最终两人分道扬镳。宫崎滔天得知孙、黄二人"交恶"情况后，尽力去调解矛盾。

---

① ［日］宫崎滔天著，林启彦译注：《三十三年之梦》，第 15 页。

宫崎滔天认为，孙中山之所以与黄兴合作几十年，表明他们的分歧不是个人利益之争，而是主义之争。尽管宫崎滔天的调解没有什么成效，但是，孙、黄二人都为宫崎滔天的所作所为而感动。后来，孙中山为宫崎滔天亲笔写下"推心置腹"四字匾额，黄兴称赞宫崎滔天"儒侠者流"。1916 年黄兴去世，宫崎滔天专程从日本赶赴湖南奔丧。毛泽东对于宫崎滔天一生支持中国革命非常感动，称赞他"高谊贯于日月，精神动乎鬼神"。

　　1922 年 12 月，宫崎滔天因病去世。孙中山听闻宫崎滔天逝世的消息，非常悲痛，称赞"宫崎寅藏先生，日本之大改革家也。对吾国革命历史尤卓有极伟大之功绩"，感叹宫崎滔天不幸逝世，"使吾国失去一良友"。孙中山亲自在上海主持宫崎滔天的追悼会，追忆这位为中国革命作出贡献的日本友人。

　　梅屋庄吉是真诚支持孙中山革命的"兴亚"论者，他与宫崎滔天一样，都认为复兴亚洲的希望在中国，毕生支持孙中山先生的革命事业。梅屋庄吉出生于九州的长崎，从小被过继给无子嗣的远亲梅屋吉五郎。梅屋吉五郎是商人，从事长崎与上海之间的贸易。梅屋庄吉年轻时候从事过贸易，后来在香港开一家照相馆。1895 年梅屋庄吉与孙中山在香港见面。据说，此次二人谈得十分投机，他们纵论世界形势和大事，想法不谋而合，有相见恨晚之感。谈话中，梅屋庄吉了解到孙中山的志向，他慨然应允"君若举兵，我以财政相助"。梅屋庄吉说到做到，他一生全力支持孙中山的革命事业。梅屋庄吉主动联络日本志士，在东京成立中国同盟会后援事务所，为同盟会出版报刊筹募经费。梅屋庄吉赞同亚洲主义，但是，他与实行扩张的亚洲主义截然不同，他同情和关注中国、亚洲各国的独立革命运动。1911 年 10 月，武昌起义爆发，梅屋庄吉得到消息后，派摄影师荻屋到中国，进行跟踪拍摄，留下了大量的珍贵资料。梅屋庄吉还为革命捐款，在武昌攻防战中，他捐款 17 万日元。后来，梅屋庄吉家道中落，他依然尽己所能，为同盟会捐款，终于负债累累，被迫改组公司，出让公司股票。东京学艺大学教授中村义根据多方考证认为，梅屋庄吉仅对孙中山革命事业的资金援助就超过 100 万日元，相当于现在的 2 兆日元。

孙中山领导反袁的"二次革命"失败后，被迫再度流亡。日本政府认为孙中山力量有限，改变了支持孙中山以获得更多在华利益的计划，转而支持袁世凯，日本外务省下令严防孙文流亡日本。而孙中山却认为，"我应该去的地方，只有日本"。孙中山这样说，是因为在日本有梅屋庄吉的鼎力援助。1913 年 8 月，孙中山一行秘密住进了位于东京的梅屋宅邸，且一住就是 3 年。1915 年 10 月 25 日，在梅屋庄吉的帮助下，孙中山与宋庆龄在东京喜结连理。梅屋庄吉与孙中山结为义兄弟，夫人与宋庆龄结为义姐妹。梅屋庄吉还支持孙中山的护法运动、国民党改组和实行国共合作等活动，确信孙中山的活动不仅是为了救中国，而且中国革命将有助于亚洲的振兴。1924 年底，孙中山应冯玉祥之邀北上，由于积劳成疾，在北京病倒。梅屋庄吉得知孙中山病重的消息后，立即派好友到北京探望。1925 年 3 月，孙中山在北京不幸逝世。为了表达对孙中山的景仰，梅屋庄吉捐资铸造了四尊孙中山铜像。1931 年，日军发动九一八事变，侵略中国东北。梅屋庄吉上书日本外相，反对侵略中国，并准备亲赴中国斡旋中日关系，不幸于 1934 年 11 月逝世。

宫崎滔天、梅屋庄吉认为复兴亚洲的前提是中国革命成功，以为中国才是亚洲复兴的希望。他们反对日本向中国扩张，认为中日两国应平等合作，两国只有联合起来才能使亚洲摆脱西方列强的压迫。因此，他们全方位地支持孙中山的革命事业，为中国建立民主共和制度奔走。这与日本大部分人的"兴亚"观截然不同，没有任何私利。正因为如此,孙中山将宫崎滔天、梅屋庄吉视为难得的异国知己。但是,宫崎滔天、梅屋庄吉并不代表日本"兴亚"思想的主流。随着近代日本不断发动侵华战争,在中国攫取越来越多的利益,这种非主流的"兴亚"思想退出了历史舞台,以"兴亚"为旗号的各种扩张理论占据了日本政治舞台的中央。

四、日本早期"兴亚"论的特点

产生于日本幕末时期的"兴亚"以亚洲"连带"为特征,并在19世纪末演化为亚洲主义理论。"兴亚"虽然打着"联合"的旗号,但不是为了亚洲各国的独立、繁荣与发展。日本早期的亚洲主义主张东亚各国应该以日本为亚洲"盟主",实现亚洲的复兴。当日本经过明治维新成为亚洲唯一强国后,这种"连带"逐渐演化为独霸亚洲、支持对外侵略的理论。早期日本"兴亚"思想具有如下明显特点。

首先,"兴亚"论认为东方文化与西洋文化不同,日本文化在东洋具有优越地位,有能力做亚洲各国的"盟主"。"兴亚"论声称在西力东渐的形势下,日本保持了东方优秀的文化传统,具有"万世一系"的优越国体,担负着"领导"亚洲复兴的希望。亚洲各国基本沦为西方列强的殖民地或半殖民地,要实现民族独立,就应忠于日本天皇,服从日本的"领导",以日本为核心实现民族复兴。"兴亚"论并不否认古代中国文化对东亚社会进步的推动作用,但是,它更强调中国由于屡遭外族入侵,特别是元代蒙古人入主中原,中国文化被破坏殆尽,提出"崖山之后无中国"。而日本由于特殊的地理位置,基本没有受到外部入侵,反而把中国文化继承、保存并发扬光大,亚洲文明的中心早已转移到日本。佐藤信渊的《宇内混同秘策》,就鼓吹日本是世界上最早立国之国家,乃世界万国之根本,有能力支配全世界、使万国国君皆为日本之臣仆,以防止俄国入侵为名,制订了日本攻取北满—朝鲜—南满—北京—台湾—宁波的进攻路线,提出日本应占领朝鲜半岛、东北乃至整个中国的计划。他认为日本是"神国",可以做亚洲诸国的君长。

樽井藤吉在《大东合邦论》中,主张日本先与朝鲜实行对等的合邦,"两国不用旧号,使用大东一词,避免两国不平等"①,实现日朝两国的共和。但是,他又认为朝鲜现在缺乏自主能力,与维新前的日本相像,通过合邦就可以使朝鲜人有立宪意识,从而实现各邦的自治。日朝合邦后,与中国合纵,数十年后可成为亚洲一大联邦,共同抵抗西欧帝国主义。这显然是日本的一厢情愿,而且表面上平等合邦,实际蔑视朝鲜。值得注意的是《大东合邦论》最初还打着日朝"对等"合邦、政治平等的旗号。及至日韩合并条约签订,日本实际吞并朝鲜后,该书再版则强调"日韩合并已经达成,韩国人应该参加合成国的大政,但是,现在韩国在我国的保护下,每年接受一千多万的补助,其能力未达到分担合成国政费的能力"②,不再谈"公平的政治合邦"了,就是把对朝鲜的殖民统治合理化。

其次,从反对欧美列强入侵的角度,论证中日面临共同命运,需要携手合作。如前所述,在"西力东渐"时代,中日两国不约而同地曾经采取了"海禁""锁国"等闭关措施,来维护本国的政治秩序,防范西方势力的渗透,避免主权受到危害。这些政策是为了维护本国的封建统治,虽然客观上有维护本国主权、尊严的意义,但是,这种消极的防范措施与历史发展方向背道而驰,无法抵御资本主

---

① [日]樽井藤吉:《大东合邦论》,铃木正、李彩华:《アジアと日本》,东京:农文协,2007年,第45页。

② [日]樽井藤吉:《大东合邦论(再刊要旨)》,铃木正、李彩华:《アジアと日本》,第49页。

义的冲击,它只能延缓民族危机的来临,并不能根本解决危机。西方凭借船坚炮利采取战争和武力恫吓的方式,先后打开了中日两国的国门,使两国不得不进入近代国际体系。西方列强凭借不平等条约,在中日两国开设通商口岸,大量倾销商品,实行资本输出,并享受领事裁判权和协定关税等特权,造成两国白银外流,物价飞涨,社会矛盾尖锐,民族危机空前严重。于是,"兴亚"论打着中日地理接近、文化相通、人种共同的旗号,主张中日联合抵御西方。在日本明治维新走上近代化道路后,"兴亚"论更强调中国只有在日本的"领导"下,才能实现民族独立,逐渐成为日本对外侵略的借口。

最后,夸大人种差别与对立,强调亚洲是亚洲人的亚洲,从种族对立角度阐述亚洲联合的必要。日本"兴亚"论善于寻找中日之间的共同特点,他们认为中日同为黄种人,现在的世界弱肉强食,白种人凭借船坚炮利染指东方,压迫黄种人。中日两国应该觉醒,充分认识白、黄种人的区别,联合起来,保持黄种人的尊严,不允许其践踏亚洲。这种黄白种人对立的理论,容易引起中国人的共鸣,有一定的欺骗性。日本早期亚洲主义的活动,曾经得到中国维新派、革命派的呼应和支持。

总之,在西力东渐的压力下,中日两国都面临民族危机,为了维护日本的独立主权、驱逐西方,日本国内出现了以中日两国为核心的亚洲"连带"思想。其实,日本的亚洲"连带"思想,从一开始就是为了自身的利益和生存,强调以日本利益为核心,根本不顾及中国的主权、独立。随着日本走上近代化发展道路,成为亚洲唯一强国,"兴亚"论成为配合日本扩张的理论。宫崎滔天、梅屋庄吉那样真诚地支持孙中山的革命事业,希望中国革命成功来带动亚洲复兴的人,是非主流的亚洲主义,在日本社会的影响力很小,也不会被日本政府采纳。这就决定了宫崎滔天、梅屋庄吉等人以中国革命为基地，实现亚洲联合、解放的思想，带有浓厚的理想主义甚至幻想的色彩，在日本政府不断推行侵略政策和侵略战争的背景下，非主流的"兴亚"论在日本社会基本销声匿迹了。

第二节　甲午战争与亚洲主义的形成

一、效仿西方向亚洲邻国扩张

明治维新后，日本不仅在政治、经济、文化、教育等方面学习西方，还努力按照西方制定的国际规则处理对外关系，期望运用现有的条约体系达到日本主权的完全独立。为了考察西方、废除不平等条约，1871 年 12 月，日本政府派出了以右大臣外务卿岩仓具视为特命全权大使、以时任大藏卿的大久保利通、参议木户孝允、工部大辅伊藤博文、外务少辅山口尚方为副使的庞大使节团，赴欧美各国考察。使节团有 48 名政府官员，随从 12 人，公费留学生 49人。使节团考察的目的有三：礼节性地访问与日本有条约关系的国家；对即将到期的条约，与相关国家进行修改不平等条约的预备性谈判；了解西方先进国家的文明，推进日本近代化。1872 年 7月，《日美友好通商条约》到达重新修订的期限，日本希望通过派遣使团出访，与美国重新缔结平等的新约，收回日本的主权和利益。岩仓使团出访的第一站是美国。美国总统格兰特盛情款待岩仓使节团。当使团提出谈判修改条约后，美国以没有国书和全权委任状为由拒绝谈判。岩仓具视一面派大久保利通、伊藤博文回国去取特命全权委任书，一面与美国继续谈判。谈判中，美国态度强硬，不仅不同意修改不平等条款，反而要求进一步扩张在日本权益。待 5 月 27 日大久保利通、伊藤博文取得特命全权委任书返回美国时,被告知交涉已经中止。这让日本使节团懊恼又无奈,木户孝允在日记中记述了当时的心情,认为美国希望得到的日本都给予了,而日本期待的美国一点都没有给,"唯有饮泣而已"。使节团随后前往欧洲。先来到英国,使节团照例向英国提出了修约要求,遭到英国强硬拒绝,英国甚至提出更加苛刻的修约方案。其他欧洲国家法、德、比等都不想放弃在日本的领事裁判权,非但如此,列强竟然企图获得更多的特权,岩仓使团修改不平等条约的目标落空。岩仓使团在美国、欧洲考察期间,与各国领导人会面,德国首相俾斯麦的"强权就是公理"给使节团以深刻印象,他们由此意识到,西方国家言称遵守公法,实际是倚强凌弱,国家若没有实力,《万国公法》一文不值。岩仓使团在修约交涉没有希望的情况下,用 1 年 10 个月的时间,继续走访欧洲各国,主要实地考察西方各国的政治、经济、军事、文化教育,深感工商为富国强兵之本,需要努力发展工业和对内对外贸易。岩仓使团回国后,向政府建议发展工商贸易,政府将"殖产兴业"作为立国方针。

近代以降,欧美列强凭借强大的国力,压迫中日两国签订不平等条约,攫取包括领事裁判权、协定关税在内的侵略权益。这些不平等条约不仅损害了中日两国的主权,也冲击着古老东方各国间的关系。日本加入欧美为核心的国际条约秩序后,看到了西方文明的强大力量,意识到西方条约体系将是未来国际关系的趋势,西方的条约体系名义上讲公理,实际上是以实力为后盾,强权就是公理,东亚以中国为中心的朝贡体系,已经不适应世界潮流了。日本在与列强修订新条约无望的情况下,希望把从西方那里失去的,从中国得到补偿。日本在与东西方国家的关系中,采取了不同的外交方针。

　　1871 年,中日两国进行修好条约谈判,准备按照西方的条约体系重新规划彼此关系,这反映了中日两国在西力东渐的形势下,不得不卷入西方制定的国家关系和体系。同年 9 月,中日两国签订了《中日修好条规》和《通商章程》。条约规定中日两国建立友好关系,不威胁对方的领土主权、尊重彼此的政治和法令,实现自由贸易等。这是中日近代历史上第一个条约,也是一个平等的条约。1873 年 4 月 30 日,中日双方代表在天津举行了换约仪式,条约正式生效,标志着中日两国正式建立了近代意义上的国家关系。《中日修好条规》能够在平等基础上签订,主要是因为日本刚刚经过明治维新,社会变革才起步,国力尚不够强大,无法压迫中国屈从日本意愿。鸦片战争后,中国国门虽然被西方列强打开,但是,对于日本还保持着传统的优越感,视之为"蕞尔小邦",中国代表在谈判中有信心维护国家利益。日本政府本来希望取得与西方一样的特权,对这样一个平等条约颇感失望,在其自身实力不足以压制中国时,只能暂时认可。然而,日本通过《中日修好条规》,也取得了一些收获。因为朝鲜是中国的藩属,日中之间的平等条约,就使日本对朝鲜取得了国际上的优势地位。尽管如此,日本一直希望取得中国在东亚的核心地位,国内对于"这个平等条约,日本统治阶层感到羞辱,为洗去这个耻辱,日清战争(甲午战争)后,与中国签订了不平等条约"[1],实现"失于俄美者,取偿于朝鲜、满洲之地"[2]的目的。

　　琉球王国位于中国东南方,位于中日两国之间。公元 1372 年,琉球国王上表称臣,按时朝贡,正式与中国建立藩属关系,琉球

---

① 〔日〕竹内好:《日本とアジア》,东京:ちくま学艺文库,2004 年,第 368 页。
② 〔日〕《日本思想大系・54・吉田松阴》,东京:岩波书店,1978 年,第 193 页。

王国一直使用中国的年号,奉行中国正朔,并派遣留学生来华就学。此后 500 余年间,琉球始终是明清两朝的藩属,并和中国保持着友好关系。由于地理比较接近,琉球王国与日本萨摩藩也有经济、文化等方面的交流,1609 年日本萨摩藩出兵琉球,琉球开始同时向中国和萨摩藩纳贡。1853 年 5 月,美国海军准将培里到达琉球,在欢迎宴会上,表示美国愿意增进与琉球的友谊,1854 年 3 月日美签订《神奈川条约》时,培里曾经要求日本开放包括琉球那霸在内的五个港口,日本谈判代表表示琉球是个遥远的国家,日本无权决定其港口开放权。7 月 11 日,培里再到琉球,最终与琉球王国正式签订条约,开放那霸港口。这也从一个侧面证明了琉球是独立国家,并非日本领土。

1874 年 4 月,日本借口琉球渔民被台湾住民所杀事件,出兵台湾。中国向日本提出抗议,后经英国出面调停,10 月,中日两国代表签订了《北京专条》和《会议凭单》。条约中,清政府承认日本出兵为"保民义举",付给日本白银五十万两,作为"被害难民之家"抚恤银和日军在台"修道建房等"的补偿,才换得日军撤出台湾。这个条约让中国付出了巨额赔偿,更严重的是,在国际上造成了琉球岛民属于日本的印象,造成了日本侵占琉球的有利条件。日本公然侵犯台湾及《北京专条》的签订,在清政府内部引起了不小的波澜。一直主张实行"联日"的李鸿章等人,也转变了看法,认为随着日本势力的扩张,其野心必然增长,将成为中国"永远的大患",转而力主联合西方各国,牵制日本。

为进一步"开拓疆土",日本继侵犯台湾后,又把扩张目标指向琉球。1874 年日本政府将本为外务省管辖的琉球改为由内务省管辖,吞并琉球的野心昭然若揭。为了控制琉球,日本要求琉球使用日本明治年号,废止清朝年号,为琉球王国所拒绝。1875 年 7 月,日本强迫琉球国王停止向清朝中央政府朝贡。1879 年 3 月 31 日，日本派遣军队占领琉球都城首里，并将琉球国王尚泰流强行迁移到东京。4 月 4 日，日本通告全国，在琉球废藩置县，琉球改称冲绳县，强行将琉球并入日本国土。琉球人不愿意归属日本，一部分官吏、士族逃到中国，寻求保护。中国抗议日本设置冲绳县，要求日本改变政策。为了压迫日本，中国请美国前总统格兰特调停琉球问题，结果无功而返。此后，中国不断提出就琉球问题与日本商议，甚至提出三分琉球的计划，日本均不予理睬，并逐渐巩固了对琉球的统治。

19 世纪 70 年代，日本通过侵犯台湾、占领琉球等行动，向亚洲邻国扩张，并获得了侵略利益。然而，由于历史惯性的作用，东亚地区以中国为中心的"天朝礼制体系"依然存在，中国仍为朝鲜、越南等周边国家的宗主国，清朝也还没有从"天朝上国"的美梦中彻底苏醒过来。而走向近代化的日本已经看到清王朝的腐朽没落，要依靠武力抢夺中国的"藩属"，进而直接向中国动武，取得在中国的侵略权益，彻底取代中国在东亚的核心地位。1884 年中法战争爆发，福泽谕吉在《时事新报》上发表文章，鼓吹这场战争是代表西洋文明进步势力的法国，向沉溺于东洋儒家因循苟且的"支那帝国"挑战，宣传中国是"东洋的波兰"，正处于被瓜分的前夕。福泽谕吉让外甥今泉秀太郎在《时事新报》上执笔"北京梦枕"专题漫画，漫画中的中国人头枕四书五经，嘴叼鸦片烟枪，精神萎靡。漫画讽刺中国人麻木不仁，高枕卧梦，对列强入侵、民族危机浑然不觉，与明治维新后日本塑造的国民完全不同，暗示着日本必将要战胜中国。

1889 年日本公布《大日本帝国宪法》，宪法公布后的第一任首相山县有朋发表《外交政略论》，提出了维护日本所谓的"主权线"

"利益线"理论,他认为:"盖国家独立自卫之道有二,第一守卫主权线,不容他人侵犯;第二保护利益线,不失自己有利之地位。何谓主权线? 疆土是也;何谓利益线? 与邻国接触之势,与我主权线之安危密切相关之区域是也。大凡为国,不可没有主权线,也不可没有利益线"①,要维护国家独立,只守卫主权线是不够的,应该防护利益线。具体到日本的"利益线",就在朝鲜、中国的东北。日本必须制定保护其"利益线"的方针,第一步就是要控制朝鲜。山县有朋主张日本应增加陆海军军费,以充实国防军事力量。

在国际关系中,一个国家将自己的所谓"利益线"划到别国,是很荒唐的,必然造成地区的动荡与战争。"主权线""利益线"是日本"大陆政策"的明确表述,意味着日本将用武力向亚洲扩张,这直接威胁着中国的主权与安全,造成中国面临来自西方和日本两方面压力的局面。清政府对日本继续保持着"天朝上国"的优越心里,对日本的扩张政策缺乏必要的心理和军事上的准备,日本则从官民两个方面加紧备战。1890 年日本政府出资 4 万日元在上海开设"日清贸易研究所",名为从事中日贸易,实际是培养通晓中文的间谍,刺探中国的军事、经济情报。日本从国内选拔了 100 多名学生到上海接受训练,甲午战争前这些学生利用懂中文的优势,收集中国经济、军事等方面的情报,为战争起了先导作用。

1893 年 5 月,日本天皇颁布《战时大本营条例》,确立设置大本营的法律依据。1894 年 6 月 5 日,正式设置了大本营。大本营涵盖了内阁总理、枢密院议长、参谋总长、陆海军大臣、天皇侍从长等高官,为对外扩张做了军事上的准备。

---

① [日]大山梓编:《山县有朋意见书》,东京:原书房,1960 年,第 185 页。

二、中日两国东亚地位的逆转

1894 年 7 月,日本海军袭击中国运兵船,甲午战争爆发。战争以中国失败而告终。1895 年 4 月,清政府代表李鸿章与日本政府代表签订了《下关讲和条约》(即《马关条约》)。《马关条约》共 11 款,规定:"中国认明朝鲜国确为完全无缺之独立自主,故凡有亏损独立自主体制,即如该国向中国所修贡献典礼等,嗣后全行废绝","增开沙市、重庆、苏州、杭州为通商口岸,中国割让台湾岛及其附属各岛屿、澎湖列岛与辽东半岛给日本,赔偿日本 2 亿两白银,允许日本在通商口岸建厂"[①],等等。

中日《马关条约》是自鸦片战争以来最严重侵犯中国主权的条约,日本凭借此条约,在中国获得了比西方更多的侵略权益,引起西方各国尤其是觊觎中国东北已久的沙皇俄国的警觉和不满。甲午战争之时,俄国正在修建横贯欧亚两大洲的西伯利亚大铁路,这条铁路计划到达中国东北,以便利俄国向中国东北扩张势力。日本通过《马关条约》强占中国辽东半岛,立即引起沙皇俄国的警觉。沙俄外交大臣表示,日本占领辽东半岛,俄国比中国更感到"厌恶"。虽然日本政府一再表示:"日本即使永久占领辽东半岛,也不会危及俄国的利益。在朝鲜独立问题上,日本政府无论怎样都要让俄国政府满意"[②],但是,俄国政府还是对日本占领辽东半岛表示出极大的不满。德国与沙皇俄国在欧洲存在矛盾争夺,希望俄国的视线转向东方,但是,并不希望日本独占辽东半岛。法国与俄国

---

① 王芸生编著:《六十年来中国与日本》,第二卷,北京:生活、读书、新知三联书店,1980 年,第 306 页。
② [日]陆奥宗光:《蹇蹇录》,东京:岩波书房,1983 年,第 311 页。

是同盟关系。由于列强在东方的微妙关系,俄国决定联合德国、法国"干涉还辽"。

1895 年 4 月 23 日,俄国、德国和法国,分别向日本提出返还辽东半岛的劝告书,俄国在劝告书中提出,"日本向清国要求的讲和条件,辽东半岛归日本所有,不仅威胁清国都城之安全,也使朝鲜国的独立有名无实,妨碍将来远东之永久和平"①,法国和德国也在劝告书中表达了对日本占领辽东半岛威胁中国安全、朝鲜独立和远东和平的担心,三国都奉劝日本放弃辽东半岛。对日本来说,夺取辽东半岛是推进大陆政策的第一步,日本并不想将到嘴边的辽东半岛"吐出来"。为与三国抗衡,日本转而寻求英国的帮助。日本以为《马关条约》规定允许列强在中国投资设厂对老牌资本主义国家英国最为有利,以日本当时的实力,还没有必要也没有能力对中国进行大规模资本输出,而英国则可以通过"一体均沾"得到更多的权益。日本希望依靠这样有利于英国的条款,得到英国在辽东半岛上对日本的支持。英国是第一个迫使中国签订不平等条约的国家,希望继续扩大在中国的权益,日本能够牵制俄国南下,但是,并不希望因此加深与俄国的矛盾。权衡利弊后,英国向日本外相陆奥宗光发出《英国政府局外中立决定报告》,表明了"不干涉"的态度。而后起的资本主义国家美国,只表示在不违反"局外中立"的前提下对日本给予协助。这样,日本依靠外部支持,"以夷制夷"对抗三国干涉的希望落空。

4 月 30 日,日本政府向驻俄、德、法三国公使发出《应允三国政府劝告备忘录训令》,同意"永远放弃除金州之外在奉天半岛的占

---

① [日]日本外务省编:《日本外交年表并主要文书》上,东京:原书房,1978 年,第 169—170 页。

领权,作为放弃的补偿,要从清国协议获得相应的报酬"①。5月5
日,日本陆奥宗光外相致书俄国驻日公使,宣布:"日本帝国政府基
于俄法德三国政府之友谊忠告,永远放弃占领奉天半岛","日本政
府放弃的土地要求从清国得到报酬以保有权利;为使清国履行条
约上对日本的义务,日本政府暂时保有占领该半岛的权利"②。
1895年11月8日,中日两国政府签订了《归还奉天半岛条约》,规
定,清政府向日本支付库平银三千万两,作为归还辽东半岛的报
酬,中国向日本支付银两后三个月内,日军撤出辽东半岛。"三国
干涉还辽"到此收场。山县有朋认为,日本不应放弃在中国东北的
利益,向天皇进言,日本应在朝鲜釜山、京城、义州之间修建铁路,
将来延长贯穿中国直达印度,为在东亚的"雄飞"创造条件。因为
对到嘴的肥肉溜走,引起了日本国内舆论的不满,甚至在国会上有
人提出要追究伊藤博文内阁"归还"辽东半岛责任。日本政府因此
更提出"卧薪尝胆"的口号,全面进行"战后经营",积蓄力量,与俄
国再争中国东北,实现"大陆政策"。

　　"三国干涉还辽"后,俄国以干涉还辽有功,向清政府提出了新
的权利要求。1896年6月,李鸿章与俄国签订《中俄密约》,清政府
同意俄国出于军事目的铺设圣彼得堡到海参崴的铁道(东清铁
道),俄国取得可以在中国开设银行等特权,9月,中俄正式签订了
建设东清铁道协议。1898年3月,中俄又签订了《旅大租借条约》,
便利了沙俄进一步扩张在东北的势力。19世纪末,西方列强更是
掀起了瓜分中国的狂潮,德国、俄国、英国、法国、日本等纷纷在中
国强占租借地、划分势力范围,中国领土从北到南被列强瓜分殆

① [日]日本外务省编:《日本外交年表并主要文书》上,第171页。
② [日]日本外务省编:《日本外交年表并主要文书》上,第172页。

尽,而美国在结束与西班牙在菲律宾的争夺后,提出了"门户开放"政策,实现与列强对华的"利益均沾",中国面临着自鸦片战争以来最严重的民族危机。而日本则要在列强中确立对华的"优势地位",成为东亚的中心,充当东亚的霸主。

甲午战争及《马关条约》大大加深了中国半殖民地化,也对中日关系、东亚格局产生了深刻影响。甲午战争使中日两国在东亚的国际地位大逆转,日本开始构筑以自己为核心的新的"华夷"秩序。《马关条约》中,中国承认朝鲜为"完全无缺之独立自主国",意味着朝鲜脱离了东亚传统国际秩序中与中国的册封关系,日本要加强对朝鲜内政改革的影响力,把朝鲜拉到新的国际秩序中去,由强国日本来控制朝鲜。进而达到了丰臣秀吉时代假道朝鲜侵占中国的目的,为进一步侵略中国提供了条件。

《马关条约》使中国的领土主权受到严重的破坏,日本与西方列强一样强迫清政府签订的不平等条约,从法律上取得了对中国的优势地位。通过这个不平等条约,台湾成为日本第一块海外殖民地。日本外相陆奥宗光认为:夺取中国的辽东半岛,不仅可以威胁中国的首都,也使朝鲜的独立有名无实。而台湾是中国的东南门户,具有重要的战略地位,这里土地肥沃,有大量的未开发土地,中国被迫将台湾割让给日本,使中国海防受到极大影响,而丰富的农业、林业资源为日本进一步向中国扩张提供了有力经济支撑。日本通过甲午战争达到了"失于俄美者,取偿于鲜、满之地"的目的,实现了"与西方文明共进退",而且获得了比西方列强更多的侵略权益。

甲午战争结束了中日两国的平等关系,日本取代中国成为东亚的"中心",正式开始构建以日本为中心的新的"华夷"秩序。甲午战争对中日两国,乃至东亚的国际关系影响巨大。如果说甲午战争前日本尚对中国存有敬畏感，"兴亚会"中的一些人由于担心日本不是中国对手，一度反对战争，但是，随着战争发展及日本的胜利，这些人对中国的敬畏感荡然无存，转而积极支持战争，并以比一般人更了解中国的"优势"，直接为战争服务。日本自以为已经从"周边"国家一跃而为东亚的"大国"，取代中国成为东亚的"中心"，开始构建以日本为中心的新的"华夷"秩序，要"雄飞"于亚洲和世界，"日本耸立于东亚之一隅，雄飞于世界万国"①。日本开始无限夸大自己的优点，鄙视东亚邻国和中国文化，三宅雪岭在"国粹保存主义"旗号下，提出要有选择地学习西方文化，防止对日本文化妄自菲薄，这固然不错。但是，他反对盲目崇拜西方文化的同时，夸大日本民族、文化的优点，隐含着极端民族主义情绪。鬼石学人论证征讨中国的合理性。亚洲联合鼓吹"神国思想"是日本的根本，"顽强精神"使日本得以对抗中国，并能够领导亚洲。②

中国不仅成为西方列强宰割的对象，而且开始遭受曾经视为"蛮夷小邦"日本的侵略，这对中国社会的影响是巨大的，志士仁人开始了维新变法运动，清政府越来越失去人心，其灭亡指日可待。甲午战争后，日本从"周边"国家一跃而为东亚的"大国"，获得了巨额赔款、在中国投资设厂、开商埠等权利，还从中国得到了第一块殖民地——台湾。自古以来形成的中日两国平等关系演变为侵略与被侵略关系，日本的野心不断膨胀，产生了战争可以发财的观

① [日]《近代日本思想史讲座》第 8 卷，东京：筑摩书房，1961 年，第 30 页。
② 关于甲午战争与中日两国在东亚地区国际关系逆转，笔者曾经撰写过《甲午战争对东亚格局的影响》，发表在《日本侵华史研究》2015 年第 2 卷；《第一次世界大战前后日本对外扩张与东亚格局之变动——以华盛顿体系为中心的考察》，《世界历史》2012 年第 4 期；《日本军国主义会卷土重来吗？》，《中国社会科学报》2014 年 4 月 5 日；等等，本节内容使用了以往自己的观点。

念,东亚地区战争取代了和平,侵略取代了平等,东亚各国无不面临来自日本的侵略威胁。甲午战争后,日本提出"雄飞"于亚洲和世界,从亚洲的日本,变为世界的日本。1895 年 11 月,《东洋经济新报》在东京创刊,大肆鼓吹日本是亚洲唯一的立宪国家,要向未开化或者半开化的国家输出其思想,掌握东亚的权力。1896 年 7月,《世界之日本》创刊,也明目张胆地鼓吹日本要把西方列强从东亚夺走的权利,统统收回,掌握在日本手中。

　　甲午战争后,日本开始了第二次产业发展高潮,大力发展军事工业,并积蓄新的战争力量。甲午战争后,东亚各国面临来自日本的严重威胁,其威胁绝不亚于欧美列强,中国的民族危机进一步加深。《马关条约》日本从中国掠夺的赔款,折合日元约为 3亿 5 千万,相当于日本年度财政预算的 4 倍以上,曾经任日本外务大臣的井上馨就说:"一想到现在有 3 亿 5 千万日元滚滚而来,无论政府或私人都顿觉无比的富裕"[1],而中国为了这笔巨额赔偿不得不以国家主权为条件向西方国家举借外债,先后借款达 3 亿7 千万两 的银价,导致中国负债累累,愈加积贫积弱。日本将这笔巨额赔款的 80% 用于军备,扩充海军和陆军,扩大军事工业生产。据统计,用于陆军扩张费是 5 680 万日元,海军扩张费为 13 926 万日元,军舰水雷补充基金 3 000 万日元,临时军费 7 896 万日元,合计达 3 亿日元以上。1901 年日本官营的钢铁公司——八幡制铁所就是使用的这笔赔款,日本重工业获得了巨大的发展。此外,还用2 000 万日元为天皇皇室基金,1 200 万为台湾殖民经费,1 000 万为教育基金。[2] 因为有了这笔巨额赔款,1897 年日本确立了梦寐

----

① 王晓秋:《近代中日关系史研究》,北京:中国社会科学出版社,1997 年,第 374 页。
② [日]岩波讲座系列丛书:《日本历史》(16),东京:岩波书店,1971 年,第 54 页。

以求的"金本位"制，日本货币开始纳入国际货币金融体系，其商品输出、资本输出能力大大增强，并开始向军事大国方向发展。中国为支付巨额赔款，不得不向欧美各国银行借款，列强在中国获得了铺路、开发矿山、经营电信业等特权，中国民族危机进一步加深。19世纪末，列强更在中国开租借地、划分势力范围，掀起了瓜分中国的狂潮。

随着国力的增强，日本野心膨胀，以"亚洲是亚洲人的亚洲"为名，来独霸亚洲利益。从甲午战争起，日本频繁侵犯亚洲邻国，每次都从对外战争中获得大量利益，这就更刺激了日本对外侵略的欲望，不断发动战争。数年后，日本与西方国家一道，镇压义和团运动，通过《辛丑条约》与列强共同分割侵略利益。

甲午战争使日本对中国的认识彻底改变，由尊敬中国到蔑视中国，国内极端民族主义膨胀，这种极端民族主义思潮又成为日本发动新的侵略战争的精神支柱。19世纪80年代，日本启蒙思想家福泽谕吉曾经主张日本为亚洲盟主抵抗西方侵略，赞同"亚洲连带论"，提出"亚洲东方堪比此魁首盟主者唯我日本"①。而1885年3月，福泽谕吉在《脱亚论》中就要彻底脱离亚洲，加入西方强者俱乐部了，他认为"我日本国土虽在亚细亚之东，但国民之精神已脱亚细亚之固陋，移至西洋文明"②，而邻国朝鲜、中国尚在未开化之列，它们在文明东渐之风潮中，无论如何也不可能维持其独立，不出数年其国将亡，其领土将为世界文明诸国所分割。因此日本不能等待这些国家开明，"为今之计，我国不可再犹豫踌躇，坐待邻国之文明开化而与之共同振兴亚洲，毋宁脱离其行列，与西方文明诸国共

---

① ［日］庆应义塾编：《福泽谕吉全集》第8卷，东京：岩波书店，1970年，第30页。
② ［日］《福泽谕吉全集》第10卷，东京：岩波书店，第239页。

进退。我国对待支那、朝鲜之法,无须因其为邻国而有所顾忌,只有按照西洋人对待彼等之方式方法加以处理"①。与西方文明共进退,一方面是要具有与西方相当的经济、政治实力,另一方面是要参加西方列强对亚洲的侵略和瓜分,成为宰割亚洲的"食者"。甲午战争爆发后,福泽谕吉在《时事新报》上发表《日清战争是文明与野蛮的战争》一文,宣扬甲午战争"虽然起于日清两国之间,但寻其根源,则是谋文明开化进步者与妨碍进步者之战,绝非两国间的战争"②,鼓吹日本是以推进亚洲文明为目的,为战争张目,并煽动日本人支持战争。还有人认为甲午战争是日本"为明治维新的理想,为宝贵的古典文化遗产、为整个亚洲的复兴之和平理想而战"③,鼓吹侵略有理。福泽谕吉还担任发起军费捐款运动总代表,在《时事新报》上刊登"表诚义金"的募捐广告,劝诱民众在经济、精神上支持战争,并带头捐款 1 万日元支持战争,当时日本全国捐款在万元以上的只有 5 人。④ 甲午战争爆发后,日本报纸、杂志等媒体刊登的基本都是号召国民团结一致支持战争的报道。日本主要报刊登载为战争捐款人的姓名和捐款数额,对大额捐款者进行特别报道,鼓动国民效仿。福泽谕吉在自传中说:"'日清战争'这种官民一致的胜利,实在令人高兴,值得庆幸。只有活到今天才能看到这种事情,以前死去的同志朋友是不幸的,我真想叫他们也看看这种胜

---

① [日]《福泽谕吉全集》第 10 卷,第 240 页。

② [日]《时事新报》,1894 年 7 月 29 日,《福泽谕吉全集》第 14 卷,第 491 页。

③ [日]龟井胜一郎、宫川寅雄编:《明治文学全集 38·冈仓天心集》,东京:筑摩书房,1968 年,第 120 页。

④ 沈才彬:《论福泽谕吉的民族主义思想》,《日本史论文集》,沈阳:辽宁人民出版社 1985 年,第 170 页。

利"①,福泽谕吉认为甲午战争开启了日本近代外交的序幕,是日本走近代化道路的结果。

日本随军记者、士兵使用"猪尾奴""土人"等侮辱性词汇称呼中国人,煽动日本人蔑视中国的心理,日本人通过报纸、出征士兵信件等,构筑起新的中国印象,认为中国人"不洁""不文明",鄙视中国和中国人的思潮开始蔓延,就连小孩游戏时都唱:"支那佬,拖辫子,打败仗,逃跑了,躲进山里不敢出来"②等轻侮中国人的歌谣。甲午战争后,日本国内出现了大量神化天皇、赞美战争、歌颂军国主义的小说、诗歌、歌曲、漫画等文学艺术作品。日军在战场奋勇杀敌的"英雄"事迹被编进中小学教科书,学校向学生灌输日本民族优秀、文化优越等观念,"我国在列强注视下大获全胜,顺利地取得了大捷,对我国是值得庆贺的大喜事,同时也刺激了国人的自负心,形成了反对旧观念、轻侮邻邦的思潮。特别是,我国在战争中为了鼓舞民心而传唱的'膺惩猪尾奴'歌曲,像强心剂一样,蔑视支那的思潮迅速弥漫"③,整个日本处于战争的狂热之中。

1900 年,中国发生了义和团运动,八国联军乘机出兵中国。日本一直对俄国南下怀有戒心,乘列强出兵中国,日本也向中国派兵,兵力达 2 万余人,接近列强出兵总数的一半,大大超过了俄国,成为真正的"远东宪兵"。日本与其他西方国家一起,打着"文明"的旗号,占领了北京,对古都实施了一场浩劫。

---

① [日]福泽谕吉著、马斌译:《福泽谕吉自传》,北京:商务印书馆,1995 年,第 278 页。

② [日]依田熹家:《日本帝国主义和中国 1868——1945》,北京:北京大学出版社,1989 年,第 24 页。

③ [日]河源宏:《近代日本のアジア認識》,东京:第三文明社,1976 年,第 41 页。

三、甲午战争期间的"兴亚"论

甲午战争前,尽管日本国内有"东洋盟主论",但是,尚缺乏成为盟主的实力和自信。甲午战争增强了日本做"东亚盟主"的自信。明治维新后,日本社会出现了要求开设国会、制定宪法、减轻地税、确立地方自治和修改西方列强强加的不平等条约的呼声。1874年1月,因征韩论失势而下野的板垣退助、后藤象二郎、江藤新平等向政府提出设立民选议院的建议书,并组织了日本历史上第一个政党——爱国公党,揭开了自由民权运动的序幕。随后,日本还成立了很多政治结社,如立志社、爱国社等等。自由民权运动中,各个政治结社要求开设国会、颁布宪法、减轻地租、修改不平等条约、确立地方自治,在日本建立英国式的立宪君主制,实现人人参与政治。然而,日本的自由民权运动家们,对国权和民权的关系,并非一成不变。甲午战争刚刚开始的时候,日本国内对战争前途充满悲观情绪,自由民权运动家们也反对开战,他们通过主办的报刊宣传反战思想,认为日本不是中国的对手,一旦发生战争,日本将面临亡国的危险。当日本在朝鲜、辽东半岛取得胜利时,日本国内支持战争的声音越来越高,自由民权运动家们也迅速转变对战争的态度,支持日本通过战争来维护"国权",从而放弃了他们曾经大力提倡的民权,转向国家主义,与政府对外侵略相呼应。

日本最大的两大政党自由党和改进党,都鼓吹日本民族优秀,贬低中国,认为"日本的确具有优良特性,拥有大和魂的这种特性理应受到尊宠","而支那的特性如何呢? 他们贪得无厌、唯利是图,脸皮厚、不知羞耻"①,鼓吹日本人具有优秀的国体,国民注重信

---

① [日]铃木充美:《朝鲜改革论》,东京:《自由党党报》第75号。

义,与中国人的奸诈形成了鲜明的对比,对中国的优越感陡升。

甲午战争后,日本媒体也鼓吹日本担当"东洋盟主",不让西方人插手东亚事务,由日本执掌东亚霸权。"日本原来并不敌任何一个欧洲列强,但是通过这次征服清国,东洋大局已定,此时,若遇阻碍我国前进者,须断然排斥,必须以独自之本领,才能站稳东洋之霸权,以与欧洲列强争雄于世界。"①随着甲午战争的胜利,日本国内鄙视中国思潮蔓延,甚至有人认为中国已亡。非但如此,日本还要排斥欧洲列强,担当"东洋盟主",成就东洋的霸权。

日本自由民权运动家多为亚洲主义者,鼓吹在日本"领导"下实现"兴亚"。为了给日本发动战争制造根据,他们从黄白人种对立、反对白人染指亚洲的角度支持战争,认为甲午战争日本不是要向中国扩张,而是为了复兴亚洲而战,为了维护明治维新的成果而战,也是正义之战。1894 年 8 月 1 日,日本天皇颁布宣战诏书,声称日本开战是为了"使朝鲜永免祸乱""维持东洋全局之平和",扬日本帝国的荣光。日本天皇还在广岛设立大本营,以便于指挥。鉴于战争形势,日本第七届帝国议会改在广岛召开,甲午战争期间,广岛作为日本著名的"军都",实际担当了临时首都的职能。甲午战争开始后,日本知识分子非常关注战争的进展,平民主义思想家德富苏峰得知中日开战的消息,立即来到广岛大本营了解战况,随后又去担任战地记者。德富苏峰在甲午战争中,撰写了《日本国民的膨胀性》。他在文章中提出,未来几百年,日本要不断向海外"膨胀"。因为日本国土狭小,甲午战争是日本对外膨胀的好机会。内村鉴三是基督教徒、著名的和平主义者。甲午战争爆发后,内村鉴三完全站在国家主义立场上,公开支持战争。他认为日本已经

---

① [日]社评:《国民思想的进步》,《每日新闻》,大阪,1894 年 7 月 8 日。

是"文明"国家,而中国等亚洲邻国仍然处于"野蛮"状态,甲午战争
是日本对清王朝的"义战",也是文明日本教化野蛮中国的行动。
他列举了中国阻碍亚洲进步的"罪状":阻止朝鲜对外开放、阻碍其
近代化进程、侮辱"帮助"朝鲜进步的日本。因此,日本对中国开战
完全是正义的,就是为了抗议中国阻碍东亚进步。内村鉴三在《日
清战争之义》中鼓吹:"我们坚信日清战争我方是正义之战。此义
不是法律意义上的义,而是伦理上的义。……我人是为永久和平
而战,上天会同情我在此正义之战中牺牲的将士。日本国民还从
未有过实现此等崇高目标的行动,我们希望大家团结一致,共同对
敌。"①内村鉴三抨击中国不仅野蛮、落后,还妨碍亚洲邻国的进步
发展,编造文明与野蛮、进步与落后的对立观点,引起了日本知识
分子和普通国民的共鸣,非常具有蛊惑性和欺骗性,许多人表示要
支持"正义""和平"之战。

甲午战争前,玄洋社等"兴亚"团体,就派人到朝鲜,刺探情报,
干涉朝鲜的内政。日本在朝鲜的大陆浪人组织"天佑侠",与玄洋
社、黑龙会等保持着密切的联系。这些"兴亚"组织还打入东学党
内部,在朝鲜制造矛盾,为日本出兵朝鲜做准备。

甲午战争期间,日本报刊大量刊登战争扬了"国威"之类的文
章,认为通过甲午一战,日本成为东亚的强国,将来必定"雄飞"于
世界,煽动日本人关注战争、支持战争。当时,日本的知名报社、
杂志社,纷纷派战地记者到前线从事采访、报道,有文学家、画家
主动提出申请,要到前线做战地记者。自由民权运动者川上音二
郎通过做战地记者,创作了许多歌颂日军战绩的剧本,如《壮烈的
日清战争》《攻陷威海卫》等。这些戏剧排演上演后,受到东京观

---

① [日]《国民之友》,东京,1894 年 9 月号。

众的追捧,引发了国内支持战争的狂热情绪。各大报社还组织发起征集运输物资军夫的活动,号召国民从物质上支持战争。

《马关条约》签订后,日本在俄、德、法三国干涉之下,被迫"归还"辽东半岛给中国。"还辽"消息传到日本,国内舆论哗然。"兴亚"论认为日本屈服于三国干涉,"归还"辽东半岛给中国是奇耻大辱。德富苏峰认为:"归还辽东半岛一事,将对我一生的命运产生影响。自听到这个消息,我的精神仿佛已经丧失。这件事说明我国国力不如人,我深信如果力量不如人,无论何种正义、公道都毫无价值。我自己一刻也不想在返还他国的土地上逗留,准备搭船回国。临行前,我在旅顺口的沙滩上,拣一些小石头和沙子,用手绢包好带回国去,以纪念这里曾经一度为日本领土。"①日本并不甘心把到嘴边的肥肉吐出来,要以"卧薪尝胆"的精神,积蓄力量,"夺回"中国东北。

亚洲主义者内田良平表示:"我军以全胜之战绩,令清国(原文如此)割让台湾及辽东半岛,但是,因为三国干涉导致不得不将辽东半岛返还,实在令人气愤。"②内田良平表示自己要身体力行,探访、研究俄罗斯的情况,准备"复仇"。内田良平决定亲自去俄罗斯。8月,内田良平在海参崴偷渡,秘密侦查俄国远东地区。第二年,再次潜入海参崴侦查,把所见绘成详细地图。他还勘察了中国、朝鲜和俄国边界地带的间岛地区。1897年,内田良平勘察西伯利亚铁路沿线地带,1898年进入俄国首都圣彼得堡,详细调查俄国的政治经济状况,尤其是俄罗斯在远东的矿山经营、西伯

---

① [日]德富猪一郎:《苏峰自传》,东京:中央公论社,1935年,第310—311页。

② [日]内田良平:《シベリア渡航と露兵との相扑》,头山满、犬养毅、杉山茂丸、内田良平:《アジア主义者たちの声》,东京:书肆心水,2008年,第279页。

利亚铁路修筑进展等情况。通过调查,内田良平得出"俄罗斯不足惧"的结论,认为日本必定与俄罗斯有一战。日本有能力把白人从东北亚赶走,重新夺回辽东半岛。1901 年,内田良平在东京成立黑龙会,黑龙会是著名的亚洲主义右翼团体玄洋社的外围组织。黑龙会提出了"到黑龙江去"的口号,决心要夺回辽东半岛,还要把东北、内蒙古与西伯利亚都纳入日本的控制之下。黑龙会发行《黑龙会会报》《黑龙月刊》,出版《最新满洲地图》《俄国东方经营部署全图》等,从舆论、情报等方面为与俄罗斯开战做准备。1901 年 12月,内田良平在东京创办黑龙学校,培养知晓俄语的人才,该校很多学生后来都在日俄战争中担任随军翻译,发挥了辅助战争的作用。

内田良平撰写的《俄罗斯亡国论》一书,从种族、政治、教育、宗教、经济、产业、社会各方面,阐述了俄罗斯的状况,分析了俄罗斯不足畏的原因。他认为日本与俄罗斯必有一战,而且日本必定会战胜俄罗斯。该书后改名为《俄罗斯论》。

四、以"兴亚"为目标的东亚同文会

甲午战争的结果,让中国看到了日本明治维新后经济、社会的进步。一些有识之士希望中国能够借鉴日本的成功经验,对社会制度、经济形式和教育实行变革,达到富强国家、保持主权和领土完整之目的。中国驻日参赞黄遵宪目睹了明治维新后日本社会的巨大进步,希望中国能够实行改革,黄遵宪被誉为"近代中国走向世界第一人"。黄遵宪撰写了《日本杂事诗》《日本国志》等介绍日本的书籍,内容涉及日本神话、历史、风俗、地理、政治,以及维新变法等,是当时中国人了解日本的重要著作。中日甲午战争前,中国虽然多次被西方列强打败,被迫签订不平等条约,但是,中国人对

日本的心理优势却依然存在。甲午战败给中国人强烈的警示,国人一方面对败于"东夷小邦""蕞尔三岛"不服气,另一方面也深感日本发展迅速,希望了解维新后日本的真实情况,仿效日本实行维新变法,实现国家的强盛。黄遵宪上述介绍日本的著作,在中国知识阶层产生了巨大影响。

中国有识之士开始认真分析中国战败的原因,认为中国的失败固然有政治原因,而缺乏了解近代世界大势与现代科技的人才,也是重要原因。中国科举制度持续一千多年,科举考试内容陈旧、脱离实际,已经不适应当代社会发展的需要了。为培养对国家发展的有用之才,应该让青年人了解最新的科学技术,接受新式教育,派学生出国留学是学习西方的有效手段。中国与欧美远隔重洋,留学路途遥远,费用昂贵,日本学习西方成效明显,中国可以通过日本间接地了解和学习西方文明,于是,日本成了中国青年海外留学的首选之地。甲午战争后不久,清政府开始向日本派官费留学生,这些学生正式进入日本大学,通过日本了解近代西方文化思想和科学技术。

甲午战争后,列强纷纷在中国强占租借地,划分势力范围,中国民族危机加深。日本、俄国是对中国主权威胁最大的两个国家。中国由于自身实力虚弱,一直想利用两个国家的矛盾,实行"以夷制夷",对联合哪个更好而徘徊不定。1897 年 12 月,沙俄占领旅大,使得中国人更加感到沙俄对中国的威胁,甲午战争后中国主张联俄抗日的人,转而主张联日抗俄,日本的亚洲主义在中国引起了兴趣和共鸣。他们认为如果日本真能够与中国合作,亚洲的振兴就有希望了。维新思想家郑观应认为:中日两国"同在亚洲,互相攻击,唇亡则齿寒,徒为渔人得利。中国宜开诚布公,勿念前仇,亦与日合以践兴亚会之约,庶不为西半球各国所侵害也"①,希望中日能够携手联合,为本国、为亚洲的振兴而努力。

19世纪末,亚洲"联合"思想在日本朝野得到呼应,"兴亚"论主张,日本要取得在东亚的优势地位,就要对中国施加文化上的影响,让中国理解中日同种同文同教的友谊,认识俄国是中日两国的共同敌人,合力阻止沙俄南下。

1898年4月,中国维新人士与部分在上海的日本人联合成立了"上海亚细亚协会",日本驻华总领事小田切万寿之助任会长,日本著名商社三井、三菱驻华代表参加了协会成立大会。当时舆论认为该会成立将"联中日之欢,叙同文之雅,诚亚洲第一盛事,兴起之转机也"②。康有为在《日本变证记》中阐述了变法的必要性,认为比中国实力小得多的日本,竟然打败中国,从中国割地、索款,就是因为实行了维新。中国要迅速富强也必须效仿日本实行维新变法。

日本贵族院议长近卫笃麿一直鼓吹亚洲"联合"。近卫家是"五摄家"之首,近卫笃麿早年留学欧洲,在德国莱比锡大学获得法学学位。他在欧洲留学期间感到了白种人对其他人种的种族歧视,认为世界"最后的命运就是黄白两个人种之争。在这个竞争之下,支那(原文如此)人日本人都应认识到白种人是共同的仇敌","支那的存亡非与他人休戚与共,而是与日本人自身的利害相关"③。近卫笃麿认为日本虽然在甲午战争中战胜了中国,取得了在中国的利益,但是,日本与西方列强不一样,日本是为了振兴亚洲,西方列强是为了瓜分中国,提出日本经营中国大陆,在"保全中

---

① 郑观应:《盛世危言》卷七,上海:上海古籍出版社,2008年,第7—8页。
② 王晓秋:《近代中日关系史研究》,北京:中国社会科学出版社,1997年,第185页。
③ [日]近卫笃麿:《同人种同盟 附支那问题研究の必要》,《太阳》,1898年1月1日,见东亚文化研究所编:《东亚同文会史》,东京:霞山会,1988年,第180—181页。

国"的旗号下,达到日本占领中国东北、控制中国的目的。为了实现这个目的,他鼓吹中日两国同为黄种人,有共同的命运和使命,应结成同盟,应该有更多的人去了解中国,研究中国。1898 年 11月,日本成立了以近卫笃麿为会长的东亚同文会,这是日本著名的亚洲主义团体。"东亚同文会"由之前建立的"东亚会"与"同文会"合并而成。东亚会成立于 1898 年 4 月,发行机关刊物《东亚细亚》月刊。东亚同文会认为中国存亡与日本安全关系密切,中国若被列强瓜分,日本也将不保。日本为了自身安全,应该促进中国改革。该会协助戊戌变法事变后,康有为、梁启超逃往日本。同文会成立于 1898 年 6 月,以调查、研究中国问题、促进中日两国人员交流为目的,创立机关报《东亚时论》,在上海发行《东亚时报》。

东亚同文会在《东亚同文会纲领》提出 "保全支那(原文如此),帮助支那与朝鲜进步,探讨并推进支那与朝鲜时事,唤起国论"①,认为中日韩三国文化相通,风教相同,情如唇齿,自古有交往。现在兄弟阋于墙,西方列强企图乘虚而入,三国政府应加强邦交,坦诚相待,三国士大夫应做中流砥柱,为此,成立东亚同文会。东亚同文会的机关刊物是《东亚时论》,每月发行两期。1911 年《东亚时论》改称《支那》。

1907 年出版的《东亚同文会报告》,是专门为在华日本企业提供中国经济信息的刊物。近卫笃麿阐述东亚同文会对东亚问题的立场,"东洋是东洋的东洋。处理东洋问题为东洋人的责任。清国虽势衰,但其弊端在政治非民族。与其携手保全东亚并非难事"②,表明东亚同文会致力于"兴亚",排斥西方、独霸东亚的野心。东亚

---

① ［日］竹内好:《日本とアジア》,东京:ちくま学艺文库,第 421—422 页。
② ［日］竹内好:《日本とアジア》,第 423 页。

同文会成立后,得到了日本政府的资金支持,外务省每年从机密费中拨出 4 万日元作为经费。1914 年起又有所增加,特殊时期还附加数额不等的临时费用,从 1924 年起,日本政府以庚子赔款和胶济铁路的收入为资金,按照"特别会计法"每年拨给"东亚同文会"补助,年均金额高达 34 万余日元,占日本整个对华文化事业补助的 13％。① 由此可见,东亚同文会自成立之日起,就与日本政府保持着密切联系,实际上是一个半官半民的国策团体。东亚同文会的成员在中国从事刺探军事、经济情报等间谍活动,从文化层面协助日本政府推行"大陆政策"。东亚同文会通过在中国办报刊,阐明其中日"同文同种"、携手驱逐西方列强的主张。据统计,从 19 世纪末到日本战败投降,日本在中国创办的汉语报纸 28 种,其中由"东亚同文会"创办的就有 12 种,②占日本人在华汉语报纸的四成以上。

近卫笃麿提出中日两国应该"友好",在中国建立培养中日两国学生的学校。1899 年近卫笃麿来到中国,游说张之洞、刘坤一等。刘坤一最终同意在他管辖下的南京建立这样一所中日联合培养"友好"人才的学校。1900 年 5 月,东亚同文书院在南京开学。8 月受到义和团运动影响,日本师生多到上海避难,1901 年 5 月,在上海重新建立新的东亚同文书院。

东亚同文书院建立后,近卫笃麿亲自在日本宣传东亚同文书院建立的目的——"支那部学生以学习日语为主,灌输科学思想,唤起其国家意识。日本部同样建学生宿舍方便学生住宿,两部的

---

① 转引自翟新:《近代以来日本民间涉外活动研究》,北京:中国社会科学出版社,2006 年,第 186 页。

② [日]东亚同文会编,胡锡年译:《对华回忆录》,北京:商务印书局,1959 年,第 493—500 页。

两国学术相互接近增进友谊、长短相补,为将来的发展打下基础"①。东亚同文书院最初设想是招收中日两国中学毕业生,近卫笃麿让擅长中文、有阳明学深厚基础的根津一担任同文书院的具体工作。上海东亚同文书院建立后,停止招收中国学生。中国学生一律到1901年在东京建立的东京同文书院学习,上海东亚同文书院只招收日本学生。上海东亚同文书院以"中国学"研究为核心,贯穿着"兴亚"的基本精神,而其活动常以"中日亲善"的面目出现,在日本发动侵华战争之前,书院与中国政府、学界、社会知名人士都保持着比较密切的关系。东亚同文书院发行中文报纸、合办公司等,是东亚同文会最主要的活动舞台。1921年以前上海东亚同文书院实行三年制教育,以商科为重点,1921年升格为四年制专门学校,1939年东亚同文书院升格为大学。东亚同文书院不受文部省管辖,而是由外务省管辖,与日本在朝鲜,中国台湾、东北等地建立的殖民地大学相比,东亚同文书院的历史更加悠久,至日本战败时在校生有四千多人。1946年,日本战败投降后,上海的东亚同文书院解散,该院人员回到日本后,在名古屋创建了私立爱知大学,成为日本研究中国的知名学府。1948年,原东亚同文会人员为纪念近卫笃麿,组建"霞山俱乐部"(近卫笃麿,号霞山),后更名为"财团法人霞山会"。

东亚同文书院自开设之日起,就与日本"大陆政策"紧密联系,书院学生分为公费和自费两种。公费生是在日本各府县选拔的中学毕业生,有一些是住在中国的日本人子弟,后来也有极少数的中国学生。书院有商科和政治科专业,开设中文和中国事情等课程,

---

① [日]《东亚同文书院大学是:创立八十周年纪念志》,沪友会,1982年(非公开发行),转引自小林英夫编:《帝国という幻想》,东京:青木书店,1998年,第76页。

曾经一度开设过农工科。除中文课与中国事情课程外,东亚同文书院专业课程与日本国内是一样的。学院最大的特点是最后一个学年的毕业旅行,学生数人一组到中国各地进行三个月到半年时间的调查,调查地区非常广泛,学生到达了除西藏以外的中国所有省份,调查内容也很广,涉及中国各地的地理地貌、工商业发展、财政经济状况、地方行政组织、民情风俗等,成果除了作为毕业论文的第一手调查报告书,还有各考察小组纪行的《大旅行志》及考察报告,均作为当时日本了解中国、制定对华政策的重要参考。东亚同文书院很多学生是抱定"要在中国建立功绩"①的决心,离开日本来到中国的。这里的"建立功绩"就是要在日本对外扩张中有所作为。学生的调查得到日本政府、大企业的赞助,他们通过调查,亲身感到中国丰富的资源、广袤的国土,有学生在广州调查后就说"就是此地无疑会成为交通中心,一旦有事日本应该占领此地"②。东亚同文书院在长达40多年的对中国调查活动中,积累了关于中国社会大量第一手资料,这些调查不同于一般的学术考察,不可避免地打上了"大陆政策"的印迹。

20世纪初,日本对西方列强进入亚洲怀着强烈的危机感,特别是对沙皇俄国通过《中俄密约》取得在中国东北修建铁路等特权深感不安。为了阻止沙俄扩张在中国的利益,东亚同文会以"保全中国"的名义,主张中日合作对抗沙俄。"保全"中国成为19世纪末20世纪初,日本亚洲主义对华政策的目标。在中国处于列强瓜分的民族危机时刻,东亚同文会提出的"保全中国",具有极强的欺骗

---

① [日]沪友会编,杨华等译:《上海东亚同文书院大旅行记录》,北京:商务印书馆,2000年,第143页。

② [日]沪友会编,杨华等译:《上海东亚同文书院大旅行记录》,第117页。

性,它不仅可以使日本以"兴亚"的旗号干涉中国内政,笼络中国民心,也为驱除西方势力独占中国提供了借口。"保全中国论"得到中国维新派的好感和共鸣,希望通过学习日本使中国富强,中日联合起来抵制西方的入侵。东亚同文会曾经帮助过变法失败后亡命日本的康有为、梁启超等维新派人士,也曾支持过孙中山为代表的革命派,中国同盟会的日籍会员基本都是亚洲主义者。东亚同文会援助中国社会的新生力量,是因为看到清政府的腐败,待中国革新、革命势力得势后,日本可以先于列强获得在中国的利益。东亚同文会作为鼓吹"兴亚"的亚洲主义团体,直到1945年日本战败后才解散。

第三节 日俄战争时期的"兴亚"论

一、渲染东西方对立,制造对俄开战舆论

甲午战争后,中日签订《马关条约》,中国割让台湾、澎湖列岛、辽东半岛等地给日本。俄国、德国、法国联合起来"劝告"日本放弃辽东半岛。日本不想放弃到手的辽东半岛,但是,自身实力又难与三个欧洲大国抗衡,不得不把到嘴边的辽东半岛"吐"了出来。"三国干涉还辽"使日本愈加感到在西方主导的国际关系中,没有实力做后盾一切都是徒劳的。日本提出以"卧薪尝胆"精神,全力发展军事工业,争取把辽东半岛夺回来。

甲午战争后,日本扩军备战,企图把辽东半岛乃至整个中国东北置于其控制下。日本开始了新一轮的产业革命,大力发展重工业,尤其是扩大军事工业生产,建立了一大批与军事工业相关的近代企业,著名的八幡制铁所就是使用这笔赔款在1897年兴建,

1901 年正式投产的，它是日本生铁、钢材生产的主力。

　　"兴亚"论配合日本政府夺取中国东北的利益的侵略计划，从人种、文化对立来为占领中国东北、对俄开战制造舆论。黑龙会提出夺取中国的黑龙江流域，占领东三省，再控制蒙古和西伯利亚，"报仇雪耻"。黑龙会提出白人帝国主义压迫黄种人，尤其是俄罗斯对东亚一直有野心，黄种人应该联合起来，反对白人帝国主义特别是俄罗斯的压迫，保卫有色人种的独立主权。内田良平对樽井藤吉的《大东合邦论》非常感兴趣，他认为黄种人应该实行日韩合邦，形成比较大的力量，对抗白人侵略。黑龙会还主张日本应该与强国结盟，来对抗俄罗斯，现在日本最好的结盟对象是英国。黑龙会不仅在政策上为对俄开战提出参考意见，还在行动上为与俄罗斯作战做具体军备，他们收集军事情报，绘制西伯利亚地区的地图。

　　日本将对外扩张的目标指向中国东北，这势必与长期觊觎东北亚的俄罗斯产生矛盾。当时日本政府在对如何处理与俄罗斯关系上，存在着争论，有暂时对俄妥协和准备对俄开战两种意见。伊藤博文、井上馨等人认为日本实力不够强大，应该采取对俄妥协的策略。山县有朋、桂太郎、西乡从道、松方正义等人认为，日本与俄罗斯对立不可避免，应该做好与俄罗斯战争的准备，与英国结盟牵制俄罗斯在远东的势力。日本政府最终选择了与英国结盟的政策。1902 年 1 月，日英同盟正式签订。该同盟条约规定，缔约国与其他国家（一个国家）交战时，同盟国严守中立，并阻止其他国家参战。而与两个以上国家交战时，同盟国有义务参战以帮助缔约国。另外，日英秘密协商，如果日本单独对俄战争，英国保持"好意的"中立。英国是世界上第一个建立资本主义制度的国家，其海外势力强大，在国际关系中影响力首屈一指。英国在对外关系上自诩"光荣孤立"，现在英国放弃"孤立"政策，与东方新兴的工业化国家日本结盟,在世界范围内引发剧烈的震动。日俄战争爆发后,日本得到了英国许多实际支持。英国表面上中立,"不偏不倚",实则进行谍报、干扰俄罗斯军舰等活动,实际偏袒日本。

1903年7月,近卫笃麿、头山满、内田良平、平冈浩太郎等鼓吹"兴亚"论的右翼分子,在日本军部和政府的支持下,组织了亚洲主义,也是国家主义团体"对俄同志会"。"对俄同志会"强调俄罗斯一直有侵略东亚的野心,"俄国在远东的经营及对东亚的侵略由来已久,非一朝一夕之策。……其压迫清、韩搅乱东亚和平,导致今日之局势,这决不是偶然的。因此,我们确信,我们的天职及我国的国是与俄国的远东经营毫不相容"[1]。因此,不能任俄国肆意挑衅,要通过战争赶走俄国在东亚的势力。1903年10月5日"对俄同志会"在东京召开全国大会,决议上奏对俄宣战布告。日俄战争爆发后,会长近卫笃麿已经病逝,该会骨干分子又组织了"讲和问题同志联合会",反对向俄国做任何让步。日俄战争前,《朝日新闻》《时事新报》《东京经济杂志》等有影响的刊物,无一不主张对俄强硬,以武力夺取中国东北。

二、扩张军备挑起对俄战争

甲午战争后,日本开始了甲午战争后的"战后经营",决心"卧薪尝胆"夺取中国东北的利益,与在东北占据大量利益的沙俄一决高下。日本政府制订了十年扩军计划,其军费支出连年增加。据统计,"1896年日本陆海军的总支出是73 248 000日元,占国家财政总支出的43.4%,1897年陆海军的总支出是110 543 000日元,占国家财政总支出的49.4%,1898年陆海军总支出是112 428 000日

---

① [日]《朝日新闻》,东京,1903年10月6日。

元,占国家财政总支出的 51.2%,1900 年陆海军的总支出为
133 113 000 日元,占国家财政总支出的 45.5%"①。为满足庞大军
费支出的需要,日本将《马关条约》规定的中国赔款总额的 76% 用
于军事工业。同时,为了扩大发展军事工业的费用,日本政府实行
增税政策,征收直接税、间接税等,实行军事优先的政策。打着"战
后经营"旗号的扩张军备,实际就是增税的代名词。大量增税也引
发了诸多社会问题。日俄战争前,日本陆军增加了 6 个师团,总数
达到 13 个师团,20 余万人;海军舰艇近 260 艘,其中有 6 艘铁甲
舰、6 艘重巡洋舰。日本在国内修建了巨大的军需仓库,储存各种
军需物资和器材,并向朝鲜运送大量的粮食,以备战时之用。

　　1900 年中国发生了义和团运动,列强以保护侨民的名义向中
国派遣军队。日本召开内阁会议,决定:"以政略观之,英法德皆出
师远征,终不能派很多兵。俄国虽与之接壤,但有西伯利亚相隔,
不能很快派来大军。在中国北方有派出大军之便者,唯为日
本。……现在各国援兵未到,在天津大沽为敌军所苦之时,迅速派
大军赴援,解彼地之重围,进而平定北京之乱,则拨乱之功,皆归于
我,各国将永念我德。……无论从军事策略上,还是从政略上,我
国迅速出兵极为有利。应先令已经动员的一个师团立即出兵。"②
八国联军为镇压义和团运动,共向中国派遣了 7 万多人,日本向中
国派遣了 2.2 万多人,是八国联军中出兵最多的国家,不仅数量超
过了位于第二位的沙皇俄国,而且派遣的是王牌军队第五师团。
日本出兵最直接的目的是夺取中国东北。1901 年清政府与 11 国
签订了《辛丑条约》。在条约的赔款中,日本得到 3 400 多万两白

---

① [日]安藤良雄编:《近代日本经济史要览》,东京:东京大学出版会,1981 年,第 68 页。
② [日]日本外务省编:《日本外交年表并主要文书》上,第 193—194 页。

银,占赔款总额的 7.73%。后起资本主义国家日本,加入了与西方共同瓜分中国的行列,实现了"脱亚"。

1901 年起,日本开始制订对俄作战计划,1903 年完成作战计划。1903 年,日本发行 1 亿日元的军事公债,天皇发布《紧急支出敕令》,决定战争时期,经费支出可以不经议会讨论。沙俄自然不甘示弱,1903 年 8 月,沙俄将远东 4 州与"关东州"合并,设立远东总督府。日俄两国都向中国东北增兵,双方剑拔弩张,战争一触即发。

1904 年 2 月 8 日,日军向驻在中国旅顺的俄国舰队发动攻击,日俄战争爆发。10 日,日本天皇发布宣战布告,11 日,在日本设立大本营。日本动员了 108 万兵力,开往朝鲜半岛和中国东北。日俄战争爆发后,腐败的清政府宣布"局外中立",任凭日、俄两国在中国的领土上开战,东北人民遭受了严重的生命财产损失。日俄战争包括陆战和海战。1905 年 5 月,日本海海战中,日本海军击沉了包括俄罗斯 1.3 万吨战舰在内的 17 艘军舰。战场上惨败的俄国短时间无法集中兵力再战,国内开始了反对沙皇的革命运动。在战场上取胜的日本也精疲力尽。战争中,日本共花费了 18 亿日元的战费,相当于日本年财政收入的 7 倍,其中 83% 为国内外借款。日本政府在国内强行增税,物价上涨,工商业受到极大的打击,引发了国民的不满。日本国内的社会主义者发出了反战的声音。片山潜在 1904 年荷兰阿姆斯特丹召开的世界社会党大会上发表演讲,"日俄二国之平民为政府及资本家制度之牺牲,多被屠杀,吾人为社会党者,向彼二国平民而谨表敬意,又欲借各地社会党之力,尽各种方法,而反拒此争战之蔓延及永续"①。日、俄两国都面临着

---

① [日]安部矶雄:《社会主义》,大隈重信主编:《日本开国五十年史》,上海:上海社会科学院出版社,2007 年,第 1295 页。

国内矛盾,没有继续战争的力量了。

　　1905 年 9 月 5 日,日俄两国在美国总统西奥多·罗斯福的调停下,在美国举行谈判,双方签订了《朴次茅斯条约》。条约规定:俄国将 1898 年所取得的租借期为 25 年的旅大租借地以及该租借地内的一切权益、公产都转让给日本人;俄国将宽城子(长春)以南至旅顺口的铁路及一切支线,连同附属财产,煤矿,得到清政府的同意后,无偿转让给日本;俄国将库页岛北纬 50 度以南及其附近的一切岛屿永久让与日本;两国撤兵以后,可留守备兵,保护在东北的铁道,守备兵的人数,每公里 15 人等内容。① 通过《朴次茅斯条约》,日本取得了中国东北的大部分利益。

　　1906 年,日本在中国东北成立关东都督府,建立了国策公司——南满铁道株式会社。"满铁"不仅经营东北的铁路,还从事港口、土木工程、电力建设、钢铁制造等各种经营,管理附属地的行政。所谓满铁附属地区,是指 1 192 公里"南满"铁路两侧 60 米范围内以及若干市街用地。"满铁"是日本在中国最大的"国策会社"。1907 年 4 月"满铁"增设调查部,专门收集中国的军事、政治、经济、文化等各方面情报,在后来日本一系列侵华战争中起了重要作用。

　　日本在战争中经济消耗巨大,日本政府曾企图向俄国索要战争赔款,并夺取整个库页岛。因日俄战争期间,俄罗斯赶修西伯利亚大铁路,并迅速通车,俄国通过西伯利亚铁路从欧洲运兵到中国东北,兵力总数超过了日本在东北的驻兵,得以与日本讨价还价。俄国没有答应日本占领整个库页岛及赔款要求。日本虽然认为自己获得的利益太少,对没有取得战争赔款不满意,但是,也没有实

_____

① [日]日本外务省编:《日本外交文书并主要年表》上,第 239 页。

力让俄罗斯让步。此后,日本一直伺机夺取整个东北的侵略利益,并占领库页全岛。

日俄战争后,日俄两国分别占领了中国东北的利益,中国成为日俄共同宰割的对象。日本和俄国两国一直企图赶走对方,将中国东北完全置于自己控制下。当时西方列强也都对中国东北垂涎三尺,为了防止势头正进的美国"插足"中国东北,防止英、法、德等欧洲国家向东北扩张势力,日俄两国在战争后,从对抗转向联合。从 1907—1916 年,日俄陆续签订了四次划分在华势力范围的"密约"。通过这些"密约",俄国保住了在中国东北北部的利益,还将势力扩展到蒙古地区;日本则获得了中国东北南部及内蒙古部分地区的"特殊利益"。1908 年"满铁"第一任总裁后藤新平提出了向朝鲜、中国东北移民 50 万人的计划。1909 年日本外相小村寿太郎提出未来 20 年向中国东北移民 100 万人的设想。这些都是为了保持日本在中国东北的优势地位。但是,到九一八事变前,日本向中国东北的移民比较少,全东北日本移民仅有两千多人。

日俄战争后,日本国内极端民族主义情绪进一步膨胀,将取得的侵略利益称为是以"10 万生灵、20 亿国币"的代价换来的,是"合法"的权益,甚至鼓吹"满蒙"是日本的"生命线"。日本不仅要维护在"南满"的特殊利益,还要寻找机会将整个东北置于其控制之下,这是日本后来发动"九一八事变"的重要原因。

三、日俄战争时期的"兴亚"论

日俄战争是后起的资本主义国家日本与沙俄争夺殖民地的战争,日本在日俄战争取胜后,其社会上下一片欢腾。各媒体大肆宣扬日俄战争是亚洲人战胜了欧洲人,或者说是南方国家战胜了北方国家,是东方小国战胜了西方大国,日本代表了"亚洲的勇气",

是划时代的事件。日本媒体鼓吹日俄战争日本作为有色人种,在成为近代国家不久即战胜了拥有世界上规模最大的陆军的国家——白人俄罗斯帝国,打破了白人统治世界的现状,一跃而成为世界的"一等国",因此而跻身于世界八大强国之列。

"兴亚"论鼓吹,日本在日俄战争中"打败白阀",不仅确立了本国的安全,也鼓舞了亚洲其他国家人民反抗西方列强的斗争,理所当然地成了亚洲盟主。日俄战争的结果再次证明日本国家的实力、社会文明程度已经远远超过中国,这是日本的荣耀和骄傲,"我日本国民从过去的黑人之上、支那(原文如此)人之下一跃位于支那人之上"①,日本战胜欧洲陆军强国,中国尚在列强压迫之下,中日两国的地位已不可同日而语。中国仍然在列强压迫下挣扎,要获得民族解放与国家独立,必须得到近邻日本的"帮助"与"领导"。

"兴亚"论为日俄战争的胜利而欢呼,认为日本无论在人种上,还是文化、军事上,都不比欧洲人逊色,日本成为世界性大国完全可以与列强比肩。鼓吹日俄战争中,日本不是为自身利益而战,是为了"领导"亚洲摆脱殖民地的危机,日俄战争给亚洲带来了希望,日本有资格做亚洲的"盟主"。当然,日本"领导"亚洲复兴的道路是艰辛的,需要不断努力,为在与列强的争夺中占据有利地位,一方面要加强本国的力量,特别是扩张军备;另一方面,应设法使亚洲各国配合日本,至少不反对日本在亚洲的行动。日俄战争前,由于沙皇俄国在东北实行残暴的统治,日本利用东北人民反对沙皇俄国的心理,在东北进行欺骗宣传。

日俄战争时期,中国人对日本侵略本质的认识是有一个过程

---

① [日]德富苏峰:《日露战争の副産物》,草野茂松、并木仙太郎编:《苏峰文选》,东京:民友社,1915 年,第 766 页。

的。一些知识分子从中日人种、文化、历史相近等角度,赞扬日本,以为日本为整个亚洲争了光。孙中山对日本的胜利表示过赞赏与希望,他说:"自日本战胜俄国之日起,亚洲全部民族便想打破欧洲,便发生独立的运动"[1],认为日本给亚洲解放带来了希望,期待日本从同为亚洲人的角度,支持中国的民族独立,中日共同对抗西方列强。1907 年 4 月,章太炎在日本发起组织"亚洲和亲会",会员包括中国、印度、朝鲜、日本等各国人士,目的就是加强亚洲各国的联系与团结,相互支持,共同捍卫亚洲文化和种族,抵抗西方列强的侵略。然而,日本鼓吹的"同文同种"只是侵占中国的借口,日俄战争期间,日本凭借中日地理、文化、种族接近之便利,疯狂地抢夺中国人的财物、土地,强迫中国人做苦工,为经济上支持战争,还在中国东北大量发行军用手票,巧取豪夺东北人民的财产,完全以征服者的姿态对待中国人,其残暴程度比沙俄有过之而无不及。事实使中国人认识到日本不是来帮助中国的,而是要取俄国而代之。日俄战争后,孙中山对日本扩张东北权益产生了不满,提醒中国人民警惕日本侵略。

日俄战争期间,日本加快了侵略朝鲜的步伐。根据《朴次茅斯条约》,俄罗斯承认日本在朝鲜享有政治、经济及军事等权益,俄罗斯对此不能干涉,为日本控制朝鲜进而先中国大陆扩张提供了条件。1905 年 11 月 17 日,日本胁迫韩国签订了《日韩保护协约》,剥夺了韩国的外交权。日本在韩国设置统监府,伊藤博文是第一任统监,韩国实际沦为日本的保护国。1907 年 7 月 24 日,日韩订立了《丁未七款条约》(第三次日韩协约),日本通过这个协约,剥夺了韩国的司法权,解散了韩国的军队,大韩帝国已经名存实亡。为了

---

[1]《孙中山全集》第 11 卷,北京:中华书局,1986 年,第 403 页。

尽早吞并韩国,内田良平等向日本政府进言,为了对付国际舆论,表示日本坚持《马关条约》中关于使朝鲜作为一个独立国家,获得国际上的地位的条款,通过承认朝鲜独立取得日本控制朝鲜的有利形势。"要让朝鲜人真正认识目前东洋时局,认识到日韩和平是为了朝鲜人的幸福,确立东洋和平,使朝鲜的人民、政府、朝鲜国王情愿接受日本皇帝陛下的领导,形成举国一致的运动"①,亚洲主义者在朝鲜策动朝鲜人主动向日本"请愿"合并的活动,造成朝鲜人期待与日本"合并"的假象。

1910 年 8 月,日本通过《日韩合并条约》,在"确保东洋和平"的旗号下,将韩国的一切统治权永久让与日本天皇,朝鲜王朝灭亡,日本由此开始了对朝鲜半岛长达 36 年的殖民统治。"兴亚"论鼓吹日韩"合并"的意义,认为:"日本合并的真谛,非征服弱小朝鲜那样浅薄、简单的意义。日韩合并是大亚洲精神、东洋文明精神的实际体现。东亚各国在此精神指导下联盟一致,就可以克服西洋诸国唯物质文化的侵略。"②《日韩合并条约》签订后,中国东北直接暴露于日本面前,在中国引起了一定的震动。有人认为日韩合并后,日本必然向中国东北扩张,进而控制全中国,呼吁中国改革"庶政",否则,恐怕将重蹈朝鲜的覆辙。梁启超等人从这个时候开始关注朝鲜问题,撰写了很多反思朝鲜亡国问题的文章。显然,日本并不以吞并朝鲜为满足,其后开始为全面侵略东北及中国而积极活动。

直到现在还有日本右翼学者以黄白种人战争来阐述日俄战争,为日本侵略扩张辩护。扶桑版的《新历史教科书》把日俄战争描绘成,日本"确立了本国的安全保障。日本作为有色人种,在成

---

① [日]内田良平:《日韩和平思い出話》,头山满等著:《アジア主义者たちの声》,第233页。
② [日]内田良平:《日韩和平思い出話》,第250页。

为近代国家不久,即战胜了当时拥有世界上规模最大的陆军国家——白人俄罗斯帝国,给世界被压迫的民族,带来了奔向独立的无限希望"①,认为日本的胜利鼓舞了有色人种反抗殖民,特别是唤起了同文同种黄种人联合抵抗西方列强的希望,把日俄战争描写成日本代表黄种人抵抗白人帝国主义的"义战"。值得注意的是,日俄战争后,日本民权主义者完全转向国权主义,进一步鼓吹国民应服从国家意志,从理论上支持政府的扩张政策。

　　1911 年 10 月 10 日,中国爆发了武昌起义。日本密切关注中国局势的发展,企图借中国局势变动之时,扩大在中国东北的侵略权益。10 月 24 日,日本政府制定了维持在中国东北的现状,待机会到来时,再根本"解决满蒙问题"的决定。以川岛浪速为首的大陆浪人 1912 年初策划了"第一次满蒙独立运动"。他们支持宗社党在内蒙古东部、东北南部等地进行武装叛乱,并策动张作霖起兵使"满蒙独立",达到日本完全控制这些地区的目的。由于张作霖表示支持共和,日本策划的"满洲独立"引起了列强的不安和干涉,第一次满蒙独立运动无疾而终。

　　日本在第一次世界大战期间,对中国提出了"二十一条",不仅包括要继承德国在山东的一切权益,还包括在中国东北、内蒙古等地居住、往来、经营工商业及开矿等项特权,延长旅顺、大连的租借期限和"南满"、安奉两铁路管理期限,吞并中国的野心昭然若揭。孙中山虽然与日本"兴亚"论者有过交往,也得到他们的支持,但是,也十分了解日本对中国的野心,晚年一再提醒中国人民警惕日本的侵略,1924 年孙中山在神户作的《大亚洲主义》演讲,就间接地表达了对日本扩张政策的不满。

────────────

① ［日］《新しい教科书》,东京:扶桑社,2005 年,第 168 页。

第四节　"兴亚"论的演进与 20 世纪初日本的对外扩张

一、"亚洲一体论"

　　幕末日本出现亚洲"连带"思想后,"兴亚"论在不断演进、发展,最终成为具有系统理论的亚洲主义。在"连带"向亚洲主义发展的过程中,"亚洲一体论"发挥了重要作用。"亚洲一体论"是由冈仓天心提出的,他被称为"亚洲主义思想之父"①。冈仓天心从文化、历史的角度,阐述亚洲"联合"共同对抗西方的必要性和紧迫性,为亚洲主义提供了理论基础。

　　冈仓天心是日本近代著名的美术家、教育家和思想家,是思想启蒙时代的代表人物之一。1863 年冈仓天心出生于横滨一个脱离了藩籍的贸易商家庭,7 岁即到欧洲传教士开设的英语塾学习,16 岁时考入东京帝国大学,是东京帝国大学的第一届学生,大学期间即致力于研究和拯救日本文化和日本艺术。冈仓天心还到东京外国语学校学习英语,是东京美术学校的创立者,对近代美术教育、保存日本古代美术作品作出了贡献。1893 年起冈仓天心为了研究东方艺术文化,多次到中国、印度等亚洲国家游历考察。

　　在全盘欧化的潮流中,冈仓天心主张保护和发展日本的传统美术,试图立足于狩野派绘画,兼取各派,并采用西方绘画写实手法,创造新日本画。其晚年致力于英文著作的写作。冈仓天心作为艺术家,专注于"东洋美术"的研究,进而在研究美术中发现了东

---

① [日]坪内隆彦:《冈仓天心思想探访——迷失的亚洲主义》,东京:劲草书房,1998 年,第 4 页。

方传统文化的价值。冈仓天心主要从美术的角度阐述东方文化的特征，批判西方文化弱点，致力于复兴亚洲文化。冈仓天心认为东方文化博大精深，比西方文化优越得多。东方思想、文化不仅在过去，而且在将来都会对世界进步发展作出巨大贡献。现在亚洲各国面临着西方的入侵，亚洲各国只要联合起来，就能够光大东洋文明，可以复兴亚洲，克服西方文明的弊端。冈仓天心的这个理论在近代日本有重要影响，代表着"明治精神"的神髓。

　　笔者 2014 年曾在日本岛根县足立美术馆看过冈仓天心的美术作品，明显感觉到作品中蕴含的浓厚日本文化气息和思想。冈仓天心全面考察了亚洲的艺术、文化，他感到东方文化的优秀与美好，认为亚洲本来是一个整体，中国、印度、日本的文化有密切关联，是亚洲文化的宝库。冈仓天心与福泽谕吉主张的"脱亚"恰好相反，他认为东方文化、艺术比西方优越，亚洲人应该感到自豪，而西洋文化有许多弊端，例如西方崇尚武力、个人欲望膨胀等。而东洋文化讲究慈悲、宽容、彼此尊重、注重道义，东西方价值观不同，东方文明比西方文明更有优越性，亚洲各国不仅应发扬东洋文明，还应以东方文明克服西方文明的弊端，实行亚洲的复兴。正如中国学者指出的：冈仓天心对东亚文化的阐述，"已经不是传统以中国儒学为中心建构起来的旧版图，实际上是由日本对应西学解读之后重新建构起来的新样式，除了尽可能抬高日本文化种类的历史地位和价值，甚至于冈仓天心以日本为东亚美术传统的中心正统，压抑中国等其他东亚国家'美术'的地位，更重要的是这一套解释话语完全由日本掌控"①，其目的是通过美术达到由日本掌握东

---

① 桑兵：《交流与对抗：近代中日关系史论》，桂林：广西师范大学出版社，2015 年，第
　101 页。

亚文化的话语权的政治目的,在共同对付西方列强的旗号下,确立日本思想文化在东亚的统治地位。

冈仓天心考察了东西方文化差异,认为现在东洋文化受到欧美列强的压迫,失去了往日的光彩,东洋各国有共同反对西方殖民的使命,东洋本为一体,要联系起来复兴东方文化、复兴亚洲。1903年冈仓天心用英文发表了《东洋的理想》一文,1904年又发表了《日本的觉醒》和《东洋的觉醒》(此文为1902年作,当时未公开)等著作,系统阐述了"亚洲一体论",主张在西洋列强统治下的东洋各国,要为从殖民地下解放出来而奋斗。

冈仓天心首先从亚洲文明的起源来阐释东方文化的内容和特征,他认为:"亚洲本为一体,喜玛拉雅山脉南北两麓分别孕育了古代亚洲的两大文明,也就是,孔子共同社会主义的中国文明和吠陀个人主义的印度文明。这两大文明虽有天然的雪山屏障相阻隔,但是,从来都未能阻挡追求终极的、普遍之爱亚洲各民族的交流。这个爱是亚洲各民族共同的思想遗产,亚洲诞生了世界所有重要的宗教。我们应该特别注意,亚洲各国重视人生的最终目标,与只注重手段的地中海和巴尔干的各民族有很大区别。⋯⋯阿拉伯的骑士道,波斯的诗歌,中国的伦理,印度的思想,无不诉说着古代亚洲的和平。"①亚洲文明的基本特征就是"爱与和平",这是最先进的理念。反观西方文明,虽然其生产效率高,物质比东洋丰富,但是,它把人变成"机械的习性的奴隶",西方所谓的"自由"只存在于物质层面的竞争中,而不是人性的自由。

冈仓天心认为,中国和印度文明不仅对东方社会产生过深远

---

① 〔日〕冈仓天心:《东洋の理想》,龟井胜一郎、宫川寅雄编:《明治文学全集38·冈仓天心集》,东京:筑摩书房,1968年,第6页。

影响,也是同时代其他文明都无法比拟的。现在亚洲各国普遍没有西方社会发达,受到西方的压迫,这主要是因为中国文化和印度文明受到外来破坏,文明被割断。以孔子思想为代表的中国文明,由于蒙古入侵而被割断,文明的精髓丧失殆尽。印度文化被回教徒和利益熏心的欧洲人破坏,失去了往日的光彩。然而,中国文化、印度文化并没有消失,其精华被日本继承。日本作为亚洲之子,长期以来接受了儒教的哺育和滋养,很好地继承了亚洲文明的真谛,现在"继承亚洲丰富历史并一直对其进行深入研究的只有日本","日本堪称亚洲文明的博物馆,甚至比博物馆还要丰富"[①]。他提出,亚洲大陆的东方文化遭受破坏后,日本就成了亚洲文明的唯一继承者和代表者,担负着复兴亚洲文化的重任。

那么,在西方列强入侵亚洲的形势下,日本何以担当"领导"亚洲复兴的重任呢?冈仓天心认为,日本不仅是亚洲文化的唯一继承者,而且日本人具有神奇的天性,还有"万世一系"的天皇,"仰仗无与伦比万世一系天皇的恩泽,自豪从未被(西方)征服过,继承先祖流传下来的无野心之观念和本能,使孤立的岛国日本成为亚洲思想和文化的真正宝库"[②],日本对东方文明的深刻理解和领会,已远远超过了亚洲文明的发源地。现在,亚洲各国都在西方列强压迫下挣扎,只有日本保持了独立,日本是亚洲唯一没有被西方征服的国家,最有资格担当"兴亚"的领导者。为了完成"兴亚"的使命,日本可以使用一切手段,包括战争手段。

冈仓天心从艺术的角度,对东西方文化、人种、社会发展阶段等进行了分析比较,得出这样的结论:东方社会是宽容、自由的,这

---

① [日]冈仓天心:《东洋の理想》,《冈仓天心集》,第6页。
② [日]冈仓天心:《东洋の理想》,《冈仓天心集》,第7页。

种自由是在社会发展中自然而然产生的。从物质到精神、从体力到艺术,亚洲人都不比金发碧眼、身材高大的西方人差,"我们的知识分子完全可以与西方人相媲美,东方人不仅在耐力、灵巧性方面超过西方人,即使在体力上也不亚于西方人,西洋国家最健壮的拳击手、摔交手都难与日本的柔术家相抗衡"①。

　　既然亚洲人从体力到智力、从物质到文化都比西方人优秀,那么,为什么现实中多数亚洲国家却遭受西方的入侵和压迫,连基本主权和领土都维护不了呢? 冈仓天心认为,亚洲各国遭受西方列强的侵略,不是东方文化不行,而是由于西方列强利用了东方文化宽容的特点,宽容不是弱点,"东洋各民族对于西洋的侵略,没有进行鲜明的抵抗,实际反映了东洋诸民族的强有力和优越。东洋诸民族形成的自由本能,使他们认为与其和西欧诸民族在战场上相见,不如首先与其调和"②。然而,亚洲文化的宽容却被西方人看作软弱,他们反而变本加厉地扩大侵略利益,给亚洲各国带来了巨大的灾难和极端的贫穷,"现在我们祖先留下的土地上,充满了苦难。东洋成了惰弱的同义词。东方人成为奴隶的代名","欧洲的荣光就是亚洲的屈辱。历史的发展迫使我们不得不走敌对的西洋人所走过的路"③。

　　日本在列强叩关的冲击下,果断实行维新变革,实现了民族统一,建立起对抗西欧列强的军队,成为亚洲唯一强国,提高了自身的国际地位,成为世界上屈指可数的强国。冈仓天心认为,日本现在所走的路是被西方逼出来的,从这个意义上说,日本"应该感谢西欧列强的恩惠,但是,亚洲内在自我活力之源泉还靠自己,我们

①②［日］冈仓天心:《东洋の觉醒》,《冈仓天心集》,第 75 页。
③［日］冈仓天心:《东洋の觉醒》,《冈仓天心集》,第 117 页。

继承了古代的文化并使其获得新生。我们高兴与亚洲之子为伍，亚洲具有值得继承的遗产"①。日本虽然成为亚洲唯一走上近代化道路的国家，但是，不应该忘记以东方文明来"复兴"亚洲。可以说日本是亚洲复兴的典范，现在日本的邻国中国、印度等亚洲国家仍然没有觉醒，需要日本"领导"它们驱逐西洋列强。

冈仓天心认为，亚洲各国处于白种人的压迫和威胁下，都有民族独立的要求，要达到这样的目的，亚洲各国就需要联合起来，不能各自封闭，"如果亚洲诸国之间处于孤立状态，就不能改变亚洲的危险状况"②，更谈不上共同"兴亚"了。西方列强控制亚洲所使用的办法，是将亚洲分而治之。西方列强挑拨中国人与日本人的关系，在两国间制造矛盾、引发战争。他们在中国则制造东北人与南方人的矛盾，在印度挑起不同宗教徒之间的倾轧，进而利用亚洲各国之间、国家内部的矛盾达到自己的目的。因此，亚洲各国要明白西方列强的目的，应联合起来，造成"亚洲一体"，建立亚洲诸民族强大的组织，对抗西方的侵略。

冈仓天心认为亚洲本来就是一体的，现在亚洲联合需要领导者。而中国、印度都在西方的侵略和压迫下，连基本的领土主权都不能维护，更遑论带领亚洲合作、完成"兴亚"的任务了。在亚洲，唯独日本保持着民族独立，成为世界性强国，毫无疑问，日本最有资格担当"领导"亚洲复兴的重任。然而，日本在全力为亚洲复兴努力时，欧洲列强不愿意放弃其侵略利益，他们不惜挑拨日本与亚洲各国的关系，散布日本对亚洲有战争计划和扩张领土野心，其实日本"始终希望维持和平，万不得已诉诸武力，也是为了自卫。不

---

① ［日］冈仓天心：《东洋の觉醒》，《冈仓天心集》，第84页。
② ［日］冈仓天心：《东洋の觉醒》，《冈仓天心集》，第69页。

向外国进攻,是我国文明的本性所在"①。在《日本的觉醒》中,冈仓天心更加露骨地提出,甲午战争是由于中国企图吞并朝鲜所致,日本与俄国争夺中国东北,不是为了日本的利益,而是"为明治维新的理想,为保卫古典文化遗产、为复兴整个亚洲的之和平理想而战"②。日本通过日俄战争,保卫了亚洲邻国免遭白人帝国主义的压迫。至于 1910 年日本通过《日韩合并条约》吞并朝鲜,冈仓天心也认为那是为了使朝鲜免遭中国、俄罗斯的侵略,为了亚洲的和平。日本明明是发动侵略战争,扩大在东亚的利益,冈仓天心却为侵略战争披上了和平与道义的标签,制造侵略有理、侵略有功的谬论。冈仓天心批判西方的自由竞争使人变得无情和冷酷,西方列强倚强凌弱,对亚洲实行侵略和压迫。而日本发动的对外战争,与西方的目的完全不同,日本是为了保护东洋文明,为了东洋乃至世界的光明而战,为了世界最终和平而战。

　　冈仓天心在"亚洲一体论"中,把日本打扮成亚洲各国的友邻,以亚洲之子、亚洲文化集大成者自居,粉饰其对外扩张。"亚洲一体论"与"脱亚论"的根本目标一致,但是,在实现日本侵略目标的路径上有所不同。"亚洲一体论"打着"归亚""兴亚"的旗号,以共同抵抗西方侵略之名,向亚洲扩张,更具有欺骗性。冈仓天心的"亚洲一体论"是地地道道的日本中心主义,其所谓的东方文明,并不是以儒家思想为核心的中国文化,而是打着东方文化旗号、适合日本式文化输出需要的文化。著名的法西斯分子大川周明就曾为"亚洲一体论"深深地倾倒。1919 年 8 月 1 日,大川周明组织建立了日本法西斯团体"犹存社",其口号就是"解放亚洲",夺回亚洲。

① [日]冈仓天心:《东洋の觉醒》,《冈仓天心集》,第 117 页。
② [日]冈仓天心:《东洋の觉醒》,《冈仓天心集》,第 120 页。

大川周明是日本建立法西斯组织的鼻祖,他还创作日本军歌,鼓吹护卫东亚,解放有色人种。1924年组织了亚洲主义的行动团体"行地会"。战后远东国际法庭将大川周明作为甲级战犯起诉,他在法庭上装疯,躲过了审判。

日本发动全面侵华战争后,在政府主导下开展了国民精神总动员运动,号召各行各业的人们组织报国组织,支持战争。国内建立了很多"报国"团体,包括"文学报国会"。太平洋战争后,"文学报国会"发起了"爱国百人一首""国民座右铭"等运动,从思想文化上支持战争。"国民座右铭"就是一年365天,每天选择一句名言让国民背诵和践行。12月8日太平洋战争纪念日那天的座右铭是冈仓天心的"亚洲一体"。选编者认为"这句话是天心怀着解放亚洲十亿人的赤子之心而发出的伟大呼声,这样的呼声只有作为日本人的天心才能发出。我们可以在这里怀着崇敬的心情想到神国日本的伟大使命"①。20世纪40年代冈仓天心的英文著作《东洋的觉醒》被翻译成日文出版。有日本学者为冈仓天心的"兴亚"思想辩护,认为冈仓天心的"亚洲一体论"带有浓厚的浪漫主义色彩,虽然与现实不符合,但是,不能因此断定其支持日本对外扩张。他们认为太平洋战争爆发后,"文学报国会"是利用冈仓天心的思想支持战争,是不符合冈仓天心本意的。冈仓天心鼓吹日本应承担"兴亚"使命,甚至可以用战争手段去实现目标,为以"兴亚"为名、行侵略之实的扩张理论提供了思想基础。冈仓天心的"亚洲一体"产生于日本近代不断对外侵略之时,在"领导"亚洲对抗西方侵略的旗号下,达到日本的目的。太平洋战争爆发后,"文学报国会"将"亚洲一体"作为"爱国百人一首"代表性作品,绝非偶然,是在了解

---

① [日]竹内好:《日本とアジア》,第397页。

冈仓天心对中国、对亚洲邻国态度基础上做出的选择。中日战争时期冈仓天心的"亚洲一体"被重新提起,说明其与日本法西斯理论、与日本不断扩大侵略战争的一致性。

二、《大亚细亚主义论》

1914 年 8 月,第一次世界大战爆发,日本为了抢占德国在中国山东的利益,以出于日英同盟关系为由,对德宣战。日本并没有派一兵一卒到欧洲战场,而是乘西方列强在欧洲厮杀之机,向中国以及太平洋上赤道以北德属岛屿派兵。8 月 27 日,日本海军宣布封锁胶州湾,9 月 2 日在龙口登陆。德军凭借坚固的碉堡、炮台应战,但是,仍然没有挡住日军的进攻,被迫投降。这次战役中,日德军队都使用了飞机,这是日本战争史上首次空战。日军占领济南,完全控制了胶济铁路。

日本为了给向中国侵略扩张制造依据,又打出了"兴亚"的旗号。1914 年 12 月,日本发行《时局教本》,鼓吹:"我国膺惩德国,将其势力驱逐出东洋,是理所当然的。我日本民族每年增长 70 万人口,数万平方公里的小地无论如何容纳不下,我们应该向大陆发展。我们高举亚洲是亚洲人的亚洲之旗帜,迅猛前进,任何力量也无法阻挡。"①

1916 年 11 月,小寺谦吉出版了长达 1 200 余页的《大亚细亚主义论》,对"兴亚"思想做了系统的阐述,这是亚洲主义思想发展的重要阶段。小寺谦吉是日本实业家、众议院议员,曾留学美国、欧洲,先后获得法学、政治学博士学位。小寺谦吉经历过日俄战争,日俄战争结束后投身教育,1912 年,在神户创办了著名的三田中

---

① [日]江口圭一:《大系日本の历史・14》,东京:小学馆,1989 年,第 30—31 页。

学。《大亚细亚主义论》1918 年由中国百城书社翻译出版,包括正文 5 章,以及序论、结论两个部分,中文有 796 页,50 多万字。《大亚细亚主义论》系统地阐述大亚洲主义的背景、目标、实施,将 19 世纪末以来的"兴亚"思想进一步理论化、系统化。

《大亚细亚主义论》开宗明义,首先分析了第一次世界大战的形势,认为"以人类灭人类者,战争也。欲有以避之,人之情也。然国与国之利害,往往不能并立,常相竞争无绝时。故战争之为战争,以卫己国之生存者有之,以增国民之幸福者有之"①,认为第一次世界大战破坏了国际公法和国际道德,各国都为了本国利益而战,绝对和平是空想。他认为在弱肉强食的现实世界,和平是空想,战争是必然的,战争是实力的较量,一个国家要自存自立,就要有实力,使国民生活能够自给自足,武器及军事工业独立。亚洲要加强实力,就必须联合起来,中日两国有互相提携的必要。因为现在的中日两国与欧美列强相比,都存在明显的缺陷,没有力量单独与西方列强抗衡。所以,中日必须在大亚细亚主义的基础上联合起来,反抗西方列强的侵略与压迫。《大亚细亚主义论》认为,中日两国与西方列强相比,有明显的劣势,"日本之所缺者,为物的要素。中国之所缺者,为武的要素。日本无中国,经济不可独立。中国无日本,政治不可以自存。诚欲有以备白皙人种,则此两国黄色人种之相扶相助,长短相补,需给相倚,实势之自然。两国而欲全其独立于国际之竞争。全其生存于人种之竞争,决不可无此"②,也就是说经济资源是东西方竞争的物

---

① [日]小寺谦吉著,中国百城书舍译:《大亚细亚主义论》,上海:中国百城书舍出版,1918 年,第 11 页。

② [日]小寺谦吉著,中国百城书舍译:《大亚细亚主义论》,第 48 页。

质基础,中国拥有丰富的物质资源,但是,中国近代经济不发达,政治不独立,空有丰富的资源,而没有政治、经济实力进行开发、利用。日本有能力,无资源,中日合作就可以克服这些不足,与西方列强相对抗。

自18世纪中叶英国开始工业革命以来,钢铁、煤炭等资源成为发展近代工业的基础。日本虽然在短短数十年内就实现了工业化,但是,其工业化过程中暴露出许多问题,资源匮乏是明显的短板。如何补上这个短板呢?《大亚细亚主义论》认为,日本需要开发、利用中国的矿产资源。这种开发不仅是为了日本自身的利益,也是帮助中国经济发展,是中国的需要。中日两国是近邻,在发展中需要取长补短,达到各自的目标。现在中国处于列强的压迫下,没有能力维护国家主权,需要在日本的"帮助"下,实现民族独立,摆脱西方列强的奴役。《大亚细亚主义论》认为,日本已经成为亚洲强国,念及与中国地理相近、同为黄种人之谊,提出中日两国"相扶相助,长短相补",达到互利互助的目标,摆脱白种人的统治。

《大亚细亚主义论》认为,随着美国经济的繁荣和发展,其对世界影响越来越大。环顾东亚周围,印度和澳大利亚经济已经取得长足进步,俄罗斯修建了西伯利亚铁路,打通了欧亚交通,向东北亚扩张意识明显。日本作为代表亚洲文明的国家,自身政治经济日益发达,已经成为影响国际格局的重要力量。世界形势的发展表明,以欧洲为代表的大西洋文明已逐渐向太平洋地区转移,太平洋将成为20世纪世界的政治中心。伴随着世界文明中心转移,西方列强将在太平洋地区展开激烈的争夺。中国作为西太平洋的国家,必将是列强争夺的焦点,"太平洋问题之核者,实邻于日本之老

大中国也"①，中国是列强在太平洋争夺的焦点。《大亚细亚主义
论》逐一分析了俄、英、法、德、美等主要国家对华政策的发展演变，
认为列强对中国政策之核心，是在政治、经济等方面征服中国。日
本虽然是亚洲唯一强国，但是，其对中国政策与西方列强有本质区
别，无论从中日两国的历史上，还是现实发展中，中日两国都有共
同利益。日本继承了亚洲文明，与中国有数千年的交往历史，两国
人同色同种，地理上唇齿辅车相倚，"可称之曰一民族之双生儿。
有此特殊之关系，则日本在维持极东之平和，保全中国上，当负有
特殊之义务。亦足以证明其有要求特殊地位之权利也"②。《大亚
细亚主义论》批评欧美列强奉行侵略中国政策，而日本在中国面临
存亡危急时，伸出了"援助"之手，以帮助、指导中国作为自己的义
务。日本"扶助"中国"不特自我国自卫上而言之，有当然者，即中
国之命运概不可听自然而放弃"③。这里说得很明白，所谓"帮助"
中国，是为了日本所谓的"自卫"。

那么，日本应该如何帮助中国？"第一当保太平洋均势之局，
第二日本当确实坚持其大陆政策也。"④ 现在列强只要取得在中
国优势地位，就可以掌握太平洋的主动权和支配权，日本作为太
平洋上的国家，其安危与否决定于太平洋地区的形势发展和所处
的地位。因此，日本对于中国问题不能不倾其全力，"日英美三国
乃太平洋之三大势力也。其英国在世界上之价值，亦不赘言。即
日美两国之发展，亦年年显著。将来在海上雄飞者，果谁属耶，盖

---

① ［日］小寺谦吉著，中国百城书舍译：《大亚细亚主义论》，第 51 页。
②③④ ［日］小寺谦吉著，中国百城书舍译：《大亚细亚主义论》，第 139 页。

太平洋之海面非狭小者也,不足以妨害此三大势力之运动也"①,并预言未来争夺太平洋霸权者,必是日、英、美三国。英美两国作为白人帝国主义,都妄图独霸太平洋制海权,压制日本的发展。西方列强都在争夺制海权,俄国一直没有放弃南下远东的目标,法国企图在东亚东山再起。这使得太平洋形势非常复杂,列强以经济和政治作为后盾,要确立在太平洋的优势地位。中国是列强争夺的重点,犹如釜中之鱼,处于垂死垂亡的境地,太平洋形势变幻莫测。日本忧虑如果西方列强占领中国的领土,太平洋均势就会被打破,这将直接影响日本的安危。"苟欲保太平洋之平和,必先保全中国,以防他国在极东占有新地位,此最为重要者也。更进一步言之,若中国为他国所欺,而与日本疏远之,是自取亡国也"②,显然,日本要控制中国,确立在太平洋争夺的优势地位。在其羽翼未丰、没有力量独吞中国之时,提出要确保列强在太平洋的"均势","保全"中国,防止西方列强扩大在中国的利益。同时,《大亚细亚主义论》警告中国,如果中国疏远日本,与西方接近,就是自取灭亡。这实际是以"保全"和维持现状的名义,积蓄力量,为独霸中国做准备。

当时日本的国力不足以与西方列强直接对抗、冲突,因此提出了"保全"中国的主张,以维护太平洋的均势。但是,日本的目的显然不是永远维持这种均势,而是要逐渐对列强取得优势地位。西方列强也并非完全不了解日本的目的,如果列强打破现状,日本该怎么办?《大亚细亚主义论》提出:"在平和中以保全中国,扶持之,指导之,以举唇齿辅车之实者,是我日本帝国之第一大目的也。若际乎瓜分时,在中国建设我日本优越地位者,是支持保全不可能之

---

① [日]小寺谦吉著,中国百城书舍译:《大亚细亚主义论》,第143页。
② [日]小寺谦吉著,中国百城书舍译:《大亚细亚主义论》,第144页。

时,不可不采取之第二大目的也"①,即如果列强打破现状,进一步瓜分中国,日本要确保中国的优先地位。这表明了日本"保全"中国、维护太平洋和平是假,"保全"日本在中国的侵略利益才是真。

《大亚细亚主义论》认为东亚要和平,日本就要向中国大陆扩张,实行大陆政策。它批评中国采取远交近攻的外交政策,误解日本,依赖欧美强国,这样只能加速自身的灭亡。中国一直对日本的大陆政策存有戒心,其实日本推行大陆政策,合并朝鲜、在中国东北取得势力范围,不是为了侵略中国,是为了本国自卫安全,也是为了有利于"保全"中国,谋东亚永久和平,声称日本对中国没有任何野心。在《大亚细亚主义论》看来,日本与俄国在中国东北开战,不是为了自身利益,而是为了使中国东北免入俄罗斯之口,"中国既无实力以防之,故日本起而代之,与俄国南下之势力相对抗之。战役之结果,承受俄国之权利,置南满洲于日本势力圈内"②,中国自己没有力量维护自己的利益,不能遏制西方列强的入侵,日本作为邻国,有维持东亚和平责任,不得不在东北建设立脚根据地,以维护和平,与威胁亚洲和平的俄罗斯开战。《大亚细亚主义论》为日本实施的侵略扩张行径制造借口,还为继续扩大侵略利益找理,暴露了其理论上支持、协助战争的本质。

《大亚细亚主义论》声称欧美列强以征服中国为目的,而日本的目的截然不同,因为中日两国同为黄种人,"所谓大亚细亚主义者,其目的欲以亚细亚势力,对抗欧罗巴势力,必先使黄色人种中之独立民族,互相提携,各自确实其生存力"③,日本的目的是将白

① [日]小寺谦吉著,中国百城书舍译:《大亚细亚主义论》,第145页。
② [日]小寺谦吉著,中国百城书舍译:《大亚细亚主义论》,第149页。
③ [日]小寺谦吉著,中国百城书舍译:《大亚细亚主义论》,第162页。

种人从亚洲赶出去,实现以中日为基础的大亚洲主义。《大亚细亚
主义论》大肆渲染黄白人种的对立、人种竞争,借以阐释中日命运
共同,"日本与中国在世界之新大陆则同被排斥,同受人种竞争之
对抗,立于同一之位置,有共同之利害"①。《大亚细亚主义论》认
为,自古以来,欧亚历史就是对抗的。自匈奴远征欧洲,欧洲就开
始有黄祸论。13 世纪蒙古人西征更加深了其对"黄祸"的恐怖。近
来欧洲的黄祸论则形成于日俄战争,俄、英、德、法、美等国无不鼓
吹黄祸论。所以,"东西势力之冲突,黄白人种之竞争,今后将为世
界大势共趋之漩涡。此时为亚细亚之栋梁,作有色人种支柱,用以
对抗此大势者,舍中日两国人外,无能为此者"②,无论从历史还是
人种上,中日两国均有联合之必要。日本是黄种人中智力拔萃者,
中国虽然名义上为一个国家,但是,实际却处于四分五裂、支离破
碎的状态。日本应"指导"中国,使其步入富强文明之域,"日本应
以知识供给中国,中国则以物资供给日本。日本以军事的援护与
中国,中国则与日本以经济的利益。中国为农业国,日本则工业国
也。中国为大陆国,日本则海洋而兼大陆国也"③,所谓"知识""物
资"相互供给,还是为了掠夺中国的资源,排斥欧美列强,独占中国
的利益,亚洲联合不过是幌子而已。

  《大亚细亚主义论》用大量篇幅描述中国现状及"保全""改
造"中国的必要性,认为中国目前处于极端紊乱、穷迫、腐败、糊
涂、坏败之中,不了解日本对于中国的一片苦心,在对外政策上,
实行远交近攻,政治、经济都被西方列强操纵,作为近邻的日本看

———————————

① [日]小寺谦吉著,中国百城书舍译:《大亚细亚主义论》,第 293 页。
② [日]小寺谦吉著,中国百城书舍译:《大亚细亚主义论》,第 300 页。
③ [日]小寺谦吉著,中国百城书舍译:《大亚细亚主义论》,第 299 页。

到中国这种状况,十分痛心。中国人必须认识到只有大亚洲主义才能保全中国领土,才能实现政治上的独立。因为日本是亚洲强国,充分认识到在中日提携中的重大责任,"一为保全中国之领土,使其免于列强分割之悲运,他则对于中国之改造事业,扶助善道,使其具备富国强兵之形实是也"①,日本根据大亚洲主义需要来"改造"中国,是为了中国的独立、发展,也为中日提携创造条件。《大亚细亚主义论》还详细论述了日本"帮助"中国实行政治、经济、社会等方面"改造"的方法,无非以"保全"中国、中日"提携"为名,适合日本"特殊利益"的需要。其实,《大亚细亚主义论》的所谓"保全"中国是因为日本还没有力量完全把中国吞并,列强在窥视中国,企图夺取在中国的权益,日本为了不让其他国家夺取中国利益,不得不提出"保全"论,其实就是为了分割、吞并中国制造理论根据。

　　《大亚细亚主义论》通过对世界形势、中日共同课题、中国现状等的分析,旨在让中国接受日本的"帮助""指导",达到日本控制中国的目的,它最后提出中日"两国相扶,庶可确保东亚之独立,调和融化东西之文明。对于世界之平和及文化,而普及其惠泽,用能实现平和的大亚细亚主义之初步也"②,提出日本和中国是实现"亚洲主义"的柱石。日本目前最迫切的是让中国人了解日本的苦心,接受日本的"帮助""指导",与日本一道为实现"亚洲主义"而努力。《大亚细亚主义论》认为,中国在西方列强的进攻下,没有亡国,不是中国人自己的努力和抗争,而是因为西方列强忌惮于日本的威力,因此,中国人应该感谢近邻日本,而不是指责日本。

———————————

① [日]小寺谦吉著,中国百城书舍译:《大亚细亚主义论》,第638页。
② [日]小寺谦吉著,中国百城书舍译:《大亚细亚主义论》,第795页。

《大亚细亚主义论》出版于第一次世界大战之际,正是日本借对德宣战,出兵中国山东,大肆扩张在中国权益之时,它系统地阐述了近代以来日本的亚洲主义,使亚洲主义从理论上发展成熟。《大亚细亚主义论》适应了日本借着地理、文化相近向中国大陆扩张的需要,是为日本对外扩张服务的侵略理论,而且比赤裸裸的"脱亚"更加具有欺骗性。

对于打着"兴亚"旗号的大亚洲主义,李大钊在 1917 年就有过深刻的分析和批判,指出日本是"假大亚细亚主义之旗帜,以颜饰其帝国主义,而攘极东之霸权,禁他洲人之掠夺而自为掠夺,据他洲人之欺凌而自相欺凌,其结果必召白人之忌,终以嫁祸于全亚之同胞。则其唱大亚细亚主义,不独不能维持亚细亚之大势,且以促其危亡,殊非亚细亚人所宜出,此则望日本人之深加注意也"①,对日本假亚洲主义之名,谋亚洲霸权之实的侵略政策进行了批判。李大钊还提出了"新亚洲主义",准备以之取代日本的大亚洲主义。

三、一战期间的"兴亚"论

1914 年 6 月,奥匈帝国皇储费迪南大公夫妇在萨拉热窝遇刺事件,引发了第一次世界大战。7 月 28 日,奥匈帝国在德国的支持下,向塞尔维亚宣战。接着德、俄、法、英等欧洲主要国家和美国卷入这次规模空前的战争。作为东方唯一强国的日本,从大战一开始就密切关注着欧洲形势的发展,伺机向中国扩张。8 月 2 日,日本外务省发表《关于欧战之最初宣言》,称"万一时局转变,英国投入战涡,以日英协约目的或濒危境,日本以协约义务,必至执必要

---

① 李大钊:《李大钊文集》上,北京:人民出版社,1984 年,第 450 页。

之措置"①。政府元老、曾任外交大臣的井上馨就立即向首相大隈重信建言："这次欧洲大战，对于日本的国运发展来说，是大正新时代之天佑。在大战中，日本要进一步加强与英、法、俄三国的团结，以确立日本在东洋的利权。"②日本要乘中国政治混乱和第一次世界大战之机，扩张权益。

第一次世界大战爆发后，忙于应付欧洲战场的德国主动向中国政府示好，表示愿将1898年租借的胶州湾交还给中国。日本得知这一消息后，立即向中国政府发出警告，不得接受德国的建议。为了抢占德国在中国的利益，1914年8月23日，日本天皇发布对德宣战诏书，宣告日本"陆海军亦极力从事战斗，朕之百僚有司，宜率循职务，勉达军国之目的，于国际条规范围之内，尽一切手段，必期其无遗算"③。日本以遵守国际条约为名对德宣战，但是，对德宣战后，并没有派兵到欧洲战场，而是向德国在山东的势力范围胶州湾进兵。显然，日本的目的不是出兵欧洲，参与到第一次世界大战中，而是觊觎德国在远东的利益。中国政府了解日本的宣战意图，向日本提出抗议。日本对中国的抗议置若罔闻，继续向山东进兵，并迅速占领了青岛。而同为协约国集团的英国、法国、俄罗斯等国，一再要求日本向欧洲战场派兵，日本以各种理由加以拒绝。在协约国集团的一再要求下，日本最终只派了18艘舰艇参与运输。日本著名的政治家，后来担任首相的犬养毅对日本出兵山东的行动大加赞赏，认为日本出兵山东，占领青岛及德国在南洋的一些殖民地岛屿，"是东洋唯一强国日本维护东洋和平的责任。从这点上

---

① 王建朗主编：《中华民国时期外交文献汇编（1911—1949）》第一卷，北京：中华书局，2015年，第871页。

② ［日］井上馨侯传记编纂会：《世外井上公传》，东京：原书房，1968年，第367页。

③ 王建朗主编：《中华民国时期外交文献汇编（1911—1949）》第一卷，第873页。

看,日本继承德国的权益,世界各国不仅不应有异议,必然会欣然同意"①。日本的"兴亚"论乘机鼓吹,日本在远东的行动,无论从抛弃人种偏见,还是世界公平、和平角度看,都是正当的。日本抢夺德国在山东的利益,不是对中国主权的侵犯,而是为了列国在亚洲势力均衡所采取的行动。

日本乘第一次世界大战西方列强无暇东顾之际,进一步扩大在中国的权益。1915年1月,日本以支持袁世凯称帝为诱饵,向袁世凯提出了"二十一条"。包括:中国承认日本继承德国在山东的一切权益,山东省不得让与或租借他国,准许日本修建连接胶济路的铁路;承认日本人有在南满和内蒙古东部居住、往来、经营工商业及开矿等项特权,旅顺、大连的租借期限并南满、安奉两铁路管理期限,均延展至99年为限;汉冶萍公司由中日合办,附近矿山不准公司以外的人开采;所有中国沿海港湾、岛屿概不租借或让给他国;中国政府聘用日本人为政治、军事、财政等顾问,中日合办警政和兵工厂,武昌至南昌、南昌至杭州、南昌至潮州之间各铁路建筑权让与日本,日本在福建省有开矿、建筑海港和船厂及筑路的优先权,等等。② 这是全面控制中国的要求。

中日代表经过5个月的秘密谈判交涉,5月9日,袁世凯终于答应了"二十一条"中的1—4号要求,即承认日本继承德国在山东的一切权益,延长旅顺、大连的租借期限,扩大日本在东北、内蒙古的权益,中日合办汉冶萍公司等。此外,第5号作为希望条款,中国聘用日本人为政治、军事、财政等顾问,也得到了袁世凯的承认。

① [日]犬养毅:《欧洲大战后の课题》,见头山满等著:《アジア主义者たちの声》,第
　　94—95页。
② [日]日本外务省编:《日本外交年表并主要文书》上,第382—384页。

5月25日,以"二十一条"为蓝本,袁世凯与日本正式签订了《民四条约》。"二十一条"是灭亡中国的条款,暴露了日本对中国的野心。消息传出,中国各地掀起了抵制日货运动,并将5月9日定为"国耻纪念日"。袁世凯在"二十一条"基础上,与日本签订《民四条约》后,在政治上倒行逆施,1915年12月,宣布恢复帝制,1916年改为洪宪元年。由此引发了"护国运动",各省纷纷宣布独立。袁世凯不得不取消帝制,在全国人民的唾骂声中死去。

中国政局激烈变动之时,日本加紧向中国扩张。1916年春,日本人川岛浪速等又乘机策划"第二次满蒙独立运动",借反对袁世凯之名,策划内蒙古东部、东北脱离中国政府。日本大陆浪人及右翼的活动,得到了日本政府的默许。这次"满蒙独立"最终还是以失败告终。

日本与俄罗斯争夺东北亚由来已久。第一次世界大战期间,俄国爆发了十月革命,成立苏维埃政府,并宣布退出协约国集团。1919年日本与美国、英国、法国等出兵西伯利亚,干涉苏俄革命。日本出兵大约七个师团的兵力到苏联的远东地区,其出兵数量占列强总兵力的80%左右。当其他欧美国家撤兵后,日本还源源不断地向西伯利亚增兵。

日本疯狂在东亚地区扩张,引起了欧美列强的警觉,也使东亚地区的国际关系出现了微妙变化。日本政府中的一些人开始意识到,如果日本迅速地扩张,可能会加剧与列强的矛盾,受到国际上巨大的压力。1916年12月,日本外相本野一郎提出对华方针意见书,他提醒政府对待中国问题,"要尽力与列国保持协调,同时逐渐使列国承认我国的优越地位"①,也就是在与列强"协调"的名义下,

① [日]日本外务省编:《日本外交年表并主要文书》上,第423页。

取得比列强更多的在华利益和优先地位。为了维护已经取得的侵略利益,日本政府制定了《帝国政府在战争中应执行之外交方针》,希望通过外交努力,获得列强对日本山东权益的谅解。由于欧美列强忙于应付大战,无暇东顾,暂且容忍了日本的行动。1917年11月,日美签订《蓝辛—石井协定》,日本承认对华"机会均等"门户开放"政策,美国承认了日本在中国有"特殊利益"。

1918年第一次世界大战以同盟国的失败而宣告结束。第一次世界大战造成3 000万人的伤亡代价,战争带来了巨大灾难。为了重新规划国际秩序,永远消除战争,美国总统威尔逊提出了"十四点原则",倡导建立"公正而持久的和平",得到世界上多数国家的赞成。日本内阁通过《关于与日本单独利害相关讲和条件案》,提出将德属赤道以北太平洋诸岛屿的权利让给日本,"德国根据条约及依其他惯例取得的山东省的领土领水租借、铁道、矿山等一切权利、特权,以及与上述权利、特权的山东省以外的一切权利、特权全部转让给日本","德国将青岛济南间铁道及其一切支线、属于铁道所经营的矿山及附属于铁道和矿山的其他一切权利、特权及财产,转让给日本"①。日本参加和会的最主要目的,是取得德国在山东和太平洋诸岛的权益。日本认为它靠自己的武力将德国势力从山东驱逐出去,取代德国在山东的利益理所当然。②

1919年1月,协约国集团为解决战争所造成的问题以及规划战后世界秩序,在法国巴黎的凡尔赛宫召开和平会议。美国总统威尔逊提出了"14条媾和原则",提出了民族自决、反对秘密外交等主张,被视为建立世界和平的纲领,成为战后处理的原则。中国于

---

① [日]日本外务省编:《日本外交年表并主要文书》上,第478页。
② [日]东乡茂德:《东乡茂德外交手记》,东京:原书房,1967年,第30页。

1917 年 8 月对德宣战,其中一个重要目的就是要收回被德国强占的权益。第一次世界大战结束后,中国、日本都作为协约国集团的一员,以战胜国的身份去参加和会。在巴黎和会上,日本与美、英、法、意等国并列为五大国,虽然日本的地位还不能与美英等国同日而语,但是,在近代国际关系的历史上,日本是首次跻身与西方列强比肩的大国之列,显示着其国际地位的上升。日本充分利用自身国际地位的变化,以为继续扩张侵略利益的条件。

在巴黎和会上,中国代表提出了收回部分主权的要求,包括:取消帝国主义在中国特权;取消日本强迫中国承认的"二十一条",收回山东权益等。第一次世界大战后,亚洲各国开展广泛的反对殖民主义运动,反对西方各国的种族歧视政策。20 世纪初移民美国的日本人,受到美国排斥与歧视。为提高在远东地区的影响力,日本在巴黎和会上以有色人种代表自居,提出废除种族歧视提案。欧美列强虽然口称和平、平等、民族自决,却认为西洋统治有色人种为理所当然,以大会的原则是讨论"重要事项"为由,拒绝接受日本的提案。日本参加和会的最主要目的是获得列强对其在第一次世界大战期间夺取的德国在山东权益和太平洋诸岛权益,并不想在废除人种差别问题上与西方各国发生过多的摩擦。于是,日本决定"丢卒保车",暂时将废除种族歧视提案搁置起来。巴黎和会期间,美、英、法等国正在酝酿成立国际联盟。日本代表声称,如果对山东的要求得不到满足,日本代表就不在讲和条约上签字,也不参加即将成立的国际联盟。英、法、美等国为了拉住日本,表示支持日本在山东问题上的要求。由于中国代表拒绝在《凡尔赛和约》上签字,日本在巴黎和会上并没有取得德国在山东权益的"法理"依据。巴黎和会的消息传到中国,成为"五四运动"的直接导火索。

第一次世界大战爆发后,日本全力推进"大陆政策"。当时,日本舆论普遍认为,第一次世界大战,是日本做"亚洲盟主"、领导"东洋和平"的好机会。各大报刊不断发表社论,鼓吹:"当次欧洲战乱之际,列强急于各自国家的防卫,无暇顾及东洋。此时,能够有力地确保东洋和平者,唯我日本","吾人当以最紧张的精神和充实的准备,肩负东洋和平,使中华民国国民信赖日本","日本国民对东洋负有重大责任"①,也就是说,以保卫东洋和平的名义,扩大在中国的侵略利益。

1914 年 12 月,日本政府发行《时局教本》,声称:"我国膺惩德国,将其势力驱逐出东洋,是理所当然的。我日本民族每年增长 70万人口,数万平方公里的小地无论如何容纳不下,我们应该向大陆发展。我们高举亚洲是亚洲人的亚洲的旗帜,迅猛前进,任何力量也无法阻挡"②,从"亚洲是亚洲人的亚洲"角度,阐释日本向亚洲大陆扩张的合理性,这也是"兴亚"论。"兴亚"论进一步从人种、文化、历史等方面阐述日本对外侵略扩张的依据。

日本提出灭亡中国的"二十一条"后,"兴亚"论认为从东亚的历史、和平来讲,"二十一条"顺应了东亚发展的需要,向中国大陆发展是日本生存所必需,更是为了确立远东和平的基础,"二十一条"是:"日支两国的根本亲善,确保东洋的永久和平的一剂'良药'"③,把灭亡中国说成是为了和平,声称对于不愿意服用"良药"的顽童(暗指中国),不得不给予压力,使其服之。第一次世界大战开始后,日本为了独霸在中国的利益,其国内亚洲门罗主义盛行,

---

① [日]社论:《欧洲战乱と支那》,《东京朝日新闻》,1914 年 8 月 11 日。
② [日]江口圭一:《大系日本の历史·14》,东京:小学馆,1989 年,第 30—31 页。
③ [日]设立:《断固たる决心》,《东京朝日新闻》,1915 年 4 月 23 日。

李大钊曾经提醒人们警惕亚洲门罗主义,认为"今忽有一国焉,欲在亚东效门罗之宣言,……此等世界的大问题,是否可由一国乘欧战方酣之日自由宣言"①。日本提出"二十一条"后,中国各地开展了反日爱国运动,中国民族主义矛盾直接指向日本。在这种形势下,"兴亚"论认为,日本要想方设法使中国人相信"二十一条"是为了中日亲善,为了中国不再受白人压迫,使中国人信任日本,愿意与日本提携。

　　"兴亚"论仍然以东西方人种对立、文化不同为旗号,认为白人的势力已经深入到了亚洲脚下,中国、印度、波斯离日本不远,几乎都被白人势力占领,东亚只有日本保持着独立。唇亡齿寒,中国是黄种人的一支,现在处于向白种人叩头行礼、苟且偷安的境地。日本念同为黄种人之谊,异常担心中国的兴衰,并努力尽作为近邻日本的义务。"我相信日本帝国的使命就是实行完全彻底的亚洲门罗主义。所谓亚洲门罗主义就是亚洲的事由亚洲人处理的主义。如果日本国民以外的亚洲人无担当此任务的资格,亚洲门罗主义就是由日本人处理亚洲事务之主义。不要误会,我们不是将白人全部驱逐出亚洲,而是不使白人再侵害亚洲,清除跋扈的白人。"②亚洲主义认为既然中日同处亚洲,日本驱除德国在山东的利益是理所当然的。现在中国没有力量驱除西方列强,日本为了维护太平洋地区均势,为了东亚和平,控制山东、中国东北及长江流域都是必然的。日本目的不是侵略中国,而是为了东亚的长久和平。

　　李大钊注意到日本在第一次世界大战期间,打着亚洲主义的

---

① 李大钊:《极东们罗主义》,《李大钊全集》第一卷,北京:人民出版社,2006 年,第200 页。

② ［日］江口圭一:《大系日本の历史・14》,第 29 页。

旗号,行对外侵略之实的行径,指出"此次'五四运动',系排斥'大亚细亚主义',即排斥侵略主义,非有深仇与日本人也。斯世有以强权压迫公理者,无论是日本人非日本人,吾人均应排斥之!"①。巴黎和会未来得及构建一战后远东太平洋地区的国际新秩序。

四、亚洲门罗主义之顿挫

第一次世界大战西方列强忙于欧洲战场的苦斗,给日本抓住了向亚洲、太平洋地区扩张势力的好机会,使其经济出现了前所未有的"大战景气"。日本近代化过程中,以棉纺织业为中心的轻工业生产发挥了重大作用,纺织业是日本走向工业化的基础,并不断发展。第一次世界大战期间,日本向亚洲、非洲大量出口棉纱、棉织品,并拓展海外纺织基地。日本在中国上海、青岛等地,建立了多个纺织工厂。日本向欧洲各国出口军需品,向美国大量出口生丝。从1915年开始,日本进出口额持续增长,产业规模迅速扩大,工农业生产总值大幅度提高,"1914年农业生产总值为14亿日元,工业生产总值为13.7亿日元。1919年农业生产总值达到41.6亿日元,工业生产总值达67.3亿日元"②,第一次世界大战后,日本工业生产总值超过农业生产总值,对外贸易也从战前逆差变为顺差,对外投资增加,由债务国一跃而变为债权国。三井、三菱、住友等大财阀,在大战期间以银行业为核心,拓展到矿山开采、海上运输、船舶制造等多种产业,成为影响日本经济发展的重要力量。日本财阀与政界保持联系,成为影响国家政治的政商。除重工业外,日

---

① 李大钊:《在国民杂志社成立周年纪念会上的演讲》,《李大钊全集》第三卷,北京:人民出版社,2006年,第67页。

② [日]加藤祐三:《东アジアの近代》,东京:讲谈社,1985年,第208页。

本的第二、第三产业在大战期间也取得了重大发展。

　　第一次世界大战结束后,日本的对外扩张没有丝毫收敛。据统计:1921 年日本军费开支为 7.31 亿日元,占国内总收入的48.7%。[①]为了在海外争夺中处于有利地位,日本大力扩张海军军备,加紧实施"八八舰队"计划[②],成为名副其实的军事大国。日本的一系列扩张军备行动,必然引起欧美列强的警觉。

　　美国为阻止日本对中国金融、政治等方面的控制,1919 年 5 月提议组成美日英法新四国对华借款团,共同主办对华借款业务,压迫日本停止单独对华政治借款。日本虽然对此心存芥蒂,但是,毕竟实力不如美国,无法阻止美国插足中国的活动。第一次世界大战后,美国国际地位迅速上升,在谋求海上优势地位的同时,也标榜国际合作、和平与裁军。为了达到目的,美国于 1921 年 7 月,向英国、日本、法国、意大利和中国等五国提出了召开非正式会议的建议,要上述六国参加,讨论裁军和远东问题。日本对美国召开国际会议的建议感到不安,舆论普遍担心美国的建议将影响日本在亚洲的权益,"事实上解决以日本为核心的太平洋问题的时刻到来了""日本面临着自日俄战争以来最大的外交困境"[③]。有人认为美国倡导的华盛顿会议,"与巴黎和会不同,与我国存在着密切关系。如何处理将直接影响国家的兴亡盛衰"[④]。显然,华盛顿会议是巴黎和会的继续,要解决远东问题、列强海军发展比例问题,抑制日本在亚洲扩张的意图十分明显。如何应对美国召开华盛顿会议的

---

① ［日］伊东六十次郎:《满洲问题之历史》下,东京:原书房,1983 年,第 565 页。

② 所谓八八舰队计划,就是日本海军以 8 艘主力舰和 8 艘巡洋舰为基础组成两支强大的舰队,每八年更新一次。

③ ［日］《朝日新闻》,东京,1921 年 7 月 13 日。

④ ［日］宇垣一成:《宇垣一成日记 1》,东京:みすず书房,1968 年,第 350 页。

建议,考验着日本与西方国家的关系,是日本外交面临的重大抉择。

日本政府决定参加华盛顿会议,对华盛顿会议可能讨论的问题做了研究,提出了基本对策方针。1921 年 10 月 13 日,日本政府训令参加华盛顿会议的全权代表,提出一般方针、军备限制、太平洋问题、中国问题以及西伯利亚问题等,"限制军备问题以及远东太平洋问题与帝国利益关系重大",希望各位代表能够"阐明帝国之真意,增进国际间的信任,与美国保持圆满亲善关系为帝国特别关注之所在"①,其中对中国问题提出了"不许变更事项",核心问题是山东问题。训令要求日本代表就上述问题,要争取列强的谅解,对无关实质的一般问题,可以做出让步,在外交上表现出与美国"协调"的态度。

1921 年 11 月 12 日至 1922 年 2 月 6 日,华盛顿会议召开。美、英、法、意、日、比、荷、葡和中国参加了会议。会上美、英、法、意、日五国签订《美、英、法、意、日五国关于限制海军军备条约》,通称《五国海军条约》。② 条约规定美英日法意主力舰的比例,约定今后 10 年不再建造战舰。日本没有实现主力舰达到英美主力舰吨位 70% 的愿望。但是,这个比例对日本来说已经相当高。日本全权代表加藤友三郎认为:"日本实行八八舰队计划确实有财政上的困难"③,这个比例是与目前日本的财政状况相适应的。日本考虑到其国力,尚无法与美国直接对抗,当务之急是充实国力,而不是

---

① [日]日本外务省编:《日本外交年表并主要文书》上,第 529 页。
② [日]日本外务省编:《日本外交年表并主要文书》下,东京:原书房,1978 年,第 9—10 页。
③ [日]稻叶正夫、小林龙夫、岛田俊彦、角田顺编:《太平洋战争之路》别卷资料编,东京:朝日新闻社,1963 年,第 3 页。

发展军备。① 无论如何,华盛顿会议上,日本与美国、英国、法国一道,成为主导亚洲、太平洋地区发展的国家,其大国地位得到一定的巩固。为了增加海上力量,华盛顿会议后,日本在《关于限制海军军备条约》允许的范围内,大力建造辅助舰,1930 年日本海军吨位数达到了规定额度的 96%。而英国为 82%,美国只达到了61%。② 这使得华盛顿会议上确立的美英两国对日本的海军吨位优势,已失去意义。

中国山东问题是华盛顿会议的一个焦点问题,关乎列强战后对远东秩序的规划。中国自知实力上与日本的差距,希望借助列强力量收回山东主权,日本则希望中日两国单独交涉。日本代表币原喜重郎提出:"如果任何国家都任意破坏既成事实、将特定国家间的问题向一般之列国提出,我们认为这是不适当的,我们将采取明确我之立场的适当行动。"③美国建议另行组织中日山东问题谈判,由美英两国派出观察员列席。日本在国际干涉下,与中国签订了《解决山东悬案条约》。④ 条约规定:日本将胶州旧德国租借限期交还给中国,中国赎回胶济铁路,中国付给日本 5 340 万金马克。规定中方选任日籍车务、会计各一人,日本军队撤出山东。中国在山东问题上对日本做了巨大让步,收回了部分主权。列强为了各自在华利益,相互妥协,付出牺牲的是中国国家利益和主权。⑤

---

① [日]外务省百年史编纂委员会编:《外务省的百年》上,东京:原书房,1969 年,第833 页。

② 吴相湘:《第二次中日战争史》上册,台北:综合月刊社,1973 年,第 93 页。

③ [日]外务省百年史编纂委员会编:《外务省的百年》上,第 807 页。

④ [日]日本外务省编:《日本外交年表并主要文书》下,第 4—8 页。

⑤ 关于华盛顿体系的分析,参见史桂芳:《一次大战前后日本对外扩张与东亚格局之变动——以华盛顿体系为中心的考察》,《世界历史》2012 年第 2 期。

　　华盛顿会议上,美国以"机会均等"为借口,提出了"门户开放、机会均等"政策,反对日本独霸中国利益。与会国签订《九国关于中国事件适用各原则及政策之条约》,通称《九国公约》。① 列强在"尊重中国主权和独立以及领土和行政之完整"的名义下,取得在中国平等的机会,否定了日本独占中国利益的亚洲"门罗主义",确立了以美国为核心的远东太平洋新秩序。

　　美国主导下的华盛顿会议还通过了《关于太平洋四国条约》,四国条约取代了日英同盟条约。会议所通过的《关于限制海军军备条约》《关于中国之九国公约》《关于太平洋四国条约》形成了华盛顿体系。华盛顿体系否定了日本在中国的特殊地位,确立了以美国为核心的远东太平洋新秩序。华盛顿会议并没有解决中国代表提出的关税自主、废除治外法权等要求,华盛顿体制不过是列强维持扩大在中国利益而相互妥协的结果,是几个大国支配的国际秩序。

　　"华盛顿体制与其说是明确的机构,不如说更强调理念、概念的合作,列国自发地相互协调维持亚洲的安定,支持与中国近代国家建设相适应的稳健的变革。即,改变过去的独断的政策和排他的同盟协商关系,提出为了地域安定实行国际协调和提携的理念。"②战胜国仍然保有大量的海外殖民地。

　　"经过第一次世界大战,远东外交格局发生了巨大变化,各国在华盛顿会议上努力重新定义相互关系。在美国的主导下,旧秩

━━━━━━━━━━

① [日]详见日本外务省编:《日本外交年表并主要文书》下,第15—18页。王铁崖编:《中外旧约章汇编》,第3册,北京:生活·读书·新知三联书店,1957年,第218—219页。
② [日]入江昭著,篠原初枝译:《太平洋战争の起源》,东京:东京大学出版会,1991年,第3页。

序崩溃,以'经济外交'为基础的促进调整诸权益的新时代到来。"
第一次世界大战后,日本在中国有"独大"之势,与列强在华利益发
生龃龉,华盛顿会议所确立的"门户开放、机会均等"原则,否定了
日本在华的特殊权益,一定程度上限制了日本在远东的过快膨胀,
反映了列强在远东竞争的激化。华盛顿体制是列强以牺牲中国利
益达成相互妥协的产物,这个体制不可能给远东带来和平。日本
虽有独占亚洲的野心,但是,由于实力所限,不得不在华盛顿体制
下,暂时采取与美国为首的西方国家相"协调"的外交方针,确保已
取得的利益。但是,日本一直没有放弃对"特殊利益"的追求,一旦
以为时机合适,就要冲破华盛顿体制的束缚,建立其在东亚的
霸权。

日本伺机打破华盛顿体系,谋求在东亚的霸主地位,"兴亚"论
则不遗余力地鼓吹日本在东亚的特殊地位,排斥西方列强,为日本
的扩张提供思想武器。华盛顿会议后,日本与美国在亚太地区,围
绕打破还是维持华盛顿体制,不断产生摩擦和矛盾,美国等西方国
家为了维持华盛顿体制,实现"永久和平",对在东西方扩张的德国
和日本,采取绥靖政策,企图牺牲弱国利益避免战争。但是,欧美
的绥靖政策不可能满足日本与德国的扩张欲望,反而刺激了其进
一步对外侵略的野心。日本不断推进扩张政策,终于在 20 世纪 30
年代发动侵华战争,以行动打破华盛顿体制,开始构建以日本为核
心的东亚新秩序。

五、"协调"名义下推进大陆政策

美国凭借其强大的经济和军事力量,主导了华盛顿体制,在此
之下,日本独占东亚的"亚洲门罗主义"被否定,迫使日本不得不承
认 "门户开放、机会均等"等原则,放缓向中国扩张的步伐。然而,

标榜对外"协调"的日本,并没有放弃向中国大陆扩张的基本政策,而是以更加隐蔽的手段,暗中以渐进的手段扩大在中国,尤其是在中国东北地区的"特殊利益",推进"大陆政策"。这种打着"协调"旗号的扩张,与"兴亚"论的目标是一致的。

日本自甲午战争以来,就不断在对外战争中获得利益,又借助战争中获得的利益,发展军事工业,加强国防建设,积蓄发动下一次战争的力量。这样,日本不仅认为战争可以发财,而且产生了对外侵略的惯性。日本也逐渐意识到武力入侵、经济掠夺,虽然能够迅速充实国力,但是,也容易引起中国人的反抗,还可能触及列强在华利益而激化矛盾。第一次世界大战后,世界范围内民族自决运动兴起,中国人的民族意识也开始觉醒。日本以为单靠武力扩张势力逐渐行不通,应加强对中国的"亲善"工作,从中日文化、历史、传统等方面,增强中国人对日本的好感度,使之"理解"日本在东亚所做的一切,包括战争、条约,都是为了亚洲的复兴,为了积蓄东亚反抗欧美列强压迫的力量,使中国愿意与日本携手合作,共同致力于亚洲的复兴事业。"兴亚"论强调,五四运动后,中国人的民族意识、民族自觉已与之前大不相同,日本政府对此必须有清醒的认识,注重从文化、历史等方面强调中日命运共同,使中国民族主义的矛盾指向西方列强,以便日本乘虚而入,最终打破华盛顿体制的束缚。

为了加强中日"亲善"工作,日本开始效仿美国等西方国家,在中国开展文化教育工作。20世纪20年代初开始,日本政府直接参与并实行了一系列对华文化教育工作,诸如兴办中日研究机构、东亚同文书院等,开始招收中国籍学生等,培养有"亲日"感情的中国青年。1922年日本政府决定取消《辛丑条约》规定的中国尚未偿还的770万英镑,用于在中国的文化、教育事业。1923年,日本外务省成立专门负责对华文化工作的"中国文化事业部",每年选派中国学生到日本留学,中国留日学生生活费、学习费等全部由日本外务省负担。20年代中期,中国留日学生有数千人之多。中国文化事业部还在北京建立了人文科学研究所及附属图书馆,在上海建立了自然科学研究所。与此相对应,日本政府资助在东京和京都分别建立了东方文化学院。但是,由于日本奉行对外扩张政策,中国留日学生增加、日本建立诸多研究中国文化机构等,都没有如日本政府预计的那样,在中日"亲善""提携"中发挥重要作用,相反,许多中国人认为这是日本文化侵略的一部分,对日本的文化渗透保持着警惕。

　　华盛顿会议后,日本加强了对中国的文化渗透,以渐进的方式向中国扩张利益。1924年6月,币原喜重郎出任日本外相,开启了外交上著名的"币原时代"。币原喜重郎曾经担任过日本驻美国大使、华盛顿会议日本全权代表等职务。华盛顿会议上,币原喜重郎是在《五国海军裁军条约》《四国条约》《九国公约》等文件上签字的日本代表,他对西方国家的社会状况、经济实力、对外政策比较了解,非常清楚日本与列强实力上的差距,明了在世界形势处于和平、稳定的时候,日本若肆无忌惮地在远东地区扩张,必然引发与列强的矛盾,日本现有的实力不足以与西方公开对抗,日本的大陆政策不可能一蹴而就。因此,币原喜重郎主张,日本应在华盛顿体制的框架下与列强"协调",对中国应以经济渗透的方式,不应轻易诉诸武力,逐渐实现日本的目的,在与西方列强"协调"中,增进中日"两国间要增进共存共荣关系及经济提携"[1]。在对中国关系上,

────────────────

[1]　［日］币原喜重郎:《支那问题概观》,东京:《外交时报》第560号(1928年4月),第11页。

币原喜重郎明确提出"不干涉内政""经济协调"等政策,同时要求中国尊重日本在"满蒙"的权益。币原喜重郎认为:日本外交的根本是维护和增进在东亚的正当权益,"同时尊重各国的正当权益"①,在"协调"中维护和扩大日本在中国的权益。币原的"协调外交",与军部以强硬的武力手段夺取在华利益不同,主张通过签订有利于日本的贸易协定等,促进与中国的"共荣",从经济上巩固日本既有的利益,并适时地扩大这种利益。

币原外交一度被日本某些人视为"软弱外交",尤其是以军部为代表的对华强硬派,对币原外交多有微词。而国际上,也有一些人认为币原外交就是和平外交,对其抱着较大希望。其实币原喜重郎并没有改变日本对外扩张政策的基本方向,不过是打着"协调"的旗号,以隐性的方式维护和扩大日本在东亚的利益。20世纪20年代日本主要以经济渗透的方式控制中国,在中国的华东、华中等地区开设了大量的纱厂、纺织厂,数以万计的中国工人在日本开设的工厂劳动,日本由此获取了巨大的经济利益。中国工人在日本纺织厂工作的时间长、劳动强度大,待遇低。中国工人为改善劳动条件、提高工资,不断进行罢工斗争。1925年的五卅运动就是以日本资本家枪杀中国工人为导火索的。对于五卅运动,币原喜重郎明确地战在日本资本家一方,认为中国工人使用暴力,威胁到日本人的生命财产安全,赞成对中国工人实行武力镇压。在这里完全看不到币原外交的"软弱",也看不到"协调",是赤裸裸地对中国的压迫和榨取。

币原喜重郎1924年和1929年两次出任日本外相,历经五次内

---

① [日]币原喜重郎财团编:《币原喜重郎》,东京:大日本协会印刷株式会社,1955年,第262页。

阁变更,他口称"协调",从外交上配合日本军部的扩张行动。1924年9月,中国爆发第二次直奉战争。日本政府和军方,都希望利用中国军阀混战之际,巩固日本在"满蒙"的特殊利益。日本军方秘密支持张作霖,甚至派顾问赴前线帮助奉军,为奉军提供军需弹药。币原喜重郎认为日本在中国东北有"特殊利益",在中国有"一般利益",这些利益都需要受到保护。币原主政的日本外务省在直奉战争中,持"不干涉主义",以防止与美英激化矛盾,但是,外务省驻华公使武官却直接参与了对冯玉祥倒戈的策划,以外交配合军事行动。1925年郭松龄起兵反奉,日本政府对奉系内部斗争进行干涉,乘机向张作霖提出增筑吉会等7条铁路、获得商租权等要求,并出兵援助张作霖镇压郭松龄。正如中国学者指出的,币原"很好地利用了军方的活动,在'不干涉'的名义下达到了干涉中国内政,维护其'满蒙权益'的目标"①,这个分析可谓一针见血。

币原喜重郎阐明了其外交理念,认为:"外交本无强硬与软弱之分。田中内阁曾经出兵山东,是积极的政策还是消极的政策?可以视出兵为积极,但是什么利益都没有得到,以失败告终。到底是消极政策还是积极政策呢?"②显然,"协调"外交并非日本舆论声称的"软弱"外交,而是以"协调"为掩护,确保日本的在华利益,尤其是"满蒙"的特殊利益。币原喜重郎作为日本外相,一方面标榜"协调"外交,一方面又积极协助军部的军事行动,以军事为外交的后盾,"协调"中有"强硬",寻求机会实现大陆政策的目标。

1927年4月,田中义一担任日本首相兼外相,他提出刷新日本

---

① 宋志勇、田庆立:《日本近现代对华关系史》,北京:世界知识出版社,2010年,第98页。

② [日]币原喜重郎:《外交五十年》,东京:原书房,1974年,第105页。

外交,实行"积极对华政策",表示在同情中国人"正当期望"的同时,与"列强保持协调"①。这意味着田中义一并不是一上台就抛弃了"协调"方针,而是仍然在华盛顿体系框架内开展外交活动,只是其在与列强"协调"的过程中,对华政策趋于强硬。田中外交中的"积极"和"强硬"因素显然比币原外交多,田中外交被称为"强硬外交"。1927 年 6 月,日本政府在东京召开"东方会议",制定了《对华政策纲领》。确定了对华政策的基本方针:"鉴于日本在远东的特殊地位,对支那本土和满蒙相区别",将满蒙作为"日本特殊地带"采取与中国本土不同的政策,核心是满蒙的"特殊权益",同时提出"对中国国民的希望给予同情,并与列国共同努力促其实现"②,仍然坚持与列强的协调与信任,还提出对于中国抵制日货等排日运动采取"自卫措施",强调"满蒙尤其是东三省在国防上、国民生存上有重要利害关系","万一发生动乱波及满蒙,导致治安混乱,侵害我特殊权益,无论其来自何方,我将采取断然措施"③,表明日本虽然没有放弃"协调"口号,但是,将采取更加强硬的措施维护在华权益。

　　1927 年底,蒋介石重新执掌国民党大权,开始进行第二次北伐。当蒋介石的北伐军进入山东境内后,日本政府借口保护其侨民生命财产安全,1928 年 4 月,第二次出兵山东,并制造"济南惨案",杀害国民政府外交官员蔡公时。有学者认为日本出兵山东是九一八事变的前奏。④ 日军出兵山东并没有阻挡住蒋介石军队的步伐,为了防止蒋介石国民党中央势力进入东北,6 月 4 日,关东军

① [日]高仓彻一编:《田中义一传记》,下卷,东京:原书房,1981 年,第 570 页。

② [日]日本外务省编:《日本外交年表并主要文书》下,第 101 页。

③ [日]日本外务省编:《日本外交年表并主要文书》下,第 102 页。

④ 吴相湘:《第二次中日战争史》,上册,台北:综合月刊社,1973 年,第 56 页。

制造"皇姑屯事件",炸死"东北王"张作霖,企图乘乱控制东北。由于张学良"易帜",日本阴谋没能得逞。

1929年,币原喜重郎再度出任外务大臣,继续高唱"协调外交"的调子,强调"增进帝国与列国的关系,政府将推进相互通商及振兴企业"[1]。第一次世界大战期间及以后,日本经济迅速发展,工业化程度不断提高,据统计,"拥有5名工人以上的工厂数量,1929年比1914年大战前增加了2倍,从事工业劳动的总人口也有同样增长。在日本6 000万总人口中,产业工人为500万人,1 400万农业人口"[2],日本加强向中国市场输出工业制品,加强对中国经济的控制。五卅运动后,英国对华商品输出大幅度减少,日本取代英国成为最主要的对华商品输出国,在华纺织工厂纺锤数量超过英国,1929年日本向中国输出商品额占其出口总量的近20%。为避免列强对日本大肆扩张在华利益的反感,币原提出暂且搁置"满蒙悬案"。

国民政府认为关税是国家主权的象征,蒋介石统一中国后,采取一些维护国家主权的措施,要收回关税自主权和领事裁判权等权益,准备与列强进行新通商条约的谈判。1928年7月25日,中美两国经过谈判,签订了《关税条约》。接着,英国、瑞典、法国等分别与南京国民政府签订了新的关税条约。国民政府还与条约期满的比利时、意大利、丹麦、葡萄牙、西班牙等国签订了友好通商条约。唯有日本不愿放弃在中国的各种特权,勉强于1930年5月6日同国民政府签订了《中日关税协定》,比其他国家整整晚了两年,其不愿放弃在中国侵略权益的意图暴露无疑。

---

[1]〔日〕币原喜重郎财团编:《币原喜重郎》,第348页。
[2]〔日〕入江昭著,与梧一郎译:《日中关系この百年》,东京:岩波书店,1995年,第6页。

第三章 "兴亚"论和着侵略的节拍前行

第一节 九一八事变前后的"兴亚"论

一、以"兴亚"之名转移社会矛盾

凡尔赛—华盛顿体系建立后,世界形势一度比较稳定,欧洲各国逐渐走出第一次世界大战的阴影,世界经济进入飞速发展的"黄金十年"。人们对未来充满信心,以为从此将告别战争,进入和平稳定的发展阶段。然而,第一次世界大战后的好景并没有维持很长的时间,新的矛盾、问题不断积累,1929 年 10 月 28 日,美国纽约股票市场价格暴跌,一场空前的经济危机开始了。经济危机不仅影响了各国的发展,也给和平带来了新的威胁。

日本经济已经与世界经济紧密地联系在一起,美国的经济危机很快就影响到全世界,日本自然也在劫难逃。1930 年春日本国内生产总值大幅度下降,大量企业倒闭,失业率达到了 15%—20%。经济危机造成农产品价格下跌,普通人的生活水平下降,国内市场一派萧条。据相关统计,"1930 年日本出口比上一年减少

32%,进口减少 30%,这期间对英、美、法、德等国的贸易额都出现大幅削减"①。日本工业产品出口以轻工业产品为主,生丝出口占对外贸易的 30%,受经济危机影响,国际市场上生丝的价格暴跌,日本出口减少,外贸出现巨大赤字。经济危机造成日本的股票价格大幅度下跌,1931 年股价比 1929 年下跌 40%。"不景气愈加严重,产业衰退,失业者增加,政府千方百计寻找对策。但是暂时的对策,根本无法抵御失业的洪水。最近政府发布的统计表明,失业人数达三十一万五千"②,1930 年底"失业人数达到百万人。在经济危机的影响下,日本农产品物价暴跌(特别是大米和生丝)到历史最低水平。贫苦农民为了维持生活,不得不出卖女儿,让儿子向朝鲜和满洲移民"③。

经济危机导致国民生活水平下降,东京全家月收入在 60 日元以下的所谓"细民"骤增,据日本东京社会局调查,东京市内"细民"的总户数 1926 年是 5 589 户,人口 22 074 人,1930 年为 20 601 户,79 864 人,④百姓过着朝不保夕的生活。为了维持经营,日本开设了许多专卖剩饭的商店,仅 1930 年 7 月,东京就新开了 23 家出售剩菜的商店。由于剩饭价格便宜,商店的生意异常火爆,剩饭成为"细民"口粮的重要来源。据报道,在爱知县卖剩饭的商店内一片凄凉景象,"幸亏晚上看不清这些人的脸,一家剩饭商店前排着二三百人的长队,这些人的脸上充满悲惨和凄凉。……其中很多人是推着婴儿车带着孩子来的,这是极度贫困化的最下层生活者的

---

① 〔日〕日本历史学研究会编:《太平洋战争史·1·满洲事变》,东京:东洋经济新报社,1953 年,112 页。

② 〔日〕《东京日日新闻》,1930 年 3 月 17 日。

③ 〔日〕日本历史学研究会编:《太平洋战争·1·满洲事变》,112 页。

④ 〔日〕草间八十雄:《岁末の细民街》,《改造》1930 年 12 月。

缩影,卖剩饭的商店却是前所未有的生意兴隆……风桥街市呈现
的萧条贫穷,令人大有世界末日的感觉"①,日本社会处于危机的惶
恐之中。

　　经济危机给日本农村经济造成了灾难性的后果。1930 年日本
农业丰收,但是,由于农作物价格暴跌,全国各地出现了空前"丰收
饥馑"。日本的东北、北海道等地 1931 年又遭受多年不遇的严寒,
农作物大面积减产,出现了大量饥民。据统计,经济危机爆发后,
日本有大约 45 万人挣扎在饥饿线上,小学生食品匮乏,出现了大
量营养不良患者。日本东北地区的青森县冬季十分寒冷,该县北
津轻郡"老百姓家里甚至连一床被子也没有,一家人只能睡在麦秸
里",东津轻郡蟹田村的一位老妇人,为了糊口将自己的亲生女儿
卖到妓院,她伤心地说:"人吃人不只是在遥远的古代,我们现在就
是人吃人。"②日本农民挣扎在死亡线上,而城市大批失业工人回到
农村,又进一步加剧了农村的危机。经济危机下,日本社会矛盾进
一步激化,工厂的劳资冲突事件频发,"1931 年日本的劳资冲突达
2 456 件,创历史最高纪录,租佃斗争约有 1 000 件"③。为了应对
危机,日本政府及各大报社、广播电台等大众媒体,想方设法转移
国内矛盾,进行蛊惑宣传,提出日本的经济和社会危机是中国人
"排日"造成的,尤其是张学良在东北修建铁路、港口,影响了"满
铁"的经营,解决经济危机的出路在中国东北,日本人应该移民中
国东北,在那里寻找生活出路。

　　经济危机造成社会矛盾激化,日本国内法西斯势力乘机活动,

---

① [日]《名古屋新闻》,1932 年 6 月 18 日。
② [日]《中央公论》,1932 年 2 月号。
③ [日]江口圭一:《大系日本の历史·14》,第 179 页。

鼓吹以战争手段解决经济、社会危机,以对外扩张转移国内矛盾。"兴亚"论是法西斯的积极支持者。继日本第一个法西斯组织犹存社后,1930 年 9 月,日本陆军省和参谋本部的"少壮派"军官成立了法西斯组织"樱会",秉承"国家改造要不惜使用武力"的宗旨,主张以武力向中国东北扩张,借以改善日本农村和农民的贫困状况。在政治上,法西斯团体提出废除政党内阁,建立军事政权,对日本实现政治改造的主张。在对外关系上,法西斯主义反对政府的亲美反苏路线,提出实行反美反中政策,强调日本要有独立性,告别与西方的"协调"。20 世纪 30 年代,日本法西斯组织发展迅速,很快达到百余个,其中"樱会"规模最大。30 年代,日本众多的法西斯团体无不打着"兴亚"的旗号,鼓吹"战争乃创造之父,文化之母",主张以武力解决所谓的"满蒙"问题,呼应日本政府以对外侵略战争转嫁经济危机的政策。

二、"满蒙生命线论"的提出与传播

日本觊觎中国东北利益由来已久,为了侵略中国东北,制造各种东北与日本关系密切的舆论。如前所述,日本通过《马关条约》要占领中国的辽东半岛,作为进一步向东北扩张的基础。然而,由于列强在中国的利益争夺和矛盾,《马关条约》签订后,俄、法、德三国联合实行"干涉还辽"。日本在它们的压力下,不得不把到嘴的辽东半岛"吐"出来。其实日本对"归还"辽东半岛一直心存不甘,誓言要重新夺回辽东半岛。1905 年日俄战争后,日本通过《朴次茅斯条约》取得在中国东北长春以南的权益,日本把这一地区称为"南满"。1906 年日本在这里建立南满洲铁道株式会社,控制着"满铁"及其附属地一切权力。"满铁"不仅掠夺中国东北的大豆、高粱等农产品、工业原料,还在中国设立调查本部,专门负责刺探和收集情报,是日本在中国东北实行政治、经济、军事等方面侵略活动的机构。南满洲铁道株式会社大规模对中国东北进行投资,实行经济侵略,30 年代初,日本在中国东北的投资占各国总投资的 73%,"满铁"又在日本对华投资中占据重要地位,是日本在中国东北"特殊权益"的核心。

世界性的经济危机影响到日本国内的经济和社会,也影响到"满铁"的经济发展。1931 年春,"满铁"出现了前所未有的经济下滑,出现了财政赤字。日本认为"满铁"经营不善主要是因为中国实行了"排日政策",影响了"满铁"的经济和经营,而日本在中国东北的利益,是以"10 万生命、20 亿国币"的巨大代价换来的,是"合法"权益。日本不能坐视其所谓的"合法"利益被中国人破坏,应不遗余力地加以保护。1931 年 1 月,前"满铁"副总裁、政友会议员松冈洋右在众议院发表了关于中国东北问题的演说,他认为中国东北对于日本非常重要,称"满蒙是我国的生命线,其重要性不言而喻,满蒙政策的危机现在比任何时候都严重"①,认为东北是日本国防、国民经济发展不可缺少的地区,是日本的"生命线",主张以武力解决"满蒙危机"。"满蒙生命线论"一出笼,立即受到各家舆论机关的关注,报纸和电台,连续大量报道日本"生命线"受到威胁的事件。

"满蒙危机论"在日本甚嚣尘上之际,1931 年 6 月到 7 月,中国东北地区发生中村震太郎事件和万宝山事件。日本媒体借两个事件大做文章,认为这是中国政府排日、反日政策所导致的,呼吁日本政府应采取更加强硬的对华政策,"此次中村大尉事件,最近日

---

① [日]满洲国史编纂刊行会编:《满洲国史史论》,东京:满洲国史编纂会出版,1980 年,第 86 页。

中感情疏远,中国全国排日情绪甚嚣尘上。帝国为了保卫既得权益,军部做好了不得不以实力解决的准备"①。日本媒体一致攻击张学良是土匪,指责东北当局对中村震太郎事件态度暧昧,断言这是张学良与南京国民政府在排日政策上达成了默契。日本报刊、广播电台都大肆鼓噪中国的对日政策必然造成"日本人在满洲的生活、权益受到中国人的威胁,已经被逼到没有退路的境地了"②,张学良要切断日本的生命线,造成"奉天街头阴云密布,到处是排斥日本的吼声和诬蔑日本的咆哮。中国人对日本人的称呼也从'大人'、'老爷'变成'先生',现在甚至直接说'你'。从这些小事中可以看出中国人对日本的态度变化。中国人侮日态度从上层渗透到下层民众之中"③。

1931年9月6日,蒋介石在总理纪念周上阐明中国对于东北问题的态度,表示无论日本如何恫吓也绝不屈服。日本媒体乘机宣称蒋介石的谈话表明了中国实行"排日"政策,导致中日矛盾尖锐。日本所言的"排日""反日"政策的具体实施,主要是指张学良主政东北后,修筑了打通(打虎山—通辽)、吉海(吉林—海龙)两条铁路,在葫芦岛修建港口,认为这是对日本在东北"特殊权益"的"挑衅",造成"满铁"经济不振。日本新闻舆论机关"通过富有煽动性的报道,使国民感到确实存在着'满蒙危机',支持政府采取措施,保卫日本的利益"④。媒体要求国民关注国防,认为民众与军队就如同"车之两轮、鸟之双翼",国民应做军队的后盾,一旦发生战

---

① [日]《閣僚中にも強硬論》,《东京日日新闻》,1931年9月8日,第二版。
② [日]《闻け! 在満邦人のSOS》,《东京日日新闻》,1931年8月28日,第二版。
③ [日]本报讯:《危し!! 日本の満州における生命線》,《东京日日新闻》,1931年8月29日,第二版。
④ [日]江口圭一:《日本帝国主义史论》,东京:青木书店,1975年,第50页。

争,实行"铳后支援"。通过这些歪曲事实的报道,日本民众对东北"生命线"的关注度,已经远远超过了国内问题,可以说,日本政府达到了通过宣传"满蒙危机"转移国内民众的视线的目的。

日本关东军是策划武装侵略中国东北的急先锋。1931 年 3 月,日本关东军高级参谋板垣征四郎在《从军事上所见满蒙》中提出,解决满蒙问题"是基于日本帝国的使命,是建立在实现伟大理想之上的"①,这里的解决"满蒙问题"就是占领中国东北。1931 年 5 月,关东军主任作战参谋石原莞尔在《满蒙问题私见》中,更加露骨地提出,必须充分认识中国东北的价值,将中国东北直接纳入日本的版图,"按照日韩合并的要领,对外宣布满蒙合并"②。长期以来,日俄两国在东北亚竞争激烈,两国都把侵略的焦点集中到中国东北。日本的目的主要是掠夺东北丰富的工农业资源,俄罗斯则为向远东发展,希望在中国东北获得不冻港,为继续南下提供条件。日俄战争后,日本控制了中国东北南部地区,即所谓的"南满"。然而,日本并不因此而满足,一直企图占领整个东北。石原莞尔提出,日本如果占领了"满蒙",就可以阻止俄罗斯东进,"满蒙"对于日本的国防意义重大。日本若占领中国东北,可以取得向中国长城以南发展的基地,进一步"指导"中国,进而从根本上解决日本的经济和社会危机。

日本军部主张利用列强忙于应付经济危机的机会,一举冲破凡尔赛—华盛顿体制,彻底解决"满蒙悬案",占领中国东北,确立日本在东北亚的霸权。"经济危机导致凡尔赛体制烟消云散,经济

① [日]小林龙夫等编:《现代史资料·7·满洲事变》,东京:みすず书房,1964 年,第139 页。
② [日]角田顺编:《石原莞尔资料　国防论策》,东京:原书房,1967 年,第 78 页。

危机破坏了外交安定的基础,所有国家都处于尖锐的对立之中。战争有可能随时爆发。"①

　　在日本政府以侵占中国东北为解决经济、社会危机的时候,"兴亚"论从预防苏联向亚洲扩张的角度,为日本在中国东北拥有"特殊"地位寻找根据。日本的一些历史研究者打着学术研究的旗号,纷纷著书立说,鼓吹中国东北与日本关系比与中国内地更加密切,中国东北应该属于日本,从文化上为日本侵略制造根据。京都学派的小川琢治发表《论黄河下流平地之战略地理的意义》《最近支那的历史概观和作为战场的地理考察》《北支那黄土地域的战争地形考察》等文章,从地缘政治的角度,分析中国与日本的密切关系。文学博士、京都大学教授矢野仁一作为著名的中国外交史、民族史专家,主动为日本政府的侵略战争助力,以"日本国士"自居,写了《论满蒙藏非支那领土》《历史上满洲的支那主权无根据论》《日本在满蒙的正当地位》等文章,声称:"满州本来就不是支那的领土""支那本来就没有国境,如果按照支那统治的理论来说,不仅蒙古满洲而且世界也都是中国的领土了"②。矢野仁一在《近代支那论》一书中,提出了著名的"中国非国论",认为中国历史上从来就没有过"真正的国境线",中国根本就不是近代文明国家,东北也从来不是中国领土等谬论。矢野仁一认为汉人从来就不是东北的主人,"满洲"自古以来就是满、汉、蒙三民族的"争霸之地",满人、蒙古人不断驱逐侵入的汉人,才保住了自己的领地。从历史上否定中国多民族国家的形成,公然为日本侵略东北张目。"中国非

――――――――――――

① [日]尾崎秀实:《战争的危机与东亚》,《尾崎秀实著作集》第一卷,东京:劲草书房,1977 年,第 5 页。

② [日]矢野仁一:《近代支那论》,东京:弘文堂书房,1923 年,第 102 页。

国"论得到日本政府官员的呼应,松冈洋右在国联大会发表侮辱中国的言论,声称"长期以来'支那人'这一称呼从人种上看,是很暧昧的。对包括日本人在内的外国人来说,它适合支那帝国的大部分居民。然而,这就意味着满洲人蒙古人或者支那本土居民全部为同一人种,满洲国民绝大多数与支那国民有明显区别"①,东北无论在地理、历史上还是人种特征上,都与中国内地不同,日本追求在中国东北的特殊权益是有历史根据和"合理"性的。

日本关东军、关东都督府等不断在东北制造事端,以之为武力解决"满蒙"问题的借口。日本利用万宝山事件、中村事件,煽动舆论,准备武力解决"满蒙悬案"。1931 年 6 月,日本陆军省制定了《解决满蒙问题方策大纲》,提出要缓和张学良政权的"排日"方针,但是"如果排日行动仍有发展,恐怕最终不得不发展成军事行动。满洲问题的解决,绝对需要得到国内外的理解"②。关东军计划以一年为期限,在第二年春季即 1932 年实施武力占领中国东北计划。关东军积极准备发动侵占东北的战争,暗中加紧提前采取"断然行动",解决"满蒙问题","不仅要确保既得利益,而且有将整个满洲置于日本统治之下的希望和构想,陆军指导部也有此设想"③。

早在 1929 年 7 月,关东军、独立守备队和驻军师团的参谋,就在板垣征四郎的率领下,到哈尔滨、齐齐哈尔、海拉尔、满洲里一带做参谋演习旅行,为军事进攻作准备。1931 年 1 月起,关东军参谋每周六,对奉天市区及其周围进行调查,测量军事行动目标的距

---

① [日]竹内夏积编著:《松冈全权大演说集》,东京:大日本雄辩会讲谈社,1933 年,第141 页。

② [日]小林龙夫、岛田俊彦编:《现代史资料·7·满洲事变》,东京:みすず书房,1964 年,第 164 页。

③ [日]江口圭一:《大系日本の历史·14》,第 190—191 页。

离,决定关东军炮车的位置,将"肇事"时需要的建筑物、地形、地貌及东北军政要人物动态等绘制成表格,一目了然。① 关东军的计划得到了日本军部的支持。1931 年 5 月,日本参谋本部乘关东军换防之际,把适于寒冷地区作战的仙台第二师团调到东北。1931 年 7 月,日本军部秘密将直径为 24 厘米的大口径重炮运到沈阳守备队,炮口对准中国东北军的北大营。

日本媒体配合政府的对外政策,连篇累牍地报道"满蒙危机"的各种事件,鼓吹日本在中国东北的"合法"权益受到中国"排日"运动的威胁,煽动国民支持惩罚中国人,号召国民如果战争爆发,国民应做军队的后盾,"国民与军队经常互相配合,以完成国防之大任。正如古语所云,二者如鸟之双翼、车之两轮。如果两者不配合,将致鸟无法飞,车不能转。无论军备多么精良,军人多么勇敢,没有国民的支援,恐连弱敌都不能胜之。现在的战争实际上不只是军人的战争"②。日本还用各种手段扩散"满蒙危机论",甚至用军用飞机向国内各大城市散发传单,传单上写着:"觉醒吧,我的国防! 我的同胞!"③等标语口号,极力将日本国民的注意力转向中国东北。日本学者、媒体的造势,很大程度上吸引了日本国民对所谓"生命线"的关注,为发动战争做了舆论和社会的准备。

三、"兴亚"论配合日本的舆论宣传

20 世纪 30 年代初,石原莞尔是关东军主任作战参谋,九一八事变的直接策划者。石原莞尔长期从事军事理论的研究,对中日

---

① 见水野明:《石原莞尔和"九·一八"事变》,抗日战争学会编《抗日战争与中国历史》,沈阳:辽宁人民出版社,1994 年,第 486 页。

② [日]《大阪每日新闻》,大阪,1931 年 8 月 28 日。

③ [日]《大阪每日新闻》,大阪,1931 年 9 月 8 日。

两国基本情况、国际形势有过比较深入的分析,认为从当时中日两国在东北的军事力量对比来看,关东军兵力只有一万余人,在东北并不占优势。中国东北军数量远远大于关东军,有十几万士兵。中日两国在东北的兵力,不仅数量对比悬殊,且在武器装备上,东北军也有相当的优势。张学良主政东北后,购置了大量飞机、坦克等,东北军拥有先进的武器装备。在这种形势下,如果日本关东军主动挑起军事冲突,并没有全胜的把握。石原莞尔认为,关东军主动发动军事进攻,就是一次战争赌博。凡是赌博都有成功和失败两种可能,为了占据东北的利益,日本值得一赌。

石原莞尔策划九一八事变,带有赌博的性质,但并非盲目行事,更不是毫无准备的豪赌。石原莞尔对当时的世界形势有清楚的分析,认为欧美各主要资本主义国家现在都受到经济危机的打击,由于经济危机引发了列强国内各方面的矛盾,这些国家在想方设法应付经济危机,渡过难关,没有精力顾及中国的事情。况且,西方列强在中国东北的经济利益比日本、苏联都要少,欧美各国在中国东北的投资占其在华投资的比例很小。日军在东北采取军事行动,与西方列强没有多大的利害关系,欧美列强的主要精力在其国内,应付经济危机带来的困难,他们不可能过多地关注没有多少利益的中国东北地区,更不可能在经济上、军事上对日本采取实际的制裁措施。且在欧洲国家中,只有俄罗斯是日本在中国东北的直接对手,日俄战争后,日本夺取了俄罗斯在中国东北南部的权益,俄罗斯一直心存不甘,伺机夺回。1917年俄国十月革命后,苏联虽然公开表示废除与中国的不平等条约,放弃在中国东北的特权,但实际上,苏联废除对华不平等条约只停留在口头上,一直没有放弃沙俄时代获得的侵略利益。外国在中国东北的投资总额中,主要是日本和苏联,而日本的投资额又占据优势地位。石原莞尔判断,日本在中国东北发动军事行动,肯定会刺激到苏联,日本要考虑苏联的反映。石原莞尔认为苏联虽然一直没有放弃控制中国东北、朝鲜半岛的欲望,但是,现在苏联的重点是国内,无暇顾及中国东北。苏联在斯大林领导下,举全国之力建设"第一个五年计划",旨在提高国家重工业和军事工业水平,增强综合实力,苏联最关注的是国内经济建设。若日本采取军事行动,苏联需要在对内与对外方面做出权衡。石原莞尔判断,苏联会以国内五年建设计划为先,不可能直接出兵干涉日军的行动,因此,日本要赶在苏联完成第一个五年计划之前,实施军事行动,占据东北。综合分析当时的世界形势,石原莞尔认为,此时采取军事行动,对日本来说,是百年难得之机遇。即使军事行动有风险,也值得冒险一试。

日本在中国东北策划军事冲突,主要对象是中国军队,必须要考虑到中国政府对日军行动可能采取的措施。石原莞尔 1920 年曾经到中国汉口的华中派遣队司令部任职一年多,利用驻防的机会,到中国各地进行过实地调查,对中国政治分裂情况有所了解。石原莞尔认为,南京国民政府成立以来的四年中,中国爆发了数次大规模的军阀战争,造成国内民不聊生。30 年代,蒋介石经过中原大战等,基本消灭了国民党内的反对势力,实现了国家的"统一"。但是,现在的国民党内部矛盾重重,不同派系之间相互倾轧,政争不断,国民党没有形成强大的力量,国民政府不过是名义上的"统一"。在中国,共产党与国民党自 1927 年分裂以来,两党势若水火,中国共产党领导红军和革命根据地,以推翻国民党统治为直接目标,在全国各地开展武装斗争,国民党将共产党及其领导的红军视为"心腹大患",全力对红军和革命根据地进行"围剿",30 年代初,中国国民党的主要目标是"安内"。

中国东北地区的主政者张学良,在 1928 年就宣布"易帜",服从国民党中央,东北挂上了青天白日旗,东北置于国民党中央的统治之下。东北"易帜"后,张学良与蒋介石结为金兰之好,张学良担任国民政府委员、东北边防军司令长官、中华民国陆海空军副总司令等职。但是,东北地区"易帜"后,蒋介石国民党中央的势力没有真正进入过,蒋介石对东北的关注和重视程度远远不能与关内相比。综合各种世界与中国的形势,石原莞尔断定,日本现在制造军事事变"恰逢其时",胜算几率很大。当时的美国国务卿史汀生就断言:"如果沈阳事变是有人阴谋,这阴谋所选择的时期,真是胜算。"①石原莞尔为关东军找了一个难得的时机。

1931 年 9 月 18 日,关东军按照预定计划,自行炸毁"满铁"线沈阳北郊的柳条湖路段的一侧路轨,反而栽赃中国军队,立即进攻东北军驻地北大营,挑起了震惊中外的九一八事变。由于东北军没有抵抗,第二天,日军就占领了沈阳全城。

九一八事变是石原莞尔、板垣征四郎等人直接策划、关东军一手制造的。九一八事变后,日本为了掩人耳目,大造中国军队挑衅的舆论。日本的各大报刊竞相报道中国士兵如何"暴戾",中国人如何不遵守国际规则的新闻,"本日晚十点半,在北大营西北暴戾的支那兵炸毁满铁线,并袭击我守备兵,我守备兵立即应战,炮轰北大营支那兵,并占领了北大营之一部分"②。日本的所有媒体都称,是中国军队破坏了南满洲铁道,并无故进攻关东军驻东北的守备队,关东军不得不"应战"。日本媒体完全罔顾事实,煽动日本人的反华情绪。九一八事变的策划者石原莞尔面对记者的提问,颠倒黑白,对中国进行无理指责:"我们不得不驱除群聚的苍蝇,此点

① 梁敬𬭤:《九一八事变史述》,台北:世界书局,1995 年,第 6 页。
② [日]《朝日新闻》,东京,1931 年 9 月 19 日。

各国也已承认。现今观之,是暴戾至极又愚昧无知的支那兵所为,导致形势紧张。但是,我们未曾料到支那兵竟然乘夜间破坏我方铁路,且向欲加制止破坏行动的警备兵开枪,这种行为是多么暴戾!如果我们的国民空喊口号,要求忍让,日本即将灭亡。……对于疯狂进攻正义者的暴戾进行膺惩,又有何忌惮之处!"①

石原莞尔在九一八事变前,多次带关东军进行"参谋"旅行,勘察东北的地形地貌,窥探中国军队的布防情况,事先做了"精心"的准备。事变发生后,石原莞尔却以受害者的口吻向媒体介绍所谓的"真相",大言不惭地指责中国军队挑衅,声称必须"膺惩暴戾"的中国军队,实现其控制东北的计划。

20世纪20年代,广播、报纸等现代传播媒介在日本发展迅速,1925年日本成立了东京放送局(广播电台),收音机每天播报国内外新闻大事,"1925年7月起,每天早晨9点到晚9点,电台按照固定的节目表,播送国内外新闻、天气预报、音乐、广播剧等。1926年日本成立放送协会。到30年代初期,日本广播电台听众超过100万人"②。据统计:1931年日本每百户家庭的收音机拥有率达到8.3%。③19世纪中后期,日本先后成立《朝日新闻》《读卖新闻》《日日新闻》等综合报刊社,报纸拥有大量的读者群,是日本民众了解国内外大事的主要平面媒体。到30年代,随着收音机拥有量的上升,报纸、电台成为日本普通国民了解国内外时事最主要的两个

---

① [日]《满洲日报》号外,1931年9月19日,转引自水野明:《石原莞尔和"九·一八"事变》。

② [日]大庭邦彦、长志珠绘、小林知子编:《大日本帝国时代》,东京:小学馆,2011年,第220页。

③ [日]日本放送协会放送史编修室编:《日本放送史》,东京:日本放送协会,1965年,附录图表。

渠道。

　　九一八事变后,日本各大报社、广播电台,迅速以第一时间报道事变的发生与进展。而报纸、电台的报道都掩盖事实真相,一致谴责中国军队主动向关东军发起进攻,关东军不得不应战。报道中夹杂着富于煽动性的语言,煽动日本国民的反华情绪。日本国民受媒体影响,根本不了解事变的真相,认为中国人侵害了日本在东北的"合法"权益,支持日军"膺惩"中国。于是,九一八事变后,日本出现了前所未有的"军国热"和"排外热",形成了疯狂的"侵华排外"浪潮。有的年轻人听到九一八事变的消息后,立即要求参军,到中国东北去"保卫祖国"。也有年轻人因没有被批准入伍,或者其所属部队没有被派到中国东北,感觉极度失望而走上绝路。日本报纸、电台则大量报道"爱国"青年的事迹,煽动更多的人支持战争。报纸报道:"两名第 8 师团的士兵因未被派到满洲而自杀。大阪一名 24 岁青年因未出征满洲,从新世界通天阁上跳下。"①日本青年因为上前线的要求没有得到满足而自杀,肯定属于极端且个别事件,而这样的事件被媒体大肆炒作后,引得更多的年轻人去效仿,表达所谓的"爱国"情。

　　"在乡军人会"是日本退伍军人组织,1906 年陆军大将寺内寿一提出将日本复员军人组织成在乡军人会草案。1909 年陆军省军事科长田中义一策划和组织实施,正式成立"帝国在乡军人会"。"在乡军人会"作为日本的社会团体,主要是联系军队与地方社会,将武士道、军人精神和军队编制原理等贯彻到全社会,为发动侵略战争确立社会基础。九一八事变后,"在乡军人会"积极参与动员

---

① [日]日本历史学会编:《太平洋战争史·1·满洲事变》,东京:东洋经济新报社,1956 年,第 333 页。

国民关心国防、支持政府对外扩张的活动,通过组织演讲会、报告会等形式,向国民灌输保卫日本"国防"的观念,介绍关东军士兵在冰雪严寒的恶劣环境下,为"捍卫"日本"合法"利益浴血奋战的故事,煽动日本人在后方支援前线,为"保卫"祖国做贡献。

由于日本政府长期向国民灌输"皇国史观",报纸、广播电台等媒体大量进行歪曲事实的报道,日本国民无法了解九一八事变的真相,受到舆论和各种战争团体的鼓动,纷纷表示支持政府"膺惩"中国的决定。日本人开始主动捐款、捐物,表达自己的"爱国"心,表明对战争的态度。在日本举国的战争狂热中,中小学生也被卷入进来了。学生在学校老师的引导下,参加为士兵捐款、给前线士兵写慰问信、制作慰问袋、到神社参拜、欢送士兵出征等活动,表达自己的赤诚"爱国"情。《东京日日新闻》《朝日新闻》《读卖新闻》等大报纸,每天在显著的位置刊登日本民众给关东军寄送慰问信、慰问袋、慰问金等消息,"满洲事变突发后,南陆相、金谷参谋长的房间自不必说,就连报社的桌子上,都堆满了从全国送来的血书、慰问袋,其中有很多是中小学学生寄来的平日积攒的零用钱。截至25日共收到慰问信2万余封,现金2千余元"①。

在空前的援军、支持战争的狂潮中,在家"相夫教子"的日本妇女,也走出家庭和厨房,以女性特有的方式来支持战争。1932年3月,大阪成立"国防妇人会"。"国防妇人会"表示,女性也要为"圣战"做贡献。到1934年底"国防妇人会"会员达到123万人。1932年10月24日"大日本国防妇人会"成立,这是一个全国性的妇女组织。"大日本国防妇人会"成立后,大阪"国防妇人会"作为"大日本国防妇人会"的分支机构继续开展活动。除"大日本国防妇人会"

① [日]本报讯:《在满支皇军慰问袋资金》,《东京日日新闻》,1931年9月26日。

之外，九一八事变之前成立的一些妇女团体也迅速扩大组织，如：1931年初成立的爱国妇人会，九一八事变后会员增加到100多万人。这些妇女组织号召日本妇女走出厨房、家庭，参与社会活动，为保卫国家，完成"圣战"贡献力量。"大日本国防妇人会"会员的白色围裙，以及写着"大日本国防妇人会"字样的授带，是战争时期日本妇女的"时尚"装束。这些妇女团体开展慰问士兵家属、探望回国养伤的士兵、制作慰问袋、书写慰问信等活动，表达"报国"之志，形成了规模空前的"后方支援"。受"忠君"思想毒害的个别妇女甚至以极端特殊的方式表达"爱国"情。大阪步兵井上清一的新婚妻子井上千代子，为了让即将到东北的丈夫没有牵挂，新婚之际，用短刀结束了自己的生命。井上千代子在遗书上表示，自己的死不足惜，"唯一的希望就是能够保佑大家平安，为国效力"①，希望没有后顾之忧的丈夫在战场上勇敢作战。井上千代子"为国献身"的事迹经报纸、电台广泛传播，成为"忠君爱国"的模范，被誉为"昭和烈妇"，祭祀在靖国神社。有一些年青女性已经不满足于"后方支援"了，要求去前线，从事战地救援、服务伤病等工作。两名公共汽车售票员给部队将官写信，表示："一定要让我们去作战地护士"②，直接为"国防"做贡献。③

　　九一八事变发生时，正值标榜"协调外交"的若槻礼次郎担任日本首相，币原喜重郎任外相。20世纪30年代初，日本的财政经济相当困难，打仗需要大量军费，这对正处于财政困难的日本来

---

① ［日］日本历史学会编：《太平洋战争史·1·满洲事变》，第330页。
② ［日］《东京日日新闻》，1931年9月26日。
③ 关于九一八事变后日本的援军热，本人曾做过研究，参见史桂芳《日本国内战争狂热的表现及成因分析》，《安徽史学》2016年第1期。本部分借鉴了以往本人的研究成果。

说,无疑是雪上加霜。尽管财政十分紧张,九一八事变后,日本政府还是做出了加大军费投入,采取非常手段,支持关东军的决定。事变发生后,驻扎在朝鲜的日军,在司令官林铣十郎的率领下"擅自越境",支持关东军。按照日本的法律,如果没有天皇的敕令向国外出兵属于"干犯统帅权",应该处以死刑。日本政府讨论朝鲜军"独断越境"时候,却对这种"干犯统帅权"的行为给予了充分理解,认为"没有办法,事情已经发生了",不仅没有追究朝鲜军擅自越境的"违法"责任,承认了既成事实,还拨给了"必要的"出兵经费。九一八事变爆发之初,"外务省对关东军的行动曾持批评态度,在东北的关东军与外务省官员的关系并不和睦。但是,在满洲建国前后,外务省则认为满洲国健全发展是必要的,对满洲国给予积极协助"①。

九一八事变后,中国国民政府主要精力仍然放在国内,希望利用国联等国际组织及其规则,给日本施加压力,迫使日本从中国东北撤兵。9月21日,国民政府驻国际联盟代表施肇基向国联理事会控告日本侵略中国领土,破坏国联盟约。要求国联采取行动,制止日本对和平的威胁避免形势继续恶化。9月23日,蒋介石公开表示希望国际制裁日本以及对西方列强的希望,他要求中国人"暂取逆来顺受之态度,以待国际公理之判断",相信国联和非战公约国"对日本破坏条约之暴行,必有适当之制裁"②。国民政府为了适应九一八事变后外交上的需要,9月30日,决定在国民党政治委员会之下,设立特种外交委员会,由戴季陶和宋子文任正副委员长,

① [日]外务省百年史编纂委员会编:《外务省的百年》下,东京:原书房,1969年,第172页。
② 罗家伦主编:《革命文献》第35辑,台北:中央文物供应社,1972年,第1195—1196页。

作为临时性的外交决策机构,该机构共存在三个月,显现出国民政府以外交手段制止日本侵略的目的,这是“以夷制夷”的政策。为了唤起国际社会尤其是西方强国的关注,国民政府以日本违反《九国公约》等国际条约,向国联提出申诉,希望国联和美国制裁日本。九一八事变后,驻扎在东北的部分留守部队,自发进行抵抗日本侵略的战斗。最著名的是黑龙江省代主席马占山组织的抗战,但是,这些抵抗由于孤军无援,最终或被日军消灭,或被迫撤退到苏联。

九一八事变时,列强忙于应付国内危机,都极力避免直接介入中日冲突,没有对日本施加实质性压力。日本驻国联代表提出“中国只不过是一个地理名词”①,现存的国际条约不适用于中国,“中国并非有组织的国家,日本的行动是为了恢复中国的法律与秩序”②,认为中国是没有进入近代国际秩序的落后国家,而日本则是有国际秩序和法规的文明国家,日本在中国东北不是侵略而是维护现有的国际秩序。日本驻国联代表松冈洋右,在国联大会上公开声称“日本不能承认满洲是中国领土一部分的说法,到本世纪初,是满洲王朝(清朝)的领地,是满洲王朝世袭属地”③,重弹东北不是中国领土的老调,鼓吹东北在经济上、政治上与日本有着密不可分的关系,日本在东北的行动,恢复了东北的社会秩序,东北人深受张作霖、张学良父子的压迫,日本把中国东北人从军阀的压迫下“解放”出来,不是侵略中国。

九一八事变发生后,国联理事会虽然召开多次会议,讨论中日争端,却没有采取有效制裁日本的措施,只是劝告中日两国保持克

---

① 梁敬錞:《九一八事变史述:走向历史与未来》,台北:世界书局,1995 年,第 361 页。
② [日]入江昭著,篠原初枝译:《太平洋战争の起源》,东京:东京大学出版会,1991 年,第 24 页。
③ [日]竹内夏积编著:《松冈全权大演说集》,东京:大日本雄辩会讲谈社,1933年,第21页。

制,避免事态继续恶化。九一八事变后的短短几个月内,日军就占领了整个东北。中国的不抵抗政策和列强的冷淡态度,使日军更加有恃无恐。九一八事变所引起的国内外反映,与石原莞尔等人的预计基本吻合。下一步日本似乎可以像"日韩合并"那样吞并中国东北,这也是九一八事变策划者石原莞尔的最初设想。然而,国民政府虽然把希望寄托在国际干涉上,没有组织抵抗,但全国各界民众要求抵抗日本,马占山抗战更是得到了海内外中华儿女的支援,社会各界对不抵抗政策提出批评,国民政府不得不表示准备抗日的态度。

九一八事变的策划者石原莞尔等人看到了中国民众的抗日热情,同时担心把东北直接并入日本领土,明目张胆地践踏《九国公约》《非战条约》,有可能引发列强强硬干涉,于是,将日本"领有满洲"、实行军政的计划,改为在东北扶植傀儡政府,将东北从中国领土中分割出去,"在满蒙建立独立国,将其置于日本的保护之下"①,达到与日本直接"领有满洲"同样的目的。9 月 23 日,关东军制定了《满蒙问题解决方策》,提出"在我国支持下,在东北四省及蒙古地区内建立以宣统帝为首的支那政权",这个"独立国家"的"国防外交根据新政权的要求,由日本帝国掌握,管理交通通信等主要事业"②。10 月 2 日,关东军高级会议制定的《满蒙问题解决案》,进一步明确"满蒙独立国"在日本的保护下,在东北建立傀儡政权,形式上给傀儡政权"独立"的假象,实际由日本来控制。日本后来在华北、华东等地,都采取了同样的方式。

为转移国际对九一八事变后中国东北的注意力,在东北顺利

---

① [日]江口圭一:《大系日本の历史·14》,第 201 页。
② [日]《现代史资料·7·满洲事变》,第 187 页。

地建立傀儡政权，1932 年 1 月，日本海军陆战队向驻守上海闸北的第十九路军发起进攻，制造了"一·二八事变"，十九路军迅速抵抗。"一·二八事变"后，蒋介石复出，国民政府实行对日"一面预备交涉，一面积极抵抗"的方针，5 月 5 日，南京政府代表郭泰祺与日本特命全权公使重光葵分别代表中日双方签订了《淞沪停战协定》。协定规定双方自签字之日起停战；取缔一切抗日活动，第十九路军留驻停战线、划上海为非武装区；中国不得在上海至苏州、昆山一带驻军（但中国保留行政权和警察权）；日本军队撤退到公共租界暨虹口方面之越界筑路，恢复了 1932 年 1 月 28 日事变之前状态。"一·二八事变"中，3 名日本兵手执掷弹筒冲向中国阵地，成为"人肉炸弹"。这三名士兵作为"爆弹三勇士"被日本媒体广泛报道，其"英雄事迹"被日本作词、作曲家谱成歌曲，在社会上传唱，成为日本家喻户晓的"勇士"，日本政府借机继续煽动国民的战争情绪。

　　1932 年 3 月 1 日，伪满洲国发表"建国"宣言，声称要实现"五族协和"、建立"王道乐土"，"政本于道，道本于天。……实行王道主义，保东亚永久和平，形成世界政治的样板"①，要以"王道主义"统治东北，实现日本独霸东北。3 月 9 日，被辛亥革命赶下台的末代皇帝溥仪在长春举行"就职典礼"，就任伪满洲国执政，"定都"长春并改名"新京"，年号"大同"。伪满洲国鼓吹的"王道主义"是亚洲主义在新形势下的翻版。伪满洲国盗用孙中山五族共和的思想，提出了汉、满、蒙、日、鲜"五族协和"的口号，以五色旗作为伪满洲国的"国旗"。

　　溥仪就任前，关东军高级参谋板垣征四郎让溥仪在一份事先准备好的，上写大同元年 3 月 10 日溥仪致关东军司令官本庄繁的

---

① ［日］桥川文三：《近代日本政治の诸相》，东京：未来社，1995 年，第 33 页。

书信上签字,规定关东军司令官对"满洲国"实施"内面指导",伪满洲国的国防、经济、政治等大权全部交予日本。日本宣扬伪满洲国是"东亚的希望",是各民族共享"自由""平等"的"王道乐土",这块"极乐之地"将光照世界,鼓舞印度、埃及等被压迫民族反对欧美列强压迫,最终实现全人类的协和。日本通过建立伪满洲国,将东北与长城以南完全分割开来,实际控制东北三省、内蒙古广大地区。日本声称伪满洲国是"独立国家",其实不过表面是由中国人统治,实际权力完全掌握在日本手中。

石原莞尔声称,建立伪满洲国是为了打倒剥削民众、实行恶政的张学良政府,赶走军阀官僚,在这块土地上建设新的独立国家,为了东北三千万民众的幸福。日本、中国、朝鲜、蒙古、满等各民族相聚在这个"国家"里,发挥各自的特性,"自由""平等"地竞争,合理开发"满蒙"丰富的资源。由此,不仅为处于困境的日本经济找到出路,还能惠及"满蒙"民众。

九一八事变前后,日本从"兴亚"的角度,鼓吹日本是为了亚洲的民族解放,须从文化沟通的角度,克服中国人的排日倾向,使中国人认识到摆脱欧美压迫,就要在日本的"领导"下团结起来。另外,为了减少国际压力,日本还重点从防止苏联共产主义的层面,阐述九一八事变的意义,认为防共比打破欧美帝国主义的羁绊还重要。

四、以"兴亚"构建殖民统治秩序

1932 年 7 月 12 日,日本内阁通过《承认满洲国问题》决议。外相内田康哉表示:"就日本的角度来说,满洲问题已经不复存在,有的只是承认满洲国问题"[①],也就是说,日本认为扶植了伪满洲国傀

---

① [日]内田康哉传记编委会编:《内田康哉》,东京:鹿岛研究所出版会,1969 年,第 334 页。

偶政权,"满蒙悬案"已得到解决。日本政府承认伪满洲国,就可以按照预定的计划,对中国东北实行实际控制了。日本外务省亚洲局新设立了第三课,专门负责管理对伪满洲国的各种事务。从《承认满洲国问题》以及日本政府机构的变动,可以看出在维护和扩大对东北侵略利益问题上,日本政府与军部的目标是一致的,政府标榜"协调"是用"隐性"和"柔软"的方法,而军部则用"激进的""强硬的"方法来实现对东北的侵略。关东军武力行动,为日本实现"特殊权益"提供了机会,日本政府彻底撕下了"协调""国际信任"的面具,公开地与军部协调一致了。

九一八事变发生后,"兴亚"论支持关东军的军事行动,认为"日本的行动是正当的,批评中国,主张承认既成事实,采取完全与关东军军事侵犯一致的立场"①。这表明,在维护东北"特殊权益"上,日本政府、军部、民间达到高度一致。9月15日,日本政府发表宣言,正式承认了伪满洲国,与华盛顿体制分道扬镳。

中国驻国际联盟代表施肇基于9月21日向国联理事会控告日本,提出日本违反《九国公约》等国际条约,向国联申诉日本侵略中国领土,破坏国际联盟的侵略行为。由于列强都忙于应付国内危机,加之各国在中国东北实际利益甚少,不愿意直接介入中日冲突,国联并没有立即对日本进行有力制裁。日本向国联发出通告,强调中国不是有组织之国民国家,因此,现在的国际条约不适用于中国,避免国联调解。直到1931年12月10日,国联才通过决议,成立关于九一八事变的调查团,由英国人李顿侯爵任团长。1932年2月3日,李顿调查团启程,他们首先到达日本,会见日本天皇、首相犬养毅等要人。3月14日抵达中国上海。李

① 翟新:《东亚同文会与中国》,东京:庆应义塾大学出版株式会社,2001年,第275页。

顿调查国与蒋介石、汪精卫、宋子文等国民政府要员会面。4 月
11 日,调查团在北平与张学良的会见中,张学良强调用法律和政
治手段解决中日纷争,提出东三省从历史上、政治上、经济上是中
国一部分,"中日冲突之真正原因,毋宁是日本妒视中国社会经济
之进步,与政治渐趋统一,而非由于中国之任何失败与社会进步
之停顿"①,驳斥了日本对中国的污蔑和对九一八事变的辩解。4
月 21 日李顿调查团才抵达沈阳。为了使调查团难以了解真相,
日本关东军将调查团要看的所有地方,都粉刷一新,做得极至周
详。李顿调查团在中国东北活动了一个半月。1932 年 9 月 4 日
调查团完成调查报告书。10 月 2 日《国联调查团报告书》在东
京、南京和日内瓦同时发表。中国外交部公布调查团报告书章
节,报告书共分 10 章,文长 272 页,约 14.4 万字。报告书虽然没
有明确指出日本的行动是侵略中国,但是,否认日本扶植伪满洲
国的合法性,敦促日本撤兵。

西方列强希望在既存的国际条约体制中处理九一八事变,明
确日本的权益和中国的义务,以此进一步强化华盛顿体制,不愿
实际对日本采取什么制裁措施。苏联正在进行第一个五年计划
建设,需要稳定的国际环境,与美国等国家改善关系。苏联与国
民政府因为东清铁路关系恶化,中苏没有建立外交关系。苏联主
要关心日本是否向"北满"扩大军事行动。九一八事变后,日本声
明采取不扩大方针,苏联以为日本不会影响其在中国东北的利
益,没有干涉日军的行动。然而,日军并没有像西方列强希望的
那样就此罢手,而是不断扩张战争,确立日本在东北的统治地位。

①〔日〕西村成雄著,史桂芳等译:《张学良》,北京:中国社会科学出版社,1999 年,第
65 页。

　　对于《国联调查团报告书》，中日两国提出了不同看法。中国希望修改第九章、第十章，修改对日本妥协的内容，拒绝国际管理东北行政，由中国自己来谋求东北行政的改善。日本政府认为《国联调查团报告书》是要"国际管理满洲国"，予以拒绝。日本外务省发表长篇意见书，反驳《国联调查团报告书》。11 月 21 日，松冈洋右在国联理事会第一次会议上发表演讲，逐一批评《国联调查团报告书》，表示"日本不能承认满洲是中国领土一部分的说法，到本世纪初，是满洲王朝（清朝）的领地，是满洲王朝世袭属地"①，重弹东北不是中国领土的老调，东北在经济上、政治上与日本有着密不可分的关系，认为建立"满洲国"是将东北人民从军阀压迫下解放出来，日本使混乱的东北秩序井然，人民安居乐业，日本的行动不是侵略而是解放，《国联调查团报告书》是不适当的。在国联大会上，中日两国代表进行了激烈的辩论。

　　1932 年 11 月 21 日，国联组成 19 人的特别委员会，并邀请美苏两国参加，制定解决九一八事变方案。1933 年初日军进攻热河、占领山海关，将伪满洲国统治范围推进到长城一线，华北直接暴露在日军的威胁之下。日本的扩张，进一步侵犯了中国的主权和领土，也给国联和美国以深刻的刺激。国联 19 人委员会向日本发出警告。2 月 24 日，国联召开特别大会，表决《关于中日争议的报告书》。报告书承认中国对东北拥有主权，不承认"满洲国"的合法性，要求日本尽快从满铁附属地撤退。国联特别大会对报告书进行表决，结果以 42 票赞成、1 票弃权（泰国）、1 票反对（日本）宣告通过。日本驻国联首席代表松冈洋右，在投票后发表演说，声称："远东纠纷的根本原因在于支那无法律的国情及不承认对邻国的

---

① ［日］竹内夏积编著：《松冈全权大演说集》，东京：大日本雄辩会讲谈社，第 21 页。

义务,完全唯自己的意志行动。支那在至今为止的长时期内不履行作为独立国的国际义务,日本作为其最近邻的国家,蒙受了巨大的损害"①,他鼓吹日本帮助建立的"满洲国",对维护东方和平至关重要。发言后,松冈洋右说了句日语"再见",与日本代表扬长而去,态度极其蛮横。松冈洋右在国联措辞强硬的英文演讲和强硬态度一事,被日本媒体大肆吹嘘,认为松冈洋右长了日本人的志气,得到国内一片称赞。松冈洋右一行等回到日本时,受到了隆重热烈的欢迎。日本退出国联后,"皇国"一词频繁出现在陆军省文件、右翼团体刊物上,通过使用"皇国"这个表达日本国体优越的词语,来鼓动排外主义、极端民族主义。有人论证日本天皇与其他国家历史上或者现实中的皇帝、国王完全不同,世界其他国家都无法了解和理解其深刻含义。为了表示日本国体的优越,今后日本"皇国"一词翻译成外语时,不再使用英语或其他语种意译,而要直接用假名标注。1937 年起,在日本的文件或者报刊上,"帝国"一词基本为"皇国"所取代。

在国联召开特别大会讨论九一八事变及伪满洲国前,日本外务省就有人提出,为了维护日本在中国东北的利益,应该退出国联。1933 年 1 月中旬,外相内田康哉就内奏天皇"尽早越过山峰,不必担心退出(国联)"。不久,内田康哉再次上奏天皇:日本"已经无需对退出国联有任何担心了"②。3 月 27 日,日本政府发表《退出国际联盟的通告文及诏书》,称:"帝国政府认为已经没有与国联合作之余地,根据国联规约第一条第三款,帝国宣告退出国际联

---

① [日]日本外务省编:《日本外交年表并主要文书》下,第 264 页。
② [日]外务省百年史编纂委员会编:《外务省的百年》下,第 178 页。

盟"①,"在满洲国新生政权成立之时,帝国尊重其独立、促进其健全发展,以铲除东亚祸根,维护世界和平。不幸的是这与国联看法背道而驰,朕与政府经过审慎考虑,乃决定退出国际联盟"②。日本强调在"满洲国"问题上,已经与国联意见根本对立,表示再无法在外交上继续实行与列强"协调"的政策。日本为了维护东亚"和平",要与华盛顿体系告别,与现有的国际秩序决裂。九一八事变后,欧美列强最关心的是如何克服国内的危机,关注点在自己国内,列强在中国东北的实际经济利益很少,不想因为中国而与日本正面冲突,继续对日本实行"绥靖"政策。于是,国民政府试图以国际组织、国际条约来争取列强支持,压迫日本从中国东北撤军的计划彻底失败。列强对日本的姑息政策,也暴露了作为第一次世界大战后成立的国际联盟,因各种利害关系,不可能真正抑制法西斯兴起、维护世界永久和平。

日本退出国联,告别了与欧美列强相"协调"的外交政策,公开从明治维新后的"脱亚入欧",变为"脱欧入亚",在"兴亚"的幌子下,实行对东亚的侵略扩张。日本开始走上国际孤立化道路,挑战华盛顿体制,实施"领导"构建东亚新秩序的实际历程。第一次世界大战的战败国德国,也不满意现存的国际秩序。希特勒上台后,在西方开始打破凡尔赛体系。1933 年 10 月 14 日德国宣布退出国联和日内瓦裁军会议。当然,30 年代初期,日本和德国还没有形成同盟关系,但是,他们都想打破一战后建立的国际秩序,在东西方分别建立以自己为主的地区新秩序,不约而同地先后退出国际联盟。西方列强对于日本、德国打破现有国际秩序的行为,都采取绥

---

①② ［日］日本外务省编:《日本外交年表并主要文书》下,第 269 页。

靖和姑息政策,企图通过牺牲弱小国家的利益,来维护既得利益,避免战争。这种绥靖政策实际纵容了日本和德国的对外侵略,使其成为新的战争策源地。第二次世界大战的爆发,宣告了绥靖政策的破产。欧美列强在自身利益受到威胁后,才不得不放弃这一政策。尤其是太平洋战争爆发后,欧美各国对中国抗战的实际支持逐渐增加。随着世界反法西斯统一战线建立,爱好和平的人们在东西方共同抵抗法西斯的侵略,赢得了正义的胜利。

国际联盟成立时,制定了联盟盟约,其中的第一条第三项规定,会员国虽得经两年预告之期间,自由退盟。但是,退盟时,其所负担的国际义务与国际盟约义务须先完全履行。所谓国际义务主要就是非战公约、九国公约所规定之义务。各国对于日本退出国际联盟后是否能履行义务表示担忧,而西方列强因为忙于应付经济危机,加之其在中国东北投资较少,并没有对日本退出国联采取相应的对策。

九一八事变后,日本国内一派战争狂热的形势下,有人担心,日本既要告别华盛顿体系,又肆意诋毁中国,导致中国的抗日情绪进一步加强。他们认为日本还是应该从中日经济紧密联系、共同反抗白人入侵亚洲的角度,来改善中日关系,进而使国民政府疏远欧美列强,承认日本在中国的利益,达到日本控制中国的目标。一部分知识分子组成的国策研究机构"昭和研究会",就建议日本要了解中国国内民族主义的发展和国家建设目标,尽量避免中国人抗日情绪继续高涨,影响日本的在华利益。昭和研究会在日本发动全面侵华战争后,继续打出"兴亚"的旗号,提出"东亚协同体"论,妄图以此消除中国民族主义的威力,早日从长期战争的泥沼中拔出脚来。

第二节　"兴亚"团体协和会的建立及活动

一、"协和"幌子下的侵略

日本发动九一八事变、侵占中国东北后,原东北军系统的残留部队、地方武装、绿林武装、大刀会等民间秘密组织,自发地进行抗日斗争。东北地区的抗日义勇军一度达到 30 余万人。东北义勇军的抗日斗争,给日军以有力的打击,坚定了全国人民的抗日决心,推动了全国抗日救亡运动的发展,也在国内外揭穿了日本帝国主义伪造民意、扶植伪满傀儡政权的本质。东北义勇军受到社会各界广泛赞誉和支持,令日伪不得安宁。

日本为了加强对中国东北的统治,在伪满洲国实行武力"讨伐"和欺骗怀柔的"双重政策"。日本一方面对东北义勇军等抗日武装进行"征剿""讨伐",另一方面,以中日人种、文化、历史相近为由,打着中日"同文同种""日满亲善""民族协和"的幌子,在东北实行"奴化"、怀柔政策。1932 年《建国宣言》中就提出"教育之普及,则当惟礼教之是崇,实行王道主义,必使境内一切民族熙熙皡皡,如登春台,保东亚永久之光荣"①。伪满洲国成立了各种文化思想统制机构。1932 年成立伪满洲国通讯社,该社直接隶属关东军司令部,统一向各新闻单位发送关于伪满洲国的相关稿件和报道,控制舆论。1935 年 9 月,伪满洲国合并 15 家报纸,成立"满洲弘报协会",控制了一切新闻机构。1932 年 10 月伪满洲国颁布了《出版

---

① 武强主编:《东北沦陷十四年教育史料》(第一辑),长春:吉林教育出版社,1989 年,第 19 页。

法》,禁止一切可能危及其存在的书刊出版发行,大量焚毁其认为"非法"的书籍。1932年上半年,就有600余万册图书被焚毁。①

九一八事变策划者石原莞尔认为,日本占领东北后,要稳固统治,对东北人民的思想控制比武力征服还要重要,"满洲国防卫的第一主义是把握民心,铭记建国精神即实践民族协和"②,最为重要的就是把握东北的人心,这样才能巩固对东北的统治,充实东亚国防第一线,防止共产主义对东亚的渗透。石原莞尔说,"满洲国民心不安定的时候,共产党的势力就快速发展,这值得特别注意。取缔共产党当然很重要,而更重要的是安定人心"③。有人鼓吹伪满洲国是日本国土的伸展延长,是大陆上的日本。为此,要加强两"国"的关系,在所谓"道义""王道"的前提下,实行"五族协和"④。为此,日本在中国东北策划建立了隶属于关东军的伪满洲国协和会。

协和会从思想、文化、历史等方面,配合日本对东北的"怀柔"支持,妄想打着中日"协同"的旗号,来消除中国人的民族意识,达到控制东北进而独占东亚的目的。协和会的前身是1932年4月在奉天成立的"满洲协和党"。"满洲协和党"的目标是在东北贯彻"民族协和"的"建国精神",把伪满洲国建设为日本指导下的"王道乐土"。协和党提出要维持治安增进民生福利,排除资本主义经济,反对共产经济,确立国家经济统制,"扫除以往的民族偏见,实现现住民的大同团结,如果不协力一致实现民众政治,改变经济结构,就将受到资本主义的压迫,或者共产主义的扰乱,导致

---

① 解学诗:《伪满洲国史新编(修订本)》,北京:人民出版社,2015年,第386页。
②③ [日]石原莞尔:《战争史大观》,《石原莞尔选集3》,第284页。
④ 五族指汉、满、蒙、朝、日。

三千万民众再度丧失沐浴文化的机会"①,按照所谓的"建国精神",实现"五族协和"。"满洲协和党"成立后,在东北各地建立支部,不断扩大组织,在东北各地发展党员,包括发展一些中国人参加。1932年7月25日,协和党正式改名为协和会,在长春召开成立大会。协和会伪满洲国"执政"溥仪担任协和会名誉总裁,关东军司令本庄繁任名誉顾问,郑孝胥任会长。溥仪在日本的授意下发表训词,声称"我满洲国……创业之始,缔造艰难,建国精神,期行王道,尤鉴于政党政治,不适于现今时代,兹会之设,谋五族之协和,图百业之振兴"②,为实现"五族协和"而努力。《满洲国协和会创立宣言》中篡改中国历史,鼓吹民族分裂,为日本对伪满洲国的"指导"制造口实:"满蒙之地,本来就不属于禹贡九州,有时为肃慎之故土,有时为高勾丽之旧居。此后辽、金、元、清等相继盘踞此地。至近代,俄国垂涎该地,乃至日本起而抗之,此地成为各民族之乐土,以期共存共荣。"③协和会就是日本实际控制下的思想团体,它制定了提高国民生活、彻底宣德达情、完成国民动员的具体目标,其方针、政策及活动紧密配合日本"建国精神""民族协和"的需要。

1933年3月,伪满洲国协和会制定《满洲国协和会会务纲要》,纲要使用了"东亚联盟"这一概念,"满洲国协和会根据王道主义,向国民彻底地普及建国精神,团结有明确信念的国民,排除反国家思想和反国家运动,以期建成民族协和理想之地,同时向全中国普及民族协和运动,进而扩展到整个东亚,结成东亚联盟以重建东洋

① [日]松泽哲成:《アジア主义とフアシズム》,东京:れんが书房新社,1979年,第169页。
② [日]《满洲国与协和会》,长春:满洲评论社,1935年,第359页。
③《现代史资料·11·续满洲事变》,第843页。

文化,确保东亚的永久和平"①。协和会认为日本在伪满洲国组建协和会、开展协和运动的目的,是在伪满洲国彻底实行协和精神,并传播到整个东亚地区,以确立东亚地区的永久和平。

协和会成立后,通过各种活动,宣传协和精神,鼓吹伪满洲国是东亚"复兴"的起点,配合日本在中国东北的殖民统治。石原莞尔将协和精神与"东亚联盟"联系起来,鼓吹建立日、"满"、华为核心的"东亚联盟",驱逐西方列强在东亚的统治,为世界范围内实现"王道"、建立永久和平而努力。20世纪初,特别是日本强迫朝鲜签订《日韩合并条约》后,不少朝鲜人为生活所迫,移居中国东北。九一八事变前,日本就利用中国农民与朝鲜移民之间的矛盾,挑起"万宝山事件",为侵略东北制造舆论。日本在东北扶植伪满洲国后,为了转移东北人民对日本统治的不满,有意鼓动受过"日式"教育的朝鲜人移民东北,并人为地造成东北人与朝鲜人之间的矛盾,以便于日本的"指导"。随着朝鲜移民不断增加,日本提出在伪满洲国实行汉族、蒙古族、满族、朝鲜族和日本人的"民族协和",声称"满日不可分",不仅要在东北实现民族协和,还要为世界的繁荣做出贡献。协和会是推行"五族协和"的先锋。其在纲领中明确表示既反对共产主义,又反对三民主义,要消除中国人的民主共和思想,在东北建设"王道乐土"。

协和会有一套比较完备的组织机构,核心机构是中央本部,在各省设省本部、在伪满洲国首都新京设首都本部、在各市县旗设市县旗本部,由各省再次长、县长兼任所辖地本部长。在日本和伪满洲国政府的直接推动下,协和会组织发展迅速。资料显示,从协和

①[日]山口重次:《民族协和运动と当面の课题》,《东亚联盟》,东京,1942年第8期,第27页。

会成立到 1943 年,伪满洲国共建立市县旗级本部 195 个,[1]各级本部均成立了本部委员会,负责思想教化和政治控制。协和会的基层组织是分会,分会基本是按地区划分的,也有按行业来划分的。到 1943 年整个东北有分会 3 800 个,会员 250 万人。分会的下一级组织是国民邻保组织,截止到 1943 年 5 月,东北共有邻保组织61 021 个。

此外,协和会还有许多直属团体和外围团体。直属团体主要有:协和义勇奉公队总监部、协和青少年团统监部、科学技术联合会部会、开拓部会等。外围团体主要是:满洲国防妇人会、满洲军人后援会、满洲空务协会、满洲赤十字社等。协和会通过这些从上到下的组织,把东北人民严格地控制起来。

协和会通过发行刊物、组织集会、参拜神社等方式,向东北民众宣传所谓"建国思想"。协和会先后出版过《协和运动》《东亚之光》《王道月刊》等杂志,宣传"五族共和""王道"政治。协和会不仅进行思想、文化上的宣传,在后方参加慰问阵亡士兵家属、募捐、鼓舞士兵出征等援军活动,还到前线去,直接参与前线慰问军队和宣传王道乐土等活动。日军侵犯热河向长城一线进攻时,协和会曾派"以中央事务局次长中野琥逸为总指挥的宣抚工作班到热河省各县设立办事处,配合日军作战行动,并对当地民众进行宣抚工作"[2]。

在伪满洲帝国建立前,协和会组织了帝制请愿运动。伪满洲帝国建立后,满洲协和会改称满洲帝国协和会。1934 年 9 月协和

---

① 〔日〕《协和会运动的现状》,长春:《协和运动》1943 年第 7 期,第 32 页。
② 〔日〕满洲国史编纂刊行会编:《满洲国史·各论》,东京:满蒙同胞后援会,1970 年,第81—82 页。

会第一次改组,关东军及伪满洲国政府进一步加强了对协和会的控制,明确协和会工作的重点为:精神工作、民政工作和宣德达情工作,要把这三大工作渗透到国民的日常生活中。协和会作为精神控制的团体,在各方面配合伪满洲国的统治。1937 年 1 月,协和会在东北建立了 48 个青年训练所,培养有利于殖民统治的人才。协和会重视对家庭妇女的宣传、动员,伪满洲国妇人会提出"国防从厨房开始"的口号。

　　日本发动全面侵华战争后,伪满洲国效仿日本的国家总动员法,颁布了伪满洲国的国家总动员法,实行总动员体制。伪满洲国还把战争动员渗透到学校教育中,1937 年 5 月,伪满洲国政府颁布《学制要纲》,重申教育方针,"遵照建国精神及访日宣诏之趣旨,以咸使体会日满一德一心不可分之关系及民族协和之精神,阐明东方道德,尤致力于忠孝之大义,涵养旺盛之国民精神,陶冶德性,并置重于国民生活安定上之必须之实学,授与知识技能,更图保护增进身体之健康,为教育之方针"①,学制颁布的目的是"养成忠良之国民",实际就是培养理解"王道主义""民族协和"的顺民。日本一直鼓吹王道主义是东方文明特有的思想体系,"以王道政治相结合,不外是实现道义的政治"②,《学制要纲》就是要阐明王道主义的教育理念,贯彻王道主义的思想。

　　协和会积极配合日本在东北实行殖民教育,1938 年 6 月,协和会颁布《青少年组织大纲》,成立协和青年团和协和青少年团。通过这些组织,对东北青少年实行强制训练和奴化教育。协和会还成立了协和义勇奉公队等,强制东北民众为伪满洲国服务。这些

---

① 《学制要纲》,见《盛京时报》,1937 年 5 月 2 日。
② [日]松浦嘉五郎:《道念の感觉と扶植》,《东亚联盟》,东京,1942 年第 7 期,第 12 页。

协和会的外围组织,发展迅速,以协和青少年团为例,1942 年 1 月团员达 1 352 440 人①。1943 年初,协和义勇奉公队数已达 80 个,队员为 52 万人。满洲国防妇人会、满洲空务协会等协和会的外围组织,都是在总动员体制下建立的。

　　协和会在东京有专门的事务所,东京事务所的主要活动,也是配合日本在东北的侵略,事务所的主要任务是宣传介绍"满洲国"、宣传向"满洲国"移民的意义和成绩、指导留日的"满洲国"学生。②伪满洲国派到日本的留学生,协和会参与对留日学生进行学习、生活、思想等方面的指导,主要是让这些即将留学日本的中国学生了解所谓日本文化的"精髓",从思想上去接受信仰、崇拜日本天皇的观念,把学生培养成为协助日本民族"协和"的驯服工具。

二、助力文化侵略政策

　　伪满洲协和会打着"兴亚""协会"的旗号,主要在文化、教育、思想等方面,配合日本在东北的殖民统治。协和会认为,要实现协和精神普及东亚大地,建立"东亚联盟",就要重视中国东北地区的文化教育,在学校和社会教育中推行"王道乐土"观念,培养理解"王道"的人才。日本在东北扶植建立了伪满洲国傀儡政府后,加强了对东北地区的殖民统治,推行奴化教育政策。协和会积极配合日本的文化侵略政策。日本控制东北后,关闭了东北地区的公立学校,建立日本人担任校长和教导主任的"日满学校",规定私立

---

① 《满洲国现势》,长春:康德 10 年版,第 215 页。
② [日]石原莞尔:《满洲帝国协和会东京事务所の任务に就て》,长春:《协和运动》1941 年第 2 期,第 2 页。

学校必须接受日本人的"领导"。伪满洲国民政部文教司成为负责教育的最高行政部门,管理着伪满洲国的各级各类学校教育教学。在"伪满洲国"的学校和社会教育中,始终贯穿着中日"一心一德"、共同建设"王道乐土"的思想。伪满洲国《建国宣言》中就提出"教育之普及,则当惟礼教之是崇,实行王道主义,必使境内一切民族熙熙皞皞,如登春台,保东亚永久之光荣"①。在学校教育中,课程设置完全适应日本统治的需要,教学内容以"王道主义""建国思想"为宗旨,贯穿日本是"地球上万国的总本国"之"神国思想"②。1932 年 3 月,伪满洲国国务院发布公告:"嗣后各学校课程暂用四书孝经讲授,以崇礼教。凡有关党义教科书等一律废止之"③,有关民主主义、三民主义的内容不许出现在教科书中。据伪满洲国文教部统计,"仅 1932 年 3 月至 7 月,就焚毁了中文书籍 650 万册。同时伪政府任命新的编审官,组织了编写班子,重新编写教材。1935 年 12 月日伪当局出版了小学和初中的'国定教科书'共 22 种39 册。……这些教材充满了关于'日满一体'、'同文同种'、'王道乐土',以及封建道德的宣传"④,日本不惜篡改中国历史,石原莞尔声称"从历史等方面的关系考察,满蒙与其说属于汉民族,毋宁说应属于日本民族"⑤。在历史和地理课中,严禁讲授中国历史和地理,仅教授伪满洲国统治区的历史和地理,并对中国教师实行严格

---

① 武强主编:《东北沦陷十四年教育史料》(第一辑),长春:吉林教育出版社,1989 年,第19 页。

② [日]桥川文三:《近代日本政治思想の诸相》,东京:未来社,1995 年,第 8 页。

③ 伪满洲国国务院统计处:《第一次满洲国年报》,长春,1933 年发行,第 289 页。

④ 中国社会科学院近代史所编:《日本侵华七十年史》,北京:中国社会科学出版社,1992年,第 565 页。

⑤ [日]石原莞尔著:《石原莞尔资料 国防论策》,第 40 页。

监视。1933 年东北地区小学复课,1934 年部分中学和高等学校复课,直到 1937 年东北的初等教育才基本得以恢复。日本统治东北14 年,东北的中学不仅数量减少,且普通中学多改为职业学校。①

　　1937 年 5 月,伪满洲国政府颁布《学制要纲》,在学校的教育方针中,提出适应日本文化殖民的需要,让学生了解、遵循"建国精神"、践行"民族协和",提出"遵照建国精神及访日宣诏之趣旨,以咸使体会日满一德一心不可分之关系及民族协和之精神,阐明东方道德,尤致力于忠孝之大义,涵养旺盛之国民精神,陶冶德性,并置重于国民生活安定上之必须之实学,授与知识技能,更图保护增进身体之健康,为教育之方针"②。日本一直鼓吹王道主义是东方文明特有的思想体系,"以王道政治相结合,不外是实现道义的政治"③,《学制要纲》通过阐明王道主义的教育理念,来"养成忠良之国民",实际就是培养理解"王道主义""民族协和"的顺民。"新学制"以"劳作教育"和"实业教育"为核心,规定:初等教育修业为六年,中等教育由六年改为四年,高等教育则从四年缩短为三年。在新学制下,东北学校基础教育受到削弱,中等教育职业化倾向明显,日本的目的是使学生成为只会劳动、不问学问的"尽忠报国"工具,以适应日本掠夺东北资源,对有初级文化知识技术工人的需求。

　　"新学制"实行后,伪满洲国的小学校增加了"国民"和"建国精神"等课程,把日本的"皇国史观"与"国语"教学结合起来,日语是

---

① 关于日本对东北的文化侵略政策,本人曾经发表《日本在东北与台湾奴化教育之比较研究》,《中华民族的抗争与复兴——第一、二届海峡两岸抗日战争史学术讨论会论文集》,北京:团结出版社,2010 年。本部分借鉴了自己以前的研究成果,做了适当的深化。

② 《学制要纲》,《盛京时报》,1937 年 5 月 2 日。

③ [日]松浦嘉五郎:《道念の感觉と扶植》,《东亚联盟》,东京,1942 年第 7 期,第 12 页。

"国语"教学的主要内容,课时比汉语多一倍,中小学教材基本用日文编写,要求教师用日语讲授,让学生学习日语的目的是了解日本精神。"日本语中是蕴蓄着日本自肇国以来日本的思考和感动的,由此日本的思考和感动作为一体的育成,始能得理解日本精神的真髓。"①为防止教师向学生灌输国家、民族意识,伪满洲国对教师进行"思想检定",严格查处宣传爱国思想的教师。20世纪30年代末,日伪在东北控制的初等学校达到6 300所,有100多万小学生在校,其推行奴化教育范围之广,可见一斑。

东北地区的高等教育原来比较发达,日本占领东北后,公立大学基本被关闭,私立学校也仅有少数得以继续招生。1937年2月,石原莞尔的学生辻政信向协和会东京事务所的干部讲了创建满洲"建国大学"的设想,"实现万邦协和世界绝对和平的理想,就是要结成东亚联盟。满洲国是其基础,是真正民族协和的证明。培养人才、领导者是先决条件,因此必须马上建立建国大学"②。石原莞尔认为这些与自己培养协和骨干的想法不谋而合,他表示支持,提出"建国大学"的主要任务是:创造基于民族协和理念上的文化、经济、政治和哲学,创造日、满、鲜、蒙、俄五族的共学共塾实践基础上的生活圈,广泛聚集亚洲诸国的民族人才。1938年5月2日,日本在东北成立"建国大学",大学目标是培养"确立道德世界的先驱领导者"③,创造出与西方不同的新文化。伪满洲国国务总理张景惠兼任大学校长,京都帝国大学的经济学博士作田庄一任副校长,副校长实际掌握着学校的大权。"建国大学"直属伪满洲国国务院,

① 满洲帝国教育会编:《建国教育》,长春,1943年第1期,第35页。
② [日]《石原莞尔のすべて》,第148—149页。
③ [日]入江昭著,与梶一郎译:《日中关系この百年》,东京:岩波书店,第95页。

校内设有协和会的组织。"建国大学"37 名教授中,除鲍明钤、苏益信二人外,都是日本人。50 名副教授中只有 3 名中国人。"建国大学"以民族协和为指导理念,让学生"体得建国精神之神髓"①,成为体会建国精神的领导者和实践者。"建国大学"学生经过严格筛选,学生在校读书期间,免除全部学费,这在伪满洲国高等学校中是绝无仅有的。"建国大学"的学生毕业后要接受伪满洲国政府的分配,做伪满洲国建设的骨干。

为了让民族协和的"建国精神"深入东北民众心中,伪满洲国政府还通过协和会等御用团体和社会组织,进行普及日本的风俗习惯、语言、社会文化等活动,以彻底"同化"中国人。日本认为:"语言对于使用者而言,如同血液适于身体,如同肉体所呈现的精神之体。以日本的国语来比喻这个道理,日本语应该是日本人精神的血液。日本的国体,主要是以此精神血液来维持……语言不仅仅是国体的象征,同时又是教育者,是深情的母亲"②。当时在伪满洲国的公司、企业、机关单位等使用日语频率极高,"日本人在各界任职,日系官吏达二万人,在其他部门如特殊公司、合作社、协和会、各市公署的准官吏的数量还要多,因此在公共用语方面,日语已经超过了汉语,政府发布的命令、布告、规则等官方用语明显地日语化了"③,日本吹嘘这是"满洲的一大社会革命"。

1935 年 9 月,伪满洲国合并 15 家报纸,成立"满洲弘报协会",控制了东北所有新闻机构。1932 年 10 月,伪满洲国颁布《出版法》,禁止一切可能危及其统治、暴露其秘密的书刊出版发行,对与

---

① 1937 年 8 月 5 日《建国大学令》。
② [日]上田万年编:《明治文学全集 44》,东京:筑摩书房 1968 年,第 108、113 页。
③ [日]松浦嘉三郎:《满洲国经营的体验》,《东亚联盟》,东京,1942 年第 2 期,第 36 页。

伪满洲国"国情"不符的书籍一律焚毁。仅 1932 年上半年,就有 600 余万册图书被焚毁,[①]压制一切不同言论。伪满洲国对于书报、杂志等出版物实行严格的检查制度,关内的《大公报》《申报》《时报》《华北日报》等,不许进入东北地区。

东北地区原有佛教、道教、萨满教、基督教等宗教,信仰者颇多。伪满洲国建立后,日本强制推行其国教"神道教",在东北建立了许多神道教的神社,通过各种手段让东北人民去神社参拜。卢沟桥事变后,日本为了进一步加强对东北人民的思想统治,还要求伪满洲国在"国家"观念的宣传、教育中,突出神道的地位,在东北要建立"国家神社"。

1940 年 2 月 11 日,是传说中的"神武天皇"即位 2 600 周年,日本把"神武天皇"作为其国家最早建立的标志,认为恰逢"百年一遇"的大庆之年,伪满洲国也要在各个方面进行庆祝。当时,日本侵略东北已经进入第九个年头,全面侵华战争已经进入第三个年头了。卢沟桥事变后日本没有达到"三个月灭亡中国"的目标,战争长期化使资源匮乏的日本筋疲力尽,民众中的厌战情绪弥漫。日本政府为了鼓动国民的战争情绪,让民众继续为战争"奉仕",在日本本土、中国台湾和东北等地举行了规模空前的"皇道纪元 2 600 年大典"庆祝活动。1940 年 5 月伪满洲国"建国神庙"竣工,神庙按照日本建筑风格建成。1937 年开始兴建的"建国忠灵庙"则作为"建国神庙"的摄庙,供奉着九一八事变以来战死的日伪军人、警察等。

1940 年 5 月,溥仪访问日本。溥仪在日本参加了日本纪元 2 600 年的大庆,从裕仁天皇的手里"请"来了"天照大神"的草剑、八

① 解学诗:《伪满洲国史新编(修订本)》,北京:人民出版社,2008 年,第 386 页。

板琼曲玉、八咫镜等三件"神器"。这三件"神器"被装在一只长方形铁盒里,象征着仁、智、勇。溥仪小心翼翼地把三件"神器"供奉在"建国神庙"里,表示神道教成为伪满洲国的国家信仰。伪满洲国还专门为"天照大神"举行了"镇座祭",成立了"祭祀府",具体负责管理供奉和祭祀之事。溥仪从日本回来后,发布《国本奠定诏书》,称设立建国神庙供奉天照大神尽事崇敬,天照大神"神光"保佑"满洲国"建国,从此,天照大神成为伪满洲国的"国神",代替清朝的祖先受到溥仪的朝拜。伪满洲国要求所有人把《国本奠定诏书》倒背如流。为了表示与日本的密切关系,溥仪甚至表示自己与日本人有血缘关系。伪满洲国政府要求各级各类学校的校长室必须设神龛,每天早晨教职员到校长室签到前要向神龛行礼。在中小学的课程中,专门有"建国精神"一门课,讲授日本是神国、天照大神是日本的神,也是"满洲国"的大神,要求学生尊敬、膜拜。1942年伪满洲国发布《国民训》,要求民族牢记建国渊源、崇敬天照大神,为皇帝尽忠。从30年代后半期,伪满洲国的神社数量剧增,强制学生参拜神社。

　　日本占领东北14年间,共建立了遍及东北城乡的大小神社295座。① 各神社除供奉天照大神外,还供奉着神武天皇、明治天皇、大国主神等复数"神"。"建国神庙"和各地神社,再次表明了伪满洲国的傀儡性质。当然,中国有着深厚的民族融合历史,中国人的民族意识也在不断增强,日本向中国进行神道教的宣扬和渗透,根本不可能改变中国人的民族向心力和国家意识,也不可能割断中华文化传统和各民族间的血脉联系,日本在中国领土上建立的神社,没有保佑其被打败的命运。日本投降后,神道教在

----

① 曲铁华、梁清:《日本侵华教育全史》第一卷,北京:人民教育出版社,2005年,第80页。

中国台湾和东北销声匿迹，侵华战争时期建立的神社多数被拆除。

三、配合日军向关内的扩张

日本占领中国东北，扶植建立伪满洲国傀儡政权后，侵略野心并没有得到满足。日本为稳固在东北的统治，要将长城以北全部纳入伪满洲国的版图内，确保伪满洲国西南"边境"安全。1933年1月，日本准备侵占热河省，将热河纳入了伪满洲国的控制范围之中。1933年1月，日军挑起"山海关事件"，迅速占领山海关。日军将战火扩大到了长城一线，对华北造成直接军事威胁。国民政府向日军行动提出严正抗议，要求日本撤兵并赔偿损失。同时，国民政府利用外交手段，致电国联及美国、英国等国家，说明事件真相，希望国际社会能对日本施加压力，迫使其退兵。日本倒打一耙，2月23日，日本驻南京代理总领事上村向国民政府外交部发出警告，称是中国军队挑衅在先，"中国军队在热河的抗日反满行动导致现在事态，在热河的中国军队如果不撤退到长城以南，日军将与满洲国军队联合采取行动"①。日本非但不撤兵，还进一步扩大战事。28日，关东军分兵三路向热河进犯。3月4日，日军进占热河省会承德。日本各大报刊夸耀此战的目的是"恢复热河的治安、保全国土。国民政府军队迅速败走，我军只以极小的伤亡达到目的，这是值得向子孙后代传下去的百战百胜善之善者也，宣扬了皇军的威力，皇军的果敢行动刷新了世界战争史的新纪录，这是平素艰苦训练的结果，是国民在后方支援的结果，更是将士

---

① ［日］《朝日新闻》，1933年2月24日，东京，第二版。

对联盟不法决议义愤的爆发"[1]，吹嘘日军在长城一线的军事"战果"，表达对国联决议的不满，阐释日本改变国际协同外交、果断出兵的成果。

日军占领热河省会承德后，并没有停下脚步，继续向长城各口的中国军队进攻。对日军的步步紧逼，蒋介石令何应钦去主持北平军分会工作，调集中央军三个师北上，准备与东北军、西北军部队一起进行"长城抗战"。国民政府对日方针虽然比九一八事变时有了一定的改变，但是，仍然没有放弃"一面抵抗、一面交涉"的政策，希望与日本进行外交谈判，结束战事。5 月 3 日，国民政府设立"行政院驻北平政务整理委员会"，黄郛为委员长。日本则实行"一面进攻，一面交涉"的方针，关东军继续向关内进攻，向长城一线和滦东地区发动攻势，向华北军政当局施加压力。5 月 31 日，何应钦的代表熊斌与关东军司令官武藤信义的代表冈村宁次在天津塘沽签订《停战协定》，即《塘沽协定》。通过这个协定，日本将伪满洲国的统治区扩张到中国长城一线，而且在长城以南设立所谓的"非武装区"，实际上迫使国民党承认日本对东北的控制，便利日本对华北的进一步扩张。尽管国民政府一再表明《塘沽协定》纯粹是军事协定，不是承认伪满洲国的外交文书。但是，《塘沽协定》签订一年以后，1934 年 7 月，关内外恢复通车，12 月达成设关协定，1935 年 1 月，关内外通邮，实现了日本军政当局"确保满洲国健康发展"的国策，日本实际取得了在伪满洲国的独占地位。但是，日本并没有因为《塘沽协定》而满足，而是继续寻找机会向关内进犯，觊觎华北和全中国。

国民政府对九一八事变后列强的绥靖政策颇感失望，努力进

---

[1] [日]《朝日新闻》，1933 年 3 月 5 日，东京，第二版。

行国家建设,以图自强。由于国力微弱,国民政府希望经济建设能得到国际支援。1933 年 4 月,国民政府行政院副院长兼财政部长宋子文开始了欧美之行。5 月 26 日,宋子文与美国达成价值 5 000万美元的"棉麦借款合同"。合同规定,借款的 4/5 用于购买美棉,1/5 用于购买美麦。尽管美国有借此项合同推销过剩农产品、解决农业危机之虞,但是,这是九一八事变后西方国家提供给中国的第一笔贷款,对国民政府的经济建设有重大意义,在政治上带有一定支持中国抗击日本的积极意义。

南京政府争取欧美列强支援的活动,刺痛了日本。1934 年春,日本外务省发表了一系列声明。日本外务省情报部部长天羽英二,在会见记者时以非正式声明形式提出:"在中国问题上日本也许与列强不能一致。日本为完成在东亚的使命而竭尽全力。因为与列强对日本在东亚地位看法不同而退出国际联盟。日本对中国的态度与列强不同,这是日本在东亚的地位使命使之然。不言而喻日本一直努力增进与各国的友好关系。但是,在东亚日本将单独承担维持东亚和平、秩序的责任[①],称中国寻求外援是"以夷制夷的排外政策",攻击列强"与中国进行贸易、事实上援助中国是干涉东亚和平",日本不得不反对之。"天羽声明"明显反对列强对中国的经济支持,要独占在中国的利益,带有强烈的"东亚门罗主义"色彩,是对列强倡导的国际协调原则的挑战。天羽声明必然遭到鼓吹"门户开放""机会均等"的欧美列强反对。美国认为"日本以远东和平守护者自居,日本在对华二十一条、处理满洲问题时都用过这样的语言。日本自以为是邻邦中国的监督者,换言之,中国名

[①] [日]《朝日新闻》,1934 年 4 月 18 日,东京,第二版。

义上是独立国,实际是被保护国"①,强烈批评"天羽声明"。由于"天羽声明"破坏"利益均沾、门户开放政策",招致列强的不满,日本外交上更加孤立。外务省不得不再度声明,称"日本今后对华政策的根本方针与凡尔赛会议、华盛顿会议时没有明显改变"②,不损害列强在中国的权益,这段"风波"才算过去。

日本一方面向华北一带侵犯,一方面大举向中国东北移民,增加日本人在东北地区的比例。伪满洲国成立后,日本政府制定了用 20 年的时间,移民 100 万户、500 万人到东北的计划,使日本人达到伪满洲国人口总数的十分之一。③ 1932 年 8 月,日本国会决议向东北移民 500 户。从 1932 年到 1936 年日本政府共有计划地向东北进行了 5 次武装移民,共移民 2 785 户、7 000 多人。这些移民每人都带着步枪,屯垦队还配备了迫击炮、机关枪,他们侵占中国农民的耕地,参与军事侵略和武力镇压。④ 日本政府不遗余力地宣传、奖励移民,以武力为后盾,将农民组成"满蒙开拓团",打着建设"民族协和"的新天地的旗号有组织地向东北实行武装移民,"开拓新天地"。这时期,出现了"移民之父东宫铁男,移民之母加藤完治"。

20 世纪 30 年代,经济危机发生后,国际市场上的生丝价格暴跌,日本蚕农生活非常困难。日本政府计划让农民大量到中国东北,去经营农业、开垦农田等,以此作为解决经济危机的手段。日本移民大量进入东北后,强占中国农民的土地,危害中国农民的利益,遭到东北人的反抗。

---

① [日]《朝日新闻》东京,1934 年 4 月 19 日,第二版。
② [日]《朝日新闻》东京,1934 年 4 月 20 日,第二版。
③ 解学诗:《伪满洲国史新编》,北京:人民出版社,1995 年,第 552 页。
④ 解学诗:《伪满洲国史新编》,第 336—337 页。

除政府组织的官办移民外,日本民间团体也组织"自由移民"。日本移民大量侵占中国农民的耕地,参与政府的军事行动和武力镇压。① 1937 年 9 月 1 日,日本成立了"满洲拓殖公社",1939 年 12 月日本政府制定了《满洲开拓政策基本要纲》,从资金、组织到政策等各方面鼓励向中国东北移民。日本新闻媒体宣传,农村的长子守在祖辈的土地上,次子、三子应到东北开拓新天地。至日本投降,其总计向中国东北移民超过百万人。移民不仅有农民,还有工人、科研人员等。日本企业也积极向东北投资,建设"日满经济协同体",开放掠夺东北地区的资源,加剧了东北地区经济的殖民地化。

协和会作为鼓吹"兴亚""五族协会"的思想团体,积极配合日本政府对伪满洲国的武装移民政策,认为移民在日本的国防上具有重要的意义,"北满是对苏国防最重要的地区,必须迅速开拓,从国防上说,迫切地希望日本移民成功"②,一旦发生意外事件,移民可以拿起武器,保卫日本所谓的"生命线满洲国"。协和会强调移民对维持日本侵略权益的作用,并称移民也是解决其国内人多地少矛盾的有效方法。加藤完治认为:"耕地面积过小是日本农村的根本缺陷","解决这个缺陷只有让 560 万户农民中的 260 万～360 万户去参加满洲国的圣业"③,移民是救济农村的关键。日本"移民之父""移民之母"的计划,比日本政府计划多了二到三倍。

伪满洲国建立后,日本使用军事、政治、文化、经济等各种手

---

① 解学诗:《伪满洲国史新编》,第 336—337 页。

② [日]石原莞尔:《东亚联盟建设纲领》,见《石原莞尔选集 6》,第 17 页。

③ [日]加藤完治文:《大陆移动の画策を急げ》,《东亚联盟》,东京,1939 年第 2 期,第 63 页。

段,巩固对东北的殖民统治,企图把伪满洲国"建设"成为"民族协和"的样板,进而扩大在中国的侵略,把所谓的"民族协和"精神扩展到世界,实现东亚的"联合"与"和平"。"五族共和""民族协和"成为日本向外扩张的欺骗宣传工具,也是近代以来"兴亚"思想的演进与发展,支持了日本政府的侵略政策,起到了武力进攻难以发挥的作用。协和会在中国东北实行的战争动员、思想控制、文化殖民等,从物质、精神等方面,为侵略战争助力。

第三节　"兴亚"论助力日本向关内扩张

一、日本向长城一线及华北扩张

日本侵占东北并扶植伪满洲国傀儡政权后,其侵略野心进一步膨胀,日本要以伪满洲国为基地,向长城以南的中国地区继续扩张。1933 年 5 月 31 日,中日塘沽《停战协定》规定中国军队撤至延庆、通州、宝坻、芦台所连之线以西、以南地区,以上地区以北、以东至长城沿线为非武装区,实际上承认了日本对东北、热河的占领,同时划绥东、察北、冀东为日军自由出入区,为日本进一步侵占华北敞开了大门。《塘沽协定》带有浓厚的城下之盟色彩,为日本把华北作为第二个"满洲国"提供了条件。

《塘沽协定》为日本向长城以南进攻创造了条件,对中国十分不利。吊诡的是,《塘沽协定》签订后,中日两国关系却出现了缓和迹象,出现了令人费解的"亲善外交"阶段。1933 年广田弘毅担任日本外相,广田打出"和平外交"的旗号,主张加强与伪满洲国政权的关系,致力于改善与各主要国家的友好关系,尤其是因九一八事变而交恶的对华、对苏以及对美等国关系,实际维护日本在中国的侵略利益。广田弘毅的对外主张被日本政府采纳,成为指导日本外交的策略。1935 年 5 月,中日两国的使馆由公使级升格为大使馆,互派大使。中日使馆升格,加强了日本外务省在对华外交中的地位。但是,这并不能改变日本侵略外交的实质,只是使其变得更隐蔽而已。中日使馆升格没几天,日军在华北挑起了"华北事变",中日关系急转直下,再次陷入危机。

中国的华北地区,当时包括河北、山东、山西、察哈尔、绥远等五省和北平、天津两个特别市。1935 年春,日本关东军和中国驻屯军开始策划将国民党中央势力从华北驱逐出去,策划在华北搞"防共自治运动",扶植亲日政权,将华北实际置于日本的控制之下,形成事实上的第二个"满洲国"。5 月 29 日,中国驻屯军参谋长酒井隆大佐和驻北平武官高桥,利用所谓"孙(永勤)匪事件"和天津亲日报社社长被暗杀事件,向北平军分会代理委员长何应钦提出强硬要求,声称"最近支那方面对满洲国内部实行渗透,支持长城附近的义勇军,天津等地出现对日恐怖事件等,是为破坏停战协定之行为,从侧面反映了蒋介石的对日政策。且上述活动对北平、天津的影响极大。我军部认为,皇军有必要再度越过长城线,到达这些事件策划地为停战地区的天津北平"①,声称日军要根据停战条约权力采取自卫行动。何应钦表示要立即向蒋介石汇报日军的要求。为缓和局势,国民政府将中央宪兵第三团、蓝衣社、CC 团等撤出华北,改组河北省政府、撤换天津市长等。

6 月 9 日,酒井隆再度会见何应钦,向何应钦递交了"备忘录",提出在河北省彻底铲除妨碍日中关系发展的祸根,要求国民政府宪兵第三团、军委会政训处等撤出华北,国民党中央军撤出河北,

①《朝日新闻》,东京,1935 年 5 月 30 日。

罢免对日本态度强硬的河北省主席于学忠等。酒井隆态度强硬，要求何应钦必须在限期内给予答复。6月10日，何应钦复函日本华北驻屯军司令官梅津美治郎，称："6月9日酒井参谋长所提各事项均承诺之。并自主的期其遂行，特此通知"，表示接受日本提出的条件，中央军撤出河北。这就形成了中国与日本之间非正式的协定，习惯上称为《何梅协定》。《何梅协定》使中国实际丧失了华北主权，为日本发动全面侵华战争埋下了伏笔。

1935年6月，山本信等4个日本特务机关人员潜入察哈尔境内绘制地图，行至张北县北门，因不服国民党第二十九军赵登禹部守卫官兵检查，被送师部军法处拘留，8小时后被放出。日本以中国军队"侮辱"日本军人为由，向中国提出无理要求。6月27日，日本察哈尔省代主席秦德纯与日本关东军驻沈阳特务机关长土肥原贤二签订《秦土协定》。根据这个协定，二十九军及国民党党部撤出察哈尔省，取消察省境内的国民党机关，惩办事件相关负责人等。《秦土协定》使华北成为与南京政府若即若离的地区，为日本建立第二个"满洲国"创造了条件。这期间，日本外交上积极配合军部的行动，不断向南京政府施压，外相广田弘毅公开表示："陆军与外务从根本上说是一致的。"①

为了防止华北脱离中央，国民政府采取了一些应对措施。1935年9月，国民政府驻日大使蒋作宾向广田外相提出对日三原则：相互尊重领土主权，取消日本对中国的不平等条约；双方不相互诽谤，不破坏对方的统一，不扰乱对方的治安；通过正式的外交

---

① [日]原田熊雄：《西园寺公与政局》第4卷，东京：岩波书店，1950年，第283页。

机关,解决两国之间的一切纠纷。① 如果日本承认南京政府三原则,中国则允诺:停止反日及抵制日货运动;暂不过问伪满问题;在平等互惠及收支均衡的原则下,与日本开展经济提携。如提携良好,亦可商谈军事合作,②希望日本遵照中国的主权,以和平方式解决纠纷。

针对国民政府的对日三原则,外务省也制定对华三原则,即著名的"广田三原则",1. 中国须彻底取缔排日言行,抛弃依靠英美的政策;同时采取对日亲善政策,并予以实际执行。更就具体问题,使其余帝国进行合作。2. 中国最终必须正式承认"满洲国"。目前中国须事实上默认"满洲国"的独立,停止其反满政策,至少在与"满洲国"毗连的华北地区,在经济、文化上与"满洲国"继续交往和合作。3. 鉴于来自外蒙等地赤化势力的威胁已成为日"满"华三国的共同威胁,中国为排除上述威胁起见,须在外蒙接境地区,对我方所希望采取的各种措施进行合作。③

通过中日两个三原则就可以看出,中国政府为了阻止日本策划华北分裂活动,不得不对日本做出妥协,在伪满洲国问题上,采取了灵活的做法。这种妥协对中国不利,会给国际上中国默认"满洲国"独立的猜测。中日在两个三原则问题上意见尖锐对立。日本军方加紧在华北的分裂活动。

1935 年 9 月,新任华北驻屯军司令官多田骏散发《日本对华之基础观念》的小册子,鼓吹华北五省在日本指导下"联合自治"。拉

① 台湾中华民国外交问题研究会编印:《中日外交史料丛编 第四编卢沟桥事变前后的中日外交关系》,台北:台湾中华民国外交问题研究会编印,1965 年,第 15—16 页。

② 台湾中华民国外交问题研究会编印:《中日外交史料丛编 第四编卢沟桥事变前后的中日外交关系》,第 16—17 页。

③ [日]《日本外交年表并主要文书》下,第 303—304 页。

拢华北的地方实力派人物宋哲元。10月22日,日本在河北香河指使汉奸、地主和流氓暴动,占领县城,成立"县政临时维持会",发表自治宣言,脱离国民政府的管辖。11月11日,土肥原贤二向宋哲元提出"华北高度自治方案",限宋哲元11月20日宣布"自治"。宋哲元一面向中央请示应付方针,一面电国民党"五大",要求中央开放政权,结束训政,实施宪政,还政于民,集中人才,努力复兴大业。日本继续向宋哲元施加压力。11月25日,滦榆区行政督察专员殷汝耕在通县宣布"脱离中央自治",成立"冀东防共自治政府"。国民党行政院决定撤销北平军分会,其职权由军委会直接处理,特派何应钦为行政院驻北平办事长官,委宋哲元为冀察绥靖主任,将殷汝耕免职拿办。

1935年12月11日,南京政府决定设置冀察政务委员会,由宋哲元任委员长。冀察政务委员会名义上隶属于南京国民政府,实际上具有相当大的独立性,用人权掌握在宋哲元手中。冀察政务委员会的成立,并没有缓和中日之间的矛盾。日本继续支持"冀东防共自治政府",进行分离华北活动,并竭力促使冀察政务委员会与"冀东防共自治政府""合流"。

在日本实施华北分离工作的同时,其国内形势也发生了重大变化,1936年2月26日,数位青年军官率领士兵手执武器去刺杀首相、重臣等重要高官,要求实行昭和维新,最终因得不到高层支持被镇压下去,是为著名的"二·二六事件"。"二·二六事件"对日本政局产生了巨大影响,广田弘毅在军部支持下组阁。广田内阁恢复了废弃已久的军部大臣现役武官制,日本政治全面法西斯化,加速了对外扩张的步伐。广田弘毅作为文官法西斯集团的代表,担任首相后,立即在1936年8月7日的五相会议上通过《国策基准》,推行南北并进、全面对外扩张的战略。根据对外扩张计划,日本内阁制定了《对华实行策》及《第二次处理华北纲要》，决定了分裂华北、促华附日、反苏等具体方针。

日本在中国的驻屯军，源于义和团运动。义和团运动爆发后，英、法、美、德、俄、意、奥、日八个国家联合出兵干涉，八个国家共向中国派出了 5 万多人的兵力，其中日本派兵 2.2 万人，数量居各国之首。1901 年，清政府与八国以及比利时、西班牙、荷兰共 11 个国家签订《辛丑条约》。《辛丑条约》第九条规定，各国在北京—山海关的 12 个地方有驻兵权，"留守驻兵"的目的在于"保京师至海通道无断绝之虞"。条约规定"过渡时期"驻兵总人数为 12 200 人，"平常时期"天津驻兵人数由 6 000 人减少到 2 000 人。

根据《辛丑条约》，日本向中国派遣了"清国驻屯军"（后改为支那驻屯军），驻屯军总数为 1 570 人，司令部设在天津。1935 年 5 月，中国驻屯军的兵力已增加到 1 771 人。1936 年 4 月 17 日，根据陆相寺内寿一提议，日本首相广田弘毅决定将中国驻屯军数量增加到 5 774 人。1936 年 5 月，日本向英、美、法、意等国通告了增加在中国驻屯军的决定，各国并没有什么特别反应。日本擅自增兵的行动受到中国外交部的强烈抗议，日本对中国的抗议置若罔闻，中国驻屯军增至 6 000 人，驻屯军从一年轮换制改为永驻制，司令官官阶改为天皇"钦命制"，与关东军司令官地位相同。日本将外务省对华北的"内部指导权"交付给中国驻屯军。日本陆军省次官美津美治郎坚持扩大中国驻屯军的驻扎地点，将增兵一部配置在平汉、北宁铁路交叉点，战略上的交通要地丰台，并将该旅团团部设在北平。随后，日本又在丰台构筑兵营，侵驻丰台的日军不断向中国驻军寻衅。驻守在北平的国民党第二十九军被迫允诺从丰台撤到两公里以外的地方。此后，日本驻屯军频繁地在宛平城、卢沟桥一带进行"军事演习"。1937 年 5 月起，日军从白天到黑夜不断进行军事演习,演习的子弹也从虚弹改为实弹。日军经常与驻守的二十九军发生冲突。

20世纪30年代,日本内阁频繁更迭。1937年6月,近卫文麿担任日本首相,近卫对日本的大陆政策做了新的诠释,对外政策是"基于国际正义的真正和平",而不是"单纯维持现状的真正和平"。近卫认为国际正义不能实现,就没有真正和平。以维持现状为基础的和平,不可能永远存在下去。所以,"国际正义非到公平分配世界领土之时,是不可能彻底实现的,即使要实现也是空想"①,日本要以"公平正义"的口号,重新划分世界秩序。

1937年7月7日,驻丰台的日军第一联队第三大队第八中队在大队长清水节郎的率领下,在卢沟桥以北永定河东岸回龙庙(龙王庙)地区进行实弹演习。日军称听到演习一带传来枪声,并有一名士兵(志村菊次郎)"失踪",要求立即进入中国守军驻地宛平城进行搜查,被中国军队拒绝。冀察当局为了防止事态扩大,一直与日方代表协调处理办法,最终双方同意协同派员前往卢沟桥调查。在双方交涉期间,"失踪"士兵归队,日军失去进城搜查理由。但是,日方却没有将士兵归队的消息通报给中方,于7月8日晨突然炮轰卢沟桥和宛平城,中国守军奋起抵抗,中日全面战争爆发。

二、卢沟桥事变日本扩大侵华战争

卢沟桥事变是近代以来日本推行向亚洲大陆扩张政策的结果,其发生具有历史必然性。关于卢沟桥事变发生的原因,中日学者长期以来一直存在争论。有日本学者认为"日本陆军在柳条湖事件时就开始研究武装占领华北计划,一旦有机会就要付诸实施,

---

① [日]矢部贞治:《近卫文麿》,东京:弘文堂,1976年,第363页

从这个意义上说卢沟桥事变是'蓄谋已久'的,能够理解中国人所说的'冰冻三尺非一日之寒'"①。但是,卢沟桥事变发生在 7 月 7 日是偶然还是必然的,在《中日共同历史研究报告》中,中国学者指出:"卢沟桥事变的发生是由日军演习时的'枪声'而引发的,至今为止并未发现有关'枪声'来自何方的翔实史料,因此,卢沟桥事变作为个案,他的发生可能具有偶然性。但是,有如下事实可以说明,卢沟桥事变的发生在很多程度上与日本的侵华政策相关。"②可以说,卢沟桥事变是日本长期奉行大陆政策的必然结果,但是,卢沟桥事变也带有某种程度的"突发"性特点,所以,卢沟桥事变发生后,日本政府内部就如何应对,发生了激烈争论,形成了所谓的"扩大派"与"不扩大派"。

日本陆相杉山元、陆军次官梅津美治郎等人在卢沟桥事变发生后,主张扩大战争,"一击"使中国屈服。杉山元认为,卢沟桥事变是解决中国问题"千载难逢的良机"③,日本只要向中国再派三四个师团,中国很快就会屈服。他向天皇上奏,声言一个月就可以解决卢沟桥事变。杉山元、梅津美治郎等是日本"扩大派"的代表。九一八事变策划者石原莞尔等少数人主张"不扩大",他强调"中国已经不是以前的中国了,国家实现了统一,国民的国家意识正在觉醒。如果走向全面战争,中国会利用辽阔的领土进行持久战,而日本的力量是不能令其降伏的,如果扩大事变,日本会陷入战争泥潭动弹不得。日本的国力和军事力量都还贫弱,当前应绝对避免战

---

① [日]安井三吉:《卢沟桥事件》,东京:研文出版,1993 年,第 20—21 页。
② 步平、北冈伸一主编:《中日共同历史研究报告(近代史卷)》,北京:社会科学文献出版社,2014 年,第 111 页。
③ [日]《现代史资料·12·日中战争 4》,东京:美铃书房,1973 年,第 125 页。

争,努力增强国力和军事力量,以期国防国策完成"①,日本应该加强对苏的防范和戒备,如果现在日本不能动员 15 个师团,筹措大量军费用于中国战场,就不应该扩大事态,而应就地解决事变。

　　然而,日本军部多数人对中国持轻蔑态度,认为中国"是一个分裂的、不可能统一的弱国,日本如果表现出强硬的态度,它立刻就会屈服。此时需要征服支那"②,中国不堪一击,只要日本增兵,军列通过山海关,中国就会投降。陆相杉山元和参谋总长闲院宫向天皇汇报时称"只要在天津一击,事件一个月内就会结束"③。最终"扩大派"占据上风。7 月 10 日,日本召开五相会议,决定派关东军两个旅团、朝鲜军一个师团以及日本的三个师团到华北,日本天皇批准了增兵华北计划。日本政府随即发表《派兵华北的声明》,称中国第二十九军"7 月 7 日夜在卢沟桥附近进行不法射击,引发事端,由此不得不与该军冲突","这次事变完全是中国有计划的武装抗日","日本政府已经下了重大决心,决定采取必要的措施,立即派兵华北。但是维持东亚和平是帝国的一贯主张,政府今后仍期望事态不扩大、和平解决,希望中国方面迅速反省,使事态得到圆满的解决"④。日本政府以为"对抗日运动高涨的中国给予一击,就能打开局面"⑤。所谓打开局面,就是指不仅使华北脱离国民政府的管辖,还要打倒国民政府,控制全中国。

　　日本认为"一击"即可使中国屈服,是因为当时中日两国的军

① ［日］武藤章:《军务局长武藤章回想录》,东京:芙蓉书房,1982 年,第 96—97 页。
② ［日］武藤章:《军务局长武藤章回想录》,第 97 页。
③ ［日］《昭和天皇独白录》,东京:《文艺春秋》1990 年 12 月号,第 105 页。
④ ［日］日本外务省编:《日本外交年表并主要文书》下,第 366 页。
⑤ ［日］日本防卫厅防卫研究所战史室:《战史丛书 86 中国事变陆军作战 1》,东京:朝云新闻社,1975 年,第 113 页。

事力量、综合国力相差甚远,日本国内人口虽然不足 1 亿,但是,自明治维新以来,实行"富国强兵"政策,军人有"448.1 万人,海军舰艇约 190 余万吨,空军飞机约 2 700 架。而中国陆军兵力为 170 余万人,海军舰艇不足 6 万吨,飞机 314 架"①,日本的海陆空军占有绝对优势,装备素质良好,政治经济国民教育皆优于中国。7 月底,日军占领北平、天津。接着又向山西、上海、南京、武汉、广州等地发动大规模进攻。

卢沟桥事变后,国民政府外交部发言人向日本大使馆提出口头抗议,"要求立即制止日军之军事行动,并声明保留一切合法要求;一面由地方当局,与日军代表折冲,期事件之早日和平解决"②,另一方面命令二十九军准备就地抵抗,还派孙连仲等率军援助二十九军。蒋介石希望通过外交努力,和平解决事变。7 月 17 日,蒋介石在庐山发表了著名的"最后关头"的讲话,提出了解决卢沟桥事变的四点立场,表示"在和平根本绝望前一秒钟,我们还是希望和平的,希望由和平的外交方法,求得卢事的解决","万一到了无可避免的最后关头,我们当然只有牺牲,只有抗战"③,同时,表明中国只是应战而不是求战,表达了自卫守土抗战的决心。国民政府在积极抵抗侵略的同时,也没有放弃外交努力,积极利用中国参加的国际组织、机构等,控诉日本的侵略,希望引起国际上的同情和支持。国民政府驻国联代表,在国联总会上提出申诉,强调日本的

---

① 何应钦:《日军侵华八年抗战史》,台北:黎明文化事业有限公司,1983 年,第 23—23 页。

② 彭明主编:《中国现代史资料选辑 第 5 册(1937——1945)下》,北京:中国人民大学出版社,1989 年,第 125 页。

③ 《蒋委员长对于卢沟桥事件之严正表示》,《革命文献》第 106 辑,《卢沟桥事变史料(上册)》,台北:中央文物供应社,1986 年,第 1—2 页。

行动违反了以和平手段解决纷争的不战公约,希望九国公约国和
国际联盟干涉日本的侵略行动。国联通过谴责日本的决议。

　　1937年7月8日,中国共产党发表《为日军进攻卢沟桥通电》,
呼吁全国人民行动起来,筑起民族统一战线的坚固长城抵抗日本
侵略。为了促成早日建立抗日民族统一战线,15日,中共中央向国
民党递交了《中共中央为公布国共合作宣言》。8月22日,国民政
府军事委员会公布了红军改编为国民革命军第八路军。9月22
日,国民党中央通讯社发表《中共中央为公布国共合作宣言》。23
日,蒋介石发表《对中国共产党宣言的谈话》,实际承认了中国共产
党的合法地位,以国共合作为基础的全国抗日民族统一战线正式
建立。"两党的统一战线是宣告成立了。这在中国革命史上开辟了
一个新纪元。这将给予中国革命以广大的深刻的影响,将对于打
倒日本帝国主义发生决定的作用。"①在抗日民族统一战线的旗帜
下,形成了中国各民族参与、两个战场相互配合、共同抗击日军的
最广泛的民族解放战争,形成了全民族抗战新局面。

　　日本政府决意扩大战争,对国联决议置之不理。为动员国内
民众支持战争,首相近卫文麿在事变发生后,立即召集"言论机关
代表、贵众两院议员、财界的代表,要求他们三方面,协助政府的方
针"②。日本新闻媒体对卢沟桥事变的报道,与日本政府的口径基
本一致。《朝日新闻》是日本以具有浓厚的自由主义色彩,以报道
客观、可读性强、有公信力而著称的大报,自创立以来,一直以"不
偏不党"为宗旨,受到读者的欢迎,发行量长期居于日本三大报刊

----

① 毛泽东:《国共合作成立后的迫切任务》,《毛泽东选集》第二卷,北京:人民出版社,
　　1991年,第364页。
② [日]《朝日新闻》,东京,1937年7月12日。

的首位。然而,在卢沟桥事变爆发后,却抛弃了办报宗旨,其战地记者发表了大量偏袒日军的报道,鼓动日本人支持战争。卢沟桥事变翌日,日本各大报纸都加印"号外",争相刊登关于卢沟桥事变的消息。《朝日新闻》在号外中称"日支两军交战,支那(原文如此,引者注)兵非法射击","8日凌晨零时,我驻屯部队在北平郊外卢沟桥附近进行夜间演习,遭来自第二十九军三十七师二零九团数十发子弹的不法射击。当地交涉破裂,双方正处于交战中"①。这份报道貌似客观,但是,稍加注意就会发现这篇报道认定卢沟桥事变是日军正常演习过程中,遭受中国军队"不法射击"引起的,判断事变的起因在中国军队方面,日军不得不还击。可想而知,读者看到这样的新闻报道后,肯定会对事变的责任做出判断,对主动"挑衅"的中国军队产生不满,支持日本政府"膺惩"中国的决定。

日本《朝日新闻》《日日新闻》《读卖新闻》等主要平面媒体,每天都在重要的版面联系刊登事变的进展状况,所有报道无不指责中国军队挑衅、肆意扩大战争。日本普通民众,通过这些报道,误以为这就是卢沟桥事变的"真相",不约而同地谴责中国军队"无理",更有一些不明真相的读者,主动到陆军省、报社等处捐款,慰问前线作战士兵家属,表达"爱国"心。

为了动员国民支持战争,1937年8月24日,日本内阁通过《国民精神总动员计划实施纲要》,要求"增强举国一致,尽忠报国的精神,无论事态如何发展,战争如何长期,都要靠坚忍持久克服困难,实现所期之目的。希望增强国民的决心,为此,实行彻底的国民实践"②,

---

① [日]《朝日新闻》,东京,1937年7月8日。
② [日]国民精神总动员中央联盟编:《昭和12年度国民精神总动员中央联盟事业概要》,东京,昭和14年,第299页。

自上而下地开始了国民精神总动员运动。9月11日,在东京日比谷公园召开的国民精神总动员大会上,首相近卫文麿亲自前往演说,动员国民支持战争,要求日本人"举国一致、尽忠报国、坚忍持久",支持战争。10月,日本成立了半官半民性质的国民精神总动员中央联盟,海军大将有马橘任会长。联盟在全国的道、府、县成立相应的组织,各级行政长官兼任会长。9月25日,近卫内阁将情报委员会升格为内阁情报部,加强对日本国内的新闻、出版、思想、言论等方面的控制。1938年4月,日本政府发布《国民总动员法》,以立法的形式,将国民卷入战争体制。

在举国一致的战争体制下,1937年12月,没有公开表示支持政府战争政策的加藤勘十等日本无产党、日本劳动组合全国评议会相关成员山川均等劳农派400多人被逮捕(第一次人民战线事件)。1938年2月,大内兵卫、美浓部亮吉教授被逮捕。[1] 在政治的高压下,原来对战争和法西斯持批判态度的人们,多在半强制的状态下,被迫"转向",采取与政府协调的立场。东京帝国大学副教授矢部贞治在1937年8月10日的日记中写道:"政府、报纸、收音机全是蛊惑宣传。朝日新闻社的捐献飞机活动,很是令人反感"[2],此后,日本政府经常对学术、思想甚至宗教进行干涉,凡不支持战争的,都被视为"异端"。日本政府要求国民"为了国家,牺牲自我,推进灭私奉公",提出要节约消费,奖励储蓄,勤劳奉仕,改善生活等。从1937年9月起,每月1日为"兴亚奉公日",以实现"八纮一宇"的目标。东京市长向600万市民发出呼吁,"我等东京市民在

---

① [日]安在邦夫、大日方纯夫、佐藤能丸、须崎慎一、山本悠三:《日本の近代》,东京:梓出版社,1989年,第266页。

② [日]矢部贞治:《矢部贞治日记 银杏の卷》,东京:东京大学出版会,昭和49年版,第23页。

时局重要时刻,应深刻认识形势,不要轻举妄动采取断然态度,必须发扬尽忠报国精神,特别是加强后方支援,彻底实行军事救护,振奋忠勇士兵的精神,勤俭节约涵养国力。希望市民各位深刻体会政府方针,举市一体,全力协助我国是的贯彻,同时做好万一准备,无遗憾地为帝国昌盛、东洋和平做出贡献"①。

日本的《国家总动员法》,规定"本法的国家总动员是在战时为达到国防之目的,最有效地发挥全力,统制运用人、物的资源"②,根据这个法律,政府即使没有议会承认,也可以根据天皇的命令,动员人力和物资进行全面战争。日本政府压制舆论,议会也有名无实。1939 年,日本政府颁布了国民征用令和价格统制令。为了动员一切力量支持战争,日本政府解散了国民自治组织,1938 年创立了产业报国联盟,强制国民参加产业报国运动,强行解散工会组织。通过国民精神总动员运动,日本从军事到政治、思想、文化、生活,全部纳入战争轨道。

三、日本的战争动员与战争狂热

卢沟桥事变发生后,日本的各家报纸、电台等迅速做出反应,媒体派出的前方记者不断发回有倾向性的报道、评论等,散布中国人挑起事端,歌颂日军的赫赫战绩,煽动国民支持战争。在舆论的诱导下,不明真相的日本民众支持政府"膺惩""暴戾"的中国军队,并从物质上、精神上支持战争,出现了"举国一致""赤诚报国"的战争狂热。③

---

① ［日］《朝日新闻》,东京,1937 年 7 月 20 日。
② ［日］《法令全书 法律》,东京,昭和 13 年,第 103 页。
③ 卢沟桥事变后,日本国内的援军狂热,本人发表过《日本国内战争狂热的形成及原因》,《浙江师范大学学报》2015 年第 6 期,本部分的内容参考了这个论文。

　　《朝日新闻》《每日新闻》《读卖新闻》等各主要报纸,都在显著位置刊登为战争募捐倡议,并将"慷慨解囊"捐款人的姓名、捐款金额等刊登出来,刺激民众支援战争的"热情"。由于日本政府的引导、主要媒体的煽动,日本国内一度出现了不分性别、职业、年龄,踊跃捐款、制作慰问袋、看望负伤士兵、抚慰将士家属等"铳后"支援战争场面。捐款人中既有资本家、大企业、民间团体,也有普通工人、小学生、家庭妇女。据《朝日新闻》报道,"在北支风云险恶时,全国爱国热情高涨。人们用各种方式捐款、慰问出征官兵,表达赤诚之心。14 日早晨到中午 4 个小时的时间里,送到陆军省的恤兵金就达到 23 110.33 元的巨额"①。企业家大川平三郎的遗属拿出 100 万日元的捐款,表示捐献巨款是"慰逝者在天之灵"②。日本各大城市的中学生佩戴"日之丸"徽章,走上街头进行劝募活动。东京联合少年团在街头募捐时,特意制作了"募捐筒"。募捐筒直径为 30 厘米,筒长 1 米,模仿上海"一·二八事变"中的"肉弹三勇士"③所持的爆破筒样式,"21 日,从中午到下午 6 点,站在帝都街头的 63 位少年团健儿将饱含市民深情的 230 个大竹筒拿到泰明小学礼堂,师生全体起立,在祈'武运长久'的仪式之后,陆军省新闻班的今村大佐、筑地署员等人劈开竹筒,在砰、砰、砰的声音中,银币、铜币散落一地。晚上 9 点半捐款清点完毕,共计 2 030 元。10名少年抬着沉重的硬币,将硬币兑换成纸币,22 日上午交给陆军省

---

① [日]《朝日新闻》,东京,1937 年 7 月 15 日。

② [日]《朝日新闻》,东京,1937 年 7 月 18 日。

③ 1932 年上海"一·二八事变"时,日本陆军独立工兵江向武二、北川丞、作江伊之助高
　　呼"帝国万岁",手执火箭筒冲入十九路军阵地,被称为"肉弹三勇士"。当时被作为
　　"军国美谈"而广为报道。

恤兵部"①。为了实现"速战速决"的目的,日本政府制定奖励士兵的办法,7月18日,日本"众议院特别议会一致通过决意,表示对本次北支事变派遣官兵予以感谢,同时尽早制定政府鼓励决议。贵族院也通过同样决议"②。

为了充实日本的军事力量,动员更多人出资支持战争,朝日新闻社发起了"战机捐款运动"。报社在倡议书中提出,卢沟桥事变后,战机的作用日益重要。而日本战机数量少,影响了军队的战斗力。日本制造战机,需要大量的资金支持。现在政府财政困难,无法完全负担制造飞机的费用。国民应踊跃捐款,实行"航空报国",为充实国防贡献力量,使日本在战争中处于有利地位,"在严峻的形势下,更需要举国一致。朝日新闻社坚信捐款活动一定会得到国民的热情支持"③。朝日新闻社发起"战机捐款运动",得到了日本各界的广泛支持,捐款数额和人数直线上升。"战机捐款运动"发起的翌日,朝日新闻社工作人员就忙得不可开交,甚至没有时间吃午饭。还有许多捐款大户,如:"大日本电力社长以个人名义捐款1 000元,以公司名义捐款2万元,以帝国电力名义捐款5 000元,合计捐款26 000元。日产汽车5 000名职工捐款2 000元"④,"东洋纺织会社捐款5万元,会社员工个人捐款3万元。兵库县的阿部孝次郎个人捐款2万元。截至今天4点,朝日新闻的东西两社(指东京和大阪的报社,引者注)共收到441 341.65元的捐款。大阪制钢株式会社再捐款1万元,松下电器株式会社社长松

---

① [日]《朝日新闻》,东京,1937年7月22日。
② [日]《朝日新闻》,东京,1937年7月19日。
③ [日]《朝日新闻》,东京,1937年7月20日。
④ [日]《朝日新闻》,东京,1937年7月21日。

下幸之助个人捐款 1 万元,该社员工捐款 5 000 元。这样大额捐款不断出现,到下午 6 点,捐款突破 50 万元"①。朝日新闻社发起的"战机捐款运动",在日本社会引起了强烈反响,形成了席卷全国的"防空报国"热,到处呈现着"铳后"支援的热情。除朝日新闻社发起的战机捐款外,日本还有名目繁多的战争捐款,有人发起为出征中国东北、华北的士兵捐款。日本"人道会"发起为华北军马募捐的活动。他们认为军队在中国作战,不仅士兵辛苦,军马也很劳顿,应慰劳军马,更好地发挥战斗力。

在"举国一致"的战争狂潮中,日本妇女也不甘落后,她们以各种形式从事后方支援战争活动。日本爱国妇人会会长本野久子表示,"在重大时局时刻,爱国妇人会荣幸加入举国一致行列,举全体会员之力,为航空报国贡献力量"。大日本航空妇人会会长松平俊子说,"在战争中,空军的作用很重要,现在北支事变(原文如此,译者注)的发展不容乐观,官民要团结一致,为建设空军出力。值此朝日新闻社倡导军用机捐款事业之时,作为航空后援的航空妇人会将全力协助"②,从精神、物质上,支持战争。大日本联合妇人会理事长、东京妇人会委员长、全国小学女教员联欢会副会长等作为妇女团体的代表,都表示支持战机捐款运动,并以各种形式支持战争。"为祈愿北支及驻满士兵武运长久,爱国妇人会 19 日上午 10 点组织参拜明治神宫。在爱国妇人会本所邻保馆工作的 220 名女工作人员,在馆长带来下,一同祈愿武运长久。"③7 月 31 日,《朝日

---

① [日]《朝日新闻》,东京,1937 年 7 月 22 日。
② [日]《朝日新闻》,东京,1937 年 7 月 29 日。
③ [日]《朝日新闻》,东京,1937 年 7 月 20 日。

新闻》报道东京妇女走上街,缝制"千人针"①的活动。各个妇人会组织会员到医院去慰问伤员、慰问军人家属,"以女博士竹内茂代为首的一行人,到东京牛入陆军医院,慰问南京战役中负伤士兵"②,这些活动经过各大媒体的渲染,鼓动了日本国民的战争情绪,有更多的人效仿去支持战争。

　　一些日本人受军国主义宣传影响,不满足于后方的"铳后支援"了,要求去前线更加直接地表达"赤诚爱国"心。"日本学生航空联盟关东、关西两支部操作部中,有 14 名学生取得二等操作员证书。他们向陆军大臣提出'北支事变从军申请',要求成为我国第一批空中义勇军"③。有后备役军人要求到前线参与实际工作。"名古长藏 50 岁了,是三重县后备海军特务少尉,他表示自己在电信科工作,虽然年纪大了,但是,熟悉电信工作,自己也没有什么后顾之忧"④,希望能去战场上发挥自己的技术特长,为战争出力。

　　卢沟桥事变后日本迅速形成遍及全国的"赤诚报国"狂热,这与近代以来政府向国民灌输"忠君"思想和"神国"观念有密切关系,也是舆论进行战争煽动的结果。在战争期间,日本政府实行严格的舆论管控,报纸、广播是普通百姓了解国内外大事的唯一渠道。在政府的控制下,日本国民无从了解战争完整信息,不可能对战争原因、性质做出正确的判断。在政府管控的媒体鼓动下,日本

---

① "千人针"是第二次世界大战期间,日本国内流行的一种祈愿出征士兵战场平安、武运长久的活动。在一米长的白布上,千名妇女用红线每人缝一针。还会在白布上绣上虎等图案。有的还在布上开个洞,缝入五钱或者十钱硬币,意味着"五钱"越过了"四钱",日语"四钱与死线"同音,"十钱"越过了"九钱",日语"九钱与苦战"同音。士兵往往会将"千人针"围在腰间或者缝到帽子里。"千人针"又称"千人力"。

② [日]《朝日新闻》,东京,1937 年 12 月 7 日。

③ [日]《朝日新闻》,东京,1937 年 7 月 19 日。

④ [日]《朝日新闻》,东京,1937 年 7 月 15 日。

人把对中国的侵略当作维护日本合法权益、反抗西方列强压迫的正当行动,把愚忠当作"爱国"。正因如此,战后中国政府一再强调发动侵略战争的是少数军国主义分子,中日关系要"向前看","你们已经陪过不是了。不能天天陪不是,是不是?"①,希望中日两国能够超越历史,体现了中国人的宽广的胸怀。

然而,中国人的大度不能成为日本政府否认战争责任,民众不反思的理由。卢沟桥事变后,日本民众无论是自愿还是被迫,是主动还是盲从,他们的所谓"报国"给侵华战争前线的日本士兵以巨大精神支持,客观上助长了侵略暴行。

卢沟桥事变后,日本出现了各种亚洲"联合""联盟"的理论、团体,配合政府扩大战争的政策,鼓吹卢沟桥事变是东亚摆脱西方殖民主义统治的新契机,要使中国人了解日本的"良苦"之心,把中国抵抗日本侵略引向反对西方压迫上去,"兴亚"论演化为"东亚联盟""东亚协同体""大东亚共荣圈"等各种侵略理论,配合日本的军事进攻。

这些新的"兴亚"论有一个共同特点,就是认为中日战争不仅是两国武力的较量,而且是政治、经济、文化、民心等各个方面的"总力战",要重视中国民族主义的作用,笼络人心。他们认为,中国人的民族意识、国家观念已今非昔比,比九一八事变时已有很大进步。如果无视中国的民族主义的成长和作用,仅仅满足对中国领土的占领,就无法达到维护日本权益的目标,在长期战争的泥沼中不能自拔,甚至可能带来灭顶之灾。他们向日本政府建言,应该重视中国人民族意识的觉醒,以联盟、协同、共存共荣等思想,消除中国民族主义的影响,把中国对日抗战领导到与日本合作的道路

①《毛泽东外交文选》,北京:中央文献出版社、世界知识出版社,1994 年,第 226 页。

上来,早日结束战争,达到完全征服中国的目标,称霸世界。这些侵略理论直接或间接地影响日本政府的决策,有的成为制定"建设东亚新秩序"的参考,有的直接被表述为日本的对外政策,从不同方面支持战争。

第四节 "兴亚"论与日本侵华政策的调整

一、日本战争狂热再度兴起

由于中日国力、军力对比悬殊,卢沟桥事变后数月内,日军就占领了北平、天津、太原等华北的重要城市,1937 年底,日军占领国民政府首都南京。战争的进展虽然没有像日本军部预想的那样"凭借日本的战斗力攻占中国一个星期足矣"①,也没有在一个月内结束。但是,日军在几个月的时间里就占领中国中东部的大部分地区,迫使国民政府退出南京,这足以让日本政府感到胜利的喜悦,以为中国马上就被征服了。日本政府估计,国民政府在首都被占领后,将丧失继续抗战的决心,中国人的抗战意志就要被彻底摧毁,日本可以像九一八事变后那样,在中国扶植傀儡政权,采取以华制华的手段,达到发动战争的目的。

基于上述判断,1938 年 1 月 11 日,日本召开御前会议,会上制定了《处理中国事变根本方针》,决定:"若支那先中央政府不来求和,帝国今后也不期待以其为对手解决事变,扶植成立新的支那政权,与之协商调整国交、建设新支那。"②1 月 16 日,首相近卫文麿

---

① [日]竹内好:《预见与错误》,东京:筑摩书房,1970 年,第 11 页。
② [日]日本外务省编:《日本外交年表并主要文书》下,第 385 页。

发表《不以国民政府为对手》的对华声明,称"帝国政府今后不以国民政府为对手,而期望真能与帝国合作的中国新政权的建立与发展,并将与此新政权调整两国邦交,协助建设复兴的新中国"①。18日,日本政府又发表了《补充声明》,强调"所谓今后不以国民政府为对手,较之否认该政权更为强硬。从历来的国际法来说,为了否认国民政府,只要承认新政权就可以达到目的。因为尚未到达正式承认中华民国临时政府的时候,所以,这次开国际法上的新例,在否认国民政府的同时,将它彻底抹掉"②。日本政府在声明中表达了对战争前景的乐观估计,而且还表现出对国民政府的无视,也就是,日本否认国民政府的存在和价值时,还没有以政府的名义承认在关内扶植的傀儡政权是代表中国的政府。

日军即将占领南京的消息传到日本,国内一片沸腾。这对日本是一个"利好"的消息,带来了股市的繁荣,股票价格大涨,"继续月初以来的良好状况,股市 6 日由钟纺股价暴涨带动价格一路飙升",这是因为"即将攻陷南京,股市爆发"③。股市暴涨令日本投资者欣喜若狂,带来了许多"南京成金"(即爆发户)者。日军占领南京正好是年末,日本人准备过新年的时候,年底,很多人认为"今后随着蒋介石政权没落,日本将在中国实行大跃进,年末金融安定、人们争相购买商品,呈现出对战后发展寄予无限希望的景象"④。

日本资本家近代以来在对外战争中都大发其财,全面侵华战争后,日本资本家更加积极表示支持战争。著名的钟纺公司经理津田信吾发表《寄语大陆政策》一文,他表示公司将全力支持战争,

①［日］日本外务省编:《日本外交年表及主要文书》下,第 386 页。
②［日］日本外务省编:《日本外交年表及主要文书》下,第 387 页。
③［日］《朝日新闻》,东京,1937 年 12 月 7 日。
④［日］《朝日新闻》,大阪,1937 年 12 月 7 日。

"无论日军是到南昌、汉口还是成都,直到蒋介石投降为止,所需要的飞机包在我身上。照现在的势头发展下去,一年内可以解决整个中国。这似乎有点快了,可以不用着急,慢点来"①,毫不掩饰对日军前线取胜的得意之情。明治维新后,日本推行"殖产兴业"政策,扶植垄断财团,大量发展军事工业。资本家是日本不断发动战争的经济后援力量,也在频繁的对外战争中获得了巨额利润。据调查,日本著名的大财阀三井,1939 年下半年 9 个公司的平均利润率达 13.9%,三菱系统 26 个公司的平均利润达到 22%,住友系统 19 个公司的平均利润率达到 15.9%。② 在侵略战争中发大财的日本资本家,从物质和精神上表达支持政府的决心,希望在战争中得到更多的好处和利益。

日军攻占南京后,作为日本陆海军大元帅的天皇亲自发布嘉奖谕令,表彰、慰问陆海军参加攻占南京的部队,"中支那(原文如此)陆海军各部队,在上海附近作战后,继续勇猛果敢追击,迅速攻陷首都南京,我深表欣慰。此旨传达给全体将士们意"③,这表明日本天皇在侵略战争中的责任和作用。得知日军占领南京的消息后,受到天皇意识形态毒害的日本国民也极度兴奋,东京市民自发地聚集到皇宫的二重桥前,挥舞国旗,高呼口号,连日举行庆祝活动。东京市民举行了数十万人参加的提灯庆祝游行。12 月 15 日,东京帝国大学以及高、中等学校学生近 10 万人,举行庆祝日军攻陷南京的活动。

日本政府以为占领国民政府首都,中国已经没有抵抗能力了,

① [日]《朝日新闻》,大阪,1938 年 1 月 4 日。
② [日]依田熹家著,卞立强译:《日本帝国主义和中国:1868—1945》,北京:北京大学出版社,1898 年,第 302 页。
③ [日]《朝日新闻》,东京,1937 年 12 月 15 日。

战争很快就可以结束,日本的目的即将达到。然而,国民政府首都南京被日军占领后,中国人的抗日斗志和决心丝毫未减退,国民政府宣布迁都,继续坚持抗战,直到胜利。日军攻占南京后,又接连发动了对徐州、武汉、广州等地的战役。1938 年底,日军占领武汉、广州后,其用兵达到极限,中国军队仍然在继续抗战,中国抗日战争由此进入相持阶段。日本政府面对深陷长期战争泥沼的现实,不得不调整对华政策,从"速战速决""剿共灭党"变为"以华制华""建设东亚新秩序",准备应付长期战争。

二、日本建设"东亚新秩序"政策的提出

随着战争的长期化,日本国土面积小、资源匮乏的弱点日益突出。日本政府希望早日从长期战争的泥沼中走出来,结束对华战争。于是,日本调整了"不以国民政府为对手"的政策,开始采取军事进攻与政治诱降相结合的方式,来分化瓦解中国的抗日阵营,提出"合作""和平""东亚新秩序"等对华方针,以达到战争目的。1938 年 11 月 3 日,日本政府发表《虽国民政府亦不拒绝》的第二次对华声明,声明虽然继续宣称"国民政府仅为一地方政权而已。然而,如该政府坚持抗日容共政策,则帝国决不收兵,直到其崩溃为止",却又说"帝国所期求者即建设确保东亚永久和平的新秩序。如果国民政府抛弃以前的一贯政策,更换人事组织,取得新生的成果,参加新秩序的建设,我方并不予以拒绝"①。日本不愿意承认国民政府仍然具有很大的号召力和影响力,贬低其已经沦为"地方政权",但是,也意识到如果无视蒋介石、国民政府的存在,战争就不可能结束。日本希望国民政府改变抗日政策,做适应日本需要的

---

① [日]日本外务省编:《日本外交年表并主要文书》下,第 401 页。

改组,与日本共同建设"东亚新秩序"。这个声明表明日本政府改变了"不以国民政府为对手"的政策,准备与国民政府进行交涉,诱使国民政府与日本合作。

1938年11月30日,日本御前会议作出《调整日华新关系方针》的决定,提出"在互惠的基础上,日、满、华善邻友好、共同防共、经济提携"①三项原则。然而,日本的"善邻友好"仍然坚持中国承认伪满洲国,建立所谓日、"满"、华三国的友好关系,继续侵占中国主权和领土完整;在"共同防卫"中,日本要求与中国缔结军事同盟,日本要继续在中国驻兵;"经济提携"则要求中国为日本开发华北资源提供便利。显然,日本提出的所谓建设"东亚新秩序",是继续向中国大陆扩张政策,其征服中国的目标丝毫没有改变,不过是要以诱骗的手段达到军事进攻难以达到的目的。12月22日,日本政府又发表第三次对华声明,重申"日满华三国应以建设东亚新秩序为共同目标联合起来,共谋实现相互善邻友好、共同防共、经济提携"②的原则,这就是通常所说的"近卫三原则",日本声称"日满华三国在建设东亚新秩序的共同目标下联合起来"③,它认为建设"东亚新秩序"是日本"神国"的使命,是为了东亚的和平,"东亚新秩序"是"渊源于我国的肇国精神。完成这一建设,是现代日本国民的光荣任务"④,完成这个使命,就是要"确立以日满华三国合作,建立政治、经济、文化等各方面的互助关系,确立东亚的国际正义、实现共同防共、创造新文化,实现经济合作"⑤,希望中国理解建设"东亚新秩序"的意义,主动参加新秩序建设,承担相应的责任。

---

① ［日］日本外务省编:《日本外交年表并主要文书》下,第405页。
②③［日］日本外务省编:《日本外交年表并主要文书》下,第407页。
④⑤［日］日本外务省编:《日本外交年表并主要文书》下,第401页。

　　日本提出建设"东亚新秩序"的对华方针后,首相近卫文麿发表广播讲话,进一步解释"东亚新秩序"政策的含义,称日本"不是要征服中国,而是与中国携手,促进中国的新生,共同分担建设'新东亚'伟业,确立东亚新的和平体制,建设以道义为基础的东亚各国的自主联合"①。"建设东亚新秩序"政策表明,日本对华政策从注重军事进攻发展为加强"政治诱降",从"破除"一战以后形成的凡尔赛—华盛顿体制,发展到"创立"以自身为核心的新国际秩序阶段。日本提出建设"东亚新秩序"政策后,不仅在政治、经济、国防等方面阐述中日提携的重要性与必要性,还特别提出要创造东亚的"新文化",发挥"文化"在"建设东亚新秩序"中的作用。

　　第三次近卫声明发表的第二天,国民政府外交部就发表声明予以驳斥,认为日本"建设东亚新秩序"政策,没有改变破坏中国领土主权的政策,中国将继续坚持抗战直至最终战胜日本的侵略。12月26日,蒋介石在总理纪念周发表讲话,指出近卫声明"是敌人整个的吞灭中国,独霸东亚,进而企图征服世界的一切妄想阴谋的总自白,也是敌人整个亡我国家,灭我民族的一切计划内容的总暴露"②,所谓"建设东亚新秩序"是"推翻东亚的国际秩序,造成奴隶的中国以遂其独霸太平洋、宰割世界的总名称"③,揭露"东亚新秩序"是欺人之谈,"善邻友好"是牺牲中国自由独立的神圣权力,中国抗战不是与日本争霸,而是民族解放战争。1938年底,战争形势发生了重大变化,中国抗战进入转守为攻、转败为胜时期,日军用

①［日］社论:《日中国交調整の根幹》,《朝日新闻》,东京,1938年12月23日。
②蒋介石:《揭发敌国阴谋与阐明抗战国策》,张其昀主编:《先总统蒋公思想言论总集卷十五》,台北:中国文化大学出版部,1984年,第670—671页。
③蒋介石:《揭发敌国阴谋与阐明抗战国策》,《先总统蒋公思想言论总集 卷十五》,第672页。

兵达到极限,中国必将赢得最后的胜利。蒋介石的抗战主张,得到了包括中国共产党在内各阶层民众的支持。

日本建设"东亚新秩序"政策,凸显了排斥列强、独霸东亚的野心,与华盛顿会议制定的"门户开放、利益均沾"原则相悖,引起欧美各国的强烈不满。1938 年 12 月 31 日,美国政府发表措辞强硬的照会,指出日本"无视既存的门户开放政策,很难承认其所谓的新秩序"[①]。英国、法国也在 1939 年 1 月初,分别向日本递交照会,不承认所谓的"东亚新秩序"。

日本建设"东亚新秩序"继承了近代以来"兴亚"论的"连带""联合"等口号,强调东西方文明和种族的不同与矛盾,把自己打扮成中国的朋友,企图以"友好""提携"作诱饵,达到控制中国、独占亚洲的目的。建设"东亚新秩序"声明,使近代以来以"兴亚"为标志的亚洲主义从民间走向官方,从思想、文化上的阐述,化为日本政府实际对外政策的组成部分。

三、"兴亚"论为"大东亚共荣圈"造势

日本的"建设东亚新秩序"政策,公开挑战第一次世界大战之后形成的凡尔赛—华盛顿体系,否定了"机会均等"原则,要在亚洲建立日本"领导"下的新的国际秩序,这必然与欧美的在华利益发生冲突,加剧双方的矛盾。美国为首的西方国家反对日本独占亚洲的政策,并对日本危害其在中国利益的行为进行了一定的阻止。美国开始给中国抗战以经济支持,希望中国发挥制止日本扩张的作用。1938 年底,美国政府向国民政府提供了一些贷款。1939 年

---

① [日]《駐支米大使の報告、米の対支政策を左右》,《朝日新聞》,东京,1939 年 1 月
　19 日。

7月26日,美国通知日本,废除《日美通商航海条约》,1940年1月26日,该条约失效。日本因此失去了很大一部分战略物资和工业设备的来源。1939年9月,日军在诺门坎战役中败北,"北进"受挫,军事战略物资供应也更加紧张。

1940年7月,近卫文麿组织第二次内阁。在正式组阁前,近卫召集即将出任陆相的东条英机、海相吉田善吾、外相松冈洋右等人,到东京的荻洼别墅讨论形势和政策,即著名的"荻洼会谈"。"荻洼会谈"确定了新内阁的对外方针,将英、法、荷、葡等国在亚太地区的殖民地,列入日本"东亚新秩序"的范围。7月22日,第二届近卫内阁成立。26日,近卫内阁制定了《基本国策纲要》,提出"皇国基于八纮一宇的肇国精神,以确立世界和平为根本,建立以皇国为核心,以日满华牢固结合为基础的大东亚新秩序"①。这里,把"东亚"扩展为"大东亚",地理上涵盖的范围扩大了。第二次近卫内阁的外相松冈洋右阐述新一届内阁的外交方针时,将建设大东亚新秩序表述为建设"大东亚共荣圈",此后"大东亚共荣圈"就成为日本对外扩张政策的代名词,被广泛使用。松冈洋右认为:"日本必要物资出口更加困难,因此,须倾全力获得我国通商贸易上必要的物资,重点弥补'东亚经济圈'的资源不足。"②

在日本,最早使用"大东亚共荣圈"一词是曾经在中国从事间谍活动的陆军大佐岩畔豪雄和陆军省参谋本部战争指导课主任堀场一雄。他们认为"大东亚共荣圈"就是日本的"生存圈",除在中国、伪满洲国和日本之间建立经济共同体外,还应把东南亚作为资源供给地,把南太平洋纳入日本的"国防圈"。7月27日,大本营政

---

① [日]日本外务省编:《日本外交年表并主要文书》下,第436页。
② [日]《松冈外相演说集》,东京:日本国际协会,1941年,第13—14页。

府联络会议上,通过了《伴随世界形势变化处理时局纲要》,纲要确定日本的基本方针是"帝国与世界形势的变化相适应,改善内外形势,在促进中国事变迅速解决的同时,捕捉良机,解决南方问题"①,日本政府已经将解决中国事变作为南进的前提,改变为在中国问题未解决前,只要认为形势有利,就解决南方问题,南进被提到了重要的日程上。

1940年9月27日,日本与德国、意大利在柏林签订了三国同盟条约。条约承认德意在欧洲,日本在"大东亚""新秩序建设"的"指导地位",三国中任意一个国家如果受到攻击,三国将在政治、经济及军事上互相支援。这个条约从东西两个方面打破了凡尔赛—华盛顿体制,形成了与美英阵营对立的三国轴心阵营。1941年6月,德国冲破德苏互不侵犯条约,进攻苏联。苏德战争爆发,为日本的北进提供了良机。是北进还是南进?日本统治集团争论不休。最后决定实行折中的南北并进方针。7月2日,御前会议决定《适应形势发展帝国国策纲要》,确定了"帝国无论世界形势如何变化,将坚持以建设"大东亚共荣圈"确立世界和平为方针。帝国依然向处理中国事变的目标迈进,同时,为确定自存自卫的基础,向南方前进,并适应形势的变化,解决北方问题"②,开始把建设大东亚新秩序表述为建设"大东亚共荣圈"。

1941年7月18日第三次近卫内阁成立。日军进攻法属印度支那南部,受到了美国的强烈反对。7月25日,美国冻结了日本在美财产,英国、荷兰也采取了同样的措施。8月18日,美国对日本全面实行石油禁运,这对日本是致命的打击。9月6日,日本御前

① [日]日本外务省编:《日本外交年表并主要文书》下,第437页。
② [日]日本外务省编:《日本外交年表并主要文书》下,第531页。

会议决定"帝国为自存自卫,决心不惜对美(英荷)开战,在 10 月下旬完成战争准备"①。然而,日本首相近卫文麿在对美开战之前,担心对中国的战争还没有解决,又进行更大规模的战争对日本不利,表示自己"对战争没有信心,请有自信的人来做"②,10 月 16 日,第三次近卫内阁总辞职。这表明中国人民坚持抗战,使日本陷于长期战争的泥潭,使其感到力量不足,近卫内阁不得不辞职。

1941 年 10 月 16 日,近卫文麿辞去首相职务,第三届近卫内阁寿终正寝。18 日,东条英机组成新一届内阁。东条上台后,立即确立"大东亚共荣圈"为既定国策。11 月 2 日,内阁与大本营联席会议确定了《帝国国策纲要》,提出了"帝国为打开目前危局……建设大东亚新秩序,现决心对美、英、荷开战;发动武装进攻的时间定为12 月初,陆海军应完成作战准备;如在 12 月 1 日上午零时以前对美谈判取得成功,即中止发动武装进攻"③。纲要确定后,日本各级战争机构即开始做准备。1941 年 12 月 8 日,日军出动了 6 艘航空母舰,战舰、潜艇51 艘,飞机388 架,向美国太平洋舰队发动突然袭击,太平洋战争爆发。12 月 8 日上午 11 时 40 分,日本公布了天皇的《宣战诏书》,宣布日本向美国及英国宣战。9 日国民政府发布对日宣战文,向已经实际交战多年的日本宣战,并向德意两国宣战。随即英国、加拿大、澳大利亚、荷兰、新西兰、巴拿马、萨尔瓦多、自由法国、波兰等 20 多个国家相继对日宣战。

12 月 10 日,日本大本营、政府联络会议决定,把这次战争称为大东亚战争。这里的"大东亚",不仅包括东南亚、太平洋地区,而

---

① [日]日本外务省编:《日本外交年表并主要文书》下,第 544 页。

② [日]江口圭一:《大系日本の历史·14》,第 313 页。

③ [日]日本外务省编:《日本外交年表并主要文书》下,第 554 页。

且随着战争进程不断扩大。甚至有日本人设想,如果日军能在美国登陆,美国也将包括在大东亚范围内,"只要是和日本有关联的地区,都可以包括在内"①,大东亚包括整个亚洲、夏威夷、澳大利亚等国家和地区,暴露了日本狂妄的野心。

日本乘偷袭珍珠港成功,美国太平洋舰队暂时瘫痪之机,向东南亚一带迅速挺进。太平洋战争初战的胜利,打破了中日战争进入相持阶段后日本国内的沉闷气氛,日本再度出现了战争狂热。《文艺春秋》杂志 1981 年 12 月在太平洋战争爆发 40 周年之机,进行了舆论调查,调查显示:日本在太平洋战争初战胜利的消息传到国内后,"开战布告和贴在大街小巷、电车等处的广告中,净是消灭我们的敌人英美等国,让他们葬身于一亿火海之中的词句"②。在太平洋战争爆发前,日本大量宣传"A(美国)B(英)C(中国)D(荷兰)包围圈"对日本的威胁,使国民在不明真相的情况下,处于高度紧张状态。由于日本的舆论控制,太平洋战争爆发后,很多国民有"从重压之下获得解放的感觉"③。

日本发动太平洋战争的直接目的,是夺取太平洋地区的资源,但是,日本舆论一致宣传,太平洋战争是为了"解放大东亚"各个民族,排除英美等列强对亚洲的压迫,把侵略当作正义的行动,鼓动国民支持战争。日本还强化"举国一致"的战争体制,规定"政府有权对报纸及其他出版物的内容进行限制直至禁止"④,战争宣传渗透到社会各个角落。媒体宣扬日本"是东亚的轴心国家,而其他国

---

① [日]长谷川亮一:《"皇国史观"という问题》,东京:白泽社,2008 年,第 236 页。
② [日]江口圭一:《大系日本の历史·14》,第 321 页。
③ [日]江口圭一:《大系日本の历史·14》,第 320 页。
④ [日]《法令全书》,昭和 13 年《法律》,第 109 页。

家是卫星国家,只有依靠我国的领导或培养才能获得发展"①,鼓吹
"东亚共荣圈并非日本一时的权宜之计,是为了日本国家民族的长
远发展,也是为了东亚各国的自立和繁荣"②,要求日本人通过各种
方式支持战争,表达"尽忠报国""践行臣民之道"。

为了加强对太平洋占领区的统治,日本对政府机构进行了调
整。1942年11月1日,日本废除对满事务局、兴亚院和拓务省,成
立大东亚省,目的是集中发挥这些地区的作用,增强战斗力。大东
亚省下设四个局,即总务局、"满洲事务局"、中国事务局和南方事
务局,统一管辖除日本本土、朝鲜、中国台湾、库页岛以外的所有日
本统治区。

1943年11月5日,大东亚会议在日本东京召开。日本首相东
条英机、伪满洲国总理张景惠、南京伪国民政府主席汪精卫,以及
"新菲律宾"总统罗雷尔、缅甸元首巴莫、印度临时政府主席鲍斯等
出席了会议。会议发表了《大东亚共同宣言》,鼓吹"大东亚各国互
相合作,确保东亚之安全,并以道义为基础,建设共存共荣之秩序;
大东亚各国应该相互尊重自主独立,实现互助敦睦,确立大东亚之
亲善友谊;大东亚各国相互尊重各自的传统,发挥各民族之创造
性,以提高大东亚之文化;大东亚各国应在互惠之下紧密提携、合
作,以谋求经济发展,来增进大东亚之繁荣;大东亚各国应与万邦
敦睦交谊,消除人种差别,普遍进行文化交流,进而开放资源,以贡
献于世界之发展"③。汪精卫、张景惠等分别在宣言上签了字。8
日,汪精卫在东京发表广播讲话,再次表示"尽其全力,分担贯彻

①［日］《资料日本现代史·13》,东京:大月书店,1985年,第171页。

②［日］尾崎秀实:《东亚共荣圈の新课题》,《尾崎秀实著作集》第5卷,东京:劲草书房,
　1977年,第186页。

③［日］日本外务省编:《日本外交年表并主要文书》下,第594页。

"大东亚共荣圈"建设之责任"①。尽管日本使用了"新秩序""共荣圈"等华丽词句,但是,也改变不了日本侵略的实质。它在广大占领区实行的是极其残暴的殖民统治。

伴随着日本不断扩大侵略战争,日本的"兴亚"论演变为多种支持战争的侵略理论。其中比较有代表性的是:"东亚联盟"论、"东亚协同体"论、"大东亚共荣圈"论。这些理论继承了将近代以来的"兴亚"论,变换为"联盟""协同""共存共荣"等具有欺骗性的词汇,公开为侵略战争张目,企图以此淡化中国人不断提高的民族意识和民族向心力,将中国的对日抗战引向与日本"合作",实现武力征服难以达到的目的,"不战而屈人之兵",早日摆脱长期战争的泥沼。这些理论比明火执仗的侵略更加具有隐蔽性、欺骗性和蛊惑性。

---

①《中华日报》,上海,1943 年 11 月 9 日。

第四章 "东亚联盟"之"兴亚"主张与活动

第一节 "东亚联盟"之"兴亚"主张

一、东西方文明对立下的世界最终战争论

"东亚联盟"论由九一八事变的策划者、号称日本"谋略家""第一兵家"的石原莞尔提出。[①] 1889 年石原莞尔出生于日本东北地区的山形县,幼年时期,先后入仙台陆军地方幼年军校、东京陆军中央幼年学校学习,后到日本陆军士官学校学习,1915 年进入日本最高的军事学府——陆军大学。陆军大学每年仅招生数十人,都是优中选优的精英,石原莞尔被认为是"陆大创办以来,从未有过的优秀人才"[②],可以说是"精英中的精英"。石原莞尔从陆军大学毕业后,被派到中国汉口的华中派遣队司令部任职。在任一年多

[①] 关于"东亚联盟"论的研究,本人曾经出版过专著《东亚联盟论研究》,北京:首都师范大学出版社,2001 年,本章是在自己以往研究基础上的深化,有一些资料是以前专著中的,特此说明。

[②] [日]河原宏:《アジアへの思想》,东京:川岛书店,1968 年,第 184 页。

的时间里,石原莞尔到湖南、四川、上海、南京等地"考察",收集关于中国的经济、政治、军事等方面的情报。石原莞尔通过考察得出这样的结论,日本要取得在中国的利益,不能只用武力,更重要的是使用宣传、收买等手段。1921 年 7 月,石原莞尔调任陆军大学教官;1922 年赴德国留学,专门研究战争史和战争理论,他对克劳塞维茨的《战争论》非常感兴趣。石原莞尔在研究克劳塞维茨战争论的基础上,结合国柱会对世界两大阵营的观点,提出了"世界最终战争论"。1925 年,石原莞尔从德国留学回国后,继续担任陆军大学教官。1928 年 4 月,石原莞尔晋升为中佐,10 月,任关东军参谋。1931 年因策划九一八事变而蜚声军界。1935 年 8 月,石原莞尔进入日本军令最高机关陆军参谋本部①,先后任作战课长、战争指导课长、第一作战部长等职。1937 年 3 月,石原莞尔晋升为少将,1939 年 8 月升为中将,任师团长。石原莞尔在担任关东军参谋期间,与关东军参谋长东条英机矛盾激化,后来受到东条英机的排挤,转入预备役。他利用好友板垣征四郎在军中影响,推行"东亚联盟"的计划落空。石原莞尔转入预备役后,在民间从事"东亚联盟"活动,宣传自己的主张。有日本学者指出:"如果条件具备,他(指石原莞尔)可能成为日本的希特勒、墨索里尼,成为日本法西斯的最高政治领导者。"②

1919 年石原莞尔加入田中智学创立的佛教团体国柱会,成为一名佛教徒。佛教产生于印度,汉代传入中国。佛教在中国长期传播中,与中国需要结合起来,形成了重视经论研究的具有中国特

---

① 日本的陆军参谋本部和海军军令部是负责军令(有关部队的统帅、指挥和调动等)的机关,其地位在负责军政(有关军队的编制、管理等)的机关陆海军省之上。

② [日]秦郁彦:《昭和史の军人たち》,东京:文艺春秋,1982 年,第 233 页。

点的宗教。中国佛教经朝鲜半岛传到日本,与日本社会需要相结
合,形成了有别于中国佛教的日本佛教。日本佛教重视信和信仰
心,对出家与在家,并没有严格的规定。明治维新后日本社会变革
时代,随着工业化、城市化的发展,社会出现新的矛盾,许多人希望
从宗教找到精神慰藉,于是,日本产生了许多新宗教和新的宗教团
体,1880 年在横滨成立的国柱会便是其中之一。国柱会是日莲宗
信徒田中智学创立的在家佛教组织,1884 年改称立正安国会,1914
年改称"国柱会",意思是"我为日本国柱"。国柱会奉行纯正日莲
主义,属于宗教中的右翼。国柱会提出"以宗教为经国的根本事
业",通过在家佛教实现佛教的近代化。田中智学根据《日本书纪》
"兼六合以开都掩八纮而为宇"的典故,创造了"八纮一宇"一词,要
"以日莲为中心统一世界",从日莲主义和国家主义的角度研究日
本国体,主张佛教近代化,鼓吹"以宗教为经国根本事业",企图把
日莲佛教作为日本的国教,当然,这个计划没有实现。国柱会虽然
是佛教团体,却非常热衷政治活动。1923 年,国柱会为了参与议会
政治,组织了"立宪养正会",主张建立国立戒坛,天皇皈依法华经,
实行宗教革命等。田中智学创立的"八纮一宇"一词,要建立以日
本为核心的世界秩序,是日本对外扩张的口号,成为日本"统一世
界"的原理。1937 年日本文部省编辑、发行的《国体本义》,正式将
八纮一宇作为日本的重要国是。石原莞尔作为佛教徒,国柱会的
一分子,在鼓吹对外扩张时,常常以宗教作掩护,打出日莲圣人的
旗号,被称为"手持屠刀的佛"①。

　　1904 年田中智学在《天业民报》上发表《世界统一天业》一文,
提出"轮转圣王"是统一世界的王种,"从各方面都可以证明,日本

---

① 伊文成等编:《日本历史人物传》,哈尔滨:黑龙江人民出版社,1987 年,第 662 页。

国祖先从古印度降临日本的王统","日本国的王统(天皇)就是这个神统,肩负统一世界的天命"①,将日本神话中的神武天皇作为真实的历史,鼓吹日本自神武天皇建国就是为了以道义统一世界,这种统一是"高洁的、道义的",与西方帝国主义侵略不同。田中智学打着神佛的名义,为日本扩张制造根据。1921 年 12 月,田中智学又在《天业民报》上发表《未来世界二大分野》,提出"今后世界将以美国为理想之样板,也就是世界开始进入美国化阶段。只有日本是世界唯一纯正的君主国,我认为今后世界发展趋势是,世界有民主的美国和君主国日本两大势力"②,日本将统一世界,这是佛的旨意。田中智学关于世界统一的理论对石原莞尔影响很大,石原莞尔认为神佛赋予日本统一世界的使命,"日莲圣人对未来发出了重要预言,世界将爆发以日本为中心的、史无前例的战争"③,作为军人,应该为实现日莲的预言而努力。田中智学打着神佛名义、由日本来统一世界的所谓"预言",成为石原莞尔最终战争史观的思想来源之一。

石原莞尔从日莲圣人的预言中受到"启发",他综合分析了第一次世界大战后的国际形势,提出了世界最终战争论。石原莞尔的世界最终战争论,有两个非常重要的概念:决战战争和持久战争。这两种战争最大的区别,是武力与政略在战争中所占的比重不同。石原莞尔认为,在战争过程中,如果武力比其他手段所占的比重大,战争在短时间内结束,这样的战争就是阳性的,是决战战

①　[日]田中智学:《世界统一の天业》,《师子王全集 师子王国体篇》,东京:师子王全集刊行会出版,1932 年,第 87 页。

②　[日]《天业民报》,东京,1921 年 12 月 22 日。

③　[日]石原莞尔:《最终战争论》,见《石原莞尔选集 3 最终战争论》,东京:东京たまいらば社,1986 年,第 56 页。

争。如果武力较之政治手段不占优势地位,战争持续时间长,这就是阴性的,是持久战争。石原莞尔认为古代战争属于决战战争,因为武力占据绝对优势地位,政治谋略所占比重较小,战争一般在短时间内就能决出胜负。欧洲文艺复兴后,由于商业发达,各国开始实行雇佣兵制度,政治谋略在战争中的作用越来越大,战争持续时间也越来越长,人类社会的战争就进入了持久战争阶段。法国大革命以后,拿破仑改革了雇佣兵制度,欧洲开始进入决战战争阶段。在第一次世界大战中,参战各国都想在短时间内结束战争,但是哪一方都没有能迅速取胜的实力,导致长达四年的持久战争。战争由决战战争再度向持久战争方向发展。

第一次世界大战后,世界范围内出现了国家联合趋势,并逐渐形成了四个主要的国家集团,即苏联、欧洲集团、美洲集团和东亚集团。国家集团形成意味着世界进入准决战时代。在准决战时代,四个国家集团为争夺世界的最后统治权,相互竞争、排斥甚至战争。在准决战中取胜的国家集团,将进行人类历史上规模最大、最为惨烈的最终决战,争夺对世界的最终统治权。石原莞尔预言,能赢得准决战胜利的是日本为首的东亚集团和美国为首的美洲集团,苏联和欧洲集团都会在准决战时代瓦解,因为:"苏联虽然一直努力建设国家,在自由主义向统制主义①发展时期,已经付出了数百万人的巨大牺牲,现在苏联国民仍被强迫做出各种牺牲。然而,无论斯大林如何竭尽全力进行统治,苏联毕竟如瓷器一样,坚硬却易破碎。"②在欧洲集团中,德国、英国、法国都是发达的资本主义国

---

① 石原莞尔认为,斯大林实行的是统制主义政策,政治上集权、经济上实行国有制。与自由主义相比效率更高,但是,国民没有自由,国内矛盾重重。
② [日]石原莞尔:《最终战争论》,第45页。

家,这个国家集团的实力是四个国家集团中最强的。但是,欧洲集团有其致命的弱点,就是其内部存在着利益冲突、矛盾重重,这种内耗必然导致矛盾升级而瓦解。所以,最终赢得准决战胜利的只能是东亚集团和美洲集团。这两个集团分别代表着东方王道和西方霸道两种不同文明,他们"将围绕究竟谁是世界的中心,挟太平洋进行人类历史上最后的决战,打一场空前规模的战争"①。这将是人类历史上的最后一次战争,是最终的决战,这次战争将"决定是日本天皇成为世界的天皇,还是美国总统统治世界,决定人类的最后命运。这是决定究竟由东洋王道还是西洋霸道最终统治世界的战争"②,是东方文明与西方文明的大决战。经过这次战争,失败者将被彻底摧毁,无力再发动战争。而胜利一方将融汇东西方文明来统一世界,人类由此进入永久和平的"黄金时代"。

石原莞尔认为,日本是东方文明的代表,一定要争取赢得最终战争的胜利,彻底战胜西方霸道,用东方王道统治世界。美国为代表的西方文明力量强大,日本虽然是亚洲唯一强国,列入世界屈指可数的强国行列,但是,仍然难以靠一己之力与西方列强,尤其是美国为代表的西方文明对抗,必须联合东亚其他国家形成强大的力量,积蓄足以对抗西方文明的实力。中国自鸦片战争以来,沦落为西方列强宰割的对象,国力衰弱。但是,中国的人口众多,资源丰富,是日本首先要联合的对象。石原莞尔认为,东亚各国都有反抗西方列强统治的要求,日本可以利用东亚各国驱逐白人帝国主义统治的愿望,阐明联合起来共同对抗西方的目的,使各国服从日本天皇的"领导"。东亚各国在"道义"的基础上联合起来,组成"东

① [日]江口圭一:《大系世界の历史》,第188页。
② [日]石原莞尔:《最终战争论》,第45—46页。

亚联盟",实行国防、经济、政治的合作,就可以形成巨大的力量,最终战胜以美国代表的强大的西方文明。

石原莞尔并不否认中国是世界文明的发源地之一,曾经拥有先进的文明、灿烂的文化,日本自古以来通过学习中国,促进了自身社会发展和文化进步。但是,他又认为,东方文明虽起源于中国,中国出现过孔子、孟子等著名的思想家,中国却因历史上屡遭异族入侵文明被彻底破坏,现在中国处于军阀割据状态,政治混乱、文明精华尽失。与中国一海之隔的日本却凭借没有被异族征服过的历史,是东亚唯一没有沦为殖民地的国家。日本不仅很好地保留了东方优秀的文化,而且将它不断发扬光大,日本是名副其实的东方文明代表。非但如此,日本有"万世一系"的天皇,有世界上最优秀的"国体",完全有能力代表与"领导"东亚各国对付西方侵略,并最终彻底战胜西方文明,建立永久和平的"王道"的世界。

二、"东亚联盟"论之"指导理念"

石原莞尔提出"东亚联盟"的最终目标,是战胜以美国为代表的西方文明,确立日本在东亚、在世界的霸权。"东亚联盟"这个词最早出现在伪满洲国协和会的纲要中。如前所述,日本在中国东北扶植建立了伪满洲国后,为了巩固殖民统治,彻底征服人心,在武力镇压东北人民反抗的同时,还打着中日"亲善""民族协和"的幌子,实行思想、文化上的殖民统治。1932 年 7 月 25 日,日本在中国东北建立了思想教化团体——伪满洲国协和会,溥仪任名誉总裁,伪国务院总理郑孝胥为会长,关东军司令官本庄繁任名誉顾问。协和会鼓吹发扬"建国精神",建设"王道乐土",实行"日满一体"。1933 年 3 月,协和会制定了《满洲国协和会会务纲要》,提出"满洲国协和会根据王道主义,向国民彻底地普及建国精神,团结有明确信念的国民,排除反国家思想和反国家运动,以期建成民族协和理想之地,同时向全中国普及民族协和运动,进而扩展到整个东亚,结成东亚联盟以重建东洋文化,确保东亚的永久和平"①。这是"东亚联盟"一词第一次出现,这里的"东亚联盟"与协和会的目标、活动相结合,把将伪满洲国建设成"民族协和"的理想之地,并将其精神普及到整个东亚,作为"东亚联盟"的基础。

伪满洲国协和会纲要提出了"东亚联盟"这个概念,但是,其着力点在于配合伪满洲国政权,对中国东北人民实现思想控制,对"东亚联盟"的内涵、外延,还没有做进一步阐释。直到20世纪30年代后期,石原莞尔写了《东亚联盟建设纲领》,才开始从理论上阐述"东亚联盟"的必然性、基本概念、范围、条件、指导原理等,使"东亚联盟"形成比较完备的理论。"东亚联盟"基本理论是:在王道主义指导下,实现中日"满"的"国防共同、经济一体化、政治独立、文化沟通",为最终战胜西方文明创造条件。

日本发动全面侵华战争后,国内出现了打着亚洲联合、协同旗号,支持政府对外侵略的理论,"东亚联盟"论与其他各种"兴亚"论相比,有一个明显的特点,就是特别重视对指导理念的阐释。石原莞尔认为,"最近出现了许多兴亚团体,但遗憾的是它们没有明确的理念"②,没有指导理念就会失去行动目标,必然削弱理论的影响力,不利于实践活动的开展。

石原莞尔作为"东亚联盟"论的始作俑者,在所撰写的《东亚联盟建设要纲》《昭和维新论》等著作以及"东亚联盟"协会机关刊物

①〔日〕山口重次:《民族协和运动と当面の课题》,《东亚联盟》,东京,1942年第8期,第27页。
②〔日〕石原莞尔:《东亚联盟と兴亚运动》,《东亚联盟》,东京,1941年第7期,第36页。

《东亚联盟》中,系统地论述了"东亚联盟"的概念、范围、条件等。石原莞尔特别重视对"东亚联盟"指导理念的阐述,认为明确理念是"东亚联盟"的首要问题。至于"东亚联盟"的指导理念,毫无疑问是王道主义。他认为,王道主义是东方文明中特有的思想体系,是与西方霸道主义相对立的,"王道在政治上是联盟各个国家自觉地顺从民众的理性和良心,对最高价值的信赖与服从,是综合统一了内治与外治两个相对应的观念,是以东洋民族觉醒和统一为前提的东洋理想社会理念"①,所谓信赖最高价值,就是信赖日本天皇,因为日本天皇"万世一系",其优越性是任何国家都不可比拟的。石原莞尔认为卢沟桥事变就是为了实现"王道"、反对霸道而发生的,"就东洋来说,此次日支事变(原文如此)可以说是决定东洋命运的事变。从早到晚地争吵、倚强凌弱不是王道。王道不是以强力压制弱者,是以德相伴。西洋靠的是实力,东洋靠的是道德……日支关系发展到今天,更需要两国发自内心的提携,长期相扶相助。……希望不久的将来,能实现真正的王道结合"②。他认为中日两国真心"提携",卢沟桥事变就可以成为中日共同践行王道的契机。这显然是打着"王道"的旗号,为日本侵略中国寻找借口。

1868 年日本通过明治维新走上了近代化发展道路,在几十年的时间里完成工业化,成为亚洲唯一资本主义强国。然而,日本在经济、政治、思想变革方面并非同步进行,"忠君"等封建意识一直在社会上占据主导地位。1889 年,日本效仿西方国家颁布了一部

---

① [日]石原莞尔:《石原莞尔选集 6》,东京:东京たまいらぼ社,1986 年,第 19 页。
② [日]角田顺编:《石原莞尔资料——国防论策篇》增补版,东京:原书房,1971 年,第 247 页。

宪法,即《大日本帝国宪法》,从法律上确立了君主立宪制。然而,日本的君主立宪与西方一些国家的君主立宪制有很大的不同,宪法赋予天皇极大的权力,日本政府利用宪法向国民灌输"忠君"等落后思想。《大日本帝国宪法》与西方君主立宪最大的不同,就是把国民主权,变为"天皇主权",宪法明确规定:"大日本帝国由万世一系之天皇统治",天皇是国家元首,总揽统治权,统帅陆海军,拥有政治、军事、行政和外交等一切大权。宪法明文规定日本人是天皇的"臣民",而非西方宪法中的公民或者国民,臣民是以"王土王民"之国体精神而确定的,有臣民资格的人可以担任文武官员,在法律范围内享有言论、著作、出版、集会、结社等自由,并有服兵役的义务。《大日本帝国宪法》把近代国家国民应有的权利,当作天皇的恩赐,实际上是与"天赋人权""自由平等"等西方近代的民主思想相背离的。《大日本帝国宪法》还明确规定,国会、政府与皇室的关系中,主权归于皇室,天皇具有绝对的最后裁决权。《大日本帝国宪法》带有明显的专制色彩。

为了树立天皇的绝对权威,日本政府利用学校、媒体、舆论机构等,"神化"天皇,向国民灌输"忠君"意识,要求日本民众热爱天皇、忠于天皇、崇拜天皇、服从天皇。当国家有难时,国民应挺身而出,为天皇"尽忠",勇于舍身取义,"国恩宏大,在天孙开辟之国,一切都是天子之物。生则沐浴天子之水,死则葬于天子之地,食之谷米、穿之衣物皆产于天子之土地"①,日本人的一切都是天皇给的,"忠君"是国民最高的道德境界,要绝对服从和崇拜天皇。

1890 年,日本天皇颁布了《教育敕语》,《教育敕语》以封建的忠

---

① [日]1868 年 10 月《京都府下人民告谕大意》,载《明治文化全集·杂史篇》,东京:日本评论社,1868 年 10 月,第 488—489 页。

孝为根本理念,把学校、社会、家庭纳入军国主义的轨道。《教育敕语》要求国民在家作"孝子",在国作天皇的忠臣,在战时要为天皇"义勇奉公",保卫"皇运"。《教育敕语》公布的第二年,井上哲次郎拟制了讲解《教育敕语》的《敕语衍义》,提出天皇就像父母,臣民如子孙的家族主义国家观,臣民对天皇必须尽忠、尽孝。在日本,忠君就是爱国,这也是侵华战争时期,日本政府打着"爱国"旗号,驱使大量青年奔赴战场、成为炮灰的原因。"东亚联盟"利用神化天皇、忠君思想等落后的意识形态,吹嘘日本国体优越,天皇英明,不仅要求日本人要忠于天皇,还要东亚各国服从日本的"领导",建立"东亚联盟"。石原莞尔认为:"承接天照大神的天皇,是世界唯一天成君主"①,天皇"万世一系",是天照大神的后裔,这是其他国家都无法比拟的。日本如此优越的国体,决定了将来的世界定会在日本天皇的"领导"下统一起来。

"东亚联盟"认为,现在世界处于东西方文明对立之中,未来的世界最终战争是王道与霸道的决战,东亚各国只要信赖日本天皇,就能取得王道主义的胜利。王道就是中庸,是不偏不倚,"以王道政治相结合,不外是实现道义的政治"②。在道义的基础上,东亚各国可以从民族对立开始走向民族协和。世界的统一关键在于"道",而"八纮一宇的世界观就是运用文明进步,依靠'道'统一世界。八纮一宇的世界观,充分运用一切文明尤其是迅速发展的物质文明,促进世界的统一,但是,最根本的还是道"③。第一次世界大战后,战争已从为经济利益而战,变成为主义即为"道"而战,东

① [日]石原莞尔:《石原莞尔选集4》,东京:东京たまいらぼ社,1986年,第34页。

② [日]松浦嘉五郎:《道念の感觉と扶植》,《东亚联盟》,东京,1942年第7期,第12页。

③ [日]石原莞尔:《石原莞尔选集4》,第34页。

亚各国要为实现王道主义进行最后的战争。《东亚联盟建设纲领》中声称:"结成联盟的目的是建设东洋的王道文化,融和东西文明,确立大东洋道义社会,对其他民族国家没有任何侵略的企图"①,以建设东洋文化的名义,掩盖侵略本质。

为了表明王道主义在"东亚联盟"中的作用,石原莞尔将王道主义与中国的历史文化结合起来,强调王道主义不仅是日本的理念,也是中华民族四千年来的理念。他认为王道主义一直是中国人追求的目标,遗憾的是,中国从来就没有实现这个理想,孙中山思想中就有王道思想,有大亚洲主义理想,"孙文思想虽然不明确,但包含着王道思想和大亚洲主义"②。"东亚联盟"所说的孙中山是王道思想和大亚洲主义,主要是指 1924 年 11 月,孙中山取道日本北上,途中在神户所做的《大亚洲主义》演讲。在这次演讲中,孙中山用了"王道"一词,指出:"你们日本民族既得了欧美的霸道的文化,又有亚洲王道文化的本质,从今以后对于世界文化的前途,究竟是做西方霸道的鹰犬,或是做东方王道的干城,就在你们日本国民去详审慎择"③,孙中山希望日本能做王道的干城,与亚洲各国人民一道反对欧美的霸道文化,放弃对中国的侵略政策,实现两国的携手合作,与中国一道抵御西方列强的侵略。这反映了孙中山期待中日和平、亚洲安定的良好愿望。孙中山演讲的听众主要是日本人,尽管孙中山对日本政府的所作所为存在着不满,但是,在演讲的措辞上,不能不有所顾虑,他婉转地表示"究竟是做西方霸道的鹰犬,或是做东方王道的干城"由日本国民去选择,间接表示了

---

① [日]石原莞尔:《石原莞尔选集 6》,第 20 页。
② [日]中山优:《新秩序の东洋的性格》,《东亚联盟》,东京,1939 年第 1 期,第 38 页。
③《孙中山全集》第 11 卷,北京:中华书局,1986 年,第 409 页。

对日本步西方列强的后尘,侵略中国的不满。孙中山所说的王道是日本与中国平等相处,实现真正的和平,而不是"东亚联盟"论所言维护日本天皇的在东亚的"领导"地位,承认日本天皇对东亚、对世界的绝对统治。孙中山希望借大亚洲主义,唤起日本人的良知,由日本国民去推动政府改弦更张。但是,后来的形势发展证明,这只能是孙中山的善良愿望,根本不可能改变日本侵略中国的政策。

石原莞尔论述"东亚联盟"的指导理念时,搬出了孙中山关于大亚洲主义的演讲,认为伪满洲国是以王道主义为指导、实现"民族协和"的范例,伪满洲国是东亚的"王道乐土",应把伪满洲国的建国精神、民族协和的经验,推广到整个东亚,建成王道主义为指导的"东亚联盟"。

三、"国防共同"之剖析

"东亚联盟"的"兴亚",就是东亚各国,首先是日、"满"、华,在王道主义指导下结成"国防共同、经济一体化、政治独立"的联盟,不断积蓄力量,最终战胜西方文明,由日本天皇统治世界。

"东亚联盟"论要在世界最终战争中取得胜利,由东方文明统治世界,必须加强"东亚联盟"内的国防力量,"国防共同"是"东亚联盟"论最重视的。国防共同是结成"东亚联盟"基本条件中最主要的内容,被放在了最显著的位置上。"东亚联盟"论认为,如果没有强大的军事力量,日本就不可能与西方列强争夺东亚乃至世界的霸权,"东亚联盟"论鼓吹的东方文明战胜西方文明就是一句空话。具体来说,国防共同主要包括:建立东亚共同国防,对抗欧美入侵;在东亚建立以日本为中心的防卫体制;实行国民总动员,建设国防国家;对中国,政略与战略并用,收买人心等内容。

　　"东亚联盟"歪曲历史,把日本对中国的侵略说成是保卫东亚,表明东亚建立共同国防的必要性。近代日本摆脱了沦为殖民地的厄运,成为东方强国之后,就逐渐地从过去的"脱亚"变为"归亚"。"归亚"就是以黄种人反对白种人的侵略为名,以东亚各国同文同种为掩护,达到独霸东亚、称霸世界的目的。前面提到的"亚洲一体论""大亚洲主义"等,就是以同文同种的名义,实现日本"领导"亚洲、独霸亚洲的目的。日本华北派遣军最高指挥官多田骏在日本发动全面侵华战争后,也鼓吹日本进行战争的目的是"为了使有色人种从白种人的压迫下解放出来","帝国的大陆政策不仅是求日本的发展,而且要救济和解放东洋被压迫民族"①。"东亚联盟"故意把大陆政策与东亚民族解放混为一谈。"东亚联盟"论则鼓吹"我们日本民族是东洋民族,是有色民族,我们不要忘记应采取何种立场"②,以争取人种平等,作为侵略中国的挡箭牌。

　　在日本陷于长期战争的泥潭后,为使日本能早日从中国战场拔出脚来,解除扩大侵略战争的后顾之忧,"东亚联盟"论进一步宣传国防共同是为了对抗欧美的压迫,使黄种民族国家联合对抗白人势力,希望中国人民停止反抗斗争,听任日本的摆布,支持日本与西方列强争霸。"东亚联盟"论认为:"联合东亚诸国,确立新的集团政治体制,建设一大国防圈,就是对西洋诸国的巨大威胁"③,共同国防建立,就可以使东亚免遭西方的侵略,"国防共同的目的

---

① ［日］多田骏:《对支基础的观念》,《东亚联盟》,东京,1940年第2期,第140页。
② ［日］宫崎正义:《东亚联盟の建设と国民の觉悟》,《东亚联盟》,东京,1940年第5期,第150页。
③ ［日］宫崎正义:《东亚联盟の建设と国民の觉悟》,《东亚联盟》,东京,1940年第5期,第144页。

不是统治中国,而是为了排除欧美霸道主义的压迫"①。

"东亚联盟"论认为要有排除欧美帝国主义的实力,仅靠日本一国是不行的,要在短时期内达到具有与欧美抗衡的力量,就要建立整个东亚的国防体系,发挥东亚整体的国防力量,最后战胜西方列强。"我们要准备世界大战,就要认识到使用东亚所有的武力,当然外交可以使敌人减少,但是作为军部的计划,不能以此为依据,我们的国防计划,必须与美、俄、英相对抗"②,这就是说日本要采用一切手段建立在东亚的统治,虽然也要用政治、外交等方式,但是必须有强大武力作后盾,如果没有强大的武力,就不可能建设东亚新秩序,发表再多的声明也无济于事。所以,"东亚联盟"论主张首先要充实日本的国防力量,在此基础上,加强东亚的国防,以取得最终战争的胜利。

唯物辩证法告诉我们:"外观的东西是本质的一个规定,本质的一个方面,本质的一个环节"③,外观常常以歪曲的、更狡猾的形式反映本质,"东亚联盟"论就是如此。"东亚联盟"论鼓吹的建立抵抗欧美霸道的东亚国防,根本不可能使亚洲人民摆脱外来侵略,如果真的按照日本的意图,建立起东亚统一的国防,也只能是有利于日本侵略的"国防",也就是东亚各国无国防,由日本取欧美列强而代之。这样的国防共同,意味着东亚各国向日本敞开大门,听任日本摆布。所以说,国防共同以更狡猾、更隐蔽的形式反映了日本的侵略本质。

---

① [日]石原莞尔:《大东亚战争と东亚联盟》,《东亚联盟》,东京,1942年第1期,第12页。
② [日]石原莞尔:《日本の国防》,《东亚联盟》,东京,1942年第10期,第23页。
③ [苏]列宁:《黑格尔〈逻辑学〉一书摘要》,《列宁全集》中文版,第55卷,北京:人民出版社,1990年,第110页。

"东亚联盟"论认为,国防共同就需要建立东亚统一的防卫体制,因为在当今世界四个国家集团中,东亚集团形成最晚,确立东亚国防体制是十分迫切的问题。它鼓吹为有效地发挥东亚防卫体制在未来战争中的作用,就需要确定东亚国防的领导,在东亚统一的防卫体制中,各国的能力不同,地位自然也不同。从目前东亚各国的力量来看,能够担负东亚防卫责任的只有日本,"日本现在担负着'东亚联盟'枢纽之责任。具体来说,主要就是担任国防,指导国防力量之根本所在的经济建设"①,而东亚其他国家不仅没有强大的国防力量,而且基本上还在西方列强的压迫下挣扎,根本无力承担起本国的国防,更谈不上领导东亚的整体国防了。在"东亚联盟"论的国防共同中,连篇累牍地宣传"是日本长期以来以自己的力量,反抗着欧美帝国主义对东亚的压迫,正因为有了日本,才避免东亚完全成为欧美的殖民地,日本已具有西欧帝国主义的发展水平"②,可以与西方列强分庭抗礼,日本才是东亚防卫的枢纽。

"东亚联盟"论认为:"国防共同当然需要一元化统帅,……总的说来,日本在军事上居于领导地位,是显而易见的道理"③,担任国防主要力量的是日本,在国防上,联盟的各个国家应接受天皇的委任,进行其统治,但"从国防共同的角度来看,联盟宣战以及缔结和约等权限,属于天皇陛下"④。众所周知,国家具有对内、对外两

---

① [日]石原莞尔:《昭和维新论》,《石原莞尔选集4》,第162页。

② [日]田中直吉:《世界の转换期と东亚联盟》,《东亚联盟》,东京,1940年第2期,第28页。

③ [日]宫崎正义:《东亚联盟の建设と国民の觉悟》,《东亚联盟》,东京,1940年第5期,第154页。

④ [日]安藤敏夫:《东亚新秩序建设论の展望》,《东亚联盟》,东京,1940年第3期,第95页。

种职能,保卫本国的领土和主权完整,是国家最基本的对外职能。如果按照"东亚联盟"论对国防共同的解释,东亚各国把保卫国家领土完整的权力全部交给日本,连基本的宣战、媾和的权力都没有,怎么谈得上保卫领土、主权,又哪有国防呢?"东亚联盟"论的国防共同,就是让联盟内的各个国家不对日本设防,放弃主权国家在对外关系上的基本权力。这种防卫体制对东亚各国来说,根本就不是什么"防卫",而是沦为受日本摆布的殖民地。这正是《孙子兵法》所说的"不战而屈人之兵,善之善者也",即不战而胜。"东亚联盟"论企图通过国防共同使日本在军事上控制中国,然后驱使中国人民为日本侵略者充当炮灰。当然这是侵略者的一厢情愿。

"东亚联盟"论认为,建立以日本为中心的防卫体制的第一步是建立日、"满"、华的国防经济圈,"日、满、华三国是东亚联盟的基础力量,也是国防共同的基本力量,建立日、满、华三国的共同防卫,是帝国不变的方针"①。按照"东亚联盟"论的观点,国防离不开经济的支持,因此要建立东亚的大国防经济圈,把国防与经济紧密结合起来,保证东亚国防范围内的自给自足。这种自给自足的国防经济,当然是为了日本称霸东亚及世界的需要,但是"东亚联盟"论却狡辩说,实行国防经济并非为了日本的利益,而是为了东亚人民的整体利益,为了对付西方殖民主义。

"东亚联盟"论始终认为在东亚防卫体制中,"满洲国"占有十分重要的地位。这是因为"满洲国"是所谓民族协和的第一个国家,是"东亚联盟"的先驱,又处于防卫苏联的前线,建立日"满"共

①［日］宫崎正义:《东亚联盟の建设と国民の觉悟》,《东亚联盟》,东京,1940年第5期,第149页。

同防卫体制十分必要。在"东亚联盟"论看来,日本向中国东北移民,"不仅是解决日本人口问题,而且也是出于对苏国防上的考虑"①,即为了保住日本在中国东北的统治,并以东北为基础,进一步向中国内地扩张日本的势力。1932年9月,日本与伪满洲国签订了日"满"议定书,确立了所谓共同防卫的原则。

为了减少建立以日本为核心的防卫体制的阻力,配合日本政府对华政策的调整,"东亚联盟"论的国防共同还打出了共同防共的招牌,提出日本可以在中国部署防共驻兵,设置内蒙古特殊防共地带,防止共产主义侵入,并对抗妨碍"东亚联盟"的其他力量。"东亚联盟"论的炮制及鼓吹者很清楚中国虽然实现了全民族抗战,但是统一战线中充满了矛盾,如果有"防共"二字作掩护,就可以拉拢抗日阵营中更多的不坚定分子,搞垮重庆政权,消灭中国共产党的力量,还可以扶植伪政权,以此巩固日本在中国的统治。

日本发动全面侵华战争后,中国各党各派捐弃前嫌,建立了抗日民族统一战线,中国人民团结在民族主义、爱国主义的伟大旗帜下,筑起了抗日民族解放的新长城,民族主义显示出了巨大的生命力。"东亚联盟"论的鼓吹者看到了中国民族主义的巨大威力,极力避免与中国民族主义的正面对抗,想方设法化解中国的民族主义,企图把中国的民族主义,引向有利于日本的共同防卫体制上来,提出"要将中国的民族主义引导到我们的方向上来,以东亚的地利为依托,巩固共同防卫的阵地"②。

"东亚联盟"论批评中国的民族主义非真正意义上的民族主义,而是受英美支持的民族主义,被白人误导,欧美各国巧妙地将

---

① ［日］石原莞尔:《东亚联盟建设纲领》,《石原莞尔选集6》,第41页。
② ［日］中山优:《新秩序の东洋性格》,《东亚联盟》,东京,1939年第1期,第35页。

中国的民族主义引向抗日,致使中日两国反目,酿成大规模的战争。"英美帝国主义以支援旧国民政府统一的政策为招牌,将中国的民族主义巧妙地转化为抗日运动,共产党也以对日抗战为条件,提出了与国民政府妥协的方案"①,这里的旧国民政府指的是坚持抗战立场的重庆国民政府,日本一直想搞垮它。"东亚联盟"论认为中国本身的民族主义也是有局限的,"我们认为中国民族运动基于凡尔赛和莫斯科制的民族理论,在这些理论的指导下,企图获得民族独立和自由,是非常危险的"②,所以要纠正被共产主义和欧美帝国主义歪曲的民族主义,东亚民族应停止内争,不给白人插手东亚的机会,建立东亚诸民族自己的防卫体制,防止欧美侵略东亚。"亚洲诸民族应追随日本反对欧美帝国主义的各种势力"③,发展东亚的民族运动,企图将中国的民族主义引向有利于日本的方向,是"东亚联盟"论与其他侵略理论不同之处,也是具有欺骗性的内容。

　　"东亚联盟"论认为国防共同的目的是在未来的最终战争中取胜,因此,为建立"东亚联盟",要在日本国内实行国民总动员,动员一切力量,建设国防国家,确立国防体制。它认为现代战争是极其广泛和复杂的,"现代战争的对象不仅包括军队和后方的国民,还包括从家禽到山川草木等一切财物,故此要确立国防体制"④。"东亚联盟"论认为国防有狭义和广义两方面的内容,"狭义的国防就

---

① [日]宫坂二三夫:《日支经济合作の限界》,《东亚联盟》,东京,1941 年第 9 期,第 40 页。

② [日]加田哲二:《东亚に於ける民族问题》,《东亚联盟》,东京,1940 年第 1 期,第 26 页。

③ [日]田中直吉:《世界の转换期と东亚联盟》,《东亚联盟》,东京,1940 年第 2 期,第 8 页。

④ [日]冈野鉴记:《东亚国防体制の急务と其原理》,《东亚联盟》,东京,1941 年第 2 期,第 9 页。

是指军事设备,拿满洲国的国家地位来说,军事设施大概已经万无一失。但是如果得不到四千万民众的支持,就不能说国防已经完成。广义的国防除物质要素外,还包括着很多的精神因素"①,要拯救东亚,完成统一世界的使命,就要获得中国人的信赖,建立完整的国防。无论是建设"满洲国"的王道乐土,还是在中国大陆,都要把握民心,这是最主要的国防,与中国作战"要政略战略并用"②。那么如何把握民心呢? 就是用王道主义、民族协和等观念消除中国的民族主义,使民族主义变成中日提携。归根结底还是要把中国人民的抗日斗争引导到与同文同种的日本合作上来。

综上所述,国防共同是为了便于日本对东亚的军事侵略,在东亚共同抵御西方军事侵略的假象之下,使东亚各国人民放松对日本的警惕,不对日本设防,以便使日本达到称霸东亚、统治世界的目的。

四、"经济一体化"的内容与实质

"东亚联盟"论非常重视经济实力在战争中的作用,认为战争必须有经济作后盾,否则很难在战争中占到便宜。"东亚联盟"论重视充实日本的经济力量,为战争提供足够的物质支持。日本侵华战争时期,以"开发"为名,掠夺中国的资源,各种开发公司随着日军的进攻而设立。"东亚联盟"称:"经济一体化"的目标是,"防止欧美资本主义的侵略,增进联盟诸国民全体的利益","目前在国防上的目的是力图实现联盟内物资的自给自足,将对外依存减少

---

① [日]松浦嘉三郎:《满洲国经营の体验》,《东亚联盟》,东京,1942 年第 2 期,第39 页。
② [日]高木清寿:《东亚の父石原莞尔》,东京:东京たまいらぼ社,1985 年,第211 页。

到最小限度,以形成东亚解放的有利态势"①,为最终战争取胜积蓄
必要的物质条件。"东亚联盟"的经济一体化,首先要满足国防需
要,建立国防经济体制。"东亚联盟"论认为东亚经济体制是共同
命运的结合,由于命运相同,东亚各国都有摆脱欧美经济压迫的愿
望,所以建立国防经济体制是可能而且十分紧迫的问题。如何实
现"经济一体化"呢?"东亚联盟"提出,把中国纳入日本的经济体
系之中,中日两国建立统制经济体制,确立保证国防需要的经济计
划,在日本国内解散城市,实行农工一体,确立日本在东亚经济中
的领导地位,不断扩大国防经济的范围。

　　"东亚联盟"批判西方列强对东亚的经济掠夺,破坏了东亚固
有的经济,给东亚各国造成了无穷的灾难,"帝国主义一方面破坏
东洋固有的经济,把近代企业置于它们的统治之下,同时又维持有
利于自己的封建经济,榨取、压迫东洋的劳动大众","东洋诸国的
经济,除日满两国外,都是殖民地或半殖民地经济"②,西方列强的
经济掠夺造成了东亚的落后,东亚要发展首先就要铲除西方的侵
略,实行"东亚联盟"的"经济一体化"。"东亚联盟"批判西方的经
济侵略,把伪满洲国说成是经济独立的样板,"东洋诸国的经济除
日满两国外,都是殖民地或半殖民地经济,其经济命脉完全被英国
为首的欧美帝国主义操纵,欧美帝国主义全面支配着东洋经济"③,
其实伪满洲国的经济、政治等完全受控于日本,是地地道道的殖民
地经济。

　　"东亚联盟"认为以日本为核心的东亚集团,要在未来的战争

---

① [日]石原莞尔:《石原莞尔选集 6》,第 16 页。
② [日]石原莞尔:《满洲建国と支那事变》,《东亚联盟》,东京,1940 年第 4 期,第15 页。
③ [日]石原莞尔:《东亚联盟建设纲领》,《石原莞尔选集 6》,第 31 页。

中取得胜利,就必须有足够强大的经济力量,因此,东亚应综合运用各国的经济,来对抗欧美的经济压迫,"最终战争大概还有三十年左右,现在要以二十年为目标,使"东亚联盟"的生产力赶上并超过美洲。这是一个十分惊人的计划,但是,绝非空想和幼稚可笑的。我们不能盲目乐观,面对这异常艰难之计划,我们相信,为了天皇,为了全人类,一定要实现"①。这是一个非常狂妄的经济扩张计划,凭日本当时的经济实力和发展水平,根本不可能超过美国。因为经济发展并非人们的主观想象所决定的,要受各种客观条件制约。"东亚联盟"鼓吹只要整个东亚确立官民一体的组织,确立新经济道德,就能实现这个目标,创造出比世界上任何一个国家集团都强大的经济实力来。

"东亚联盟"提出"经济一体化",就要彻底废除依赖欧美的经济政策,在东亚范围内实行经济提携,保证东亚经济的自给自足,即,把东亚作为日本继续侵略扩张的后方,控制东亚各国的经济,使其成为日本的原料供应地和商品倾销市场。"只有确保高度自给自足国防经济,才可能建立真正的国防经济体制。自给自足经济首先是资源上的(原料的)自给自足,东亚大地上埋藏着多种多样极其丰富的资源,资源只有被开发、商品化的时候,才能产生使用价值。……应该考虑如何开采、运输这些资源。第二是资材的自给自足。所谓资材是指从上述的开发资源的资材到生产开发资材的各种资材的总称。第三是技术及劳动力的自给自足。"②自给

---

① [日]石原莞尔:《昭和维新论》,《石原莞尔选集4》,第137页。
② [日]冈野鉴记:《东亚国防体制の急务と其原理》,《东亚联盟》,东京,1941年第2期,第11页。

自足不仅要把东亚各国的经济纳入日本的战争轨道,而且还要对东亚的资源、财富以及人力进行全面的掠夺,自给自足就是在经济上满足日本对外侵略的需要,将欧美在东亚的掠夺变成日本的经济独占。

"东亚联盟"把日本打扮成亚洲各国的朋友,明明发动了多次侵略战争,获得诸多侵略利益,却鼓吹与东亚各国有共同的命运,进行政治欺骗。"东亚联盟"的这些主张,是因为虽然日本近代走上了资本主义的道路,但毕竟是后起的资本主义国家,在总体实力上还不能与西方列强相比,以弱者、共同命运等名义,打着共同抵抗西方殖民压迫的旗号,才有利于使亚洲邻国放松对日本的警惕,达到自己的目的。

"东亚联盟"的"经济一体化"首先是日、"满"、华的一体化,要把中国经济特别是中国东北经济纳入日本的经济体系中,实现日、"满"、华经济的自给自足。"东亚联盟"论提出,"经济一体化"包括整个东亚地区,而核心是建立日、"满"、华为中心的经济圈,实现日、"满"、华经济的自给自足,再把经济一体化扩大至整个东亚范围内。"东亚联盟"论认为中日两国经济上有许多可以相互补充的地方。中国蕴藏着丰富的资源,日本有万邦无比的国体,充分利用这些资源,就能创造出巨大的生产力来。

日本陷入长期战争泥沼后,调整了对华政策,提出"建设东亚新秩序"政策。日本所言"建设东亚新秩序",主要是日、"满"、华"三国"的提携。"东亚联盟"认为在全面战争爆发前,日、华经济提携的历史是失败的历史,这主要是因为中国在经济上依赖英、美,这些国家通过棉麦借款、币制改革等,以帮助中国统一为由,强化对中国的控制,掩盖其帝国主义侵略本质,把中国的民族主义引向抗日斗争,造成了中日两国之间的矛盾与对立。中日两国应以此次事变为契机,在王道主义的指导下实行经济提携。"日中经济提携乃至经济合作是日本对中国要求的重要部分。事变以来很多人从各种角度论述了合作的必要及方法。虽然合作必要但并不容易,要把握经济合作的真正意义。日中经济合作实际是日中两国国民经济的合作。国民经济的合作就是两国国民经济各自独立,建立共同生产分工和共同消费的利益分配关系"[①],即中国的国民经济要与日本融为一体,与日本实行经济分工,使中国的国民经济服从日本的战略需要,成为殖民地经济。

"东亚联盟"认为只要在东亚地区实现日、"满"、华经济上的自给自足,就能摆脱西方的压迫和束缚,日、"满"、华"三国"应该相互扶助。"东亚联盟"论声言:"日满华经济一体化,决不能实行把满洲、中国变成日本殖民地的政策。……日满华三国经济一体化,当然要尊重产业条件,应该采取承认先进国日本经济的指导的态度。"[②]虽然提出尊重中国的经济,但是,又明确提出日在经济上的所谓"领导"地位,就是让中国服从日本的经济需要。如果按照"东亚联盟"的"经济一体化",中国经济只能是殖民经济,根本不可能实现中日间的经济平等。日本在沦陷区的殖民掠夺、经济统治,证明了经济提携实质是经济侵略、经济奴役。

中国抗日战争进入相持阶段后,日本感到了中国抗战的巨大压力,想方设法加以破坏,除在政治上对侵华政策作了调整外,还在经济上压迫国民政府。"东亚联盟"急日本政府之所急,提出日本应彻底摧毁蒋介石的经济基础,使之丧失抵抗日本的经济实力

---

① [日]宫坂二三夫:《日支经济合作の限界》,《东亚联盟》,东京,1941 年第 9 期,第 41 页。

② [日]宫崎正义:《东亚联盟の建设と国民の觉悟》,《东亚联盟》,东京,1940 年第 5 期,第 153 页。

和国防力量,"作为手段彻底摧毁蒋政权应与占领地建设并行"①,所谓占领地建设就是建立伪政权,进行经济掠夺,给蒋介石政权造成经济困难,使之屈服于日本,与日本实行经济"合作"。"东亚联盟"论认为,为了将来发动更大规模的战争,日本本土和中国的经济资源和力量都是不可缺少的,经济实力在战争中占有很重要的地位,打仗必须有金钱做后盾。日本资源匮乏,在战争的后方供应困难,军队应"以战养战",在中国占领区就地征收税款,补充物资,以满足日军的作战需求。这实际就是把日军占领地变成它的后方补给地,对中国实行公开的掠夺。

为表明日本在占领区的掠夺政策的合理,日本的"东亚联盟"协会批判蒋介石的依赖西方的政策为列强的经济榨取提供了便利,其经济政策不得人心,把中国带向了毁灭之路。日本才是中国的朋友,"依照八纮一宇的精神,与邻国同胞实现和平,求得共同发展……日本的枪炮中隐含着慈爱,与邻国一同实现一体化的目标"②,日本在占领区采取的以战养战的掠夺方针,倒成了对中国人民的关怀,它的经济侵略是为改变"蒋介石政权下的中国误入歧途,要引导中国经济从次殖民地状况下解放出来"③。

"东亚联盟"一直主张应该一方面摧毁蒋介石政权的经济基础,在中国实行经济掠夺;另一方面要与汪精卫为代表的新政权紧密合作,共同开发中国的资源。1940年汪精卫伪国民政府与日本签订了《日本国与中华民国关于基本关系的条约》,表示"关于华北

---

① [日]永井八津治:《支那事变の処理に就て》,《东亚联盟》,东京,1940年第4期,第48页。

② [日]藤枝丈夫:《帝国主义支配の废绝》,《东亚联盟》,东京,1939年第2期,第38页。

③ [日]森谷克己:《东亚"一宇"への阶梯"协和万邦"の精神の实现》,《东亚联盟》,东京,1939年第2期,第12页。

及蒙疆的特定资源,尤其是国防上必要的资源,中华民国对日本国及日本臣民应提供必要的便利"①,汪精卫公开出卖国家的主权。这个条约为日本在中国的掠夺性开发打开了方便之门。汪伪国民政府竟为这个条约大肆辩解,称它是一个"平等互惠"的条约,"东亚民族,经济提携,内谋共存,外拒侵略,实有必要","经济合作是调整中日关系之中心问题,做得好,两国可以走上一条共存共荣的大路,做得不好,将要陷入同归于尽的深渊"②,认为中国要努力与日本进行经济提携,免遭灭顶之灾。

"东亚联盟"论并不满足于日本开发华北、华中等地资源的计划,提出开发中国的边疆地区资源,"遵从经济一体化的原则,为增强联盟的经济力量,不仅要开发内蒙、北部中国,还应开发西藏、云南"③,达到完全控制中国经济的目的。可见经济一体化不仅为日本的侵略政策制造理论根据,而且比日本政府具有更强烈的欲望和扩张野心。

"东亚联盟"论认为,从世界历史的进程看,共有三种经济指导理念,即专制主义、自由主义和统制主义。欧美各国以自由主义为指导,东方各国实行专制主义。从实际效率来看,自由主义高于专制主义,统制主义比自由主义效率高。"所谓统制主义就是采纳专制主义和自由主义的特长,并加以综合利用的指导精神。如果放任自由就不能求得真正的自由,所以为避免混乱,整顿无益的重复,就要做必要的最低程度的限制,这就是经济统制主义。即统制

---

① 复旦大学历史系日本史编写组编译:《日本帝国主义对外侵略史料选编》,上海:上海人民出版社 1975 年版,第 313 页。

② 林柏生:《对中日条约及三国宣言应有之认识》,《东亚联盟》,东京,1941 年第 1 期中文号,第 17～18 页。

③ 社论:《东亚联盟と近卫声明》(主张),《东亚联盟》,东京,1939 年第 1 期,第 6 页。

主义非束缚自由,而是为更合理地使用自由,不得不施加专制"①,
统制综合了专制与自由两种指导精神。"东亚联盟"认为苏联实行
的就是统制主义,由于采取了统制主义的指导原则,苏联成功地实
现了第一个五年计划,增强了国防力量。"东亚联盟"要发挥最大
的效率,也应采取统制主义经济,发挥一切人力、物力的作用,提高
"东亚联盟"的国防能力。当然"东亚联盟"论赞赏统制主义并不
意味着它赞成社会主义,石原莞尔说"苏联实施的经济统制方法
是将一切事业变成官营,否定私有财产,实现共产主义。因此,它
要消灭个体工商业者和地主。满洲国的经济统制以增强国防经
济力量为目的"②,"东亚联盟"利用社会主义的统制经济形式,控
制东亚各国的经济,充实日本的国防力量,并不是为了消灭剥削和
私有制。石原莞尔曾经与日本的社会主义者有过接触,想用统制
主义的方法,解决国防经济问题,但是,他并不赞成社会主义。
"东亚联盟"论还通过各种渠道,宣传统制主义,拉拢向往社会主
义的青年参加"东亚联盟"运动,"避免这些青年度过马克思主义
的桥梁,给社会带来不利的影响"③。

　　"东亚联盟"论认为要真正实行统制主义经济,动员一切物力
资源,必须制订经济发展计划,确立计划经济体制。"以统制和计
划为基础的地区、民族,在第一次世界大战后,已显示出迅速发展
的势头"④,发挥最大的效率。"东亚联盟"论认为,目前计划经济主

---

① [日]石原莞尔:《昭和维新と政治组织》,《东亚联盟》,东京,1942 年第 3 期,第83 页。

② [日]石原莞尔:《东亚联盟建设要纲》,见《石原莞尔选集 6》,第61 页。

③ [日]藤本治毅:《石原莞尔》,东京:时事通信社,1995 年,第 176 页。

④ [日]山崎靖纯:《直面せる环境と东亚新秩序》,《东亚联盟》,东京,1940 年第 2 期,第
　　19 页。

要在日本、"满洲国"和中国实行,将来扩大到东亚各国,经济计划的"重点是最大限度地提高军需的生产,即使牺牲部门经济、地区经济,也要尽可能保持军需部门的平衡,这个计划是综合东亚国土的计划。其内容包括以作战计划为核心的兵器计划、物资计划、生产计划、动力燃料计划,技术劳务计划、交易计划、运输计划、配给计划、金融计划、财政计划等"①,也就是经济计划完全服从于军事的需要。

在日本发动太平洋战争后,"东亚联盟"论特别强调在军事部门强化统制,制定经济计划,提高军需部门的生产力水平。实行计划经济,可以确保高度的国防体制,建立严密的国防经济体制。为了提高军事工业的生产能力,要尽力压缩民用经济,即使牺牲其他部门经济、地区经济也在所不辞。其他部门为军需生产让路,并不是说其他经济部门可以不作计划,"除军备计划外,其他部门也要作相应的计划,以防止战争混乱"②,那些部门也要制定相应的经济计划,提高生产效率。

"东亚联盟"提出"经济一体化"需要日本国内做出革新,主张取消城市,进行农村革新,采用农工一体的经济形式。农村革新的目标是"最大限度地发挥日本农村在东亚经济建设中的生产能力,日本农村可确保祖国及东亚应有的经济、文化、名誉,培养健全有能力的国民"③。为了国防的需要,要解散城市,把机械工业分散到地方,城市腾出的空地进行合理计划,可以防止空袭,种植粮食,

① [日]石原莞尔:《东亚联盟建设要纲》,《石原莞尔选集6》,第92页。
② [日]石原莞尔:《东亚联盟建设要纲》,《石原莞尔选集6》,第93页。
③ [日]石原莞尔:《昭和维新论》,《石原莞尔选集4》,第178页。

"过去是农工一体,随着文明的进步逐渐分化,现在进入了八纮一宇的时代,农工一体的命运又回来了"①,要建立农村工家,逐渐向全民皆农的方向发展,国民应过最艰苦的生活。人类历史的发展表明,随着生产力水平不断提高,社会分工必然不断扩大,而"东亚联盟"协会却要开历史的倒车,取消城市文明,回到农业与手工业一体的时代。"东亚联盟"论清楚,现代工业带来的物质文明,所提出的解散城市,就是在日本侵略战争已见败端的时候,作最后的挣扎。

　　"东亚联盟"的"经济一体化"范围,随着日本发动太平洋战争而扩大。"东亚联盟"认为"广大的经济范围当然不仅仅限定于"东亚联盟"的经济范围内,它应包括"东亚联盟"力量所及的势力范围及友邦的广阔领域内,友邦势力圈作为"东亚联盟"的一个盟邦来参加真正意义上的国防经济体制"②,主张日本的国防经济圈可以随着侵略战争的扩大而无限延伸。如果日本的军事侵略计划全部得逞,它的国防经济圈就会扩展到世界的每一个角落,这是对山县有朋的"主权线""利益线"在侵华战争时期新的诠释。

　　总之,"东亚联盟"的"经济一体化",就是让日本任意掠夺和支配东亚的经济,把东亚变成日本的后方基地,通过对东亚各国的经济控制,达到政治控制的目的。"经济一体化"对东亚各国来说,实质是经济的殖民地化、附庸化。

①［日］石原莞尔:《マイン・カンプ批判》,《石原莞尔选集4》,第66页。
②［日］冈野鉴记:《东亚国防体制の急务と其原理》,《东亚联盟》,东京,1941年第2期,第12页。

五、"政治独立"与"文化沟通"的欺骗性

"政治独立"是石原莞尔提出的"东亚联盟"三个条件之一,位国防共同、经济一体化之后,是日本侵华战争时期所有"兴亚"论中,最与众不同,又具有欺骗性的。汪精卫在南京建立伪国民政府后,将"东亚联盟"作为其伪国民政府建立的依据,就是要用"政治独立"为傀儡政权装点门面。汪精卫在阐述"东亚联盟"论、在沦陷区搞"东亚联盟"运动时,将"政治独立"提升到最主要的位置。从字面上看,"政治独立"给人以尊重东亚各国的主权、领土完整之印象,然而,"东亚联盟"的"政治独立"是以损害东亚各国领土主权为代价的,要求东亚各国尊日本天皇为"盟主",实际控制东亚各国的内政外交。

"东亚联盟"认为日本天皇万世一系,日本国体是世界上其他国家无法比拟的,联盟内的其他国家应服从日本天皇的领导,东亚各民族应崇拜天皇,做天皇的臣民,拥戴日本天皇作为"东亚联盟"的盟主,"我们日本人爱国心强,可以说日本是世界上最优秀国家"①。为了以"政治独立"作蛊惑工具,"东亚联盟"论不惜"放低"身段,告诫日本政府为了达到目的,要对东亚各国表示出谦虚的态度,让东亚各国了解日本民族的伟大,承认日本有作为"东亚联盟"核心和领导的能力。

"东亚联盟"所言国体,并非一般政治学意义上的国体,它不是指国家政权的组织形式,主要是指贯穿日本国体的王道精神。因此,"东亚联盟"认为"政治独立"是有条件的,需要加以限制。"政

---

① [日]白柳秀湖:《民族浑成の至上天然条件に惠まれる日本の国土》,《东亚联盟》,东京,1940年第9期,第93页。

治独立是立足于东亚全体幸福基础上的,不是随随便便的政治独立","重庆抗战阵营仅站在一民族角度上讲民族独立是狭隘的,要克服落后于时代的民族主义,发展到更高层次的站在整个东亚全民族利益上的具有进步意义的政治独立"①,国家最基本的职能,保持主权、领土完整都不是"政治独立"的内容,服从日本战略的需要才是首要条件,美其名曰"更高层次"的政治独立,目的不言自明。"东亚联盟"论认为中国维护民族独立、国家领土的抗战,是没有理解"政治独立"的真谛,甚至是不顾东亚大局的落后思想,必须要抛弃这种"落后"的思想,与日本东亚战略相一致。

　　"东亚联盟"论宣称"政治独立不是政府的独立,而是家族社会的独立,乡土社会的独立,民族社会的独立。家庭、乡土、民族社会不容许他人侵犯,叫作政治独立"②,政治独立不包括政府独立,也就没有国家的独立。试想如果一个国家的政府没有独立主权,又怎么保证其人民的权益不受侵犯,家庭独立、乡土独立、民族独立又如何实现? 所以,没有国家独立的"政治独立"是虚幻的,不是独立。

　　"东亚联盟"口口声声说尊重中国的政治独立,却要永远霸占中国的领土,要求中国承认伪满洲国独立。"东亚联盟"论鼓吹东北与"中国本土不同",不是中国的领土之谬论。"东亚联盟"论认为东北是诸民族的故土,不仅仅是中国的领土,很多日本人到东北生活,所以很难说东北是中国的领土,"满洲大部分地区并非汉族的土地,且明治以后很多日本人来到满洲。从对付苏联保卫满洲

---

① [日]西乡钢作:《中国の东亚联盟运动》,《东亚联盟》,东京,1943 年第 3 期,第32 页。
② [日]木村武雄:《善政の第一条件——政治の独立》,《东亚联盟》,东京,1943 年第 4 期,第 22 页。

的角度来说,决不仅仅是中国的。或许从法律上看是中国的,但是现实中它是各民族的共同财产"①,"东亚联盟"论认为"承认满洲国,就理解了满洲国与中国本土的差异。满洲国是各民族的复合国家,中国归根到底纯粹是中国人的中国"②。

陷入长期战争的泥沼后,日本政府调整了一些侵略政策,但是,却一直要求中国承认伪满洲国,维护日本在东北的殖民统治。日本通过不平等条约使其侨民在中国东北享有"治外法权"。伪满洲国建立后,日本大量向中国东北移民,要让日本人占东北总人口的十分之一,成为"五族"之一。为让中国政府承认伪满洲国,"东亚联盟"以取消在中国东北的"治外法权"相利诱,声称"如果中华民国充分理解满洲国作为诸民族共同经营的意义,承认其独立,同意按照"东亚联盟"精神实现日华真心提携,日本为了中华民国完成独立,即时归还既得的政治权益"③。"东亚联盟"认为,中国要求日本从东北撤兵、恢复对东北的主权,是错误的。东北对中国来说,根本就不是"失地",中国的"政治独立"不应包含行使对东北的主权,"将满洲视为'失地',与把满洲'国'作为中日两国桥梁的看法大相径庭"④。在"东亚联盟"看来,中国就不该开展收复失地的反侵略战争,应该听任日本永远占领东北,这是哪里的"政治独立"? 一个连领土都不能保全的国家,何以谈得上政治独立?

"东亚联盟"之所以反对中国收回在东北的主权,是因为其不

---

① 〔日〕石原莞尔:《满洲建国と支那事变》,《东亚联盟》,东京,1940年第4期,第3～4页。

② 〔日〕中山优:《目标の所在とその段阶》,《东亚联盟》,东京,1940年第3期,第11页。

③ 〔日〕石原莞尔:《东亚联盟建设纲领》,《石原莞尔选集6》,第38页。

④ 〔日〕中山优:《新中央政府に待望す》,《东亚联盟》,东京,1940年第2期,第4页。

仅要掠夺东北的资源,防御苏联的入侵,防止"赤化",还可以把东北作为向东亚侵略的后方基地。"东亚联盟"认为,伪满洲国是东亚安定的重点,是"东亚联盟"各国家的精神核心,是"东亚联盟"的重要一环,伪满洲国使"东亚联盟"从理想变为现实。今后,"东亚联盟"以伪满洲国的民族协和作指导,就能获得发展。从长远来看,伪满洲国对于最终战争的胜利,具有重要意义。

卢沟桥事变后,"东亚联盟"为了长期控制中国,大谈"防共驻屯"与"权益驻屯"的区别,"防共驻屯非权益驻屯,并非完全根据日华双方协议纯粹适应国防要求的驻屯,是具有思想驻兵意义的暂时驻兵"[1],日本驻兵中国主要是为了帮助中国铲除共产主义的危害,是具有重要意义的"防共驻兵""思想驻兵"。"东亚联盟"论认为,"在亲日政权下的驻屯,日军已不是以往意义上的驻兵,我们把这种驻兵称作防共驻兵"[2]。"东亚联盟"批评中国,不理解日本"防共驻屯"的意义,总想收回主权,"日本在中国驻兵时,中国误解为干涉内政,日本国内也有一些误解。……我们反对干涉内政的驻兵,但是为保卫东亚而驻兵,中国应当欢迎"[3]。对一个主权国家来说,只要有外国军队驻扎,主权就受到侵害,无论打着什么旗号。

"东亚联盟"论虽然找到了"防共驻屯"、防卫东亚等借口,但是,大量军队驻扎中国,侵害了中国的主权,"政治独立"的伪善性和欺骗性,容易被识破,如何用"防共驻屯"作为借口呢?"东亚联盟"提出待中国人信仰了王道主义,日本就撤掉在中国的"防共驻

---

① [日]石原莞尔:《东亚联盟建设纲领》,《石原莞尔选集6》,第122—123页。
② [日]木村武雄:《汪兆铭政权の诞生に当り近卫内阁の再出现を待望す》,《东亚联盟》,东京,1939年第2期,第8页。
③ [日]木村武雄:《善政の第三——军事同盟》,《东亚联盟》,东京,1943年第9期,第23页。

兵"。其实,日本随时可以用中国人的思想不符合王道,存在着共产主义危险等理由,继续将军队驻扎在中国。1938 年 3 月,新上任的日本华中部队指挥官在第一次记者招待会上就宣称,"日本对中国的政策维持不变","为此,日本皇军将在华中留守最少 5 年或 10 年或 100 年,要看情况而定"①。只要日军驻扎在中国,中国就无政治独立可言。

日本调整侵华政策后,汪精卫在日本的支持下建立了伪国民政府。"东亚联盟"论认为,汪精卫政权不是通常所说的傀儡政权,"建立的以汪精卫为核心的中华民国中央政权,已经在形式上具备了政治独立体制"②,只要汪精卫伪国民政府有形式上的独立,就可以证明其是"独立"政权,与日本共同担负建设东亚新秩序的责任。日本"东亚联盟"组织为汪精卫伪国民政府打气,"坦率地说,中国人内心希望和平的占大多数,可是对南京政府的发展力量感到疑惑的也有将近一半"③。日本"东亚联盟"论者看到汪精卫为代表的南京伪国民政府,并没有他们料想的那样,得到中国人广泛的信任和支持,认为这是由于蒋介石为代表的重庆政府,极力诋毁汪精卫,宣传汪精卫政权是傀儡政权,鼓吹抗战建国,"蒋介石长年进行的抗日教育已经深入民众心中,抗战比'和平'更容易让人接受,'和平'有容许日本侵略的感觉"④,所以和平工作更艰苦。中日各界要共同努力,解决中日战争,建立"东亚联盟"。

---

① 《日本皇军华中地区指挥官的声明》,美国国务院编:《美国外交文件(日本 1931~1941)选译》,北京:中国社会科学出版社,1998 年,第 154 页。

② [日]冈野鉴记:《东亚联盟建设の段阶论》,《东亚联盟》,东京,1940 年第 7 期,第 11 页。

③ [日]中山优:《日本的意志》,《东亚联盟》,东京,1940 年第 6 期,第 3 页。

④ 《上海每日新闻》,1940 年 12 月 19 日。

　　"东亚联盟"论主张日本应尽一切努力,摧毁、瓦解蒋介石的抗日活动,全力支持汪精卫。"东亚联盟"论抬高汪精卫伪国民政府的地位,认为"汪伪政权的成立虽不意味着中日战争的结束,但是汪精卫政权可以利用自己的影响,与蒋介石开展经济战、思想战"①,希望日本支持汪精卫搞垮蒋介石政权,实现东亚的和平。日本了解汪精卫伪国民政府没有什么实力,但是,汪精卫伪国民政府却能够协助日本,去"阻碍乃至截断国际援蒋道路,汪政权的对国共工作别动队负有重要责任,要直接对敌人的根据地投放炸弹"②,汪精卫伪国民政府对日本来说,有一定的利用价值。

　　汪精卫在南京建立伪国民政府后,把"东亚联盟"论作为与日本"合作""和平救国"的理论依据,以"东亚联盟"论附会孙中山的大亚洲主义。汪精卫把"东亚联盟"论的"政治独立"提到第一位,并加上了"文化沟通"。汪精卫的主张得到了日本"东亚联盟"协会的赞许,"我们认为中国同志提倡的'文化沟通'原则,使结成条件更加紧密,表示同意"③,于是,"东亚联盟"的条件由三个变成了四个。日本的"东亚联盟"协会在论述文化沟通时,主要从中日文化的相近,同文同种来说明中日"合作",共同承担建设东亚新秩序的必要。

　　"东亚联盟"的"文化沟通"就是通过中日两国的文化交流,增进中国人对日本文化的了解、崇拜,协助日本的侵略。日本"东亚联盟"协会认为中日文化在古代是相同的,但是近代欧美帝国主义

---

① [日]儿玉誉士夫:《支那事变は如何に解决さるべきか》,《东亚联盟》,东京,1940 年第 2 期,第 54 页。

② [日]大宰松三郎:《支那新秩序と政治地理》,《东亚联盟》,东京,1941 年第 2 期,第 33 页。

③ [日]石原莞尔:《东亚联盟建设要纲》,《石原莞尔选集 6》,第 75 页。

对中日两国实行离间政策,在中日间造成现在这种相互鄙视、诋毁的情况。"日本民族两千年来,学习汉族文化,逐渐形成了日本文化。但是日本一度迅速吸收西洋文化,而轻视汉文化,⋯⋯中国人认为日本没有固有的文化,这也应该反省"①,中国人对日本文化的优越感是中日战争的原因,应改变这种状况。日本文化以国体为中心,这是日本文化的优越所在,九一八事变后,"我国的地位发生变化,东亚诸民族注视着日本的方向,期待日本创造出团结整个东亚民族的宏大的新文化"②,在东亚文化中,中日两国文化相互结合极为重要。

"东亚联盟"论认为中日创造新文化就是发扬日本的肇国精神,在肇国精神指导下创造的两国民族文化,才是以道义为核心的新文化,这样的文化才能给世界带来光明的前途。"汉民族一直未认识日本文化的价值,使其认识日本文化是当务之急"③,如果中国认识了日本文化,就会理解日本帮助中国摆脱欧美统治的良苦之心,与日本共同反对欧美的侵略,自觉协助日本建立在东亚的新秩序。可见"东亚联盟"论的"文化沟通"是要在思想上麻痹中国人民,最大限度地维护日本已经取得和将要攫取的侵略利益。

"东亚联盟"认为,"文化沟通"可以增加中日的理解,建立中日两国永久的"和平"关系。九一八事变,日本扶植伪满洲国后,日本就以民族协和为名,在东北实行殖民文化,例如:创立建国大学,修改中小学的教学内容,将历史上中华民族的斗争与融合,说成是"满洲"反对"支那"的斗争,这些都是日本文化侵略政策的反映,其

---

① [日]社论:《文化の沟通に就て》,《东亚联盟》,东京,1941年第5期,第11页。
② [日]石原莞尔:《昭和维新论》,《石原莞尔选集4》,第273页。
③ [日]石原莞尔:《昭和维新论》,《石原莞尔选集4》,第274页。

目的是使中国人忘记自己的历史和祖国,做日本侵略的驯服工具。全面侵华战争开始后,日本在沦陷区扶植伪政权,同样重视东亚一家、中日同文同种的宣传。可以说,日本的文化侵略是伴随着军事侵略而展开的。

"东亚联盟"论认为"文化沟通"地位非常重要,日本与汪精卫伪国民政府签订"日华基本条约"后,汪精卫承认了"满洲国",中国和"满洲国"均完成了"政治独立"。"国防共同"是为了帮助中国摆脱欧美霸道的压迫;"经济一体化"是为了增进东亚战胜欧美的实力;而"文化沟通是结成东亚联盟最根本的条件,在中日实现和平后,仍需努力"①,即文化沟通是中日两国的根本任务,对建立中日长期和平关系意义重大。日本军事上占领了中国的大片领土,政治上扶植了伪满洲国和汪精卫两个傀儡政权,但是,要永久维持日本在中国的侵略利益,需要不断地与中国实行文化沟通,文化是起根本的、长期作用的因素。中日两国实现了"文化沟通",就能够消除中国人民的国家意识、抗日意识,达到不战而胜的目的。

总之,"东亚联盟"论的"政治独立",具有很大的欺骗性、伪善性,它以尊重中国"独立""主权"相标榜,借以掩盖日本独霸东亚、征服世界的野心。其实,无论是日本的"东亚联盟"论者,还是汪精卫之流,都很清楚"政治独立"不过是表面上的姿态而已,是自欺欺人之谈。"文化沟通"则为野蛮的侵略战争披上了"文明"的外衣。就是因为"东亚联盟"论有"政治独立"的内容,日本有学者就强调"东亚联盟"论与其他"兴亚"理论的区别,认为"东亚联盟"带有尊重亚洲邻国主权、批判野蛮帝国主义的色彩,对"东亚联盟"加以肯

---

① [日]石原莞尔:《东亚联盟建设要纲》,《石原莞尔选集6》,第125页。

定。我们知道:在事物的发展过程中,本质与现象是同时存在的,现象有时直接反映本质,有时用歪曲的形式反映本质,这就是假象。只有透过现象看本质,才能抓住事物的根本所在,得出符合实际的结论。对于"东亚联盟"论我们必须透过现象看其协助侵略的本质。

第二节 日本的"东亚联盟"运动

一、"东亚联盟"运动的兴起

在日本侵华战争时期,"东亚联盟"不仅作为"兴亚"论的演变而存在,而且还发展成为规模较大的"东亚联盟"运动,这也是"东亚联盟"与其他"兴亚"论明显不同之处,其"实践"色彩浓郁。石原莞尔是"东亚联盟"论的始作俑者,他本想利用自己在军部的地位和影响,让好友板垣征四郎担任陆军大臣,从政府、军部两个方面来推进"东亚联盟"运动,实现世界最终战争中战胜美国为代表的西方文明,由日本天皇统治世界的战略构想。板垣征四郎是狂热的军国主义者,出生于岩手县,早年入仙台陆军地方幼年学校,是日本士官学校"荣耀的十六期"学生之一。岩手县与山形县都属于日本的东北地方,板垣征四郎与石原莞尔是日本东北地区的老乡,都是日本陆军大学毕业生,俩人思想上投缘,都参加了日本军队的法西斯组织"一夕会"。在侵略中国问题上,石原莞尔与板垣征四郎沆瀣一气,鼓吹中国东北对于日本国防的意义,他们九一八事变前组织了三次关东军参谋旅行,勘察东北地形,制订作战计划,共同策划了九一八事变。九一八事变后,参与扶植建立伪满洲国。石原莞尔与板垣征四郎关系密切,人们以石原之智和板垣之胆比喻两人犹如军中的"车之两轮"①,这是石原莞尔希望利用板垣征四郎扩大"东亚联盟"影响的原因。

20世纪30年代,日本内阁更替频繁。1937年1月,广田弘毅内阁辞职,陆军大将、九一八事变时擅自带军越境支援关东军的朝鲜军司令官林铣十郎出任首相。在新内阁组阁之时,石原莞尔本计划让板垣征四郎出任陆军大臣,通过陆军的力量推动其政治理想的实现。但是,由于日本政府、军部派系倾轧,矛盾重重,石原的设想落空。非但如此,梅津美治郎还将支持石原莞尔的满洲班班长片仓衷等人调离陆军中央,大大削弱了石原一派在陆军中央的力量。1937年9月,石原莞尔被调离参谋本部,重新被派到中国东北,担任关东军副参谋长。石原莞尔看不起关东军参谋长东条英机,认为东条英机缺乏智慧,最多也就是个上等兵的料,两人矛盾很深。东条英机利用职务之便排挤石原莞尔,迫使石原莞尔不得不称病,一年后离开中国东北回到日本。于是,石原莞尔"以他保持巨大影响力的陆军作为政治革新的主体,实现目标"②的愿望破灭,转而以民间运动的方式,去实现自己的政治理想。

1939年10月,石原莞尔的支持者、国会议员木村武雄在东京组织成立了"东亚联盟"协会,日本"东亚联盟"运动开始。"东亚联盟"协会成立时,板垣征四郎担任陆军大臣,板垣征四郎给"东亚联盟"协会3万元的运动经费。③ "东亚联盟"协会发行机关刊物《东亚联盟》月刊,号称以民间文化团体的形式,开展"东亚联盟"运动。"东亚联盟"协会会员来自官方和民间各个阶层,主要是原伪满洲

---

① [日]藤本治毅:《石原莞尔》,第324页。
② [日]五百旗头真解说:《石原莞尔と昭和维新论》,《石原莞尔选集4》,第294页。
③ [日]木村武雄:《木村自传》,东京:形象社,1978年,第145页。

国协和会会员、农民联盟成员、国会议员、大学教授、军人等。"东亚联盟"协会在东京设立总部,在首都以外成立地方事务所或者支部等分支机构,作为协会的基层组织。"东亚联盟"协会积极发展会员,组织讲演会、报告会等活动,宣传"东亚联盟"的基本主张,鼓吹中日提携,反对西方列强的侵略。"东亚联盟"协会成立后,活动积极,组织发展迅速,协会的影响力也不断扩大。据统计,日本"东亚联盟"协会会员最多时有10万人,在国内共有8个地方事务所、57个支部。①

"东亚联盟"协会成立于日本侵华战争陷于长期化态势之时,日本已经从占领南京的得意中"清醒"过来,近卫内阁改变了"不以国民政府为对手"的政策,倡导中日两国在"善邻友好、共同防共、经济提携"的三原则之下实现"合作",共同建设"东亚新秩序",以便早日从长期战争泥潭中拔出脚来。日本提出"建设东亚新秩序"的政策后,"东亚联盟"认为以近卫三原则为基础的"建设东亚新秩序",与"东亚联盟"的"国防共同、经济一体化、政治独立"主张基本一致,不失为解决中日战争的良策。"东亚联盟"协会把宣传"东亚联盟"论与"近卫三原则"联系起来,认为以此为基础,不仅可以使日本早日摆脱长期战争的困境,还可以扩大"东亚联盟"在日本的影响,提高"东亚联盟"协会的地位。"东亚联盟"协会制定《东亚联盟协会趣意书》,阐述"东亚联盟"运动的目标是:让日本全体国民普遍理解近卫声明的意义,使中华民国国民理解其真意,确立加强东亚各民族提携的基础。

为了表明"东亚联盟"协会是为日本政府分忧,而绝无其他的政治目的,避免其他"兴亚"团体、不同派别的攻击,"东亚联盟"协

---

① [日]河原宏:《アジアへの思想》,东京:川岛书店,1968年,第213页。

会从成立之日起,就有意淡化其政治色彩,强调"东亚联盟"运动是文化运动,不是政治运动,"东亚联盟"协会是作为国民运动来实施组织活动的,按照"东亚联盟"的基本主张,来统一日本国内的"兴亚"思想,协助政府早日从长期战争的泥沼中解脱出来。

"东亚联盟"运动虽然自称为文化运动或国民运动,但是,参加联盟协会者多有政府关系,尤其是"东亚联盟"协会地方支部的干部,几乎都是各地区的政治家和经济实力雄厚者,支部长多为县议会议长。"东亚联盟"协会从一开始,就具有强烈的政治色彩。日本各地区的政治家、金融家,经常发表关于"东亚联盟"的见解,实际控制着地方"东亚联盟"运动的开展。日本"东亚联盟"协会成立后,在中国东北地区的日本人组成了"满洲东亚联盟志友会"。志友会是伪满洲国协和运动的一部分,宣扬"东亚联盟"的主张,自认为是伪满洲国协和会的别动队。

二、"东亚联盟"协会的主要活动

日本"东亚联盟"协会的活动形式多样,主要是通过发行刊物,组织演讲会、报告会、电影会等活动,宣传"东亚联盟"的基本主张,配合日本政府的内外政策,为早日结束战争,摆脱长期战争的泥沼出谋划策。

"东亚联盟"协会通过发行机关刊物《东亚联盟》、建立基层组织、组织各种演讲会、报告会等,向日本社会各个阶层宣传"东亚联盟"的主张,扩大"东亚联盟"运动的影响。1938年底,第三次近卫声明发表后,"东亚联盟"协会特别强调"东亚联盟"论与近卫三原则的共同性,显示其对形势判断的前瞻性、正确性。"东亚联盟"协会认为,近卫三原则的目标其实就是结成"东亚联盟",实现中日两国的提携与合作。"东亚联盟"论早就预见到,未来东亚发展的趋

势是"合作",以中日为核心共同建设东亚新秩序。"东亚联盟"协
会组织的演讲会、报告会,一般都是邀请日本军部或政府官员做报
告,指出"东亚联盟"对解决中日战争、建立东亚新秩序的作用。据
统计,仅日本东北地区,在 1939 年 12 月到 1940 年 2 月两个多月的
时间里,就组织了 11 场演讲会。①　在各地举行的演讲会上,众议院
议员木村武雄、中山优等社会名流纷纷登台,阐述"东亚联盟"的目
标、基本内容及作用,提高协会会员和一般国民对于"东亚联盟"的
理解,鼓动更多的人参与"东亚联盟"运动。

　　"东亚联盟"协会还特别重视培植后备力量,协会经常组织面
向一般青年和大学生的演讲会。"东亚联盟"协会会员到大日本
青年教师团、青年恳谈会等青年团体中进行演讲、报告等活动。
"东亚联盟"协会的活动目的性和针对性很强,引起了一些青年学
生对"东亚联盟"的兴趣与关注,其中有些人与"东亚联盟"论产生
共鸣,开始阅读《东亚联盟》,参与"东亚联盟"协会的活动。有些大
学还成立了类似"东亚联盟"协会的学生组织。1940 年 1 月,早稻
田大学、明治大学的学生,在"东亚联盟"协会的支持下,召开结成
东亚学生联盟准备会,计划成立与"东亚联盟"相关的组织。"东亚
联盟"协会关西事务所,在京都的大学举办演讲会。②　1940 年 6
月,东京以及关西地区的大约 20 所大学,成立了东亚学生联盟。
学生们组织了"东亚联盟"研究会,讨论"东亚联盟"的主张,有的还
利用暑假,或到中国东北考察,或去北海道等远离中央核心的地
区,宣讲"东亚联盟"论。

---

① [日]桂川光正:《东亚联盟运动史小论》,古屋哲夫编:《日中战争史研究》,东京:吉川
　　弘文馆,1984 年,第 365 页。
②《东亚联盟协会ニュ——ス》2 卷 3 号,《东亚联盟》,东京,1939 年第 2 期。

　　"东亚联盟"协会成立之初,主要通过发行机关刊物《东亚联盟》、组织各种演讲会和报告会等方式,宣传"东亚联盟"的主张,石原莞尔撰写了大量关于"东亚联盟"论的文章,他的文章总是被刊登在《东亚联盟》显著的位置上。中山优、宫崎正义、安藤敏夫等社会名流的文章,也频频出现在《东亚联盟》上。"东亚联盟"协会号称是文化团体,不从事政治运动,但是,"东亚联盟"本身就是为构建日本的世界霸权而提出的,不可能脱离政治。《东亚联盟》每期刊登的文章,都以政治内容为主,尤其是对建设"东亚新秩序"政策的阐释占据重要位置。

　　日本"东亚联盟"运动开始后,一些媒体工作者、知识分子、军部官员、国会议员等,寻找各种机会,在日本国内、在中国的沦陷区,扩散"东亚联盟"的理论,主张结成日、"满"、华为核心的"东亚联盟"。日本朝日新闻社记者田中真作,曾经被报社派到日本东北地区的仙台支局工作,在仙台结识了石原莞尔,思想上与石原莞尔产生强烈共鸣,成为石原莞尔的崇拜者和追随者。田中真作后来被报社派到北平支局工作。田中真作在北平工作期间,认识了北平汉奸组织新民会骨干缪斌,向缪斌介绍"东亚联盟"论和日本"东亚联盟"运动状况。缪斌是新民会的中央指导部部长,因为争夺新民会的权力,与新民会的日本"顾问""参事"产生矛盾,萌生了另起炉灶,建立伪组织的想法。缪斌通过田中真作带来的《东亚联盟》,了解了"东亚联盟"论的纲领,以及日本"东亚联盟"协会的成立经过,对"东亚联盟"产生了很多兴趣,缪斌认为"东亚联盟"论不失为中日两国提携的共同指导思想。缪斌还根据自己对"东亚联盟"的理解,写了《我们对于东亚联盟的意见》一文,这是中国人最早关于"东亚联盟"论的文章。在文中,缪斌从反共立场出发,阐述了中日恢复和平、共同反对苏俄,就应该以"东亚联盟"作为共同的指导思

想的看法。1940 年 5 月,缪斌离开新民会,在北平组织中国"东亚
联盟"协会,自任会长,并出版《东亚联盟》月刊。继缪斌组织中国
"东亚联盟"协会后,汉口、济南、广州等地,纷纷成立以"东亚联盟"
为名的组织,日伪控制的沦陷区开始了"东亚联盟"运动。无论日
本的"东亚联盟"协会,还是中国沦陷区的"东亚联盟"协会,都把石
原莞尔的《东亚联盟建设要纲》作为必读之作。《东亚联盟建设要
纲》一书,从 1939 年 8 月首次出版,到 1941 年已经被"重印 6 次,翻
译成汉蒙鲜等多种文字,发行近 20 万册"①。

　　"东亚联盟"论在日本社会尤其是知识界、退伍军人、政客中有
较大的影响,尤其是"东亚联盟"论的"政治独立",很有蛊惑性和欺
骗性,日本一些曾经向往马克思主义的青年,也从研究马克思主义
转而宣传"东亚联盟"论,参与"东亚联盟"运动。"东亚联盟"协会
还主动地与宫崎正义、浅原健三等日本的社会主义者接触,石原莞
尔毫不讳言,与社会主义者接近的主要目的,是为了了解苏联的统
制主义经济制度,借用苏联统制主义的方法,集中力量发展日本的
国防经济,积累在世界最终战争中取胜的实力。"东亚联盟"协会
主动与社会主义者接近,向他们宣传"东亚联盟"论的主张,特别是
与青年接触,达到"避免青年人成为马克思主义者,使其不至于危
害社会"②的目的。

　　20 世纪 40 年代初,日本一些社会主义者"转向",从研究社会
主义理论改为宣传"东亚联盟"论。有人虽然仍自称社会主义者,
但是,却在报刊上大力阐述"东亚联盟"论的主张,包括宫崎正义、
浅原健三等著名的社会主义者。当然,日本的社会主义者研究、宣

---

① [日]石原莞尔:《石原莞尔选集 6》,第 60 页。
② [日]藤本治毅:《石原莞尔》,第 176 页。

传"东亚联盟"论,主要是对"东亚联盟"论关于统制经济的观点感兴趣,认为在经济统制手段上,"东亚联盟"与社会主义有共通性。他们与石原莞尔关于结成"东亚联盟",达到以东方文明战胜西方文明、争取世界最终战争的胜利等目标,并没有多大共同点。当然,日本社会主义者的情况也比较复杂,明治维新后,日本在思想文化、政治制度、经济形式等方面向西方学习,19 世纪 70 年代,日本兴起了反对专制政治、争取民主的自由民权运动。尽管自由民权运动持续时间并不长,但是,所主张的开国会、定宪法,却在日本社会产生了巨大影响,推动日本政治向前发展。

1899 年日本公布《大日本帝国宪法》,1890 年实行议会选举,开始了有限的宪政体制。日本宪法将西方宪政意义上的国民以"臣民"来表示,认为"臣民"的权利为天皇所赐,对国民的基本政治权利有许多限制,然而,毕竟开启了一股新的风气,有利于西方政治思想在日本的传播。19 世纪末 20 世纪初,日本组建了若干个以民主为目标的政党,这些政党发起者在日本介绍并研究西方政治思想,其中有一部分知识分子对马克思主义感兴趣,开始研究社会主义和马克思主义,研究社会主义、马克思主义理论的组织、刊物比较多,其中比较著名的代表人物有:幸德秋水、堺利彦、片山潜、河上肇等。他们主编刊物、翻译介绍马克思恩格斯著作,研究马克思主义理论,并试图以马克思主义指导日本社会改造,有的因此成为马克思主义者或者社会主义者。1904 年,幸德秋水和堺利彦共同翻译了《共产党宣言》。幸德秋水还撰写《二十世纪之怪物——帝国主义》《社会主义神髓》等研究马克思主义的著作。河上肇是京都帝国大学著名的"红色教授",他系统地研究了《资本论》,撰写《唯物史观研究》和《社会组织与社会革命》等著作,阐述唯物史观、剩余价值等理论,是日本最有影响的马克思主义理论家。中国共

产党创始者李大钊、陈独秀等在日本留学期间，都受到河上肇很大
影响。陈望道翻译的《共产党宣言》，就是以日文版为蓝本的，马克
思主义经典著作很多都是中国人参照日文版或者直接从日文版翻
译成中文的。毛泽东曾经说过，陈望道翻译的《共产党宣言》对他
的影响很大。当然，日本早期马克思主义研究对一般留日学生也
有影响，如周佛海、戴季陶等。由于近代中国政治形势变化以及个
人对马克思主义理解不同，中国早期介绍马克思主义的知识分子
并没有都成为坚定的共产主义者，周佛海作为中国共产党一大代
表，不仅脱离了共产党，在抗日战争时期竟走上投敌之路。这反映
了历史的复杂性，也与他们理解马克思主义的偏颇有关。

日本政府一直禁止宣传共产主义思想和共产主义运动，日本
共产党直到日本战败投降，一直处于非法的地下状态。因此，日本
研究社会主义、从事社会主义运动的人，不一定信仰马克思主义，
他们对社会主义的研究不可避免地存在着一些不足，如强调生产
力忽视生产关系，也不赞成阶级斗争等。"东亚联盟"论宣称尊重
中国主权，清除西方帝国主义，赞赏苏联的统制主义经济高效率，
日本社会主义者对此表示赞同。日本社会主义者"转向"，既有其
本身弱点，也与战争形势下，日本极端民族主义、国家主义得到多
数人的赞同有关。日本社会主义者的"转向"，不代表"东亚联盟"
论尊重中国主权、独立，有所谓的反省日本对外政策的因素，更说
明当军国主义对外侵略形成狂潮时，日本人要分辨清披着和平、友
好外衣的侵略理论，摆脱极端民族主义是多么困难。

"东亚联盟"协会配合日本对华政策的调整，大力宣传"东亚新
秩序"方针，通过改革内外政策的"昭和维新"来加强中央集权，达
到结成"东亚联盟"、早日结束战争、为最终战争取胜创造条件的目
的。如上所述，"东亚联盟"协会成立之初，为了表明协会与政府目

标的一致,减少国内其他组织、团体的攻击,把"东亚联盟"运动定位为文化运动、国民运动,尽量避免活动的政治性。但是,从1940年起,日本国内呼吁政治改革,效仿德国实行"一国一党"政治的呼声渐起,政治改革是为了加强中央集权,动员国内一切力量支持战争。在这种形势下,石原莞尔提出"东亚联盟"运动的新任务是昭和维新,即"以整个东亚为单位,依靠内外一途的革新政策,最大限度地发挥东亚诸民族的所有力量,准备世界最后决战的胜利"①,维新就是要在对外关系上,确立日本在东亚的"领导"地位,统合东亚的各种资源、力量,加强最终战胜美国为代表的西方文明的力量。当时的日本,打着"昭和维新"旗号的"兴亚"理论不少。那么,石原莞尔的昭和维新该怎样实现呢? 石原莞尔提出"东亚联盟"组织应"扩大协会的同志网,并不断加强之"②,使"东亚联盟"协会能够上得天皇信任,下能综合领导民意,就会不断充实、发展,这样的政治组织也是适合日本"国体"的,现在要努力使协会成为可以担当"领导"世界最终战争的政治团体,完成"东亚联盟"的目标。

　　自日本政府提出建设"东亚新秩序"政策后,"东亚联盟"协会认为这给"东亚联盟"组织的发展提供了有力条件,协会借此机会宣扬东亚"合作""协和"的必要性,大张旗鼓地宣传"东亚联盟"的主张,认为协会不必再拘泥于文化团体的定位,要向政治运动方向发展,以为"实现东亚诸民族的大同、团结,结成东亚联盟的客观条件已经成熟"③。众所周知,日本发动全面侵华战争后,国民政府在武装抵抗日本侵略的同时,一直没有放弃运用外交手段迫使日本

---

① [日]石原莞尔:《石原莞尔选集4》,第10页。

② [日]《东亚联盟协会运动方针要纲》,《东亚联盟》,东京,1940年第8期,第6页。

③ [日]"东亚联盟"协会编:《东亚联盟建设要纲》,京都:立命馆大学出版社,1940年,第3页。

撤兵的努力。中国希望西方各国能够对日本破坏国际和平的行径进行干涉,阻止日本的侵略。国民政府代表先后向国际联盟、九国公约缔约国提出申诉,但是,英美等大国为了自身的利益,在卢沟桥事变发生后,奉行绥靖主义政策,并没有对日本采取实际制裁措施。西方大国的绥靖主义政策,助长了日本的侵略气焰,战火从华北、东南沿海烧到华中、华南等广大地区。然而,即使日军占领了大半个中国,中国人民也没有放弃抗日斗争,日本"速战速决"的目的破灭。为了早日摆脱长期战争的泥沼,日本在武力进攻的同时,打出建设"东亚新秩序"的旗号,拉拢中国抗日营垒中的动摇分子。在日本的诱降政策下,汪精卫集团叛国,在南京建立了伪国民政府。汪精卫提出采用"东亚联盟"论作为和平运动的理论基础。这给石原莞尔及日本"东亚联盟"运动以莫大的鼓舞,他们认为"东亚新秩序"政策表明,日本政府已经接受了"东亚联盟"的基本主张,按照"东亚联盟"论实现日中提携的时机已经成熟,"东亚联盟"的政治理想即将实现,故而一改往日的"低调",公开提出"东亚联盟"运动向政治方向发展,期待能给政府更大的影响。

1940年10月,日本"东亚联盟"协会在京都召开第一次全国支部代表会议。日本地方上的17个支部以及东京、关西两个事务所分别派代表参加会议。会上通过了"东亚联盟"协会新宣言、制定了新的会员制度,强调今后"东亚联盟"运动向政治方向发展的新目标,要进一步扩大、强化协会的"同志网",增强协会的影响力。会议根据"东亚联盟"组织迅速发展的状况,对会员作分类管理,"东亚联盟"协会会员分为普通会员、正会员、参与会员三种,参与会员在协会中地位最高。

石原莞尔与关东军参谋长东条英机素来不睦,石原莞尔看不起"剃刀"东条英机,认为东条英机根本就不具备承担大任的才能。

东条英机则极力排挤石原莞尔。由于东条英机的排挤,石原莞尔后来被转入预备役,远离军事、政治权力中心。然而,石原莞尔并没有放弃"东亚联盟"的理想,要通过"东亚联盟"协会来扩大影响。石原莞尔提出日本应实行昭和维新,建设强有力国家,为实现最终战争的胜利而努力。石原莞尔不仅要扩大"东亚联盟"在社会上的影响力,还要以多种方式影响日本政府,循序渐进地推进扩张政策。

日本侵华战争时期,其国内的政治生态很复杂,政府与军部、陆军省与海军省、财阀与官僚,他们在对外扩张的总体目标上是一致的,但是,在具体的侵华策略、步骤、手段等方面存在分歧。石原莞尔因为受到一度是其顶头上司东条英机的排挤,卢沟桥事变后,主张"不扩大",在军队中处于非主流地位,一定程度上削弱了其对政府、军部的影响力。20 世纪 40 年代,"昭和维新"在日本社会得到比较广泛的呼应。日本政府为了加强权力,也打出了昭和维新的旗号,开展"大政翼赞运动",企图效仿纳粹德国建立"一国一党"强有力的政治体制。大政翼赞会成立后,日本许多"兴亚"团体自动解散,加入大政翼赞会,全力投入大正翼赞运动中。"东亚联盟"协会虽然赞成加强政府权力,赞成大正翼赞运动,但是,因为大政翼赞会没有明确提出以"东亚联盟"论为指导,在大政翼赞运动开始后,"东亚联盟"协会没有宣布解散,像其他"兴亚"组织那样加入大政翼赞会。在社会各方面的压力下,"东亚联盟"协会不得不公开宣布放弃政治活动趋向,再次明确"东亚联盟"协会作为文化团体、思想团体而存在,协会的活动不涉及任何政治问题。当然,"东亚联盟"协会改组后,从指导思想、基本主张到社会活动,仍然具有明显的政治目的,并非作为单纯的文化和思想组织而存在。

日本"东亚联盟"协会认为汪精卫伪国民政府成立以及开展

"东亚联盟"运动,都证明了"东亚联盟"论对解决战争的意义和作用。

1940 年 12 月,日本众议院议员、"东亚联盟"协会创立者木村武雄,在国会发起组织了"促进东亚联盟议员联盟",联盟得到了许多议员的支持,众议院的 130 名议员、贵族院的 25 名议员,先后加入议员联盟。① "促进东亚联盟议员联盟"赞同"东亚联盟"的理念,鼓吹中日两国应按照"东亚联盟"的主张携起手来,早日结束战争,实现和平。

1941 年 1 月,木村武雄组织"促进东亚联盟议员联盟"访华团,对汪精卫伪国民政府进行访问。"促进东亚联盟议员联盟"访华团的目的主要有两个:一是通过访问活动,让日本政府"了解中国开展东亚联盟运动的基本状况,了解中国同志的热情"②,为汪精卫伪国民政府以及汪伪的"东亚联盟"运动提供政治上的支持;二是提高"促进东亚联盟议员联盟"在日本国内的影响力,助力日本的"东亚联盟"运动。日本"促进东亚联盟议员联盟"访华团访问了南京、广东等地,与汪精卫伪国民政府的军政要人进行会谈,尤其是表达了希望汪精卫伪国民政府通过开展的"东亚联盟"运动,消除中国人的抗日斗志,把中国民族主义从对日抗战转移到对日合作,与日本共同建设"东亚新秩序",帮助日本早日从长期战争的泥沼中拔出脚来。

日本"促进东亚联盟议员联盟"与汪精卫伪国民政府要员进行了会谈,各自阐述了对"东亚联盟"的看法。日本"促进东亚联盟议

---

① ［日］日本国会图书馆宪政资料室藏《浅草稻次郎关系文书》,转引自古屋哲夫编:《日中战争史研究》,东京:吉川弘文馆,1984 年,第 368 页。
② 桂川光正:《东亚联盟运动史小论》注 226,古屋哲夫编:《日中战争史研究》,东京:吉川弘文馆,第 366 页。

员联盟",强调在结成"东亚联盟"的三个条件中,"国防共同"最为
重要,是建立"东亚联盟"的基础,"经济一体化"对于东亚国防非常
重要,是为"国防共同"提供物质基础,而"政治独立"不是"东亚联
盟"主要考虑的问题。"促进东亚联盟议员联盟"关于"东亚联盟"
的意见,让汪精卫很不满意。汪精卫把"东亚联盟"作为与日本"合
作"的理论基础,就是因为其中的"政治独立"可以为其遮羞。汪精
卫认为"东亚联盟"最重要的是"政治独立",轻视"政治独立"就无
法表明汪精卫伪政权是代表中国的,也无法对外显示汪精卫伪政
权在政治上与日本是平等的。日本"促进东亚联盟议员联盟"与汪
精卫,在如何看待"政治独立"上发生龃龉与分歧。

汪精卫伪国民政府是日本支持下的傀儡政权,为了欺骗国内
外舆论,也为了给自己争取一点儿面子,一直强调"政治独立"的重
要意义。而日本"促进东亚联盟议员联盟"却认为,中国人政治素
质、能力低,根本不可能具有完全的国家独立和政治自由,反对将
"政治独立"放在首位。汪精卫自伪国民政府成立之日起,就号称
是具有"独立"和"主权"的政权,不同意议员联盟访华团轻视"政治
独立"的看法,却不敢公开进行反驳。汪精卫为了给自己找回一点
面子,又不至于引起日方的不满,特别强调日本比中国先进,在东
亚居于领导地位,伪国民政府的"政治独立",充分尊重日本的"领
导"地位,这暴露了汪精卫政权的傀儡性质。

日本"促进东亚联盟议员联盟"知道东条英机对"东亚联盟"并
不感兴趣,为了扩大"东亚联盟"对日本政府决策的影响力,"促进
东亚联盟议员联盟"回国后,立即向时任陆相的东条英机汇报访华
情况,建议日本按照"东亚联盟"的主张来结束战争。1941 年,正值
纳粹德国横扫欧洲之时,日本也要乘机扩大战争,媒体鼓吹"不能
误了公共汽车"。在举国战争狂热形势下,日本侵略野心膨胀,政

府加紧了对外扩张的步伐,不可能采纳"促进东亚联盟议员联盟"的意见。东条英机本来就与石原莞尔矛盾尖锐,在东条英机的支持下,宪兵队向"促进东亚联盟议员联盟"施加压力,认为"东亚联盟"主张"政治独立",有损日本的威信。在东条英机的压力下,参加"促进东亚联盟议员联盟"的国会议员纷纷宣布退出"东亚联盟"协会,日本的"东亚联盟"运动势头减弱。

在日本不断向亚洲对外扩张过程中,其国内出现了许多打着"兴亚""联合"旗号的理论,都认为日本的目的是驱逐西方列强的侵略,与邻国一道共同振兴亚洲。日本政府对外扩张中需要用"兴亚"来进行政治宣传和欺骗。1941 年 1 月 14 日,日本政府专门阐释了"兴亚"运动须遵循的基本理念:"根据日满华共同宣言的精神,禁止违反肇国精神使国家主权晦暝的国家联盟理论",规定各运动团体受"与政府表里一体的大政翼赞会的领导"①,使"兴亚"适合大政翼赞体制的需要。在这种形势下,日本政府认为"东亚联盟"所提出的"政治独立"、国家间"平等结合"等,无视日本对亚洲各国的领导权,承认了亚洲各国的"独立",这是不能容忍的。日本是亚洲各国的"领导",不能与之"平等"。"东亚联盟"使日本国家"主权晦暝",不应允许其继续存在。其实,"东亚联盟"论的"政治独立"并非尊重国家主权,不过是以"政治独立"为借口,用欺骗的手段,实现军事进攻难以达到的目的。当时的日本为无止境的侵略欲望所驱使,连这种表面上尊重中国主权的样子都不愿意做,加之日本统治集团内部的矛盾,要将"东亚联盟"协会统一到大政翼赞会的外围组织之中。"东亚联盟"协会开始讨论对策,最终没有参加大政翼赞会,而是以国民运动的形式继续活动。

---

① [日]《朝日新闻》,东京,1941 年 1 月 15 日。

　　日本大政翼赞运动开始后，“东亚联盟”协会进行改组，主要以
文化运动的形式，配合日本政府的侵略政策。1941 年 2 月 17 日，
“东亚联盟”协会第二次全国支部代表会议在东京召开。会议认为
汪精卫伪国民政府控制区域开展的“东亚联盟”运动，充分说明“东
亚联盟”这一理论，已经深得中国人的理解和拥护，“东亚联盟”是
解决中日两国战争最佳途径。“东亚联盟”协会表示，对于日本政
府统一国内舆论，统一国内“兴亚”团体的决定，没有任何异议，也
愿意参加统一的“兴亚”团体。就目前形势来说，统一舆论和“兴
亚”团体，是集中全国力量的好办法，也是为了东亚和平的百年大
计。日本各种“兴亚”团体统一以后，可以“作为大政翼赞会的外围
组织，统一团体应以东亚联盟理论为中心，我们希望用‘东亚联盟
日本总会’这个名称”①。“东亚联盟”协会认为，日本的各种“兴亚”
团体可以统一，但是，统一后的团体必须有统一纲领，如果没有统
一纲领，团体就会失去目标，会导致组织涣散而失去应有的作用。
而“东亚联盟”论最适合作为统一以后“兴亚”团体的纲领。“东亚
联盟”协会全国支部代表会议的决定，反映了其要掌控“兴亚”团体
的野心，表明了“东亚联盟”运动并非单纯的文化运动，其有明确的
理论和行动目标，是很有政治野心的组织。为了在未来统一的“兴
亚”团体中有发言权，“东亚联盟”协会决定，今后要更加积极地发
展会员，尤其是中坚力量，不断扩大协会影响。

　　“东亚联盟”协会满怀抱负，准备以“东亚联盟”为指导理念来
统一“兴亚”团体思想，而石原莞尔与东条英机等人的矛盾不仅没
有得到任何缓解，反而愈加激化。1941 年 3 月，石原莞尔被东条英
机等人排挤编到预备役后，完全打消了通过军政力量推进“东亚联

---

① ［日］社论：《“东亚联盟日本总会”とせよ》，《东亚联盟》，东京，1941 年第 3 期，第 8 页。

盟"的念头,主要从民间活动的方式投入"东亚联盟"运动,并竭尽全力地站在"东亚联盟"运动的最前沿,到全国各地去宣讲"东亚联盟"论,撰写普及"东亚联盟"的文章。然而,由于石原莞尔已经被编入预备役,在政府、军界的影响力也越来越小,"东亚联盟"协会不得不应时而变,再度调整运动方针。

1941 年 4 月 10 日,"东亚联盟"协会在东京召开中央参与会员第一次全国会上,鉴于当时日本国内"兴亚"运动实际状况,决定将"东亚联盟"协会的活动退回到"本来的文化活动"①的意义上,各级会员、协会支部工作重点是让国民了解"东亚联盟"的理念、目标,认识结成"东亚联盟"对于未来世界最终战争中的意义,再次强调协会今后的活动主要放在宣传方面。这次会议后,"东亚联盟"协会频繁组织研究会、演讲会。石原莞尔到日本各地进行巡回演讲,协会各分支机构的负责人也纷纷在各地宣讲"东亚联盟"论。经过这些宣传活动,"东亚联盟"协会会员和各地支部数量有了显著增长。

"东亚联盟"协会调整活动方针时,日本国内各种"兴亚"团体的整合、统一等工作也在紧锣密鼓地进行。1941 年 7 月,大日本兴亚同盟成立,推举首相近卫文麿为总裁,同盟提出"我大日本兴亚同盟纲领归一,集结国民之总力挺身躬行,铲除大东亚多年的祸根,翼赞确立共荣圈的天业"②。1942 年 3 月,大日本兴亚同盟改组,政府企图通过改组来控制所有的民间"兴亚"团体。"东亚联盟"协会的 2 000 会员,参加了大日本兴亚同盟成立大会,但是,"东亚联盟"协会对兴亚同盟在纲领中,没有明确采纳"东亚联盟"的主

---

① [日]社论:《新运动方针实践に关して》,《东亚联盟》,东京,1939 年第 3 期。
② [日]专稿:《大日本兴亚同盟の诞生》,《东亚联盟》,东京,1941 年第 8 期,第 121 页。

张非常不满,"东亚联盟"协会最终没有像其他"兴亚"团体那样自动解散,加入大日本兴亚同盟,而是仍作为独立文化团体来活动。鉴于日本国内多数"兴亚"组织都参加了大日本兴亚同盟,"东亚联盟"协会政治上显得很孤立。"东亚联盟"协会为了处理好与大日本兴亚同盟的关系,与之共同为建设"东亚新秩序"做贡献,决定,今后"作为思想运动团体……向昭和维新运动迈进。做兴亚运动部门来推进兴亚运动"①。为了适应作为兴亚运动思想团体的需要,"东亚联盟"协会决定改变名称,以后叫作"东亚联盟同志会",继续开展活动。

　　日本不断扩张,威胁到欧美列强在中国的利益。以美国为首的西方国家对日本实行了资源禁运,并对中国抗战给予了一些人力、物力上的支援。欧美希望中国抗战,拖住日军主力,减轻欧洲战场的压力。战争的长期化,使得日本资源匮乏、兵源少等弱点凸显,国民生活水准下降。日本政府加强了对人们日常生活的管控,1943 年 8 月,日本商工省制定了《现在纤维制品制造的规定》,对衣服的质地、种类做了限制,禁止生产长袖和服与长带。大日本妇人会将每月 8 日(大诏奉戴日)定为"短袖扎腿裤日",在全国开展清除长袖运动。由于生活日益窘迫,民众对战争不满的声音日益增加。"东亚联盟同志会"作为思想文化团体,配合日本政府要求国民节衣缩食、过艰苦生活等需要,无论是在《东亚联盟》上,还是在各地演讲会上,"东亚联盟同志会"都要求国民要与政府一致,度过困难时段,赢得最后的胜利。"东亚联盟同志会"还打着"科学"的旗号,开展所谓的民间疗法研究,向日本民众宣传,应该吃粗米,粳米把日本人的肠胃都搞坏了,粗米才有利于健康。"东亚联盟同志

---

① [日]公告:《会员に告ぐ》,《东亚联盟》,东京,1942 年第 10 期,第 4 页。

会"还开展"适正农家"实验,改良农业生产技术,提高粮食产量,增强日本应付长期战争的实力。

20世纪40年代特别是太平洋战争爆发后,"东亚联盟"协会适应日本政府扩大战争的需要,从着重理论阐述、宣传,转为向百姓日常生活渗透,要求日本人从生产生活的细微之处去适应长期战争,支持战争。"东亚联盟"运动重心的转变,是多种因素促成的,与战争进程、国内派别斗争、资源匮乏、民众不满等都有重要关联。但是,无论"东亚联盟"的组织、活动方式如何改变,其要实现日本称霸东亚、最终统治世界的目标始终没有改变。

三、"东亚联盟"运动配合日本侵华政策

1938年底,日本政府的建设"东亚新秩序"政策得到汪精卫的响应。在日本的诱降下,汪精卫脱离抗日阵营,投身所谓的"和平运动",在日本支持下建立了伪国民政府。日本"建设东亚新秩序"政策的提出,给"东亚联盟"论运动以莫大鼓舞。中山优是阐释"东亚联盟"论的重要成员,他参与起草了第三次近卫声明,他认为"近卫三原则"的提出,表明"东亚联盟"论开始在日本政府决策中发挥作用。今后"东亚联盟"协会的重要任务,就是阐述"东亚联盟"与建设"东亚新秩序"的关系,认为第三次近卫声明的精神与"东亚联盟"论目标一致,即,通过中日"合作"实现和平,反映了日本对东亚的正确认识,"日中两国全面提携是日本的(也是中国的)唯一出路,近卫声明就是根据这个目标制定的自利他利的大原则"①,近卫声明可以让世界各国了解日本"圣战"的意义,有利于日中提携和

---

① [日]中山优:《日支关系の过去、现在、将来》,《东亚联盟》,东京,1940年第12期,第8页。

各方面关系的调整。《东亚联盟》发表许多论证"东亚联盟"论与建设"东亚新秩序"政策关系的文章,说明二者在目标、办法、路径等方面的共通性,扩大"东亚联盟"在日本社会的影响,期望日本尽早摆脱长期战争的泥沼。

"东亚联盟"协会成立时,石原莞尔正在担任第 16 师团师团长,尽管军务繁忙,作为"东亚联盟"论的创始者,他还是抽出时间撰写了大量阐述"东亚联盟"理论的文章,刊登在《东亚联盟》上。日本提出以"近卫三原则"为基础的"建设东亚新秩序"政策后,石原莞尔宣传"东亚联盟"是解决中日战争的正确途径,"东亚联盟"与建设"东亚新秩序"有密切关系,"近卫声明是以结成"东亚联盟"为目标,为了结成"东亚联盟"而提出的临时条件"①,"东亚新秩序"的终极目的,是建立"东亚联盟",为世界最终战争做准备。

"东亚联盟"论与日本提出的建设"东亚新秩序",都鼓吹中日国防合作,为了中日国防安全,日本要在中国驻兵。这实际是打着国防共同的旗号,危害中国的主权。为了给日军在中国驻兵找到理由,石原莞提出日本在中国的驻兵是"防共驻屯",不像西方列强那样是"利益驻屯"。他认为中日两国都有防共的需要,目前中国无力保证自身的国防安全,防御共产主义的发展,日本到中国驻兵,不是为了日本的利益,而是为了中日共同的利益,"近卫声明认为防共驻屯非权益驻屯,是根据日华双方协议纯粹的国防要求上的驻屯"②,他认为近卫声明中提出在中国设立内蒙特殊防共地带,与"东亚联盟"重视对苏国防是一致的,日本在中国驻兵非常必要。

---

① [日]石原莞尔:《东亚联盟建设要纲》,《石原莞尔选集 6》,第 124 页。
② [日]石原莞尔:《东亚联盟建设要纲》,《石原莞尔选集 6》,第 122 页。

　　"东亚联盟"论的国防共同有一个重要目的,就是要瓦解中国的民族主义,企图挫败中国对日抗战,"要将中国的民族主义引导到我方来,以东亚的地利为依托,巩固共同防卫的阵地"①。这是"东亚联盟"的一厢情愿,日本发动全面侵华战争后,中国各党各派捐弃前嫌,建立了抗日民族统一战线,中国人民团结在民族主义、爱国主义的伟大旗帜下,筑起了抗日的铜墙铁壁,民族主义显示出了巨大的生命力。石原莞尔等人认为蒋介石在经济、军力、社会组织力均低于日本的形势下,一直坚持抗战,表明真正的"援蒋的路线不是英美,最强大的援蒋路线在中国人的民心中"②,国防力量不仅仅体现在军事上,也包括精神因素,国防战略须与政略相配合。在建设"东亚新秩序"阶段,日本应该重视对中国民心的把握和利用。他认为国防包括狭义和广义两层含义,"狭义的国防主要指军事力量,以满洲国为例,其军事设施可以说已万无一失。但是,满洲国如果得不到四千万民众的支持,就不能说国防已经完成。广义的国防除物质要素外,还包括诸多精神因素"③,实现中日之间的"国防共同"要取得中国人的信任,把握民心是最主要的国防,与中国作战"要政略战略并用"④,这是建设"东亚新秩序"的关键。

　　"东亚联盟"还从中日两国力量对比等方面,阐述日本"领导"东亚国防的意义,认为必须有效地发挥东亚防卫在未来战争中的作用,东亚各国的实力、地位不同,在东亚共同防卫中的作用也不一样。目前东亚各国中,有能力承担并"领导"共同防卫的只有日

---

① [日]中山优:《新秩序の东洋性格》,《东亚联盟》,东京,1939年第1期,第35页。

② [日]高木清寿:《东亚の父石原莞尔》,第170页。

③ [日]松浦嘉三郎:《满洲国经营の体验》,《东亚联盟》,东京,1942年第2期,第39页。

④ [日]高木清寿:《东亚の父石原莞尔》,第211页。

本,"日本现在担负着东亚联盟枢纽之责任。具体来说,主要就是担任国防,指导国防力量之根本所在的经济建设"①,而东亚其他国家都没有建立起强大的国防力量,还都在西方列强的压迫下挣扎,"国防共同当然需要一元化统帅,……总的说来,日本在军事上居于领导地位,是显而易见的道理"②。国防共同就需要东亚各国接受天皇的委任,"从国防共同的角度来看,联盟宣战以及缔结和约等权限,属于天皇陛下"③。由此看来,"东亚联盟"论的国防共同比建设"东亚新秩序"共同防共走得更远,要让中国等东亚国家完全听命于日本,不对日本设防。这种防卫体制对东亚各国来说,根本就不是什么"防卫",其"不战而屈人之兵"的目的昭然若揭。

　　"东亚联盟"论特别注重经济在战争中的作用,认为建设"东亚新秩序"需要建立国防经济体制。建立国防经济体制,是为了使日本具有与西方列强争霸抗衡的军事力量,在未来战争中取得胜利,"为了准备武力,需要绝对巨大的经济力量……现在日本国防必须要预想到持久战,所以在联盟范围内应该保持持久战所可能需要的经济力量"④,也就是说,"东亚联盟"的经济要服从日本军事需要,不是提高国内或东亚的生产力水平,而是为奠定继续扩大战争的经济基础。"东亚联盟"论认为现在的战争对经济有很大的依赖性,"现在的武装日益依存于经济基础,具有高度生产力水平的国

---

① [日]石原莞尔:《昭和维新论》,《石原莞尔选集 4》,第 162 页。

② [日]宫崎正义:《东亚联盟の建设と国民の觉悟》,《东亚联盟》,东京,1940 年第 5 期,第 154 页。

③ [日]安藤敏夫:《东亚新秩序建设论の展望》,《东亚联盟》,东京,1940 年第 3 期,第 95 页。

④ [日]石原莞尔:《东亚联盟建设要纲》,《石原莞尔选集 6》,第 29 页。

家,须有与之相适应的优秀装备"①,没有经济作保障,必然导致战争的失败。

为了建设"东亚新秩序","东亚联盟"主张要在东亚实现经济上的自给自足,"只有确保高度自给自足国防经济,才可能建立真正的国防经济体制。自给自足经济首先是资源的(原料的)自给自足经济,东亚天地中埋藏着多种多样极其丰富的资源,资源只有被开发、商品化的时候,才能产生使用价值。……应该考虑如何开采、运输这些资源。第二是资材的自给自足经济。所谓资材是指从上述的开发资源的资材到生产开发资材的各种资材的总称。第三是技术及劳动力的自给自足经济"②,自给自足不仅要把东亚各国的经济纳入日本的战争轨道,而且还要对东亚的资源、人力进行掠夺,自给自足就是在经济上满足日本对外侵略的需要,将欧美在东亚的掠夺变成日本的经济独占。东亚经济上的自给自足首先是中日两国的经济合作,因为中国蕴藏着丰富的资源而无力开采利用,日本资源少,却有万邦无比的国体。中日两国相互"合作",经济上互通有无,就能创造出巨大的生产力来。

"东亚联盟"论认为中日全面战争爆发前,两国间的经济提携是失败的。这是因为中国采取了依赖英、美的政策,欧美国家通过棉麦借款、币制改革等一系列手段,加强了对中国社会的控制。欧美列强以帮助中国统一为由,掠夺中国资源,控制中国经济、外交,企图掩盖其帝国主义本质。欧美还挑拨中日两国的关系,制造中日间的矛盾与对抗,把中国日益高涨的民族主义引向抗日。中日

<hr>

① [日]石原莞尔:《东亚联盟建设要纲》,《石原莞尔选集6》,第16页。
② [日]冈野鉴记:《东亚国防体制の急务と其原理》,《东亚联盟》,东京,1941年第2期,第11页。

两国应认识到西方的险恶用心,实行经济提携,共同建设"东亚新秩序","要把握经济合作的真正意义。中日经济合作实际是两国国民经济的合作。国民经济的合作就是两国国民经济各自独立,建立共同生产分工和共同消费的利益分配关系"①。"东亚联盟"论认为,中国民族主义高涨不是因为日本的侵略,而是欧美列强的挑拨,国民政府没有看到欧美的真实目的,使民族主义的矛头指向了日本。中国民族独立是清除一切外来势力的压迫,但是,日本大举入侵,中国反对日本侵略才能维护基本的主权独立,这是不言自明的。"东亚联盟"论回避主要矛盾,希望中国响应"建设东亚新秩序"政策,这种掩耳盗铃的政策难以达到目的。

日军占领华北、华中大部分地区后,先后在北平、上海建立了华北开发公司和华中振兴公司,以控制华北、华中地区的重要物资和经济。这些地区原有的公私营工矿业、铁路公路、通信、商业等都由华北开发公司和华中振兴公司来经营。这是日本调整对华政策后,经济上实行"以战养战"的具体实施。日本的这些掠夺政策,被"东亚联盟"论视为"经济一体化"的成果。"东亚联盟"认为日本仅制订开发华北、华中的资源计划还远远不够,不仅要开发中国腹地的资源,还要开发、利用中国边疆地区的资源,在开发中"遵从经济一体化的原则,为增强联盟的经济力量,开发内蒙、北部中国,还需要开发西藏、云南"②等地,从而彻底控制中国的资源与经济。

1939年初,日本制定了日、"满"、华生产力扩充三年计划,旨在巩固中日经济的依赖关系。"东亚联盟"论提出,"日满华经济一体

①[日]宫坂二三夫:《日支经济合作の限界》,《东亚联盟》,东京,1941年第9期,第41页。

②[日]《"东亚联盟"と近卫声明》(主张),《东亚联盟》,东京,1939年第1期,第6页。

化,决不是采取把满洲、中国变成殖民地的政策。……日满华三国经济一体化,当然要尊重产业条件,应该采取承认先进国日本经济的指导的态度"①,明确提出日本在经济上处于领导地位。承认了日本经济上的领导,就意味着中国经济要服从日本的经济需要,意味着中国经济的殖民地化,根本不可能实现中日间的经济平等。日本侵华战争期间,在沦陷区大肆进行经济掠夺,证明经济提携实质是经济侵略、经济奴役。

日本提出的"建设东亚新秩序",是以中国放弃抗日、实行对日"合作"为前提的。日本的这一政策,受到蒋介石及国民政府的批判。蒋介石在日本宣布"东亚新秩序"政策后,多次公开表明坚持抗战到底之决心。"东亚联盟"认为蒋介石拒绝参与"建设东亚新秩序",是东亚和平的妨碍,日本必须彻底摧毁蒋介石政权的经济基础,使之丧失抵抗日本的经济实力和国防力量,"作为手段彻底摧毁蒋政权与占领地建设并行"②。"东亚联盟"主张日本应加大对重庆国民政府的经济封锁,使之放弃抗日政策。"东亚联盟"协会批判蒋介石是英美帝国主义的走狗,依赖西方的政策为列强对中国的经济榨取提供了便利,使中国经济停滞并走向毁灭。"东亚联盟"认为日本与西方列强不同,日本是中国的朋友,"依照八纮一宇的精神,与邻国同胞实现和平,求得共同发展……日本的枪炮中隐含着仁爱,要与邻国共同实现一体化的目标"③,要改变"蒋介石政

---

① [日]宫崎正义:《东亚联盟の建设と国民の觉悟》,《东亚联盟》,东京,1940年第5期,第153页。

② [日]永井八津治:《支那事变の处理に就て》,《东亚联盟》,东京,1940年第4期,第48页。

③ [日]藤枝丈夫:《帝国主义支配の废绝》,《东亚联盟》,东京,1939年第2期,第38页。

权下的中国误入歧途,要引导中国经济从次殖民地状况下解放出来"①。所谓"占领地建设"就是通过扶植傀儡政权,对中国实行经济掠夺,达到"以战养战"之目的。1940 年,汪伪国民政府与日本签订《日本国与中华民国关于基本关系的条约》,规定"华北及蒙疆的特定资源,尤其是国防上必要的资源,中华民国对日本国及日本臣民应提供必要的便利"②,为日本在中国的掠夺性开发打开了方便之门。汪精卫伪国民政府对出卖国家利益进行辩解,称"东亚民族,经济提携,内谋共存,外拒侵略,实有必要","经济合作是调整中日关系之中心问题,做得好,两国可以走上一条共存共荣的大路,做得不好,将要陷入同归于尽的深渊"③,认为这个条约是中日经济提携的成果,为中日共同抵抗欧美提供了经济保障。

　　日本首相近卫文麿赞扬汪精卫的对日"协作"举动,表示:"和中国同感忧虑、具有卓识的人士合作,为建设东亚新秩序而迈进","政府向国内外阐明同新生的中国调整关系的总方针,以求彻底了解帝国的真意","日、满、华三国应以建设东亚新秩序为共同目标而联合起来,共谋实现相互善邻友好、共同防共和经济合作"④。"东亚联盟"认为建设"东亚新秩序"是结束中日战争的有效途径,建设"东亚新秩序"需要统一的思想为指导,这个思想就是王道,"王道是建设东亚新秩序的指导原理,中国人不可能立即

① [日]森谷克己:《东亚"一宇"への阶梯"协和万邦"の精神の实现》,《东亚联盟》,东京,1939 年第 2 期,第 12 页。
② 复旦大学历史系日本史编写组编译:《日本帝国主义对外侵略史料选编》,上海:上海人民出版社,1975 年,第 313 页。
③ 林柏生:《对中日条约及三国宣言应有之认识》,《东亚联盟》,东京,1941 年第 1 期中文号,第 17—18 页。
④ [日]日本外务省编:《日本外交年表并主要文书》下,第 407 页。

接受王道思想,消灭中国的抗日思想就可以"①。日本在建设"东
亚新秩序"声明中声称尊重中国主权,准备返还租界、撤销治外法
权等,以此来诱降抗日营垒中的动摇分子,"东亚联盟"协会鼓吹
"东亚新秩序的关键是废除帝国主义的统治"②,"东亚新秩序"充
分考虑到东亚文化、经济、地域的联系,是共同命运的结合,"日、
中两国应有共通的大建设和利害一致处,共通的利害就是排除第
三国干涉、压迫,创造出东亚民族的真正独立的国家,这是建设东
亚新秩序的具体内容"③。"东亚联盟"协会鼓吹为建立东亚新秩
序日本不惜与世界为敌,中国应对此给予理解,与日本携手建设东
亚。"东亚联盟"协会批评中国"对新秩序非常警惕,认为建设东亚
新秩序是日本侵略主义的伪装,是日本企图取代英美等国来侵略
中国"④,要想办法使中国人相信日本的东亚新秩序不是帝国主义,
是民族协和主义,让中国与日本共同承担"建设东亚新秩序"的责
任。"东亚联盟"认为现在的世界秩序是欧美主导的,非常不合理,
"建设东亚新秩序"是要否定现在不合理的世界秩序,打破欧美统
治亚洲的旧秩序,建立东亚各国携手合作的新秩序。

　　总之,"东亚联盟"协会在理论、政策、手段等各个方面协助日
本政府的政策,认为"东亚新秩序是近卫内阁仰圣断确定的,是处
理中国事变的原则"⑤,重点阐述"东亚新秩序"对于中日结束战争、

---

① [日]藤枝丈夫:《帝国主义支配の废绝》,《东亚联盟》,东京,1940 年第 2 期,第 52 页。

② 同上,第36 页。

③ [日]儿玉誉士夫:《支那事变は如何に解决さるべきか》,《东亚联盟》,东京,1940 年
　　第 2 期,第 45 页。

④ [日]船山信一:《新秩序の思想的基调》,《东亚联盟》,东京,1940 年第 9 期,第 26 页。

⑤ [日]石原莞尔:《对于联盟建设纲领》,《石原莞尔选集6》,第 13 页。

共同抵抗西方侵略的意义,全方位地协助维护日本的在华侵略利益。

四、近卫新体制下的"东亚联盟"运动

1940 年 7 月 26 日,日本政府制定了《基本国策纲要》,确定在国内建立国防国家体制,对外"建设大东亚新秩序"的方针,提出日本"内政最迫切的是根据国体本义,刷新诸政,确立国防国家体制。为此,应具备以下几个条件。第一,贯彻国体本义,刷新教学,排除自我功利思想,确立为国家服务的观念是根本的国民道德,振兴崇尚科学的精神。第二,确立强有力的新政治体制,以图国政的综合统一"①,要从思想、政治、基层组织等各个方面加强对日本民众的控制,以动员一切力量支持政府扩大侵略战争的决策。日本加强国防国家体制后,各个政党纷纷表示支持政府决策,参与国防国家体制建设。1940 年 7 月 6 日,社会大众党解散。8 月,政友会、民政党等纷纷解散。在建设国防国家的体制下,日本国家社会主义团体受到诟病,"如真以国家为重,则不必仍立以任何社会主义之名称。此际应断然以国家主义贯彻始终"②,日本的国家社会主义团体表述转变立场,实行纯粹的"日本主义"。日本的各政党都宣布解散,日本处于自近代建立议会制度以来未有的无政党状态,这为近卫文麿加强政府权力,组织统一政党提供了条件。

1940 年 8 月 28 日起,日本政府连续六次召开新体制准备会,讨论实行新体制的具体政策。1940 年 10 月 12 日,日本成立大政

---

① [日]日本外务省编:《日本外交年表并主要文书》下,第 436 页。
② [日]日本近代日本思想史研究会编:《近代日本思想史》,北京:商务印书馆,1992 年,第 94 页。

翼赞会,首相近卫文麿担任大政翼赞会总裁。大政翼赞会的宗旨是:实践翼赞大政的臣道,上意下达,下情上通,密切配合政府。大政翼赞会效仿德国纳粹形式,使之成为强有力的政党,朝着"一国一党"的方向发展。大政翼赞运动开始后,日本各地建立了大政翼赞会支部,支部长由都道府县知事等行政首脑担任兼任,中央和地方还分别设立了大政翼赞协议会。大政翼赞会是日本国民总动员体制的核心组织,主要是通过上意下达的方式,引导国民的思想精神运动。大政翼赞会除设置有道府县支部外,还设立市区町(镇)村支部、街道居委会、邻里组等。1942 年 4 月的众议院议员选举中,军部、财界人士组成的"翼赞政治体制协议会",选定和众议院定数相同的推荐候补人数参加选举,这次选举被称为"翼赞选举"。选举结束后,日本又成立了以众议院议员为中心的政治团体"翼赞政治会",确立其与政府及大政翼赞会的三位一体的翼赞政治体制。由于日本各种政治势力角逐、矛盾等,大政翼赞会最终没有如近卫所偿,形成有威信、有影响的政治力量,逐渐变成行政的辅助机构。但是,翼赞体制对日本法西斯体制的完备,还是起到了重要作用。

在大政翼赞体制下,日本国民全部被编入町内会、部落会、邻组等基层组织中。这些基层组织须接受内务省、警察厅的指导,定期召开会议,传达政府方针、决策,向国民进行购买国债、回收资源、勤劳奉仕等动员工作,开展防空演习等活动,町内会、部落会、邻组内的人要互相监督,防止散布不利于战争的言论。由于战争的长期化,日本人的生活必需品供应紧张,肥皂、火柴、白糖、衣料等都需凭票证供应,成年人主食每天只有 330 克,副食品极度匮乏,大政翼赞体制下的上述基层组织,负责分发民众的粮食、食品、衣料、燃料等生活必需,也就是说,如果不参加町内会、部落会、邻组等基层组织,国民就无法获得基本的生活资料,实际上强制将日本人拉进战争体制。各部落会长、町内会长和大政翼赞会的发起人、邻保组长等,都一致表态支持政府的政策。

日本政府要求全体国民尽全力在经济上支持战争,宣传生活中必须节俭,控制消费,采取半强制性的储蓄、不涨工资、限制企业利润等措施,提出无论生活多么困难军费都不能降低,国民必须准备过艰苦生活、降低生活水平。1940 年 7 月 7 日,日本公布《奢侈品等制造贩卖限制规则》,明确禁止制造绢制服装、戒指、领带及各种宝石类装饰品,禁止女性烫发,提出"奢侈是敌人"的口号,一切为了战争需要。1942 年起,国民制作服装的衣料凭票供应,棉花主要被用于军事目的,媒体鼓吹要"把纤维变成战斗力"。在日本政府严格的管控下,民众日常生活用品日益匮乏,物价上涨,黑市交易猖獗。日本国民的生活水平大幅度下降,国内的反战厌战情绪增加,多数人不再关心什么"维护国体",要求解决现实生活问题。

为了控制舆论,日本政府严厉压制不同意见,镇压坚持反战立场的日本共产党,甚至取缔自由主义、民主主义学说,实行极端的恐怖统治。在翼赞体制下,日本政府强化了对国民的思想统制,要求国民"灭私奉公""尽忠报国",支持侵略战争。文部省在《臣民之道》中,要求国民彻底否定"私",归一于天皇,"我们平常的生活虽是私生活,但是这终究是在实践臣民之道。翼赞天业的臣民,其工作具有公的意义。进而言之,决不能认为自己的生活与国家无关,以为是自己的自由而恣意妄为。我们的一碗饭、一件衣服,都不仅是自己的事情,即使我们在游戏、睡觉的时候,也与国家有密切的关系。因此,我们的私生活一刻也不能忘记为天皇的国家服务"①,这是让日

---

① [日]文部省教学局编纂:《臣民の道》,东京,昭和 16 年版,第 71 页。

本人每时每刻,甚至吃饭、睡觉的时候,都不能忘记尽忠报国。大政翼赞体制下,政府对民众生活的操控,也说明了翼赞体制的荒唐。

在翼赞体制下,日本的马克思主义理论研究、社会主义学说研究学术活动被严格禁止,就连自由主义、个人主义也被视为有悖于皇道精神,不允许在大学校园传播。1943 年日本内阁通过《关于确立战时国民思想的基本方案纲要》,规定"动员学者、思想家,阐明皇国之道。消除学问、思想中的自由主义、个人主义和社会主义思想,彻底确立以真正日本精神为基础的各种学说,并渗透于实际的教育教化中"[①]。1943 年,日本情报局第二部制定了《报纸等刊载限制事项》,要求新闻媒体工作的重点是,宣传"我国是东亚的轴心国家,而其他国家是卫星国家,只有依靠我国的领导或培养才能获得发展"[②],对不满战争的言论一律禁止发表。

"东亚联盟"协会积极配合近卫新体制运动,在《东亚联盟》大量发表宣传新体制的文章,鼓吹只有维护日本天皇的绝对权威,建立一国一党的政治体制,才能动员一切人力、物力,继续扩大战争,赢得世界最终战争的胜利。

"东亚联盟"认为日本是全体主义国家,所谓全体主义就是"让国民总体意见满足的政治领导,统一全体国民,使之尽全力协助领导。因此领导者不是强制实行自己的决定,要有了解国民总意的睿智,同时,国民应具备信任领导的优秀道德"[③]。现代国家的本质就在于其全体主义的机能,日本一君万民的国体是全体主义的最

---

① [日]杉山元:《杉山ノート》,东京:原书房,1989 年,第 354 页。

② [日]《资料日本现代史·13》,东京:大月书店,1985 年,第 171 页。

③ [日]松浦嘉三郎:《满洲国经营的体验》,《东亚联盟》,东京,1942 年第 2 期,第 42 页。

高阶段,是这个时代的最高国家形态,有无比的优越性。提出"国家由主权、人民、领土三大要素构成,而且主权必须具有最高独立的地位,是从法学意义上规定的国家概念,这些与我国的国体不容"①,西方的国家观强调主权、领土、人民的重要性,"东亚联盟"不同意这样的国家观念。因为按照西方政治学的国家理论,各国的主权、领土是要受到尊重的,当然西方政治学阐述的国家理念是一回事,以各种理由支持对外侵略扩张是另外一回事。日本认为如果承认了西方政治学的国家概念,日本起码表面上要尊重中国的独立主权,从中国撤出军队,也将从根本上动摇天皇制国家的理论基础,这对当时以天皇名义发动战争的日本政府来说,是非常不利的。"东亚联盟"不仅反对马克思主义,也反对西方政治学关于国家的学说,反对日本人研究西方政治学理论,认为"现在西洋思想的病毒已经严重地侵入国民之中,马克思主义几乎征服了所有的青年……了解日本国体的大精神是当前国家最大的大事业"②,要认识西方政治理论对日本国体的危害,坚信日本国体是世界上最优越的,深入体会日本国体本义。为此,建议政府禁止一切不利于日本国体的言论。

"东亚联盟"论认为,西方国家观念对日本来说是很危险的,可能再次出现类似"天皇机关说"的危险言论。日本国体的优越在于"圣断一下,一亿国民毅然舍己一致奉公的精神是我国体的精华,天皇亲政是救皇国未曾有的国难的唯一灵力"③。日本一切大权应

① [日]山口重次:《民族协和运动と当面の课题》,《东亚联盟》,东京,1942 年第 8 期,第 28 页。
② [日]石原莞尔:《日本の国防(后篇)》,《东亚联盟》,东京,1942 年第 10 期,第 27 页。
③ [日]《近卫内阁の成立と国体政治确立の急务》(主张),《东亚联盟》,东京,1940 年第 9 期,第 3 页。

归于天皇,"我国现在政治体制的根本原则是天皇统治下的立宪政治,……行政、立法、司法、军事、外交等一切政治大权属于天皇"①。新体制应建立在天皇绝对权威之上,日本人只有服从天皇的义务。

石原莞尔很欣赏德国的政治、军事体制,赞成高度集权。1936年,石原莞尔参与制定《政治行政机构改革案大纲》,其中提出在日本实现一国一党的体制的理想。大政翼赞运动开始后,"东亚联盟"协会立即表示,一国一党的政治体制与日本的国体是一致的,"在自由主义时代,有很多的政治组织,即所谓一国数党的形式,但是,在全体主义时代,就要结成一个政治组织体,所谓一国一党的原则。一国一党并不违反我国国体本义"②。在日本也有人认为一国一党的大政翼赞体制,违反了日本国体,所谓"党"是代表一部分人的,一国一党是以部分代替全体,把党视为国家,必然导致日本国体混乱。"东亚联盟"却认为党并非意味着与"全体"对立之"部分",而是代表着"全体"利益的"部分",从这个意义上说,一国一党并不违反日本国体,这是建立高度的国防国家、实现万民辅翼的需要。"吾人希望新的全体主义政治体制,上承天皇的信任,下能综合领导万民的民意,与我国国体相符合"③。一国一党中的党总裁应该是内阁总理大臣,得到天皇的信任。"东亚联盟"认为,在世界四大国家集团激烈竞争的准决胜时代,已经没有时间再让日本自由讨论国策了,如果政党纷立、意见分歧,只能削弱国家的政治力量。实行一个国家一个政党,统一思想,方能凝聚起巨大的力量。

---

① [日]大冢芳忠:《兴亚と日本政治体制の革新》,《东亚联盟》,东京,1940年第8期,第84页。

② [日]田中直吉:《新体制に要望す》,《东亚联盟》,东京,1940年第10期,第23页。

③ 《近卫内阁の成立と国体政治确立の急务》(主张),《东亚联盟》,东京,1940年第9期,第4页。

　　“东亚联盟”认为现在自由主义政党已经失去了力量,标榜自由主义的政党根本不可能建立起强大的政治组织。日本迫切“需要一个国家、一个理想,消除政党对立”①,建立强有力的统一政党。在日本政府决定建立新体制后,比较有影响的社会大众党、政友会、民政党等先后宣告解散,参与到大政翼赞体制中。“东亚联盟”协会赞扬这些政党的决定,“现存各个政党迅速解散,向新体制迈出历史的一步,充分显示了日本国体的优越”②。石原莞尔认为:“第一次世界大战后,统制主义国家崛起,统制主义的效率高于自由主义。中国的国民党,日本的大政翼赞会都是这样的统制主义政党。”③“东亚联盟”协会认为大政翼赞会是动员国内一切力量的基础,要实行昭和维新,最重要的就是建立国民组织,政治组织应该是国民组织的核心,通过国民组织建立“万民翼赞的强有力的体制”④。大政翼赞会起到了国民组织中心的作用,这个组织是为了“让全体国民在日常生活的岗位上实行翼赞,以一亿同胞结为一体,实践大政翼赞的臣道,要让这个组织普及到经济、文化的各个领域。将经济、文化各领域联系在一起,组成统一的全国性组织,这是自由主义体制绝对不可能做到的事情”⑤,因此,称赞大政翼赞会是划时代的事件。

　　“东亚联盟”协会赞颂近卫新体制运动,并大造舆论支持新体

---

① [日]伊东六十次郎:《“东亚联盟”运动と昭和维新》,《东亚联盟》,东京,1941 年第 2 期,第 28 页。

② [日]田中直吉:《新体制に要望す》,《东亚联盟》,东京,1940 年第 10 期,第 21 页。

③ [日]藤本治毅著:《石原莞尔》,东京:时事通信社,1995 年,第 304 页。

④ [日]大冢芳忠:《兴亚と日本政治体制の革新》,《东亚联盟》,东京,1940 年第 8 期,第 86 页。

⑤ [日]新明正道:《新体制の组织と人》,《东亚联盟》,东京,1940 年第 10 期,第 97 页。

制运动。如上所述,"东亚联盟"协会因为大政翼赞会没有明确地表示以"东亚联盟"论的王道主义为指导理念,未像其他政党或者团体那样,宣布自动解散加入大政翼赞会,而是继续以"东亚联盟"的组织形式从事活动。大政翼赞会成立的时候,并没有发表具体的纲领与宣言,只是在 1940 年 12 月 14 日,发表实践纲要。纲要提出大政翼赞会以实现八纮一宇为国家根本大计的皇国,须万众一心,竭尽全力奉戴天皇,确立物心一体的国家体制,借以成为世界道义上的光辉领导者。没有提"东亚联盟",这让"东亚联盟"失望又不满,"大政翼赞会明确提出了国民准备实践臣道,然而遗憾的是一直没有宣布具体的指导方针,而且也没有公布指导理念的计划。我们东亚联盟紧紧把握住了昭和维新指导原理的精髓,这绝不是我们东亚联盟运动者自吹自擂。我们希望国家全面采用东亚联盟的指导原理,如果采纳了我们的指导原理,我们心甘情愿地解散自己的组织"①。"东亚联盟"协会认为大政翼赞会没有明确的指导思想,目标笼统,没有加入到大政翼赞会的组织中去。

"东亚联盟"协会虽然没有直接参加大政翼赞会,但是,还是积极配合一君万民的近卫新体制,尤其是配合日本政府关于加强国防、统筹经济、疏散城市人口、农村革新等政策。特别是太平洋战争爆发后,"东亚联盟"认为日本要减少由于美军对日本本土轰炸所造成的人员、财产损失,应该解散城市,把城市的工业和人口转移到农村,腾出的城市空地种植粮食,经济上做到农工一体,所有日本人都要从事农业生产,以此来消灭城乡差别,满足国防上的需要。"从国防以及人口政策的角度来看,城市解体是时代的绝对要求。随着文明的发展,将工业特别是机械工业分散到地方是比较

---

① [日]石原莞尔:《昭和维新と政治组织》,《东亚联盟》,东京,1942 年第 3 期,第91 页。

有利的"①,这里将解散城市、疏散城市人口作为对付美军空袭的有效办法,而且作为消灭城乡差别的一种手段,以为消灭了城市就可以消除城乡差别。疏散城市人口对于免遭美军轰炸也许是有效手段,但是,用消除城市工业企业的办法,去消灭城乡差别,显然是违反社会发展规律的。随着人类社会的发展,城乡差别是要缩小甚至消失的,但是,这只能靠生产力的高度发展,并不是靠人为地降低城市生活水平和停止城市的生产来实现。

"东亚联盟"除提出把重要的工业转移到农村,以保证战争的需要外,还提出农村要进行适应战争形势的革新,建立"适正农家"提高农村生产力,最大限度满足战争需要。所谓"适正农家"包括两种类型,"第一是主农从工的,这种类型原则上有三町步左右②(东北地区四町步左右,北海道十町步左右。但是,这为最低限度,根据共荣圈农业及日本拓土的发展,将比以上面积扩大)的耕地,进行农业和畜产的多种经营,在农闲或剩余劳动时间,从事畜产或机械工业加工。第二种类型,是主工从农,以机械工业加工为主,拥有五反左右的耕地,粮食能够自给,即为农村工家"③。为了普及"适正农家"活动,《东亚联盟》刊发了很多阐述"适正农家"理念、主要内容和目标的文章,"东亚联盟"协会会员亲自到农村去,进行"适正农家"技术的推广活动,指导农业生产。尽管日本政府没有将"适正农家"作为战争后期农村建设的基本政策,但是,"东亚联盟"协会关于改革农业生产技术、提高粮食产量的活动,实际上协助了日本政府扩大战争的政策,也暴露了"东亚联盟"运动始终支

---

① [日]石原莞尔:《昭和维新论》,《石原莞尔选集4》,第178页。

② 1町步大约等于1公顷,1反大约等于1/10町步,"反"亦称"段"。

③ [日]武田邦太郎:《池本农业政策大观》,《东亚联盟》,东京,1942年第9期,第67—68页。

持侵略战争的本质。

日本政府推行大政翼赞运动的目的,是为了造成"一亿一心"支持战争的局面,日本利用政权、舆论等动员日本人应摒弃私心,实践"臣民之道",为天皇尽忠,为国家牺牲。"东亚联盟"协会认为在大政翼赞体制下,日本人更应该增强"爱国"的公心,克服私欲,"必须具备真正灭私奉公、建设新的社会经济的精神"①,要把"公益"放在首位,"灭私奉公是日本的共同观念,任何人对舍弃一切私利而奉公都没有疑义。以义勇公的殉国之心去殉国,是我日本精华之所在"②,鼓吹日本人应以赤城之心报国,为国家的发展做贡献,支持日本政府以"爱国"为名煽动国民战争情绪。

日本战争的长期化,兵员需要增加,据统计,日本"1936 年陆海军总数为 56.4 万人,1937 年为 107.8 万人,1938 年达 128.9 万人,1939 年为 141.9 万人"③,日本"国小""兵员少"的弱点日益暴露,青壮年男子大量被征兵上前线,不少人多次被征调入伍。尽管如此,日本兵源不足问题仍然没有得到根本缓解。为了扩大兵源,日本政府开始征集学生兵。1939 年日本政府下调学生免除服兵役的最迟年龄,初中生为 21 岁,高中生及师范学校的学生为 22 岁,专门学校的学生为 23 岁,大学生为 24 岁。1941 年 10 月 16 日,日本政府又颁布《关于临时缩短大学学部等在学年限及修业年限的文件》,将大学、专门学校的学校期限缩短了 3 个月。11 月 1 日文部省颁布第 81 号令,将昭和 17 年度(1942 年)毕业的毕业生的修学年限减少了 6 个月,所有毕业生都需接受体检,合格者马上入伍。

①[日]石原莞尔:《满洲建国と支那事变》,《东亚联盟》,东京,1940 年第 4 期,第24 页。
②[日]津田信吾:《日本の进む道》,《东亚联盟》,东京,1940 年第 11 期,第 12 页。
③[日]江口圭一:《大系日本の历史・14》,第 281 页。

1943年10月1日,日本政府又出台《在学征集延期临时特例》文件,取消了理科及培养教师之外的在校文科系学生免除兵役规定,根据这个文件,日本的大学、旧制高中、专门学校的在校文科生都接受征兵体检,合格者立即入伍。

由于大量青壮年男性被征兵、送到战场上去,日本国内劳动力不足的问题日益严重。于是,日本1939年7月制定了国民征用令,强迫国民到重要的产业部门劳动。战争中后期,为补充劳动力,日本从中国各地强虏青壮年劳力(包括战俘和无辜平民)。据统计,从1943年4月—1945年5月,中国有38 935人被掳到日本作劳工,分散在北海道至九州地区的矿山、港湾、水坝和工厂,从事苦、重体力劳动。由于恶劣的劳动环境和高强度体力劳动,致使部分劳工在短期内因严重营养不良、工伤和疾病等殉难,死亡人数达6 830人,死亡率高达17.5%。[①] 而日本民间组织的调查认为,中国劳工死亡人数还不止于此,"死亡率最高的仁科矿山高达52%,而以掳掠劳工的批次计算,1944年11月川口组芦别矿业所,第二次掳掠的100名中国劳工,到日本战败,劳工归国前,竟有65人死亡,死亡率更高达65%"[②]。中国劳工在一定程度上缓解了日本国内劳动力不足的问题,但是,数万中国劳工仍然不能解决日本劳动力不足问题,战争中军工企业、重工业需要大量劳动力。"东亚联盟"协会主张在劳动力紧张的情况下,除掠夺海外劳工、让妇女参加社会劳动外,政府还应该强化劳动力的统一使用,发挥最大效率,确保战争需要,日本政府"应以墨索里尼那样明确的信念,引导船只到达安全的彼岸。一亿为一心,发挥神国日本的真正力量,就一定

---

① 《人民日报》,2002年1月8日。
② 陈景彦:《二战期间在日中国劳工问题研究》,长春:吉林人民出版社,1999年,第5页。

能迎来东亚光辉的黎明"①。

在长期战争形势下,日本政府用票证提供给百姓的生活品很少,根本无法满足民众基本生活的需要,造成黑市交易的泛滥,日本人的厌战情绪增加,对未来越来越感到悲观,对政府控制下媒体宣传的"维护国体""尽忠报国"等产生了抵触情绪,人们更关心战争什么时候结束,如何填饱肚子等现实问题。40 年代初,日本各地都出现了抢购鱼、肉、蔬菜、水果等日常生活用品的风潮,有关经济的"流言蜚语"增多,偷盗等经济犯罪案件不断发生。据统计,仅1944 年一年,日本各级检察厅受理的涉及经济案件人数达165 945人,比 1943 年增加了 17%,②可见战争给日本人生活带来的影响。为了控制民众的思想和行动,日本政府严格管控舆论,镇压日本共产党的反战活动,取缔自由主义、民主主义学说的传播,实行严厉的专制恐怖统治。

"东亚联盟"协会劝告民众要过艰苦的生活,不要抱怨政府的经济政策,要与政府共度时艰,认为现在日本正处于从日、"满"的舞台,向中国更广泛地区飞跃的过渡时期。现在的经济困难、生活困顿,不过是分娩前的阵痛而已,"我国国民现在为着充满光明的前途须忍受暂时的痛苦。全体国民要同甘共苦,共同经过腾飞前的忍耐期,这也是一件令人愉快之事"③,为了最终的目标,国民须坚韧、刻苦,度过这最困难的时刻。

"东亚联盟"协会倡议,日本人要改变过安定、美好的生活的习

---

① [日]永井八津治:《支那事变の处理に就て》,《东亚联盟》,东京,1940 年第 4 期,第
　 53 页。

② [日]《资料日本史·13》,第 131 页。

③ [日]儿玉誉士夫:《支那事变は如何に解决さるべきか》,《东亚联盟》,东京,1940 年
　 第 2 期,第 54 页。

惯,革新生活方式,养成过俭朴生活的习惯,从经济上支持战争。"个人的生活须根本革新,要清算会导致人类在生物学上灭亡的享乐生活,创造真正刚健、优雅、符合东洋人生观的新生活。俭朴优雅的生活是东洋人生观的最终目标。"①东方人以简朴生活为美,西方人贪图享乐,生活奢靡。现在有些日本人效仿西方,生活奢侈,这导致日本人身体、精神的蜕化,必须清除西方生活方式,振奋日本人的精神。

　　为提倡朴素、节俭的生活,"东亚联盟"协会呼吁,日本人的主食应以食用粗米为主,粗米产量高,人们食用粗米,可以解决日本的粮食不足问题。如前所述,《东亚联盟》联系发表营养专家的文章,声称"白米对健康不利,长期吃白米,搞坏了日本人的牙齿和胃口,应该多吃粗米,吃粗米有利于健康,还可以解决日本的粮食问题"②。有人通过所谓的科学研究,得出吃粗米能治疗脊椎疾病的结论。石原莞尔也发表对于健康生活的建议,提出小学校不要设置课桌椅以节约资源。他认为椅子让习惯于坐榻榻米的日本人腿脚变弱,席地而坐不仅符合日本人的文化习俗,还能使学生的背部挺直,女生更加端庄。石原莞尔提出战争条件下,日本人的衣食住行习惯都应根据需要而实行彻底革新,避免重复西方的生活方式。

　　为了节约资材支持战争,"东亚联盟"协会想尽办法,有人提出要改变日本传统和服的长袖子和厚厚的带子,要穿戴便于行动的服装,衣服作成短袖,袖长在一尺以内。服装的面料要采用结实的

---

① [日]石原莞尔:《昭和维新论》,《石原莞尔选集 4》,第67页。
② [日]石原莞尔:《维新期に於ける人と物》,《东亚联盟》,东京,1942 年第 4 期,第90 页。

布料,不要用丝绸或绣花的布料,"衣服的膝盖和腰带最容易坏,服装应分上身和下身两部分穿。平时穿两条裤子、一件上衣,这是时代的需要,女式裤子应尽量用扎腿式劳动服,逐步改男式和服裤裙为筒裤"①。因为长期战争环境下,日本劳动力极其缺乏,妇女不得不从事繁重的体力劳动,传统的和服不便活动,扎腿式劳动裤子成为日本妇女标准的流行服装。还有人提出为了节省衣服的布料,要取消和服上的宽带子。在榻榻米上坐下的时候,夏天取消坐垫,冬天除东北、北海道等特别寒冷的地方外,其他地区不允许把两块坐垫叠摞在一起。"东亚联盟"协会为了支持战争,无所不用其极,所提出的节约办法,就是降低人们的生活水准,全力去支持战争。

"东亚联盟"协会号召人们,日本正在向占领整个中国的目标迈进,这时国民必须学会忍耐,过最艰苦的生活。那么,如果日本控制了整个中国,日本人的生活是否就会有所改善呢?"东亚联盟"协会认为即使中日战争结束了,日本还有更高的目标,要争取最终战争的胜利,为了"实现八纮一宇的理想,也决不能降低军费,国民的生活将更加紧张"②,也就是说为了保证日本最终控制东亚及世界的目标,日本人要继续过艰苦生活。日本政府为了筹集战争经费,在国内实行了强制储蓄、发行国债、缩减消费等措施。"东亚联盟"协会提出,战争还要继续,物价上涨是必然的,"国家财政必然会继续异常膨胀,引起通货膨胀。为防止恶性通货膨胀,在建设过程中,要对国民进行节约消费、半强制储蓄、停止增加工资、限

---

① [日]小泉菊枝:《东亚联盟妇人运动について》,《东亚联盟》,东京,1943 年第 12 期,第 6 页。

② [日]石原莞尔:《满洲建国と支那事变》,《东亚联盟》,东京,1940 年第 4 期,第30 页。

制利润、负担重税,即使降低生活水平也在所不辞"①,也就是说,为了实现日本称霸东亚、统治世界的目标,日本民众要继续过艰苦生活。

总之,日本政府实行大政翼赞运动,就是为了动员整个国家力量继续扩大战争。"东亚联盟"协会虽然没有像其他政党、团体那样宣布解散,加入大政翼赞会,而是继续以文化团体的形式继续存在。但是,"东亚联盟"协会在理论、行动等方面配合新体制的活动,比起日本国内其他的"兴亚"团体更有过之,其控制国民经济、社会生活等方面的主张,比日本政府还要具体、疯狂,充分说明了"东亚联盟"在强化日本法西斯体制方面的作用。

五、"东亚联盟"与"大东亚共荣圈"

1941 年 10 月 18 日,东条英机出任日本首相。11 月 2 日,大本营联络会议确定了《帝国国策遂行纲要》,提出"帝国为打开现在的危局,完成自存自卫,建设大东亚新秩序,决心对美英荷开战"②。1941 年 12 月 8 日,日本海军偷袭美国太平洋海军基地珍珠港,太平洋战争爆发。同日,天皇发表《宣战诏书》。12 月 10 日,日本大本营、政府联络会议决定,把太平洋战争称作"大东亚战争",要实现"建设大东亚共荣圈"的目标。

日本的"东亚联盟"协会一直将解决中日战争作为结成"东亚联盟"的基础,政府发动太平洋战争,担心在中日战争没有解决的时候就扩大战争会招致失败。但是,"东亚联盟"协会又不敢公开批评政府,也只能配合宣传太平洋战争对"解放"东亚,扩大"东亚

---

① [日]石原莞尔:《石原莞尔选集 4》,第 139 页。
② [日]日本外务省编:《日本外交年表并主要文书》下,第 554 页。

联盟"的意义。其提出,太平洋战争是日本帮助亚洲各国"解放"的"圣战",为了使"东亚联盟"的指导理念王道主义遍布大东亚,"拥护王道从日本扩展到整个东亚,进而到全世界,是扶卫皇运的具体体现。但是从世界的形势看,以欧洲为中心存在着阻碍大业的霸道势力,不排除霸道势力,就不能完成八纮一宇的大业。因此,这次大东亚战争是排除欧美霸道文化的第一步,是扫除霸道的准备事业"①,认为太平洋战争是为了驱逐西方侵略的"攘夷"战争,"东亚联盟"与解放亚洲被压迫民族之间是密不可分的。"东亚联盟"重谈日本国体优越、民族优秀的老调,认为作为优秀民族的日本人,按照生物学优胜劣汰、适者生存的理论,有权重新规划世界秩序,打破欧美主导的世界旧秩序,建立大东亚新秩序,"帮助"没有独立能力的国家争取民族独立,共建东亚各民族的乐园。"天皇陛下为了大东亚的建设即亚洲解放,向美英两国的宣战大诏是拯救亚洲十亿民族的福音,是世界史上万古不变的宣言"②,太平洋战争对东亚各国来说是解放的福音,日本是为道义而战。

　　"东亚联盟"把日本打扮成正义的化身,鼓吹对亚洲邻国的侵略,是以东方王道反对西方霸道,"解放"亚洲被压迫民族,这种打着帮助落后国家独立的幌子,行掠夺、侵略之实的做法,是近代西方列强侵略落后国家的惯用伎俩。

　　1898 年 4 月,美国与老牌殖民国家西班牙争夺菲律宾、古巴、波多黎哥等国,美西战争爆发。美国就是打着帮助这些国家"独

---

① [日]石原莞尔:《石原莞尔选集 4》,第 152 页。
② [日]伊东六十次郎:《大东亚战争と东亚联盟运动》,《东亚联盟》,东京,1942 年第 3
　期,第 8 页。

立"的旗号,出兵古巴。美国表面上支持古巴的民族解放斗争,但是,当西班牙宣布投降举行谈判的时候,美国人却拒绝了古巴起义者派出代表谈判,并公然地取代西班牙占领了古巴。在菲律宾,美国谎称支持菲律宾人民反对西班牙殖民统治,承诺在菲律宾群岛获得解放后,保证菲律宾的独立、主权。但是,1898 年夏秋之间,菲律宾起义军几乎解放了整个菲律宾群岛,宣布成立菲律宾共和国,美国却派兵登陆菲律宾,占领了菲律宾首都马尼拉,并与西班牙签订和约,以 2 000 万美元的价钱,把菲律宾夺到自己的手中。通过美西和约,古巴成了美国的被保护国,菲律宾群岛、波多黎哥和关岛也都处于美国统治下。1899 年 2 月 4 日,美军指挥部对菲律宾共和国采取军事进攻,挑起了美菲战争。美国就是以军事进攻和政治分化的手段,扼杀了菲律宾的民族解放斗争,把菲律宾变成了它的殖民地。列宁揭露:美国"1898 年在'解放'菲律宾的借口下扼杀了菲律宾"①。

"东亚联盟"论的以王道扫除霸道,也是在"解放"亚洲人民的旗号下,将英美等国的殖民地变成日本的殖民地,企图在太平洋上重演"美西战争"。当然,不同的历史事件之间,有时会出现相似之处,但是,历史不会永远停留在一个地方踏步不前。

随着苏德战争和太平洋战争的爆发,国际形势已明显地不同于 19 世纪末的美西战争时期。德意日法西斯国家发动对外战争,危害了人类和平,世界爱好和平的国家不分种族、宗教、社会制度联合在一起,结成了反法西斯统一战线。可以说,太平洋战争既不是王道与霸道的战争,也不是黄种人与白种人的战争,而是东南亚

① [苏]列宁:《给美国工人的信》,《列宁选集》第 3 卷,北京:人民出版社,1995 年,第 558 页。

和中国人民从日本法西斯奴役下的解放战争,是反侵略的战争,具有正义性、进步性和解放性。尽管日本打着"解放""共存共荣"等旗号,但是,其发动的战争是侵略战争,带有野蛮性、落后性和反动性,是反人类、反和平的。英美等是世界反法西斯战线的重要国家,其反对德意日集团的侵略,具有维护民主和自由的进步意义。

日本偷袭珍珠港获得成功,并迅速占领了包括东南亚地区在内的太平洋的广大领土,便利了日本攫取所需的战略资源。"东亚联盟"称日本的军事占领不是侵略,只是"将非有力民族居住的地方当作日本的领土,为东亚诸民族开发利用"①,纯属强盗逻辑。按照这种理论,日本可以任意占领、掠夺经济和社会落后的国家。

"东亚联盟"协会认为,太平洋战争对克服日本国内经济困难,实现联盟内的"经济一体化"也有重要意义。"这次战争是因为美英荷的经济压迫所致,所占领的南方被称为世界的宝库,应迅速开发南方占领地丰富的资源,克服经济困难"②,此战缩小了日本与欧美实力上的差距,日本由此获得了太平洋一带丰富的自然资源。"大东亚战争爆发前,敌我经济力量在钢铁、煤炭、石油、造船、汽车等方面的差距非常明显,这种经济上的不利态势,因初战的赫赫战果而大大地得到了缓解。"③"东亚联盟"的范围也随着太平洋战争爆发而扩大,"东亚联盟的范围是联盟的国防力量,目前主要是日本的力量能排除欧美霸道主义的压力地区内的诸国家。随着大东亚战争的进展,结成东亚联盟的地区也迅速在扩大"④。

---

① [日]石原莞尔:《石原莞尔选集 4》,第 161 页。
② [日]石原莞尔:《石原莞尔选集 6》,第 133 页。
③ [日]宫崎正义:《大东亚战争及最终战と经济联盟》,《东亚联盟》,东京,1943 年第 2 期,第 8 页。
④ [日]石原莞尔:《石原莞尔选集 6》,第 67 页。

　　九一八事变后,日本政府有计划地向中国东北移民,掠夺性移民使许多中国农民失去土地,沦为移民的佃农。“东亚联盟”论认为日本移民东北是为了东亚的解放,中国人应顾全东亚的大局,不要抱怨什么,“满洲国”人“应为日本必要的生活安定作出牺牲”①,认为日本移民到中国抢占农民的土地是为东亚解放所必需,中国农民理所当然要让出他们的土地,为东亚安定做贡献。由于日本移民大量涌入,中国东北人口陡增,资源被大量掠夺性开放,东北地区的包容能力达到了极限。“东亚联盟”认为,在中国东北地区已经没有能力再接纳更多移民的情况下,日本可以向太平洋广大地区移民,“在南方为欧美霸道主义者独占的人口稀薄的土地,由于大东亚战争的爆发,已经向我等苦于人口过剩的诸民族开放了”②,日本可以把东北容纳不下的人口转移到太平洋的广阔地区,把伪满洲国的经验带到南方广大地区,在这里建设新的“王道乐土”。

　　日本的“东亚联盟”组织不仅宣扬太平洋战争有利于巩固“东亚联盟”,还宣称这更是为了世界最终战争中能够取得胜利。“太平洋战争是最终战争的序幕,是准决战,没有大东亚战争的胜利,就没有最终战争的胜利,因此要倾全国的国力完成大东亚战争”③,这为“东亚联盟”的发展开辟了更广阔的天地。太平洋战争爆发后,“东亚联盟”的核心没有改变,但是,其所涵盖的地理范围更广,不仅是中、日,还包括太平洋更广大的地区,“伴随大东亚战争的

---

① ［日］石原莞尔:《东亚联盟建设纲领》,《石原莞尔选集 6》,第 44 页。

② ［日］石原莞尔:《石原莞尔选集 6》,第 105 页。

③ ［日］石原莞尔:《维新期の同胞に诉ふ》,《东亚联盟》,东京,1942 年第 5 期,第16 页。

发展,东亚联盟的范围扩大到了南方各地区。南洋的天然资源对东亚联盟具有极为重大的价值。但是构成东亚联盟经济建设中心的是大规模的工业,它最需要人力,这主要靠日满华三国"①,日本可以利用这些地区的资源,扩大工业尤其是军事工业的建设。

"东亚联盟"协会从经济、政治、文化等方面,阐述太平洋战争对日本的意义。在此基础上,"东亚联盟"协会提醒日本政府注意中日战争与太平洋战争的关联,石原莞尔认为,早日结束中日战争可以为日本向太平洋胜利进军提供各方面的重要基础。"随着大东亚战争的成功,我们要以真正的东亚联盟精神,解决中国事变,进而使其真心成为联盟的一员,向日满华大建设迈进"②,不可因为发动了太平洋战争,就忽视了中国问题。早日解决中日战争,日本才可能从长期战争泥沼中拔出脚来,为太平洋战场提供更多的支持。要结束中日战争,关键是消灭蒋介石为代表的重庆国民政府,"掌握东亚解放之关键的是重庆"③,日本应为大胆地向南洋发展,解决后顾之忧。尽管抗战时期,日本对重庆进行大规模轰炸,采取切断国际援华线路、政治诱降等手段,但是,蒋介石为代表的国民政府一直坚持抗战政策。中国的正面战场和敌后战场,在太平洋战争爆发后仍然抗击着半数以上的日军,中国抗战减轻了盟军在太平洋战场上的压力,使日本与德国东西并进计划化为泡影。

---

① [日]石原莞尔:《石原莞尔选集6》,第130页。
② [日]石原莞尔:《维新期に于ける人と物》,《东亚联盟》,东京,1942年第4期,第104页。
③ [日]中山优:《大东亚の宣言》,《东亚联盟》,东京,1943年第12期,第3页。

第三节　汪伪政权的"东亚联盟"运动

一、汪精卫伪国民政府的建立

卢沟桥事变后,日军很快就把战火从华北烧到华东、华南、华中等广大地区,占领了大片中国领土。为了确保在占领区的统治,日本开始在各地扶植建立傀儡政权,通过傀儡政权贯彻日本的统治意志,实行"以华制华"。在沦陷区日本扶植的较大的傀儡政权包括:1937 年 11 月建立的"蒙疆联合委员会";1937 年 12 月,在北平建立的"中华民国临时政府";1938 年 3 月 28 日,在南京建立的"中华民国维新政府"等。日本计划在适当的时候,把这些傀儡政权统一起来,成立全国性的伪政权。

1938 年 11 月 3 日,日本首相近卫文麿发表了题为《虽国民政府亦不拒绝》的第二次对华声明,声明鼓吹"建立东亚新秩序",并改变了"不以国民政府为对手"的方针,称"帝国所希望中国的是,分担东亚新秩序建设的任务","虽然是国民政府,只要抛弃以往的指导政策,更换其政府人员,取得更生的成果,我方就不拒绝其参加新秩序的建设"①。1938 年 11 月 30 日,日本政府制定了《调整日华新关系的方针》,提出了"制定以互惠为基础的日满华一般提携原则,特别是善邻友好、共同防卫、经济提携的原则"②,从重视武力进攻发展为政治与军事并重,加紧对国民政府的分化。日本对华政策的调整,对中国抗战产生了影响,汪精卫在日本的诱降政策

---

① [日]日本外务省编:《日本外交年表并主要文书》下,第 401 页。
② [日]日本外务省编:《日本外交年表并主要文书》下,第 405 页。

下,脱离抗日阵营,宣布从事所谓的"和平运动"。

汪精卫从卢沟桥事变伊始,就对中国的抗日前途感到悲观。1937 年 7 月 29 日,日军占领北平之际,汪精卫发表《最后关头》谈话,他称到了最后关头,我们一齐站着,不能往后再退一步了。要有极大的决心和勇气来牺牲。似乎是在鼓励全国人民不怕牺牲,努力抗战。但是,他话锋一转,又说"因为我们是弱国,我们是弱国之民,我们所谓抵抗,无他内容,其内容只是牺牲,我们要使每一个人,每一块地,都成为灰烬"[①],把抵抗描绘得十分悲惨和恐怖,暗示抵抗的结果是国家化为焦土,人民全部牺牲,抵抗的意义就是牺牲,而不是把日本赶出中国,散布一种悲观的论调。同年 8 月 3 日,他又发表《大家要说老实话大家要负责任》的广播讲话,提出"和呢,是会打败仗的,就老实的承认打败仗,败了再打,打了再败,败个不已,打个不已,终于打出一个由亡而存的局面来"[②],暗含向日本求和的意向。

由于敌强我弱,全面抗战初期,日军一路攻城略地,占领了大片中国领土。汪精卫对抗战前途更加悲观,日军占领南京前,汪精卫"对于朋友中凡对抗日战争持乐观态度者,汪总是暗示抗战必败"[③]。陈公博、周佛海、高宗武、陶希圣等与汪精卫对形势的看法相同。他们不仅对中国抗战前途表示悲观,而且认为中国抗战必然给共产党提供发展机会,导致国家大乱,抗战的结果必然是中国大败。周佛海说,"在战必败,和未必大乱的坚确的认识下,我和几位朋友,就一面设法约人直接间接向蒋先生进言,一面设法传布我

---

① 黄美真、张云编:《汪伪政权资料选编 汪精卫集团投敌》,上海:上海人民出版社,1984年,第 175 页。

② 黄美真、张云编:《汪伪政权资料选编 汪精卫集团投敌》,第 178 页。

③ 黄美真、张云编:《汪伪政权资料选编 汪精卫集团投敌》,第 178 页、第 191 页。

们的主张。汪先生的主张，是完全和我们一致的"，"我们当时就无形中以汪先生为中心，酝酿和平运动。凑巧主张相同的几位朋友，有些住在我家里，有些每日必来。于是空气渐渐传出，渐渐地引起了外面的注意了。但是我们毫不顾忌，而且我们这个小小的团体，叫作'低调俱乐部'"①。周佛海等人将主张抗战者统统指责为唱高调，与汪精卫的"我们不掩饰，我们不推诿，我们不作高调，以引起无谓的冲动"②的看法不谋而合，计划以汪精卫为中心秘密进行"谋和"行动。

1938 年 11 月 3 日，日本首相近卫文麿第二次对华声明后，汪精卫立即派梅思平、高宗武在上海与日本代表进行会谈，试探日本对"和平"的条件。11 月 20 日，高宗武、梅思平与日本代表影佐祯昭、今井武夫签订《日华协议记录》《日华协议录谅解事项》《日华秘密协议记录》等文件。在《日华协议记录》中汪精卫表示承认"满洲国"；"承认日本人在中国国内居住、营业之自由；日本承认废除在华治外法权，并考虑归还日本在华租界"；"日华经济提携，承认日本的优先权，以达到密切的经济合作。特别是在开发和利用华北资源方面，日本提供特殊方便"；"中国应补偿因事变而造成在华日本侨民所受之损失"③等。这些协议是汪精卫试探投靠日本的条件，汪精卫一再叮嘱"有特别保密的必要"④。汪精卫在与日本谈妥了"和平"条件后，12 月 18 日逃离重庆。12 月 22 日，近卫内阁发表第三次对华声明，表示："和中国同感忧虑、具有卓识的人士合作，为建设东亚新秩序而迈进"，"政府向国内外阐明同新生的中国调

---

① 黄美真、张云编：《汪伪政权资料选编 汪精卫集团投敌》，第 178 页、第 7 页。

② 黄美真、张云编：《汪伪政权资料选编 汪精卫集团投敌》，第 178 页，第 181 页。

③ 黄美真、张云编：《汪伪政权资料选编 汪精卫集团投敌》，第 291 页。

④ 黄美真、张云编：《汪伪政权资料选编 汪精卫集团投敌》，第 310 页。

整关系的总方针,以求彻底了解帝国的真意","日、满、华三国应以建设东亚新秩序为共同目标而联合起来,共谋实现相互善邻友好、共同防共和经济合作"①,表示了与汪精卫共同建设"东亚新秩序"的希望。

12月29日,汪精卫公开发表"艳电",表示"兆铭经熟虑之后,以为国民政府即以此为依据,与日本政府交换诚意以恢复和平","中国抗战之目的在求国家之生存独立。抗战年余,创巨痛深,倘犹能以合于正义之和平而结束战事,则国家之生存独立可保,即抗战之目的已达"②,汪精卫清楚在前线将士为保卫国土浴血奋战、全国各党派团结抗日的时候,他公然与日本"合作",必然会遭到全国人民的批判与唾弃。为了掩盖背叛国家的罪行,他把投敌冠以"和平""正义"等标签,称自己是为了国家独立、生存,实行"曲线救国",更恶劣的是,他打出了继承孙中山遗志的招牌,企图欺骗中国人。然而,无论汪精卫用什么漂亮词汇,都无法否定其投敌叛国的本质。

汪精卫逃离重庆、脱离抗日营垒,遭到了全国各阶层人民的批判。1940年1月5日,中共中央书记处发出《关于汪精卫出走后时局的指示》,号召全国军民"用一切方法打击卖国叛党的汉奸汪精卫,批评他的汉奸理论,并指出他的反共主张即为他的汉奸理论的组成部分"③。国民党人士何香凝等发表文章,斥责汪精卫丧尽民族气节,没有做人的良心。刘文辉、龙云等西南地方实力派,拒绝汪精卫拉拢,通电拥护政府既定的抗战国策,表示抗战到底。国民

---

① [日]日本外务省编:《日本外交年表并主要文书》下,第407页。
② 黄美真、张云编:《汪伪政权资料选编 汪精卫集团投敌》,第374页。
③ 中央档案馆编:《中共中央文件选集》第12册,北京:中共中央党校出版社,1991年,第3页。

党中常会决定永远开除汪精卫的党籍,撤销其一切职务,并发表通缉令。

汪精卫极力为投敌行径辩解,“我的和平建议,是赞同日本近卫内阁声明的”,“根据所谓三原则,以商订各种具体条件,期于彼此交受其益,则东亚永久和平之基础,即可确定”[1],认为近卫声明表明日本尊重中国的主权,是中日和平的基础,把近卫声明中要求中国承认伪满洲国,日本在中国驻兵、享有经济上的各种特权,都说成是尊重中国的独立自主。汪精卫认为中国要求得安定与和平,就“必须在外交上、国防上,与日本采取同一方针,在经济上,与日本根据平等互惠的原则,实行有无相通,短长相补”[2],继续抗战只能走上死路一条。

1939年5月31日,汪精卫、周佛海等到东京,与日本商谈建立“新中央政府”的问题,取得日本政府的支持。1939年8月28日,汪精卫在上海秘密召开“中国国民党第六次全国代表大会”,在大会宣言中,吹嘘近卫三原则表明日本放弃了侵略主义,与中国谋合于正义之和平,中国应深刻反省,“吾人认非和平反共无以建国,其事业之艰巨,一己所受之劳苦与所冒之危险,较之抗战更为严重”[3],声称今后为实现和平,使三民主义的中华民国确立于东亚、确立于世界而努力。

1940年1月26日,临时、维新两伪政权分别表示支持汪精卫的内外政策,准备参加汪精卫为首的伪政权。1940年3月30日,汪精卫以“还都”的形式在南京成立伪国民政府,自任伪国民政府

---

[1] 黄美真、张云编:《汪伪政权资料选编 汪精卫集团投敌》,第179页。
[2] 黄美真、张云编:《汪伪政权资料选编 汪精卫集团投敌》,第226页。
[3] 黄美真、张云编:《汪伪政权资料选编 汪精卫集团投敌》,第331页。

代主席、行政院院长。南京伪政权公布了《国民政府政纲》《国民政府还都宣言》,声称伪国民政府根据中央政治会议之决议,还都南京。该政权坚决执行实现和平,实施宪政两大方针。对外"在与日本共同努力,本于善邻友好,共同防共,经济提携之原则,以扫除过去之纠纷,确立将来之亲善之关系"①,对内革除个人独裁,"廓清"共产党的"遗毒"。"汪精卫当时自以为最得意的杰作算是'还都南京'四个字了。以为有了'还都'二字,他就以由继承国民党正统而至继承'国民政府'正统自居,俨然是与重庆政府分庭抗礼,而且有意抹煞它,似乎非如此不足以成为日方的对手。"②汪精卫伪政权自称享有独立主权,是代表"独立主权的国家",是日本的"兄弟之邦",但是,汪精卫伪国民政府自成立之日起,就受到日本的控制,其"政令不出南京城门"。

　　1940 年 11 月 30 日,汪精卫与日本签订了《国交调整条约》,包括《日华基本条约》《附属议定书》《两国全权委员间关于附属议定书谅解事项》《附属秘密协约》等文件。汪精卫还与日本、伪满洲国间签订了《中日满共同宣言》,汪精卫表示承认伪满洲国,日本正式承认汪精卫伪国民政府。

二、汪精卫以"东亚联盟"作为投敌依据

　　孙中山是中国伟大的民主革命先行者,他一生为中国的独立、民主、自由不懈奋斗,领导人民推翻中国最后一个封建王朝,建立了亚洲第一个民主共和国,为中国社会的进步做出了巨大贡献。孙中山逝世后,国民党内不同政治势力相互倾轧、争权夺利。各派

---

① 黄美真、张云编:《汪伪政权资料选编 汪精卫集团投敌》,第 821 页。
② 黄美真、张云编:《汪伪政权资料选编 汪精卫集团投敌》,第 710 页。

均以孙中山的追随者、继承者自居,宣称自己是三民主义的忠实信徒,谨遵总理遗教。为了表明自己是国民党的正统,他们都高举三民主义的旗帜,按照自己的需要对三民主义进行解释,其中很多都与孙中山的三民主义相去甚远。这也从另外一个方面说明,无论谁想要成为国民党的新领导,就得打着孙中山及其三民主义的旗号,孙中山在国民党中地位是不可逾越的。汪精卫是国民党元老,最早的中国同盟会会员,担任过同盟会评议部评议长,曾经对三民主义理论的阐发有重要贡献,自以为是孙中山革命思想的继承者。1925 年,孙中山弥留之际,汪精卫负责起草了孙中山遗嘱。应该说,汪精卫早年对国民革命是有贡献的。

　　日本发动全面侵华战争后,汪精卫对中国抗战前途非常悲观,在日本调整侵华政策,对国民党实行诱降后,汪精卫逃离重庆,自称从事所谓的"和平运动"。1940 年 3 月,在日本的支持下,汪精卫在南京建立伪国民政府。汪精卫鼓吹自己搞"和平运动",是要完成总理的遗愿,实现三民主义。汪精卫发现"东亚联盟"论有"政治独立"内容,很适合作为"和平运动"的理论依据。于是,汪精卫开始阐述"东亚联盟"论的内容,用"东亚联盟"附会孙中山的三民主义,以表明伪政权是继承孙中山的遗志,是国民党的"正统"。汪精卫提出,"实行三民主义,复兴中华民国,但为使三民主义适应时代的进步并恢复孙文先生的宿愿,重新加以解说"①,"重新加以解说"就意味着按照日本和伪政权的需要解读三民主义,实际是歪曲三民主义。

　　汪精卫逃离重庆后,一方面寻求日本的支持,另一方面利用各种机会,宣传自己是孙中山思想的继承者,企图以此进行政治欺

---

① 黄美真、张云编:《汪伪政权资料选编 汪精卫集团投敌》,第65 页。

骗,拉拢与蒋介石素有矛盾的西南地方实力派,进行反蒋拥汪活动,达到破坏中国抗日的目的。汪精卫鼓吹"国父所垂示的大亚洲主义,已不复是理想,而是当前的现实,中国人除非不想救国,如其想救国,除了保卫东亚,决没有第二条路"①,认为投身的是"正义"的"和平运动",是为了国家的独立生存,实现孙中山大亚洲主义的理想。汪精卫认为孙中山提出"三民主义的目的在救国,救国的第一个要着,在使中国从欧美经济侵略、经济压迫下解放出来","孙先生定下了两个方案,第一是要中国自己努力,第二是要与先进国的日本共同协力"②,中国要独立,就需要和日本携手。这里,汪精卫避而不谈孙中山关于"中日协力"的前提和具体背景,给人以孙中山无条件地愿意与日本"合作"的假象,来为投敌行径遮羞。汪精卫口口声声说中日需要"合作",不顾日本已经大举侵略中国,成为中国人民最凶恶的敌人的事实,与孙中山的大亚洲主义根本不同,与中国人民维护主权的民族解放战争背道而驰,根本不是"救国",而是误国、害国。

汪精卫脱离抗日阵营后,制定"建设东亚新秩序"政策的日本首相近卫文麿辞职。日本进入首相频繁轮换时期,继任的平沼骐一郎、阿部信行、米内光政几届内阁都很短命。这几届内阁对汪精卫的看法与近卫文麿略有不同,他们认为蒋介石才是中国最有实力的人物,要想早日结束战争,就不应该堵死与蒋介石联系的渠道,并不看好汪精卫的力量和作用。日本内阁对汪精卫继续打出三民主义的旗帜也不感兴趣,甚至感到忧虑。为了求得日本的支持与帮助,1939年5月31日汪精卫飞抵东京。1939年6月11日,

① 汪精卫:《怎样同甘共苦》,《中日文化》,南京,1942年2卷10期,第3页。
② 黄美真、张云编:《汪伪政权资料选编 汪精卫集团投敌》,第212页。

汪精卫与陆军大臣板垣征四郎会谈时,板垣征四郎表示,三民主义内容很危险。汪精卫向日本说明了孙中山及其三民主义在中国的地位和影响,表示未来新政权阐述三民主义时,会按日本的要求,加强反共救国方面的内容。日本政府随即在《树立新中央政府的方针》中,提出汪精卫放弃容共抗日,改以亲日"满""防共"为方针时,"当与其他以亲日防共产主义者一样,允许其存在"①,以汪精卫实行亲日"反共"政策作为日本支持条件。汪精卫不仅表示要"重新解说"三民主义,还特别强调三民主义中的民族主义与大亚洲主义、"东亚联盟"论的一致性,强调"东亚联盟""政治独立"尊重中国主权,宣传"东亚联盟"与孙中山晚年大亚洲主义演讲的一致性。

汪精卫反复指出"东亚联盟"论与孙中山的大亚洲主义目标一致。那我们有必要回顾一下孙中山是如何阐述大亚洲主义的。1924年10月,冯玉祥发动北京政变,改部队为国民军,并电请孙中山北上,共商国是。1924年11月,孙中山应冯玉祥之邀北上。孙中山北上途中特意绕道日本,想与日本各界会面,争取日本政府的支持。然而,日本政府认为孙中山已经没有什么可以利用的价值了,拒绝他到东京。孙中山只能在神户登陆。孙中山在神户会见了日本工商界代表,28日,应邀在神户高等女子学校作了著名的《大亚洲主义》演讲。在演讲中,孙中山提出西方崇尚对外扩张的"霸道"文化,东方倡导仁义道德的"王道"文化,"王道"文化是"大亚洲主义"的基础。孙中山回顾了亚洲各国的历史,认为"自日本战胜俄国之日起,亚洲全部民族便想打破欧洲,便发生独立的运动"②,

---

① 黄美真、张云编:《汪伪政权资料选编 汪精卫集团投敌》,第212页,第86—87页。
② 广东省社会科学院历史研究所编:《孙中山全集》第11卷,北京:中华书局,1986年,第403页。

赞扬日本战胜陆军强国俄罗斯的胜利,提出亚洲各民族团结起来,共同对抗西方的侵略。在演讲中,孙中山高度评价了明治维新以后日本近代化的成就,认为日本是亚洲最先摆脱殖民主义奴役的国家,为亚洲各国树立了争取独立的榜样。孙中山希望日本作为亚洲强国,能够帮助中国和亚洲各民族废除不平等条约,实现民族独立,呼吁亚洲各民族在大亚洲主义的基础上联合起来。孙中山提出了中日提携的良好愿望,指出"你们日本民族既得了欧美的霸道的文化,又有亚洲王道文化的本质,从今以后对于世界文化的前途,究竟是做西方霸道的鹰犬,或是做东方王道的干城,就在你们日本国民去详审慎择"①,孙中山也希望日本政府改弦易辙,做王道的干城,与亚洲各国人民一道反对欧美的霸道文化,在亚洲各国联合中起领导作用。

　　孙中山希望通过这次演说,能使日本国民敦促其政府改变对华政策,幡然改悟,放弃不平等条约等损害中国利益的条约,以使同处亚洲的中日两国联合起来,共同抵御西方列强的入侵。这次演说反映了孙中山真诚希望中日和平,两国能够彼此尊重、和平相处,实现亚洲安定的良好愿望。当然,孙中山在演说中提出希望日本帮助中国及亚洲各民族废除不平等条约,对日本抱有不切实际的幻想,这反映了以孙中山为代表的革命派自身力量不足,中日两国国力差距的现实。在这种形势下,孙中山为了达到革命的目标,不得不经常去寻求外力的支持。同时,我们还应注意到,孙中山演讲的主题是日方事先定好的,听众也主要是日本人,所以,在演讲的措辞上,就不能不有所顾忌。孙中山不满意日本对中国的扩张的政策,但是,也只能婉转地提示日本人在霸道与王道之间去"详

---

① 广东省社会科学院历史研究所编:《孙中山全集》第 11 卷,第 409 页。

审慎择"。显然,日本效仿西方的侵略扩张政策,而且其对中国主
权的危害程度已经超过西方列强,孙中山还是希望日本去做王道
的干城,用心可谓良苦。

　　孙中山在大亚洲主义演讲中,其实已经间接表达了对日本政
府的不满,希望其能够改变对华政策。20 世纪 30 年代,日本发动
了侵华战争,不仅做了西方"霸道"的鹰犬,而且其对中国的侵略和
危害,比西方列强有过之而无不及。在中华民族为捍卫国家独立
主权而不懈奋斗的时候,汪精卫却闭口不提孙中山大亚洲主义的
背景和前提,片面解读其中关于中日"合作"的内容,为其投敌叛国
作挡箭牌,实际上已经背离了孙中山的思想。汪精卫将日本的"东
亚联盟"论作为伪政权成立的理论依据,花大力气阐述"东亚联盟"
与孙中山大亚洲主义演讲精神的一致性,认为两者的目的都是要
发扬东方的传统文明,反对西方帝国主义的侵略,实现东亚各民族
的解放,这也是东亚各国的共同理想。如果说这个理想有些许区
别的话,那就是在日本表现为石原莞尔提出的"东亚联盟",在中国
则为孙中山先生提倡的大亚洲主义。孙中山大亚洲主义演讲是
"东亚联盟"的根本思想,"大亚洲主义为东亚联盟之根本原理,东
亚联盟为大亚洲主义之具体实现"[1],结成"东亚联盟"就是继承孙
中山的遗志,完成大亚洲主义的理想。孙中山在大亚洲主义演讲
中,已经委婉地表达了对日本借"同文同种"之名实行扩张侵略之
实的不满。日本大举侵略中国,不仅步西方霸道之后尘,而且企
图彻底征服中国,比西方列强更有过之,汪精卫却抛却孙中山演
讲的背景、割裂演讲内容,抛却孙中山对日本政府的批评,要求日
本废除不平等条约的要求,只谈中日"联合",与孙中山演讲的本

----

[1] 汪精卫:《汪主席训词》,《东亚联盟》,东京,1941 年第 1 期(中文号),第 4 页。

意相去甚远。

　　汪精卫伪国民政府建立后,伪中国国民党中央宣传部发布了《告党员及民众书》,称"本党之最终目的,在于三民主义以建设独立自由之中华民国,本于大亚洲主义以建设民族共存之东亚新秩序,本党之职责,即为实行三民主义大亚洲主义而奋斗"①。这里,汪精卫仍然口称三民主义,把三民主义与大亚洲主义联系起来,认为实行三民主义就是为大亚洲主义奋斗,与日本共同建设"东亚新秩序"。尽管汪精卫把自己打扮成孙中山的继承者,但是,其所言之三民主义已与孙中山先生的三民主义大相径庭,汪精卫认为孙中山的民族主义之所以未能实现,就是因为"当时的民族主义,实在忽略了一个重要因素:民族主义应以大亚洲主义为核心……以大亚洲主义,互相团结,共同协力,力量方才弘厚,方才能将压制剥夺亚洲诸民族使不能得到独立自主的共同敌人英美帝国主义者打倒"②。在日本全面侵略中国的生死存亡时刻,中国的民族主义首先就应该指向日本,抵抗日本侵略,而汪精卫却反复阐述民族主义的核心是大亚洲主义,中国应与日本携起手来,反对英美列强的侵略,可见,汪精卫是打着继承孙中山遗志的幌子,行背叛民族国家之实。

　　汪精卫伪政权认为"大亚洲主义是三民主义的东方文化的应时代的产物","国父以三民主义为建设新中国的指导原理,以大亚洲主义为建设新东亚的指导原理,大亚洲主义是王道精神、唯心学

---

① 汪伪中央宣传部编:《告党员及民众书》,《东亚联盟》,北平,1941年第2期,第103页。

② 汪精卫:《光明的方向:11月29日对上海各大学及高中青年团训话》,《东亚联盟》,北平,1944年7卷1期,第3页。

说、道德观念、大同理想等的综合"①,他将日本近代以来对外扩张的"兴亚"论与孙中山大亚洲主义演说混为一谈,有意混淆孙中山中日联合的主张与日本亚洲主义"联合"的本质区别,而且将日本的亚洲主义与三民主义中的民族主义相等同,不仅为投敌叛国找理,也帮助日本去掩盖侵略中国的本质,用心极为险恶。

　　总之,孙中山晚年作的大亚洲主义演讲中,虽然对联合日本抵御西方,尤其是中日联合共同对抗沙俄的侵略有所期待,但是,也对日本的扩张政策表示了不满,更不认为亚洲内部的民族压迫就是合理的,他是希望日本政府改变对华政策的。孙中山晚年实行了联俄政策,认为只要尊重中国的主权、领土完整,无论是白种人还是黄种人,中国都可以与之联合。孙中山晚年的民族主义已远远超出单纯种族的范畴。汪精卫煞费苦心地曲解孙中山的民族主义、大亚洲主义思想,认为孙中山强调东西方文明的不同,要与"同文同种"的日本"合作",就是要抹杀日本的侵略本质,掩饰其投敌叛国的行径。汪精卫多次强调"大亚洲主义就是指明中日前进的相依关系与亚洲将来的归宿"②,中日两国应以大亚洲主义为指导,求得两国关系的发展。汪精卫既要投靠日本,又打着孙中山继承者的招牌为自己壮胆,也反证了汪精卫伪国民政府的虚伪与虚弱。

三、汪伪统治区"东亚联盟"运动的兴起

　　卢沟桥事变后,日军很快占领了平津地区。日军为了维持对占领区的统治,除在占领区建立扶植傀儡政权外,还建立了许多以

---

① 张明:《创造世界新秩序与大亚洲主义》,《东亚联盟》,广东,1941 年 7 月号,第 50、51 页。

② 张君衡:《大亚洲主义与大东亚宣言》,《东亚联盟》,北平,1944 年 7 卷 2 期,第 1 页。

"亲善""怀柔"为名义的思想"教化"团体,配合日本实行殖民统治,来"以华制华""以战养战"。日本通过这些民间团体来宣传"协和""中日一家"等观念,协助日伪维护占领区的秩序,控制中国人的思想。日军占领北平后,曾经利用军中建立的宣抚班,宣抚班利用演说、唱歌、演剧等中国百姓熟悉的形式,在占领区进行中日"亲善""提携""防共"等宣传活动。宣抚班还散发传单、办刊物,协助日军对沦陷区的统治。但是,宣抚班的活动并没有收到他们预想的效果,平津等沦陷区的中国人经历了日军的烧杀劫掠,对伪善的"协和""提携""防共"根本不感兴趣。

为了提高奴化宣传的效率,日本效仿在伪满洲国组织协和会的形式,宣称在北平建立了所谓的"纯正民意机关"①,实际是为了"以华制华"的目的。1937 年 12 月,日本在北平扶持建立了所谓的民众团体"新民会"。日本人说,以汉奸王克敏为首的"中华民国临时政府"是发布政令的"严父","新民会"则是"上情下宣、下情上达"的"慈母"。"新民会"制定了纲领目标,要"护持新政权,以图畅达民意;开发产业,以安民生;发扬东方文化道德;于剿共灭党旗帜下参加'反共'战线;促进友邦缔盟之实现,以贡献人类之和平"②,北平"新民会"由"中华民国临时政府"头子王克敏担任会长。1940年 3 月,汪精卫伪国民政府成立后,"中华民国临时政府"解散,参加汪精卫伪国民政府。"新民会"适应汪精卫"和平、反共、救国"的需要,对纲领做了调整,删除了"剿共灭党"一项,改为"实行反共,复兴文化,主张和平"③。

"新民会"作为日本控制下的汉奸组织,其触角渗透到北平经济、文化、社会生活各个方面。北平民众对这个日本卵翼下的汉奸

①②③北京市档案馆编:《日伪北平新民会》,北京:光明日报出版社,1989 年,第 4 页。

组织非常反感。"新民会"中的一些人,实际知道自己所作所为的性质,他们既当汉奸又想在日本主子那里多争夺一些权力,得到一点"自主"的面子。这些人参加"新民会"有个人的权力野心,他们不满意日本人独揽"新民会"的大权,与日本"顾问""参事"时有摩擦发生,有人甚至想另起炉灶。为了让"新民会"更好地发挥汉奸组织的作用,日本1940年2月将华北宣抚班解散,与"新民会"合并。同时,也改组了"新民会",将由日本人直接操纵改为中国人出面作主的形式。而"新民会"的许多重要岗位仍由日本人担任,日本控制的程度反而比以前有所增强。

　　"新民会"中央指导部部长缪斌看到日本《东亚联盟》的一些文章后,对"东亚联盟"论产生了兴趣。他认为"以王道思想为东亚联盟的指导原理,这是我们所最同意的一点。因为要消灭共产主义的理论,只有王道思想,才可以彻底地消灭这种邪说,也只有王道思想,中日两国才可以泯除误会而永久亲善","我们希望在日军占领区中来扶助中国建设新的反共力量;在党军区域中间希望他们能够成为一种和平'反共'的力量,这都是希望日本放心地让中国政府去做的"[1]。1940年5月,缪斌脱离"新民会",在北平成立了中国"东亚联盟"协会,发行机关刊物《东亚联盟》。北平的"东亚联盟"协会是沦陷区最早的"东亚联盟"组织。"北平东亚联盟协会"的宗旨与日本"东亚联盟"协会一样,鼓吹其目标是:"为谋中国民族之复兴,对内造成和平之革新力量,对外期达民族之独立、自由平等;根据大亚细亚主义,主张东亚联盟之结成,共谋亚细亚民族之发展,其条件为政治独立,经济提携,军事同盟;根据王道思想,

---

[1] 缪斌:《我们对于东亚联盟的意见》,《东亚联盟》,北平,1940年1卷1期,第2—3页。

主张民族解放,万邦协和,以谋世界真正和平之确定。"①"北平东亚联盟协会"将"东亚联盟"中"政治独立"放在首要地位,其实是为了加强欺骗。缪斌认为"北平东亚联盟协会",应努力"使中国人免除对联盟论的猜疑"②,共同发挥"和平"的"伟大力量"。

缪斌是非常顽固的反共分子,对三民主义也不感兴趣。"北平东亚联盟协会"成立时,汪精卫伪国民政府已经成立,华北的伪中华民国临时政府参加到汪精卫伪政权中去,缪斌不得不表示三民主义与"东亚联盟"的一致性,鼓吹孙中山思想中充满了"日新又新的新民精神"。"我们以日新又新的新民精神,说明现在需要的三民主义,我想是合符于孙先生精神的"③,用"现在的需要"说明三民主义,就是按照"东亚联盟"协会的需要,对三民主义进行任意的歪曲,表明"东亚联盟"协会的实用主义。"北平东亚联盟协会"有意提高"政治独立"的地位,认为"东亚联盟"是中日两国历史发展的必然,他们批评中国人不理解"东亚联盟",不了解日本"尊重"中国"政治独立"的意图,他们就是要大力宣传"东亚联盟"尤其是"政治独立",来解除中国人对日本的猜疑和误解,实现两国的和平。"北平东亚联盟协会"认为在"东亚联盟"条件中,"政治独立为中国人最希望者","和平运动之能否成功,在于日本是否让国民政府政治独立"④。"北平东亚联盟协会"鼓吹,中日两国从战争走向"东亚联盟"是巨大的进步,"中国应彻底反省、矫正抗日政策","东亚联盟蕴藏着尊重各个国家民族独立的意味,表现各个国家、民族间的协

① 巩固:《东亚联盟运动的理论基础》,《东亚联盟》,北平,1943年5卷2期,第68页。
② 缪斌:《致日本东亚联盟协会书》,《东亚联盟》,北平,1940年1卷1期,第4页。
③ 缪斌:《新民精神的三民主义》,《东亚联盟》,北平,1940年1卷1期,第13页。
④ 缪斌:《中国东亚联盟协会致词》,《东亚联盟》,东京,1940年7月中文号,第29—30页。

和性"①,完成"东亚联盟"是神圣的事业,只有"东亚联盟"才能实现中日间的永久和平。

"北平东亚联盟协会"竭力发展会员,扩大组织。卢沟桥事变后,日本很快占领大半个中国,有些人对中国抗日前途失去信心,"东亚联盟"关于"政治独立"的主张,让一些人以为找到了中日实现"和平"的途径,因而,参加了"北平东亚联盟协会"。在中国宣传"东亚联盟"论的田中真作对此十分得意,他认为"北平东亚联盟协会"成立后,"吸引了当地的不少青年,取得了很大的成功"②。

1940年9月,伪广东省教育厅厅长林汝珩也发起成立了"东亚联盟"组织,在广东建立了"中华东亚联盟协会",出版《东亚联盟》月刊。此外,还在广东发行《东亚联盟画报》《东亚青训》等宣传"东亚联盟"的刊物。"中华东亚联盟协会"在其纲领中,提出"根据大亚洲主义,以政治独立、经济提携、军事同盟为条件,以期东亚联盟之结成;为谋中华民国之复兴,对内完成'和平反共建国'之使命,对外期致民族之独立自由平等;本天下为公之精神,以谋世界和平真正之确立"③。"中华东亚联盟协会"也重视"政治独立",认为"政治独立"是"我中华民国举国一致之要求,而主张以此为经济提携军事同盟之先决条件问题也。盖政治不能独立,则所谓经济提携,军事同盟,均成为主从之关系,而平等互惠自由合作必无从说起"④,"中华东亚联盟协会"同样以"政治独立"作为最主要的内容。

---

① 石燕:《从中日战争到东亚》,《东亚联盟》,北平,1940年1期,第50—51页。

② [日]田中真作:《缪斌工作》,东京:三荣出版社,1953年,第83—86页。

③《东亚联盟》,广东,1940年11月创刊号,第61页。

④《中华东亚联盟协会成立宣言、代发刊辞》,《东亚联盟》,广东,1940年11月创刊号,第4页。

在"政治独立"之外，"中华东亚联盟协会"宣传最多的是"文化沟通"，认为在文化沟通上，中日两国做得很不够，"一谈到文化沟通，则中日两大民族间，则多少潜在着一些轻视和骄傲的心理，在这中国方面，则以为中国有着数千年伟大文化的累积，而日本文化大部分是从中国传播过去的；但在日本方面，则又有些以为中国文化已是衰退了，而日本文化正是新兴起来，总比中国文化来得优越。这种轻视和骄傲的观念，足为文化沟通的障碍"，"更有一部分人，以为文化的沟通，就是文化的侵略，这种错误的见解，足以使中日和平的基础上，发生很大的暗影"①。中日两国在文化沟通上存在认识的不同，就会影响"东亚联盟"运动的发展，所以，须在文化沟通上作出努力，而教育在文化沟通中的作用不容忽视。教育是中日永久"和平"的基础，是实现"东亚联盟"的重要手段。"国民政府成立后，即把教育方针，明白规定，内容是：'以和平反共建国为教育方针，且图科学教育之向上，一扫举动浮嚣之学风'，这就是今后建设中国的教育方针，唯一的用意，是令政策与教育有直接紧密的联系，使成为一种有力的推进。"②为了贯彻伪政权的教育方针，为文化沟通服务，"中华东亚联盟协会"还主张修改中小学课本，消除与伪政权教育方针相违背的内容，使教育符合日本文化侵略政策的需要。

"中华东亚联盟协会"认为，广东在中国历史上受帝国主义侵略最早，广东人民反抗帝国主义思潮也最澎湃，中国革命第一声的广州起义，国民革命的发祥地均在广东，因此他们认为广东"东亚

---

① 陈璞：《中日文化沟通论》，《东亚联盟》，广东，1940 年 11 月创刊号，第 11 页。
② 何惺常：《东亚联盟与教育》，《东亚联盟》，广东，1941 年 2、3 月号合刊，第 43—44 页。

联盟"协会成立的意义特别重大。

　　广东是孙中山的家乡,孙中山的革命思想的传播,以及推翻封建专制的革命活动,都与广东有深厚的联系。"中华东亚联盟协会"利用孙中山在广东的影响,打着继承孙中山思想的幌子,鼓吹:"总理昭示吾侪,以一种思想,一种信仰,一种力量,合而为主义,东亚联盟者,即总理之大亚细亚主义也,吾人既有此思想,应绝对信仰,然后发生力量,盖能实行东亚联盟,则大亚细亚主义,自然成功,此总理信徒应负之责任也。"①不仅如此,"中华东亚联盟协会"为了扩大影响,还通过抬高汪精卫的地位,来增强自己的影响力。"中华东亚联盟协会"吹捧汪精卫是孙中山遗志的真正继承者,汪精卫阐明了孙中山大亚洲主义理念,指出中日两国"合作"的目标,"一是廓清百年以来流毒于东亚的殖民主义,一是拒绝二十年以来在世界猖獗着尤其东亚猖獗着之共产主义。而国人昔日之仇日抗日者,亦多一变而为中日提携论,再进而赞同东亚联盟论"。"中华东亚联盟协会"机关刊物《东亚联盟》,每期都刊登汪精卫关于中日"和平"的言论。"中华东亚联盟协会"理事陈武扬还就"东亚联盟"问题,在电台发表广播讲话,宣称"会长林汝珩是汪先生的忠实信徒,是和平运动的中坚,人格高尚,学问渊博,以之领导本会,相信必有进展,必有前途"②,先吹捧汪精卫是孙中山信徒,再吹嘘林汝珩是汪精卫的忠实信徒,以表明广东"东亚联盟"组织传承了孙中山的思想,对"和平运动""兴亚"思想有深刻的理解。

---

① 汪宗准:《政治独立与军事同盟》,《东亚联盟》,广东,1940 年 11 月创刊号,第 40 页。
② 陈武扬:《东亚联盟的理论与实施》,《东亚联盟》,广东,1940 年 11 月创刊号,第 75 页。

广东"中华东亚联盟协会"成立后,得到了日本特务机关和日本"东亚联盟"组织的支持。日本"东亚联盟"协会派国会议员木村武雄专程到广州参加"中华东亚联盟协会"成立大会,木村武雄代表日本"东亚联盟"协会在大会上致辞,强调中日"东亚联盟"协会应该携起手来,共同"以同文同种民族的资格,为实践东亚永远和平而战,以结盟同志资格向世界呼号"①,为"中华东亚联盟协会"站台、撑腰。"中华东亚联盟协会"成立后,在番禺、南海、三水、顺德等多个县建立了分会,还以广东大学为基地,吸收学生和青少年参加"东亚联盟"运动。②

1940年11月,周学昌在南京组织"东亚联盟"中国同志会,这是受到汪精卫伪国民政府支持的半官方组织。汪精卫为"东亚联盟"中国同志会撰写了训词,称"东亚联盟之组织在使东亚各民族国家各本于自由独立之立场,向共存共荣之目的而共同努力","东亚联盟首标政治独立,则抗战论者之一切疑虑可不烦言而解"③。"东亚联盟"中国同志会宣称:"本世界大同万邦协和之理想,谋世界真正和平之实现;本大亚洲主义之精神,以政治独立,经济合作,军事同盟,文化沟通为主要原则,谋东亚民族之结合;以睦邻'反共'为基础,谋中国对内政策之革新,与国防之完成。"④

在汪精卫伪国民政府控制区,除建立了数个"东亚联盟"外,还成立了一些呼应日本"兴亚"主张、赞成"东亚联盟"论的民间组织。其中包括:1939年9月,上海成立"兴亚建国总部"。该组织直接被日本人控制,主要进行所谓的"兴亚建国运动"。兴亚建国运动主

① [日]木村武雄:《日本东亚联盟协会代表祝词》,广东,1940年11月创刊号,第9页。
② [日]《东亚联盟协会ニュース》,1940年2卷12号、3卷1号。
③ 汪精卫:《汪主席训词》,《东亚联盟》,东京,1941年第1期(中文号),第4页。
④ 《东亚联盟中国同志会简章草案》,《东亚联盟》,北平,1940年5卷2号,第67页。

张"为中日两大民族未来历史之光辉的发扬,东亚前途大局之永久的奠定,为求创建新中国(建国),与邻邦日本恢复并巩固强化兄弟之关系,以共同肩荷创建新东亚(兴亚)之伟大使命"①,以拥护汪精卫的"和平运动",实行中日"亲善",反对共产党及共产主义为宗旨。

1940 年 3 月,伪湖北省政府主席何佩容在日军的支持下,召开"中华共和党"复党大会,号称该党渊源于 1911 年武昌起义的共进会和民国初年的"共和党",鼓吹"本党与国民党固自始至终为患难相共之友党",主张"吾国与友邦携手,以求东亚联盟之巩固"②。另外,还有在伪南京维新政府时期成立的"大民会",都鼓吹是国民党的"友党"。汪精卫伪国民政府建立后,要将各种伪组织统一起来,强化其对各种伪组织的领导。1940 年 12 月 17 日,"大民会"解散,参加南京的"东亚联盟"中国同志会。"兴亚建国总部"、共和党也先后宣布解散,集体加入汪精卫的国民党,表示拥护汪精卫领导,致力于中日"亲善"。

1940 年中国沦陷区成立的各种冠以"东亚联盟"的组织,都以"兴亚"为目标,得到日本的支持。而各个组织之间,基本没有联系,独自活动。汪精卫在南京建立伪国民政府后,决定将各地的"东亚联盟"组织统一起来,以扩大"东亚联盟"的影响。1940 年 12 月 15 日,汪精卫召开伪国民党六届三中全会,宣告"统一全国意志集中全国力量","以完成和平统一,促进东亚联盟勖勉全党同志,策励全国民众"③,统一全国的"东亚联盟"运动。"中国国民党三中全会,感于对进展之全国国民运动之统一实有必要,爰以郑重宣

---

① 社论:《兴亚建国运动之目标与理想》,《兴亚月刊》,上海,1941 年,1 卷 6 号。

②《共和党告同志书》,《中华时报》,汉口,1940 年 12 月 23 日。

③ 汪伪政府宣传部编:《汪主席和平建国言论续集》,汪伪政府宣传部,1942 年,第62 页。

言,昭告国人,决尽其心力,以促成东亚联盟运动之发展"①,正式着手建立统一的"东亚联盟"组织。1941年2月,北平、汉口、山东、广东等地的"东亚联盟"协会,分别派出代表到南京,参加"东亚联盟"中国总会成立大会。汪精卫任"东亚联盟"中国总会会长,沦陷区的"东亚联盟"组织在汪精卫伪国民政府领导下统一起来了。"东亚联盟"中国总会制定了《东亚联盟中国总会会章》,规定该组织的目的:"为谋实现孙中山先生之大亚洲主义,期与邻邦各本于自由独立之立场,依最近共同宣言之精神,建设以道义为基础之新秩序,互相尊重其主权及领土,并于政治经济文化等各方面,讲求互助敦睦之手段,以达到共存共荣复兴东亚之共同目的。"②"东亚联盟"中国总会有一套比较完整的组织机构,在总会下设指导、宣传、文化、社会福利四个分委员会,并发行总会机关月刊《大亚洲主义与东亚联盟》。

"东亚联盟"中国总会得到了日本政府、日本"东亚联盟"协会的支持。日本首相近卫文麿、日本"东亚联盟"协会分别致电"东亚联盟"中国总会,祝贺总会成立,希望汪精卫伪国民政府统一"东亚联盟"组织后,积极开展活动,宣传"东亚联盟"主张,消除中国人对日本的误解,为中日两国实现"和平"发挥作用。

"东亚联盟"中国总会成立后,各沦陷区的"东亚联盟"组织,成为总会的分支机构,北平、徐州、南京、上海、汉口、广东、汕头等地都有"东亚联盟"分会,原来发行刊物的各分会,继续发行杂志,据统计,沦陷区发行了12种以"东亚联盟"为名的杂志。③ 除此之外,

---

① 汪精卫:《东亚联盟运动的经过》,《东亚联盟》,广东,1941年2、3月号合刊,第2页。
②《东亚联盟中国总会会章》,《东亚联盟》,北平,1941年2卷1期,第15页。
③《中国の东亚联盟运动》,《东亚联盟》,北平,1943年第3期,第33页。

各地还有很多与"东亚联盟"相关联的刊物,在沦陷区参加"东亚联盟"运动的人达数百万。[1]"东亚联盟"中国总会称该组织是民众组织,不是政党,"是以党为中心,联合各党各派及无党派之人士而推动之国民组织","是唤起全民联合东亚各民族共同奋斗之策动机构"[2]。"东亚联盟"中国总会从政治、经济、社会活动等各个方面,配合汪精卫伪国民政府的"和平运动",大力宣传"东亚联盟"对于解决中日战争的意义,企图以此来消除中国人的民族意识,破坏民族抗战,达到"和平、反共、救国"的目的。

"东亚联盟"中国总会成立后,还在青少年、妇女乃至宗教团体中,建立"东亚联盟"分支机构,发展会员。"东亚联盟"中国总会统一制订各地分会的活动计划,着重宣传"东亚联盟"的理论,推动"建设东亚新秩序"政策的实施,参与瓦解重庆国民政府的活动等,宣称"东亚联盟运动,一方面秉承总理遗教,实现大亚洲主义,一方面基于民族的自觉及民族意识的要求,从几百年来欧美帝国主义束缚下解放,因此东亚联盟运动,必以民族为出发,然后获得民众强烈的信仰"[3]。"东亚联盟"运动与汪精卫伪国民政府的统治政策互为表里,更主要的是适应日本对外侵略战争的需要。

四、"东亚联盟"中国总会的活动

汪精卫以"东亚联盟"论作为投敌、建立伪政权的理论依据,把自己打扮成孙中山事业的继承者,配合日本对中国的侵略活动。汪精卫在南京建立伪国民政府后,把北平、南京、汉口等地的"东亚

---

[1] [日]高木清寿:《东亚の父石原莞尔》,第141页。
[2] 林柏生:《关于东亚联盟运动》,《东亚联盟》,广东,1941年第4、5月号合刊,第20页。
[3] 梅庆芬:《中日亲善与东亚联盟》,《东亚联盟》,广东,1941年6月号,第9页。

联盟"团体统一起来,成立了"东亚联盟"中国总会,并担任"东亚联盟"中国总会会长。汪精卫掌控的"东亚联盟"中国总会,与之前北平、南京、广东等各地分别组织的"东亚联盟"团体相比,最突出的特点就是更加重视"东亚联盟"论中"政治独立",为日本侵略张目,也为伪政权"正名"。

"东亚联盟"中国总会在各种场合及机关刊物上,大力阐述"东亚联盟"尊重中国的政治独立,号称汪精卫的伪国民政府是享有"独立"主权的,对外是与日本平等"合作"的政权。全面侵华战争时期,日本打着"兴亚"旗号的亚洲主义理论,发生了新的演进和变化。在各种"兴亚"理论中,汪精卫唯独对"东亚联盟"论"情有独钟",究其原因,是因为"东亚联盟"论中有"政治独立"一项内容。汪精卫以为"政治独立"是日本尊重中国独立主权的证明,伪国民政府对外享有主权独立的权力,可以证明其不是日本的傀儡。当然,汪精卫作为野心家,也可以在"政治独立"上做文章,从日本人那里多争得一些权力,为伪国民政府充门面,对外造成独立的假象。"东亚联盟"中国总会成立后,原在沦陷区的"东亚联盟"组织成为其分会,机关刊物继续保留,各《东亚联盟》杂志都用很大的篇幅,继续宣传"东亚联盟"论的"政治独立"。

"东亚联盟"中国总会及各个分会,都在所办的刊物上大量刊载"东亚联盟""政治独立"的文章,认为在政治独立基础上,中国与日本结成"东亚联盟",就可以实现东亚的解放,实现孙中山的遗愿。汪精卫在对上海各大学及高中青年团的训话中,称辛亥革命时,对民族主义的宣传中忽视了大亚洲主义,导致中国国内民族虽然获得了平等,对外却遇到了重重障碍。"民族主义,应该以大亚洲主义为核心,中国自己想得到独立自主,同时亚洲有许多民族,也想得到独立自主,以大亚洲主义,互相团结,共同协力,力量方才弘厚,方才能将压制剥夺亚洲诸民族使不能得到独立自主的共同敌人英美帝国主义者打倒。"[1]汪精卫所说的民族主义以大亚洲主义作指导,就是要以种族主义掩盖日本对中国及亚洲其他国家的侵略,证明伪政权"和平"运动的合理性。他认为重庆国民政府继续抗战,是中日实现和平的障碍,也是实现孙中山遗愿的障碍。

汪精卫伪国民政府以"东亚联盟"作为对日"合作"的依据,并统一领导了沦陷区的"东亚联盟"运动,"东亚联盟"中国总会得到日本"东亚联盟"组织以及国会议员的支持,但是,它与日本的"东亚联盟"运动最大的不同,就是始终将"政治独立"放在第一位,花大力气宣传"政治独立"。汪精卫公开说明了为什么如此重视"政治独立"。"何故以政治独立为先? 此我中华民国一致之要求,而主张以此为经济提携军事同盟之先决条件。盖政治不能独立,则所谓经济提携,军事同盟,均成为主从之关系,而平等互惠自由合作必无从说起"[2],就是说伪国民政府本来就不得人心,如果像日本"东亚联盟"那样,把"政治独立"放在无关紧要的位置,伪国民政府在中国人面前,连一点儿面子都没有,不可能获得中国人的支持,更无法实现与日本的经济提携、军事同盟。

"东亚联盟"中国总会在阐述"东亚联盟"的"政治独立"时,强调"东亚联盟"以东方的王道思想为指导,联盟是东亚各国在纯粹道义上的结合,不是为了各自的利害而打算,其"政治独立"充分地表明了这一点。"政治独立,这是中日亲善最重要之点,因为人类是政治动物,没有政治权力的人民,一定要起不平的,何况中日两国,现在还没到思想一致的时候,更不能不使中国完成政治独立国

---

① 汪精卫:《光明的方向》,《东亚联盟》,北平,1944 年 7 卷 1 号,第 3 页。
②《中华东亚联盟协会成立宣言》,《东亚联盟》,广东,1940 年 11 月创刊号,第 4 页。

家,固然是在东亚联盟中间,东亚的先觉者,可居一个指导地位。"①
汪精卫认为中国虽然当时是一个"独立"的国家,与日本是地位平
等的邻邦,却又转而吹嘘日本是东亚的"先觉者",理应在东亚居于
"领导"地位。汪精卫认为"日本能勃然强盛,中国仍在纷乱之中。
现在东亚几个国家,无疑的日本居在领导的地位"②,"政治独立"需
要日本的"领导",汪精卫为日本马首是瞻。

　　汪精卫伪国民政府开展"东亚联盟"运动后,将"政治独立"放
在"东亚联盟"论最突出的位置上,但是,它自知根本不可能与日本
处于平等的位置上,在宣传"政治独立"意义的同时,并不认为中国
有能力独立活动,向在中国攻城略地的日本乞求给予其"自由""独
立",这无异于与虎谋皮、自欺欺人。"目前中国人民所最渴望者,
无过于国家民族之自由独立,故吾人希望友邦当局迎机决策,迅速
助成中国之彻底解放。"③可见,汪精卫伪国民政府所争取的根本就
不是中国的独立,而是日本的支持。

　　全面抗战爆发后,中国实行了全民族的持久抗战,粉碎了日本
"速战速决"的战略计划,迫使日本政府改变对华政策。太平洋战
争爆发后,中国战场拖住了日本陆军主力,有力地支持了盟军在南
亚、太平洋的作战,中国抗战成为世界反法西斯战争的重要组成部
分。以美国为首的西方国家也越来越重视中国抗战的作用,并加
强了对中国抗战的实际支援,希望中国战场能够牵制更多的日军。
太平洋战争爆发后,美国对于中国近代以来的废除不平等条约要

---

① 缪斌:《我们对于东亚联盟的意见》,《东亚联盟》,北平,1940年1卷1号,第3页。
② 沈绂:《由中日文化沟通说到民族性的重要性》,《大亚洲主义与东亚联盟》,南京,1941
　　年1卷5期,第67页。
③ 方中:《以事实争取民心》,《大亚洲主义与东亚联盟》,南京,1941年1卷5期,第1页。

求,表现出比以前更加积极的态度,希望通过提高中国的国际地位,发挥中国抗击日本的作用。20世纪40年代,中美英就对华不平等条约问题进行多次谈判。

1943年初,美、英考虑与中国政府签订新约,废除在华领事裁判权等在华特权。1943年1月11日,美国与中国签订《关于取消美国在华治外法权及处理有关问题之条约》(中美新约),英国与中国也在重庆签订了新的条约。5月20日,批准换文,条约正式生效。中美、中英新约规定,美英两国放弃在中国的治外法权及其他特权,废除《辛丑条约》,终止依该条约及附件所享有的一切权利,交还租界,撤销两国在中国沿海和内河航运的特权,等等。继美英之后,一些享有在华特权的国家,也相继与中国重新签订平等新约。这样就从法理上结束了美英等西方大国在中国的特权,中国取得了与西方国家平等的地位。

日本探知中美、中英即将签订新约的消息,决定赶在美英之前与汪伪政权签订新的条约,从法理上制造汪伪政权"独立"的假象,在国际上进行欺骗宣传。1943年1月9日,日本与汪伪国民政府签订《关于交还租界及撤废治外法权之协定》。日本宣布交还在华专管租界、公共租界,撤销在华治外法权。日本的盟国意大利也随之宣布废除治外法权,交还在华租界。日本与汪伪政权签订《关于交还租界及撤废治外法权之协定》,是为了给汪精卫伪国民政府政治独立的假象,欺骗世界舆论。汪精卫伪国民政府是日本一手扶植建立的,日本的废约根本不能改变对中国侵略的事实,也根本不可能消除日本在沦陷区的特权。日本与汪精卫伪政权签订交还租界协定的当天,日本终于同意汪精卫伪国民政府对英美宣战。

汪伪国民政府大肆吹嘘《关于交还租界及撤废治外法权之协

定》是日本尊重中国"政治独立"的有力证明,炫耀"同盟条约签订、租界的交还等等,再再都雄辩地说明中日非无可和之道,且证明东亚联盟理念,正确而且坚实"①。日本表面上废除了在中国租界和治外法权,但是,汪精卫伪国民政府作为日本卵翼下的傀儡政权,事事都不敢违背日本政府的意图,交换租界协定不可能减少日本在中国的利益。归还租界、撤销治外法权,不过是制造汪精卫伪国民政府独立的假象,在国际舆论上比美英等国占得先机,是以华治华的策略而已,没有太大的实际意义。日本与汪精卫伪国民政府签订《关于交还租界及撤废治外法权之协定》后,国际舆论反响平平,只有意大利等少数几个承认汪精卫伪国民政府的国家对此给予肯定和关注,说明日本与汪精卫伪国民政府在国际上的孤立。

"东亚联盟"中国总会宣传"政治独立"的直接目的,就是给伪国民政府正名,否认其傀儡性质。汪精卫伪国民政府极力满足日本的要求,打着与日本实行经济合作的旗号,为日本的经济掠夺提供方便。汪精卫很清楚日本的最终目的是征服中国,掠夺资源和市场,将中国永远作为日本的工业原料和农产品的供给地。汪精卫伪国民政府大力宣传中日经济提携的意义,认为这是日本帮助中国从殖民地经济状况下解放出来,中国需要了解日本的好意,积极与之实行经济上的合作,驱逐西方列强对中国的经济压迫。"我国应与东亚先进的日本,切实合作,紧密提携,才能减少西洋帝国主义政治经济的压迫,中国始能完成其独立自由,与现代化国家的建设","以日本工业的资本,生产的技术;以中国广大的人力,丰富的资源,而为经济的提携,进而为东亚各民族的经济提携,必然的

---

① 巩固:《东联中国总会三周年感言》,《东亚联盟》,北平,1944 年 7 卷 2 期,第 46 页。

能产生伟大的经济力量"①,甘愿把中国的资源拱手送给日本,满足日本发展重工业尤其是军事工业的需要。这哪里是摆脱被殖民统治地位,完全是听任日本对中国的经济掠夺,使中国成为日本独占的半殖民地半封建社会。1940年汪精卫伪国民政府与日本签订了《日华基本关系条约》,汪精卫承认伪满洲国是所谓的独立国家,并给日本经济掠夺打开了方便之门。汪精卫伪国民政府鼓吹《日华基本关系条约》的签订,"中日邦交,由恢复正常外交关系,而益趋敦睦",共同宣言"使数年来迁延未决的承认'满洲国'问题,与中日邦交的调整同时实现"②,汪精卫伪国民政府还打着与日本经济提携的旗号,成立伪中央储备银行,通过发行伪币、军用手票等,从财政金融上,破坏中国抗战,协助日本掠夺中国的经济资源。

"东亚联盟"中国总会宣传伪国民政府与日本合作实现"和平"的意义,但是,日本一直忽视甚至无视汪伪政府的军事实力,"东亚联盟"中国总会为了提高伪政权的地位,还鼓吹军事上与日本合作的重要性,认为"东亚联盟"军事合作是为了"大东亚的国防圈之自卫","东亚各国不可不有巩固之联合国防,以抵抗赤白帝国主义之进攻"③。汪精卫伪国民政府的伪军,聘请日本人担任顾问,完全服从日本的军事需要,听命于日军。汪精卫一直希望日本重视其军事力量,协助日军在战场上的进攻。但是,日本很清楚汪精卫领导下的伪军战斗力很弱,主要让伪军配合"清乡"等活动。太平洋战争爆发后,汪精卫以为这是显示其力量的好机会。在日本向英美宣战后,汪精卫立即表示,为实现建设"东亚新秩序",与日本同甘

---

① 陈璞:《论东亚的经济提携》,《东亚联盟》,广东,1940年11月创刊号,第45页。

② 褚民谊:《友邦交还津粤租界行政权之意义》,《中日文化月刊》,南京,1941年2卷3期,第6页。

③《中华东亚联盟协会成立宣言》,《东亚联盟》,广东,1940年11月创刊号,第6页。

共苦,希望日本允许伪国民政府向英美等国宣战,直接参加到大东亚战争中,也显示伪政权具有"独立"的地位。但是,日本认为汪精卫伪国民政府根本没有对外宣战的力量,也不是日本平等的战略伙伴,不允许汪精卫伪国民政府对英美等国宣战。直到1943年1月,日本与伪国民政府签订《关于交还租界及撤废治外法权之协定》,日本才让汪伪政权在中美、中英新条约签订前向英美宣战,此时距离太平洋战争爆发已经一年多了。

"东亚联盟"中国总会还特别注重宣传"文化沟通",认为这是增进中日之间的民族情谊,实现两国"合作",早日结束战争的重要条件。汪精卫在沦陷区组织领导"东亚联盟"运动后,在"东亚联盟"的三个条件后增加了"文化沟通"一项,把"政治独立、经济合作、军事同盟、文化沟通"作为"东亚联盟"中国总会的基本纲领。汪精卫认为战争期间文化非常重要,"东亚联盟"中国总会的"文化沟通",主要是中日两国"民族情谊的沟通,民族文化的交流,民族人才的培养,民族经济的调整"[①],通过"文化沟通",增进中日两国间的感情,培养文化交流、经济合作的人才,以便更加有效地利用"东亚联盟"消除中国人的民族意识。"东亚联盟"中国总会关于"文化沟通"的提出及阐述,得到了日本"东亚联盟"协会的认同,他们认为这将使"东亚联盟"的理论更加完备,运动更加有成效,有利于中日共同建设"东亚新秩序",此后日本"东亚联盟"协会也增加了"文化沟通"的内容。

"东亚联盟"中国总会关于"文化沟通"的建议,得到日本"东亚联盟"协会的首肯后,在总会刊物《大亚洲主义与东亚联盟》以及各个分会的《东亚联盟》上,发表了大量阐述"东亚联盟""文化沟通"

---

① 陈莲森:《如何实践东亚联盟》,《东亚联盟》,北平,1940年1卷3号,第65页。

意义的文章,文章的数量仅次于"政治独立"。"东亚联盟"中国总会在论述"文化沟通"时,注意利用中日两千年交流的历史为现实的"合作"寻找依据。很多文章都提到中日两国文化、地理接近,可以说"同文同种",近代两国都面临西方列强入侵的民族危机,都是西方侵略的受害者。他们无视日本对中国的大举入侵,认为现在需要中日合作,共同对抗西方列强,企图混淆全民族抗战的视线。汪精卫伪政权宣称西方列强对亚洲的侵略,造成亚洲各国文化被彻底破坏,也使亚洲人忘记了自己本来的文化传统,这是西方列强要彻底灭亡亚洲的办法。他们认为亚洲要复兴,首先就要复兴亚洲的文化。日本明治维新是亚洲文化复兴的起点,它鼓舞了亚洲各国的民族独立运动,而日本发动太平洋战争,又为亚洲文化的进一步复兴带来了新希望。亚洲各国"在兴奋感激之余,齐向盟邦日本伸出诚恳之手,要求在日本指导之下,结成东亚共荣圈,以同心协力,击灭英美在亚洲之势力,复兴亚洲历史的光荣"①。

　　汪精卫伪国民政府以各种方式推进与日本的"文化沟通"。1940 年 7 月 28 日,汪伪政权在南京组织成立了中日文化协会,汪精卫担任名誉理事长,出版《中日文化月刊》《译丛》月刊等,还出版不定期刊物《学术丛书》,中日文化协会主要从事中日"亲善"、同甘共苦的宣传活动,开展与日本的文化交流,在思想文化上配合日本对中国的侵略。在中国全民族抗战的打击下,日本陷于战争长期化的泥沼,人力、物力资源不足问题日益突出,国际上十分孤立,处境越来越困难。汪精卫等急日本之所急,提出日本要多在"文化沟通"上下功夫,要通过文化交流,让中国人理解日本的所作所为不是为了自身的利益,而是为东亚复兴而战。他们提出现在中日两

---

① 江鸟:《亚洲之黎明》,《东亚联盟》,北平,1944 年 8 卷 3、4 期,第 7 页。

国之间的冲突，并不是因为日本侵略中国，而是因为两国缺乏文化上的沟通，彼此了解不够，加上英美等国的恶意挑拨，导致两国误会越来越多，应该重视"文化沟通"的作用，培养年青人才，来推进两国民族感情的接近。

汪精卫伪国民政府成立后，其政治、经济、军事、文化教育等大权都掌握在日本人手中，兴亚院①及在华联络部，决定着汪精卫伪政权的教育方针和具体政策。在汪精卫伪国民政府控制的各级、各类学校中，都以"反共建国"作为基本方针。教育部门通过修改教科书、强迫学校开设日语课、制定学生行为规范等，向学生灌输中日"共存共荣"的观念，以树立中日间的永久和平的基础，"东亚联盟是我们必要贯彻的目的，而教育就是贯彻这个目的的手段，东亚联盟与教育是有绝大的联系作用，可无疑义了"②。汪精卫伪国民政府认为，中国的教育方针应与日本的建国方针一致，应以"和平反共建国"作为指导。伪国民政府统治下的教育部门，对中小学课本进行了多处修改，凡是认为有碍中日邦交、友谊的内容，一律予以删除，大量增加中日"亲善"的内容。汪精卫伪国民政府还利用画报、图书、电影、歌曲等形式，宣传建设"东亚新秩序"政策，配合日本的侵略。为培养深刻理解"和平反共建国"的人才，在汪伪国民政府统治下的各个地区，都将派遣公费留日学生作为"文化沟

① 兴亚院成立于1938年12月16日，其前身是"对华院"，由日本内阁领导。兴亚院总裁由首相担任，副总裁由外、藏、陆、海各大臣担任。其任务是："在中国事变之际，担任处理在中国的有关政治、经济、文化等事务，有关确定政策的事务以及特殊会社之业务监督等。"（防卫厅防卫研修所战史部：《华北治安战》1，第106页，朝云新闻社，1984年）日本在各占领区设立了兴亚院联络部，各联络部须接受各地方陆、海军高级指挥官的指挥。
② 何惺常：《东亚联盟与教育》，《东亚联盟》，广东，1941年2、3月合号，第43—44页。

通"的重要工作,认为"建国方策,首重睦邻,矧日本为同文同种之邦,科学发达之国,以言互求亲善,首以沟通文化为先,更为造就建国专材起见……选送学生赴日留学"①,汪伪教育部又特地制定了《国外留学规程》,分别派遣公费、自费留学生。由于汪伪国民政府仅与日本、纳粹德国等少数国家有"外交关系",派遣的留学生只能到日本,意图将留学生培养成中日亲善共存的人才。但是,多数留学生都有民族意识和国家观念,他们怀着矛盾的心情到达日本,内心很苦闷,有的秘密参加反日活动。汪精卫伪政权企图通过教育,培养"文化沟通"人才的目的并没有达到。

汪伪政权认为"文化沟通"要与"爱日本"结合起来,"东亚联盟四大纲领——政治独立、军事同盟、经济提携、文化沟通,就是认清中日安危不可分,非携手合作,开诚相见,爱中国,爱日本,爱东亚,决不可以复兴中华,保卫东亚;故特标此四大纲领,以谋实现中日共存共荣"②。日本全面侵略中国,已经给中国人的生命财产造成了巨大的伤害,汪精卫却要中国人"爱日本",与日本结成"东亚联盟",这种倒行逆施的行径,注定遭到中国人的反对。

汪精卫伪国民政府开展"东亚联盟"运动后,一再强调"东亚联盟"是中日的一致方向,是东亚的百年大计,是东亚新秩序的终极目标,近卫声明很好地体现了"东亚联盟"的精神,"近卫声明亦已明明说了不是征服中国,不要中国的领土,不损中国的主权,这种声明是何等的坦白而伟大,中日两国只要能够把这种声明实行了,和平便能实现"③。日本占领了中国大片国土,汪精卫却说近卫声

① 林汝珩:《广东省一年来教育实施状况》,《东亚联盟》,广东,1941 年 6 月号,第 4 页。
② 吴颉风:《中日全面合作的基本条件》,《大亚洲主义与东亚联盟》,南京,1942 年 2 卷 5 期,第 8 页。
③ 缪斌:《和平与建设》,《东亚联盟》,北平,1940 年 1 卷 3 号,第 2 页。

明"坦白而伟大",日本不破坏中国主权,甘做日本侵略的鹰犬。

汪精卫认为中日两国"同文同种",应该携起手来共同反抗西方列强的侵略。但是,现在中日两国关系发展到诉诸武力的程度,原因不在中国,更不在日本,是欧美列强挑拨中日关系所致,"西洋殖民地主义者,在东亚方面更得肆其压力,想尽种种方法来破坏东亚民族的自强,挑拨东亚民族的恶感,使东亚民族自相斗争,不能团结,然后他们才好从中攫夺所得的权利,压迫东亚的民族,使之没有翻身的机会,他们的阴谋毒计,是很毒辣的。这次中日战争,其内因就是如此"①。他们甚至认为"中日问题的根本原因,第一是赤白帝国主义者的挑拨,第二是两国民族主义的激荡"②,是中国民族主义出现了错误,中国人认为日本与英美帝国主义一样,都是要压迫中国人,使中国成为他们控制的半殖民地半封建社会。中国实行抗日救亡,中日战争打了起来,这是一场误会,"这次的中日战争,真是冤枉极了。因为是阴错阳差的打起来,就不能糊里糊涂的打下去"③,所以,要按照"东亚联盟"结束中日战争。

汪精卫伪国民政府一直为日本侵略中国辩解,称日本从来就没有侵略中国的野心,而是处处帮助中国,中国人应该对日本的帮助心存感激。汪精卫认为,《辛丑条约》签订以后,日本军队驻扎在中国,都是为了帮助中国维持治安,可是,在欧美的挑拨下,中国人不了解日本的目标和行为,对日本充满敌对情绪。日本仍然在中国驻军,是重庆方面所导致的,因为重庆政府受欧美列强蛊惑,一直没有改变抗日政策,"如果二十七年底,重庆方面稍肯

---

① 萧宗汉:《东亚联盟的意义》,《东亚联盟》,广东,1940年11月创刊号,第48页。
② 方中:《中日问题的认识》,《大亚洲主义与东亚联盟》,南京,1941年1卷2期,第1页。
③ 黄美真、张云编:《汪伪政权资料选编 汪精卫集团投敌》,第3页。

虚心接受艳电建议,俾全面和平得以实现,即早已开始撤兵,而全
国治安渐次确立,亦快已撤兵完毕了,今日兵犹未撤,重庆不能辞
其咎,今后何时实现,重庆更应负其责"①。汪伪政权不仅不谴责
日本的侵略,却批评中国实行抗日政策,要检讨中国民族主义的
过失,要中国人与侵略自己家园的敌人"合作"。20世纪30年
代,日本发动全面侵华战争,中华民族到了最危险的时候,赶走侵
略者、保卫国土是摆在中国人面前的首要任务。在中国实行全民
族抗战的时刻,汪精卫脱离了抗日阵营,把中日战争的原因说成
是中国民族主义高涨所致,歪曲事实,暴露了其甘为日本鹰犬的
真实面目。

汪精卫多次提出中日战争爆发,"是历史的一个不可避免的发
展,而不应当加罪于任何一方"②,要解决中日两国的战争,就需要
中日两国同时反省,"在战争的过程里,我们获得了宝贵的教训,大
家认识战争的发生,是中了第三国的诡计;战争如果无限期的绵
延,正是以同种相煎的牺牲,为赤色白色恶魔大开方便之门。所以
由于意识上的反省,形成了和平的力量;日本舆论从'膺惩暴华'进
展为'日华亲善','建设东亚新秩序';抗战阵营里的主要角色,脱
出来担任和平运动的领导者,将'抗战建国'易为'和平建国'"③,认
为战争不是一方的责任,中国人要反省民族主义给中日两国造成
的危害,重庆国民政府应放弃对日抗战的政策,自称其与日本"合
作"就是中国反省的一个结果。汪精卫一直为日本的侵略狡辩,赞
扬"日本究竟是先进国,先反省了,提出建设东亚新秩序的口号了,

① 林柏生:《对中日条约及三国宣言应有之认识》,《东亚联盟》,东京,1941年第1期(中
文号),第17页。
② 方中:《中日问题的认识》,《大亚洲主义与东亚联盟》,南京,1941年1卷2期,第2页。
③ 石燕:《东方民族的心理革新》,《东亚联盟》,北平,1940年1卷3号,第74页。

中国究竟是后进国,也反省了,愿意与日本分担建设东亚新秩序之责任"①。周佛海认为如果战事拖下去"日本也许崩溃,但是中国崩溃在前"②,宣传抗战必败的论调。

日本陷于长期战争泥沼后,不得不改变对华政策,加强了政治诱降和欺骗,这不是尊重中国的主权,更不是侵略者的反省,相反是要通过调整政策,达到军事进攻难以达到的目的。汪精卫不是不知道日本的目的,却偏要把调整侵略政策说成是日本政府的自觉反省,无非是为自己的投敌找到更多的理由,掩盖傀儡政权的本质。汪精卫伪国民政府认为中日战争打起来,不能说哪一方好,哪一方不好,都需要反省。中国首先需要反省对日政策,改变抗日政策,与日本携手合作。汪精卫伪政权根本否认战争有正义与非正义之别,否认日本发动侵略战争的性质,为自己脱离抗日阵营开脱罪责,不仅颠倒了是非,也是对中国人民族感情的伤害。所谓战争是双方的事,中日两国都需要反省的论调,是战后日本国内右翼势力为侵略战争翻案的重要论据。

汪精卫伪国民政府希望通过建立"东亚联盟"组织,开展"东亚联盟"运动,能够尽快瓦解重庆国民政府,破坏全民族抗战。汪精卫认为"和平建国"是救中国的唯一方案,他批评重庆国民政府受英美帝国主义的诱惑,鼓动中国人反对日本,使中国人无法了解日本的真实用心,以为日本是中国民族独立的最大敌人,中国民族主义的矛头直接指向了日本,重庆政府成为中日"和平"的最大障碍,鼓吹"渝方政权一日不扑灭,则中日间的真正团结,尚难圆满实现,一方固为复兴中华的阻碍,而同时也为保卫东亚的阻碍,中日两

---

① 汪精卫:《还我们的本来面目》,《东亚联盟》,广东,1941 年 7 月号,第 9 页。
② 黄美真、张云编:《汪伪政权资料选编 汪精卫集团投敌》,第 7 页。

国,同共不利"①,希望日本给重庆政府更大的军事、经济打击,消除中日"和平"的障碍。

众所周知,第二次世界大战期间,发动战争的德意日法西斯给世界和平带来了威胁,法西斯是人类的公敌。美、英、苏等国都对中国抗战给予了实际支持,全世界爱好和平的国家,组成了世界反法西斯统一战线,以蒋介石为代表的重庆国民政府站在了反法西斯战争一边。抗日战争中,国共两党捐弃前嫌,共同从事伟大的民族解放战争。中国的抗战是为国家独立而战,为人类的正义而战。中国战场是世界反法西斯战争的东方主战场。

汪精卫在全民族抗战阶段,投靠日本,建立傀儡政权,日益失去人心,其失败是不可避免的。汪精卫伪国民政府利用一切机会,破坏中国抗战。在《大亚洲主义与东亚联盟》《中日文化月刊》等刊物上,大肆宣扬"东亚联盟"的"正确"性和意义,批评重庆国民政府依赖英美对日抗战的政策,对中国来说实在危险,长此以往,中国会变成西方列强的傀儡;而重庆政府与共产党实行合作,更会招致"赤祸"在中国横行,使国家处于极其危险的境地。"中国现在抗日所采取的国防路线却是太危险了! 一个危险是依存英美法的资本主义的世界旧秩序的阵营,一个危险是依存苏俄的共产主义阵营","这些所谓帮助中国的英美法苏,都是于中国民族的独立自由平等的革命运动上,含有毒素的,我们决不能采取这种'饮鸩止渴'的办法,亦不能一味盲目的干到自取灭亡途径"②。其认为中国应

---

① 吴颉凤:《中日全面合作的基本条件》,《大亚洲主义与东亚联盟》,南京,1942 年 2 卷 6 期,第 10 页。

② 缪斌:《中国第三革命论》,《东亚联盟》,北平,1940 年 1 卷 2 号,第 10、11 页。

在亚洲"先进"国家日本的帮助下,取得民族的独立和解放,认为"东亚联盟这四个字,一方面含蕴着尊重各国国家民族独立性的意味,一方面很坚实地表现着东亚各个国家民族间的协和性,这是地域的,种族的,时代的,共同命运"①,中国应彻底反省并放弃抗日政策,转而与日本合作,共同建设东亚和平。

　　汪精卫一直视重庆政府为眼中钉,必欲搞垮而后快,认为"渝府一日不彻底消灭,则全面和平一日不能实现;全面和平一日不实现,则东亚新秩序底建设一日不能实行"②。那么,为了中日和平、为了东亚各民族的解放,消灭重庆政府是必须和正确的。日本很清楚汪精卫伪政权在中国没有什么威望和影响力,击溃重庆国民政府是结束中日战争的关键。因此,战争进入相持阶段后,日本加强了对重庆政府的封锁、包围,并对重庆、昆明等地实行了大轰炸,企图使重庆政府屈服。1940 年 9 月,日军侵占越南。越南是重庆国民政府获得外援的重要通道,日军占领越南,就是要切断重庆国民政府获得外援的重要国际通道,迫使重庆国民政府投降。汪精卫对日军的行动给予很高的评价,认为由此重庆政府就会陷入绝境,其崩溃是必然的。他希望日本加大对重庆国民政府的打击力度,认为摧毁重庆国民政府需要三方面的因素,"其一,日本军队以武力把抗日军彻底的扑灭,占领其内地一切据点,使渝方政权无所容身;其二,英美对渝方绝断援助,渝方政权的军需品陷于枯竭,抗战物资,极度贫乏,无力再可作战;其三,国民政府急速发展,基础稳固,博得全体民众的拥护,纷纷脱离渝方抗日政权,来归顺国民政府,因是渝方抗日政权,遂自然的趋于崩溃,或者渝方蒋介石等

---

① 石燕:《从中日战争到东亚联盟》,《东亚联盟》,北平,1940 年 1 卷 1 号,第 51 页。
② 萧大泽:《东亚联盟与日德意同盟》,《东亚联盟》,广东,1940 年 11 月创刊号,第 64 页。

知大势已去,觉悟继续抗战的无益有害,自动的抛弃抗战方针”①。
现在日本对重庆政府进行封锁,重庆与国际上的联系非常困难,这
是促使重庆政权崩溃的极好机会,重庆政权已经堕落,只要日本继
续施加压力,重庆政府的崩溃就为期不远了。

    汪精卫希望中国人放弃抗战,投入到“东亚联盟”运动、投身到
“和平建国”中去,巩固伪国民政府的统治。汪精卫深感日本全面
侵华战争爆发后,中国人的民族意识增强,民族意识、国家观念已
深入到中国人的心灵深处,民族主义的矛盾首先指向威胁中国独
立主权的日本,要摧毁中国人的抗战意志绝非易事。他清楚即使
蒋介石政府被日本压垮,中国人还会抵抗,中国的抗日力量不会就
此被摧毁。“如果以为只要重庆政权一倒,中国问题就可解决,那
显然是认识不足”②,因此,必须加强汪精卫伪国民政府的力量,最
重要的是取得民心。汪精卫伪国民政府向日本政府献计,在实施
对华政策时,“须获得中国的民心。国府强化与民心获得,实有因
果循环的贡献,即国府强化,其获得民心甚易,而民心获得,亦益足
使国府强化”③。这里,汪精卫一方面希望日本重视中国的民心民
力,另一方面乞求日本能够多给伪政权一些权力,制造与日本平等
的假象,使伪政权得到一些面子,来欺骗中国人。这是汪精卫伪政
府的一厢情愿而已。日本不愿意放松对汪精卫傀儡政权的控制;
在日本已经全面侵略中国的形势下,“亲善”“共存共荣”等伎俩,根
本无法欺骗中国人。以蒋介石为代表的重庆国民政府,一直坚持

----

① 吴颉凤:《中日全面合作的基本条件》,《大亚洲主义与东亚联盟》,南京,1942 年 2 卷 6
   期,第 14 页。
② 方中:《中日问题的认识》,《大亚洲主义与东亚联盟》,南京,1941 年 1 卷 2 期,第 2 页。
③ 吴颉凤:《中日全面合作的基本条件》,《大亚洲主义与东亚联盟》,南京,1942 年 2 卷 6
   期,第 14 页。

抗战立场,代表了国家和民族的利益,顺应了世界人民希望和平、反法西斯的潮流,赢得了中国人的支持。

汪精卫还在沦陷区开展了新国民运动,并与"东亚联盟"运动结合起来,加强伪国民政府的力量,全力支持日本的战争政策。汪伪国民政府利用报刊、广播、电影等载体,吹捧汪精卫脱离抗日阵营,投身所谓的中日"和平"运动,是不顾个人荣辱拯救中华民族的义举,是为了拯救已经颓废的国民党,使国民党获得"中兴",而"中国国民党中兴运动与东亚联盟运动有不可分的关系"[①]。"东亚联盟"是实现孙中山大亚洲主义的必由之路,吹嘘汪精卫"以一国元首之身份,亲自组织,统一中国机构,成立东亚联盟中国总会"[②],统一各地"东亚联盟"组织,这就加强了伪国民政府和"东亚联盟"运动的力量,汪精卫鼓舞了中国的和平运动,中日战争有望早日结束。

汪伪国民政府把"东亚联盟"运动,与孙中山领导的辛亥革命、国共合作后的北伐战争相提并论,认为孙中山领导下的辛亥革命,推翻了清王朝统治,是中国近代的第一次革命,1924 年后兴起的国民革命是第二次革命。然而,在第二次革命运动中一直存在着尖锐的矛盾,北伐战争之后国共两党分裂,阻碍了中国内部的政治革新和对外争取民族自由独立,中国革命的步伐与世界革新的步伐发生矛盾,这种矛盾是九一八事变和中日战争爆发的原因。中日战争历经数年,两大民族付出巨大的牺牲,终于找到了解决事变的方法,这个方法,在日本就是兴起了"东亚联盟"运动,中国也要开

① 张君衡:《秉承主席遗志完成东亚联盟运动》,《东亚联盟》,北平,1944 年 8 卷 5、6 期,第 11 页。

② 建农:《汪主席和东亚联盟》,《东亚联盟》,北平,1944 年 8 卷 5、6 期,第 13 页。

展第三次国民革命运动。"中国革命,便应当在这种亚洲团结的认识上,来作为我们的目标,这是中国第三次国民革命最重要的意义"①,这第三次国民革命就是要肃清东亚各国思想、政治、经济、军事等方面存在的反王道主义,以实现中日两大民族的团结。第三次国民革命就是"把国民革命的运用,先放在东亚诸民族联盟的立场上来,东亚范围内的矛盾点清算了,转过来东亚诸民族一齐来清算对世界的矛盾,那才是'国民革命'的正轨","中国国民革命与东亚联盟理想不是冲突的,正如日本帝国昭和维新到东亚联盟,结成经过是一样的"②。在汪精卫伪政权看来,中国国民革命的主要任务首先是适应日本对东亚扩张政策的需要,中日合作共同驱除欧美列强在东亚的统治,为日本独霸东亚提供条件。这是对中国抗日战争的亵渎,也是对同盟会成立以来,中国国民革命目标的歪曲。

1941 年 12 月 7 日,日本偷袭珍珠港美国海军基地,发动了太平洋战争。汪精卫表示与日本同甘共苦,鼓吹大东亚战争是解放战争,是为东亚各民族的共存共荣,是第二次文艺复兴。"自大东亚战争发动以后,善邻友好便进而为同甘共苦了,大亚洲主义的理想已得实现,现在我们的任务就在于如何协力完遂大东亚战争了"③,认为完成大东亚战争的目标,东亚和平就可以得到保证,中国就可以从欧美压迫下解放出来。

1941 年 11 月,汪伪国民党六届四中全会召开,会上决定开展新国民运动,使民众熟悉新的精神的物资的基础,实现"和平反共

---

① 缪斌:《中国第三国民革命》,《东亚联盟》,北平,1940 年 1 卷 2 期,第 8 页。
② 龚客:《国民革命再转换的动向》,《东亚联盟》,北平,1940 年 1 卷 2 期,第 29 页。
③ 方中:《纪念与协力》,《大亚洲主义与东亚联盟》,南京,1941 年 1 卷 6 期,第 7 页。

建国"的目标。1942年12月,伪国民政府通过并颁布了《新国民运动纲要》,提出新国民运动主要在于精神力量之建设,使民众确信并努力实现中日的全面"和平",中国人还要适应大东亚战争的需要,以新的精神去担负新责任、新使命,实行精神总动员。汪精卫伪国民政府成立了新国民运动促进委员会,隶属于伪行政院,汪精卫担任委员长。汪精卫伪政权认为"新国民运动虽是对内的,东亚联盟虽是对外的,然而它们却不是两件事","新国民运动成功,东亚联盟也一定能够成功,东亚联盟成功,则东亚的解放,世界的和平是不期然而然的了"①。新国民运动主要就是克服因战争长期化和生活困难,国民中产生的消沉情绪,要自觉地为复兴中国,保卫东亚做贡献。新国民运动是汪精卫伪国民政府协助日本推行精神奴化的运动。

汪精卫伪国民政府建立后,政治影响力远没有达到其预期的目标,不仅重庆国民政府一直表示坚持抗战到底的立场,各地方实力派也以民族大义为重,没有被汪精卫拉拢。沦陷区的广大民众也多反感"中日亲善""共存共荣"等宣传,伪国民政府社会控制力十分有限。日本发动太平洋战争后,世界反法西斯力量组成了反法西斯统一战线,在东西方抗击法西斯国家的侵略。

汪精卫为了加强伪政权的统治力量,有效地协助日本扩大战争,加强对沦陷区人民的思想控制,在"东亚联盟"运动的基础上,又开展了新国民运动。汪精卫希望通过新国民运动,振奋精神,与日本同甘共苦,完成大东亚战争的使命,鼓吹新国民运动与"东亚联盟"运动是统一的,继续宣传"政治独立"的意义,进一步为傀儡政权洗白;同时在伪政权控制区域进行战争动员,鼓吹"全国同胞,

---

① 建农:《汪主席与东亚联盟》,《东亚联盟》,北平,1944年8卷5、6期,第15页。

对于这次大东亚战争,要认定是东亚生死关头,也即是中国生死关头,立刻以精神总动员来担负这责任,新国民运动纲要就是指出精神总动员的内容和条件的"①。汪精卫伪国民政府通过宣讲新国民运动的意义、训练骨干等,普及新国民运动的精神。汪精卫伪国民政府还将《新国民运动纲要》列为各级各类学校的课程,对青少年进行奴化教育,"保障治安,在和平区域内,整理起一条东亚同志的阵线,以便保证日本以其全部力量,使用于大东亚战争的前线"②,从思想、经济、军事等各方面配合日本扩大战争的需要。

为了加强对占领区的统治,日本政府决定建立新的机构来"领导"各国建立的傀儡政府。1943年11月,日本邀请东亚各国的傀儡政权代表齐聚东京,在东京召开大东亚会议。伪国民政府主席汪精卫、伪满洲国总理张景惠,以及泰国、菲律宾、印度等国的傀儡政权首脑参加。会议最后签署了《大东亚共同宣言》,宣言鼓吹"大东亚各国,共同确保其东亚之安定,根据道义,以建设共存共荣之秩序;大东亚各国,于互惠之下,紧密提携,以图发展其经济,而增进大东亚之繁荣"③。大东亚会议结束后,汪伪国民政府大力宣传大东亚会议的意义,认为大东亚会议的召开,标志着"东亚联盟"运动已经发展到具体的实践阶段,是大亚洲主义的新发展。"大东亚宣言是大亚洲主义实践的起点","参加宣言的各国,都有实践宣言的道义责任,中国的责任,是如何解消障害实践此宣言的抗战势力,我们要促使抗战势力指导者反省实践,贯彻国父大亚洲主义精神的大东亚共同宣言"④,表示积极协助大东亚战争。

① 汪精卫:《汪主席勖勉国人词》,《中日文化月刊》,南京,1942年2卷2期,第1页。
② 汪精卫:《今年新国民运动之要点》,《中华日报》,1943年1月1日。
③ [日]日本外务省编:《日本外交年表并主要文书》下,第594页。
④ 张君衡:《大亚洲主义与大东亚宣言》,《东亚联盟》,北平,1943年7卷2期,第1页。

总之,日本全面侵华战争时期,为了给侵略扩张制造理论根据,出现了各种打着"兴亚"旗号的"协同""合作""共荣"理论。在各种"兴亚"论中,只有"东亚联盟"提出了"政治独立"一项,"政治独立"适合了汪精卫掩饰投敌叛国行径的需要。汪精卫在成立伪国民政府后,仍然以孙中山继承者自居,千方百计将"东亚联盟"运动与孙中山晚年的大亚洲主义演讲、三民主义中的民族主义联系起来,并在沦陷区组织了规模庞大的"东亚联盟"运动,从思想文化的角度,进行"中日亲善""共存共荣"等宣传,为"和平运动"造势,配合日本的侵华政策。太平洋战争爆发后,汪精卫伪国民政府在"东亚联盟"运动的基础上,开展了新国民运动。"东亚联盟"运动与新国民运动相互渗透,"东亚联盟"运动主要是加强与日本的联系,配合其侵华政策,新国民运动则主要是强化伪政权的统治力。通过这些运动,汪精卫伪国民政府企图达到与日本同甘共苦,完成所谓的大东亚战争的目标。汪精卫伪政权出台的所有政策,都主要是配合日本对外侵略的需要,足见其傀儡性质。

五、日、伪"东亚联盟"运动之异同

日本全面侵华战争时期,日本国内以及中国沦陷区先后都建立了以"东亚联盟"作为名称的团体,兴起了规模、影响都比较大的"东亚联盟"运动。"东亚联盟"论是日、伪发起"东亚联盟"运动的理论基础,从思想文化上配合日本的对外侵略政策。日、伪"东亚联盟"运动都为日本侵略服务,但是,在活动定位、组织架构、运动规模等方面,又存在明显差异。比较日、伪"东亚联盟"运动的兴起与覆亡,可以清楚地认识"东亚联盟"作为日本侵华战争时期有代表性的"兴亚"论,在协助日本对外侵略中的作用,深入探析"东亚联盟"运动的本质。

　　首先,日、伪"东亚联盟"运动在直接目的和最终目标上有很大不同。"东亚联盟"论是石原莞尔运用现代战争理论,在总结第一次世界大战后国际形势基础上提出的,其直接目标是充当亚洲的霸主,最终目标是代表东方文明战胜美国为代表的西方文明,由日本统治世界。"东亚联盟"与近代以来日本的大陆政策在根本目的上是一致的。日本发动全面侵华战争后,"东亚联盟"论适应日本侵华政策的需要,从东亚各国有共同反对西方殖民统治的目标上,协助日本政府对国民政府实行政治诱降政策,企图早日结束中日战争,准备最终战争。日本"东亚联盟"协会重点宣传东、西方文明对立,批判西方列强对亚洲的殖民统治政策,要"联合东亚诸国,确立新的集团政治体制,建设一大国防圈,就是对西洋诸国的巨大威胁"①,把"有色人种从白种人的压迫下解放出来"。"帝国的大陆政策不仅是求日本的发展,而且要救济和解放东洋被压迫民族"②,把日本打扮成东亚各民族解放的领导,要以中日两国为核心组成"东亚联盟",综合运用两国以及东亚各国的资源、产业、人力、国防等力量,积蓄可以与欧美列强比肩,最终超过美国的力量,在人类最后争霸的世界最终战争中战胜西方文明,实现日本天皇统治世界的目标。日本提出"建设东亚新秩序"政策后,"东亚联盟"协会大肆宣传这个政策,认为"建设东亚新秩序"的原则,与"东亚联盟"的主张一致,也是中日之间早日实现和平的法

---

① ［日］宫崎正义:《东亚联盟の建设と国民の觉悟》,《东亚联盟》,东京,1940 年第 5 期,第 144 页。
② ［日］日本外务省编:《对支基础的观念》,《东亚联盟》,东京,1940 年 2 月号,第140 页。

宝。汪精卫建立伪国民政府后,"东亚联盟"协会更加强调"建设东亚新秩序"的意义,以为按照"东亚联盟"的三个条件去"建设东亚新秩序",中国就会出现第二个、第三个汪精卫,彻底瓦解抗日民族统一战线,达到"不战而屈人之兵"的目的。

汪精卫伪国民政府组织成立"东亚联盟"中国总会,其最直接的目的是为投敌叛国找到理论上的支撑,进而配合日本的侵略政策,伪国民政府的"东亚联盟"运动特别强调"政治独立"的意义,以否认其傀儡性质。汪精卫统一了各沦陷区的"东亚联盟"组织后,主要的理论宣传集中于"政治独立"上,通过论述"政治独立"的内涵、意义,表示伪国民政府是拥有独立主权的,对外关系上,与日本处于平等地位。汪精卫将"东亚联盟"与孙中山大亚洲主义演讲、中国民族主义联系起来,反复强调"东亚联盟"是实现孙中山大亚洲主义的必然途径,认为"东亚联盟"运动是继北伐战争以来中国的第三次国民革命,是实现三民主义的具体行动。汪精卫伪国民政府领导下的"东亚联盟"运动,除鼓吹日本是"帮助"中国驱逐西方列强、实现独立自主外,还极力宣传"东亚联盟"与孙中山民族主义的一致性,为投敌遮羞。

其次,日、伪"东亚联盟"组织的定位、架构和活动方式也存在明显差异。日本"东亚联盟"协会的发起者是国会议员,各地建立的支部、分会的领导者,基本是各级官员,但是,协会一直强调其民间性、文化性,竭力淡化政治色彩,避免其他派别和组织的攻击。日本"东亚联盟"协会一直是以民间团体的形式进行活动的。日本的"东亚联盟"协会关注国内改革,赞成建立一国一党的政治体制,希望以此加强政府的权力。日本建立大政翼赞会取缔日本国内的各个政党,造成事实上的一国一党。然而,在大政翼赞会成立后,因为没有明确以"东亚联盟"作为翼赞会的指导思想,"东亚联盟"

协会没有解散去加入大政翼赞会,而是改组"东亚联盟"组织,以
"东亚联盟"同志会的名义继续活动。"东亚联盟"同志会,强调其
组织的性质是文化团体,而不是政治团体。"东亚联盟"运动的重
点,主要围绕克服经济困难、改良农业、改革生活习惯等具体问题
展开,几乎不再涉及昭和维新等政治问题。

　　汪伪国民政府组织建立的"东亚联盟"中国总会,是在统合沦
陷区内以"东亚联盟"为名称的团体基础上建立起来的。"东亚联
盟"中国总会由汪精卫任会长,虽然自称是文化团体,但实际上是
受控于伪国民政府的半官方组织,是与伪国民政府表里一致的组
织。"东亚联盟"中国总会的主要工作侧重于政治宣传、民众的组
织动员,阐述中日"合作""联合"的意义,强化伪政权的统治,呼应
日本侵华政策。但是,汪精卫伪国民政府的"东亚联盟"运动,自始
至终是伪政权统治的一部分。太平洋战争爆发后,汪精卫伪政权
在"东亚联盟"运动的基础上,开展新国民运动,旨在培养青少年的
"亲日"感情。汪精卫伪国民政府坦言,新国民运动主要是针对国
内的,"东亚联盟"重点放在对外方面,也就是与日本"合作"方面,
"新国民运动成功,东亚联盟也一定能够成功,东亚联盟成功,则东
亚的解放,世界的和平是不期然而然的了"①,沦陷区的"东亚联盟"
运动比日本的"东亚联盟"运动,与政权的关系更加密切。日本的
"东亚联盟"运动是要影响政府的政策,汪精卫伪国民政府的"东亚
联盟"运动则是在政府"领导"下进行的。这决定了两个运动的地
位和作用不同。

　　最后,日、伪"东亚联盟"运动的规模、影响不同。日本"东亚联
盟"运动开始的时间早,但是,由于是民间组织,其发展速度远不如

――――――――――――――

① 建农:《汪主席与东亚联盟》,《东亚联盟》,北平,1944 年 8 卷 5、6 期,第 15 页。

汪精卫伪国民政府下的"东亚联盟"中国总会。日本"东亚联盟"协会成立于 1939 年 10 月,比中国沦陷区最早的"北平东亚联盟协会"早了半年。沦陷区从分散的"东亚联盟"协会到汪精卫伪国民政府组织建立"东亚联盟"中国总会,从理论指导、组织形式、活动内容等,都受到日本的影响。日本"东亚联盟"协会一直以民间团体的形式活动,协会发展可称迅速,会员最多时有 10 余万人,建立起许多分支机构和外围组织。但是,与中国沦陷区"东亚联盟"运动相比,其规模和发展速度,是小巫见大巫。汪精卫伪国民政府建立后不久,就把统一各地"东亚联盟"组织提上了日程。"东亚联盟"中国总会是汪精卫召开伪国民党六届三中全会,决议开展"东亚联盟"运动,由伪国民政府出面组织的。"东亚联盟"中国总会成立后,会员发展迅速,最多时候达到数百万人。当然,伪国民政府治下的"东亚联盟"参加者,有许多是被裹挟进去的,他们对"东亚联盟"的目标、内容不甚了了。汪伪国民政府下的"东亚联盟"运动规模庞大、发展迅速,让日本"东亚联盟"协会似乎看到了希望,夸大"东亚联盟"对于早日结束战争的意义,呼吁日本政府予以重视。

总之,日、伪的"东亚联盟"运动的根本目标是一致的,就是瓦解中国抗战,使日本摆脱长期战争的泥沼。但是,日、伪对"东亚联盟"论的阐述重点不同,两者的组织形式、运动规模、与政权关系等方面也存在差异。这种差异不是本质的,也在一个侧面反映着日本与汪精卫政权之间主从的关系,证明了汪精卫伪国民政府的傀儡性质。

第五章 "东亚协同体"之"兴亚"分析

第一节 "东亚协同体"论的产生与基本内容

一、昭和研究会的成立

　　日本侵华战争时期,还有一种打着"兴亚"旗号支持对外扩张的理论,就是"东亚协同体"论。与"东亚联盟"论不同,提出"东亚协同体"的是日本的知识精英。九一八事变后,日本知识分子不再止于书斋里的研究,而是自觉关注形势与国家命运,主动向政府提出对策建议,发挥智力协助战争的作用。日本知识分子既要维护日本在中国的特殊"权益",又要避免军部一意孤行导致国家走向万劫不复之地。于是,他们组织了专门的民间"国策"研究机构——昭和研究会,这是日本侵华战争时期著名的民间智囊组织。在日本,昭和研究会以"近卫文麿的智囊"而闻名。① "作为近卫文

---

① 〔日〕兵头彻、大久保达正、永田元也编:《昭和社会经济史料集成·第31卷·昭和研究会资料》第一卷,东京:大东文化大学东洋研究所,2004年,第1页。

麿的智囊团"而广为人知。① 昭和研究会的发起者后藤隆之助与1937年6月担任日本首相的近卫文麿是高中校友,也是他的好朋友。后藤隆之助年轻时参加过日本右翼团体"大日本联合青年团",并担任干事,他与著名右翼团体玄洋社骨干分子杉山茂丸、志贺直方志趣相投,对近卫文麿担当政治领袖抱有很大希望。1933年,后藤隆之助在志贺直方等人的建议和支持下,组建了后藤事务所,主要是研究时政,研究所在该年年底更名为昭和研究会。后藤隆之助说:"我是在志贺的资助下离开青年馆,组建研究所的。"②昭和研究会从民间智库的角度,研讨日本面临的国内外形势,要在政治上施展抱负,做政府的智囊。③

　　1931年日本关东军制造九一八事变后,中国国民政府通过外交渠道揭露日本的行为,国民政府向国联申诉,希望国联向日本施压,制止其侵略。蒋介石要求东北军竭力避免与日军发生冲突,等待国际公理之解决。1933年2月24日,国联召开特别大会,根据李顿报告书形成了《关于中日争议的报告书》,国联各国代表以投票的方式,对报告书进行表决。投票结果:42票赞成、1票弃权(泰国)、1票反对(日本),报告书获得通过。1933年3月27日,日本政府宣布退出国联,日本天皇发表了《退出国际联盟的通告文及诏书》,这是日本向第一次世界大战后欧美列强主导的远东国际体系

① [日]兵头彻、大久保达正、永田元也编:《昭和社会经济史料集成·第31卷·昭和研究会资料》第一卷,第1页。
② [日]神户大学国际文化图书馆藏内政史研究会编:《后藤隆之助谈话速记录》,内政史研究会资料第66集,内政史研究会内部资料,神户,1968年,第30页。
③ 关于昭和研究会及其"东亚协同体"论,本人发表过《日本昭和研究会与近卫内阁的对华政策》,《陕西师范大学学报》2011年第4期;《中日战争时期的东亚协同体论》,《历史研究》2015年第5期。本章部分内容借鉴了以前的研究。

挑战,告别了其所标榜的"协调外交"。日本此举不仅在国际上引起了强烈的反响,也助长了日本国内的极端民族主义情绪。

在举国一致的排外思潮中,知识分子表现得异常的"理智"和"冷静",他们非常担忧日本公开挑战现有的国际体系,会导致在国际上的极端孤立,可能将国家拖向危险的道路,认为现在的日本还没有与欧美列强公开分庭抗礼的实力。明治维新后,日本效仿西方的政治、经济、文化、军事制度,迅速走上了近代化发展道路,是亚洲唯一的资本主义强国。西方列强开始视日本为亚洲仅有的"六法齐全"之文明国家,通过第一次世界大战,日本成为世界上屈指可数的强国之一。但是,现在日本还不具备与西方列强直接对抗的实力,政府却不再与西方列强"协调",急于打破现在的国际秩序,对国家的未来发展非常不利。日本知识分子在国家处于重要关头之际,感到社会责任重大。他们要对国家有担当,对决策有贡献,不应随波逐流,更不能袖手旁观,这样,这群"担忧国家前途的青年有识之士汇集一堂,挺身而出建立国策研究组织"[1],成立了昭和研究会。昭和研究会在日本,"汇集社会上的智慧与经验,动员各方面的力量,集合政、军、实业、学术、媒体等社会各界的智慧,群策群力,协助日本的内外政策"[2]。

昭和研究会是近卫文麿私人智囊团性质的民间组织,成员主要包括大学教授、专家学者、官僚和媒体人,聚焦了日本经济、政治、外交、文化等领域的精英,一般把这个组织称为"知识分子团体"。《昭和研究会设立趣意》规定了其基本宗旨和活动方向,"彻

① [日]昭和同人会编著、后藤隆之助监修:《昭和研究会》,东京:经济往来社刊,1968年,第1页。
② [日]昭和研究会编:《昭和研究会設立趣意並に事業要項》,[日]兵头彻、大久保达正、永田元也编:《昭和社会经济史料集成·第31卷·昭和研究会资料》第一卷,第48页。

底改变日本在世界的地位。集合各方面的智慧与经验,实行各方面的总动员,充分融合官界、军界、实业界、学界、评论界等思想,综合社会各界的经验和智慧,以确立日本的政策"①。昭和研究会就是要利用自己的特长,对国家有所贡献。

昭和研究会成立于九一八事变后的"多事之秋",自组成之日,就怀有一种紧迫的"责任感"和"使命感"。昭和研究会的成员都认为,知识分子不能躲在书斋里,更不是国家命运的旁观者,要勇于为国分忧,以自己的学识研究国内外形势,向政府提供有价值的政策建议。昭和研究会成立的时候,只有 15 个人。虽然人数不多,但是,研究的范围却很广泛。昭和研究会组织机构完备,下设各专门委员会,即会中之会,专门研究日本最迫切需要解决的教育、农村、政治机构以及外交、经济、金融财政等。各专门委员会(小委员会)设委员长 1 人。由于人数不多,会员多身兼数个专业委员会委员。昭和研究会 1936 年 6 月又成立了"中国问题委员会"。卢沟桥事变爆发后,昭和研究会重点研究对华政策,会员从学者扩大到政府官僚、新闻记者,最多时有三百余人。研究会每个星期都要召开会议,在分会讨论的基础上撰写统一报告。昭和研究会根据报告的内容,决定公开或者"保密"。可以公开的报告油印成册,发给相关团体和个人。昭和研究会看好近卫文麿的政治能力,预感到"近卫公肯定会担当时局,要早日筹划,在内外政策上有所准备"②。后藤隆之助坦言:"近卫先生迟早能掌握政府大权。为此,要从国内政治、对外政策等方面做必要的准备。"③昭和研究会在维护日本侵

---

① [日]酒井三郎:《昭和研究会》,东京:讲谈社,1985 年,第 51 页。

② [日]昭和同人会编著、后藤隆之助监修:《昭和研究会》,第 25 页。

③ [日]马场修一:《1930 年代日本知識人の動向》,东京:东京大学《社会科学纪要》19 号,1969 年,第 101 页。

略利益上与军部是一致的,但是,它不满意军部的飞扬跋扈,希望
出身于世代公卿的近卫文麿能担当大任,为近卫文麿出任首相
奔走。

　　昭和研究会有一种预感,在军部不断干预政府的时候,近卫是
最有可能牵制军部的人,并在内外政策中发挥作用。昭和研究会
相信近卫文麿比军部和现在政党的领袖更有能力担当大任,积极
为近卫文麿出任首相奔走。1937 年 6 月,近卫文麿如昭和研究会
所愿,担任日本首相。昭和研究会不仅从民间团体角度研讨形势,
提出对策建议,而且有的人还进入内阁,参与决策,从不同角度直
接间接地影响政府决策。据昭和研究会的酒井三郎回忆:"后藤隆
之助进入贵族院议长官邸,这实际是近卫组阁的本部,他与前内相
河原稼吉担任近卫的组阁参谋,我负责官邸的电话联络工作。后
藤作为新闻发言人,首次在报社记者前露面,向外界发表阁僚名
单,昭和研究会开始名声远播。"①昭和研究会每次都把研究报告送
给近卫,"(研究会的成果)印成小册子,送给近卫公,不仅如此,委
员通过朋友送给近卫公身边的人,也送到总理官邸等处"②。昭和
研究会希望政府关注这些报告成果,作为制定对华政策的参考。

　　1937 年 7 月,卢沟桥事变爆发后,昭和研究会又在内部成立了
一些新的机构,如昭和亲睦会、昭和同人会、东亚俱乐部、昭和塾
等。昭和研究会没有创办自己的机关刊物,其基本主张,除以研究
报告形式呈现外,会员还在《改造》《中央公论》等日本著名的政论
杂志上发表看法。昭和研究会关注日本的农村问题、中国政治、国

---

① [日]酒井三郎:《昭和研究会—ある知識人集団の軌跡》,东京:讲谈社,1985 年,第
　　70 页。
② [日]昭和同人会编著、后藤隆之助监修:《昭和研究会》,第 15 页。

际关系等,这是当时日本面临的紧要问题。昭和研究会中的大学教授、学者在 20 世纪 30 年代初曾经对中国社会状况做过比较深入的研究,"从一般表现来谈现代支那社会的特征,可以概括为半封建性和半殖民地性。所谓半封建的'半'不是指精确的数量,而是指支那社会存在着许多封建性质的因素,而且这些封建性质的成分在支那社会中起着重要作用"①;同样"半殖民地"的"半"也不是数学意义上的,是指外国对中国社会的影响。中国社会的半殖民地性是在半封建性的基础上发展的,外国殖民势力与中国社会封建势力结合并获得发展,日本应该利用中国地方军阀割据的形势,拉拢地方军阀,使其脱离中央政府,在各地扩大日本的侵略利益。可见,昭和研究会研究中国社会的主要目的,是为日本政府制定对华政策提供依据。

　　昭和研究会作为知识分子自发组织的民间机构,自诩他们在政治上不持特定立场,因此这个组织吸引了许多自由主义知识分子参与,其中的政治立场包含左、中、右各翼人物。昭和研究会中的腊山政道、高桥龟吉、后藤文夫、山崎靖纯等都是当时知名的学者,三木清、尾崎秀实是"左翼"知识分子,而研究会中持中、右翼立场者比较多。三木清是日本知名的哲学家,早年曾从事马克思主义哲学的研究,在刊物上公开发表过介绍、研究马克思主义哲学的论文。卢沟桥事变后,三木清由从事学术研究的学者变成近卫的智囊之一。三木清认为在战争形势下,"既然谁都无法逃脱命运的安排,不如积极地挺身而出,参与解决现实问题"②,他主要从文化

---

① [日]尾崎秀实:《现代支那論》,《尾崎秀实著作集》第二卷,第 199 页。

② [日]三木清:《知识阶级のに興ふ》,《三木清文集》第 15 卷,东京:岩波书店,1985 年,第 241 页。

角度论证日本发动侵华战争的合理性和正当性。虽然三木清最终因"包庇"共产党获罪病死狱中,但是,不能否认其文化上协助战争的一面。

　　20 世纪 30 年代,日本政治比较动荡,内阁更替频繁。二二六事件后,军部对政府的控制力越来越强。左右派人物都对现实不满意,希望通过改革刷新政治,增强国力,彼此存在共同的利益诉求。日本的左翼知识分子既不满意军部的飞扬跋扈,也不愿意放弃在中国的"特殊利益",多站在国家主义立场上,"智力"协助侵略战争,从极左变成极右,出现了政治上的"转向"。日本的左翼知识分子中有许多人专注于研究马克思主义,曾经对中国反对外来侵略表示过同情与支持。卢沟桥事变后,他们不约而同地站在了国家主义立场上,从研究马克思主义到有意疏远马克思主义,有的公开声明支持对外扩张。正如昭和研究会成员战后回忆的那样,"思想上有人靠近社会主义,有人与纳粹思想很近。在协同主义最大公约数下,昭和研究会成员走到了一起"①。昭和研究会的尾崎秀实"参加权力中枢,赞同东亚协同体论,进而参与佐尔格事件都是因中日战争所导致的"②。日本左翼知识分子、劳农阶级政党,纷纷放弃对民主、自由的追求,以关心国家命运为名,滑向了极端民族主义,"柳田国男、尾崎秀实等有识之士,实际上也有协助战争的一面"③。这表明历史发展从来就不是单向、笔直发展的。战争时期日本的政治生态非常复杂。

---

① 〔日〕昭和同人会编著、后藤隆之助监修:《昭和研究会》,第 305 页。
② 〔日〕野村浩一:《尾崎秀实と中国》,《尾崎秀实著作集》第二卷,第 387 页。
③ 〔日〕菅原润:《近代の超克》,东京:晃洋书房,2011 年,第 1 页。

　　昭和研究会作为日本知识分子自发成立的国策研究机构,从成立时候起,就与政界、商界有紧密的关联,得到了日本主要财阀的支持。"有三井、三菱、住友等财政支援,昭和研究会诞生了。"①昭和研究会是把近卫文麿推上首相"宝座"的重要力量。1939年第一届近卫内阁解散后,后藤隆之助并没有气馁,他第一个预见到近卫文麿会再度出山,为近卫重新掌控政府积极活动。近卫文麿第二次担任首相后,后藤隆之助向近卫文麿提出改革日本内政的建议,即建立强有力的政府,抑制军部的权力。近卫文麿根据后藤隆之助的建议,第二次组阁后,组织大政翼赞会并亲任总裁,效仿德国实行集权主义,开展"一国一党"的新体制运动。昭和研究会的一些成员,不仅在近卫内阁时期,而且在整个侵华战争时期,都是政府的重要成员,从官方、民间两个方面支持战争。如:昭和研究会的常任委员贺屋兴宣先后担任过近卫文麿内阁和东条英机内阁的大藏大臣,有"理财圣手"之称,在任期间提出奖励储蓄来筹集军费,制定了战时财政经济政策,为战争提供财政经济上的支持。笠信太郎是近卫文麿的顾问,近卫早餐会②(水曜会)成员之一,长期担任《朝日新闻》社论主笔,主张"资本与经营分离",对"东亚协同经济"颇有"贡献"。风见章是第一次近卫内阁的书记官长,第二次近卫内阁的司法大臣。有田八郎曾经担任广田内阁、平沼内阁、米内内阁的外务大臣。由此可见,昭和研究会不仅仅是"智囊",很多骨干成员都直接参与了日本政府内外政策的制定,还有一些人担任近卫的私人顾问,在侵华战争中扮演了重要角色。

---

① [日]昭和同人会编著、后藤隆之助监修:《昭和研究会》,第14—15页。
② 1937年近卫出任日本首相后成立的,是昭和研究会核心成员参加的聚会。

二、"东亚协同体"论的提出

昭和研究会中有许多"中国通",他们深知日本对华政策的重要,认为对华政策不仅会关系日本国内政治的走向,也直接影响日本与西方列强的关系,更会对日本国家命运产生深刻的影响。"对支关系是我国外交之最重要的问题。如果能够解决好这个问题,即使对苏关系不能改善,至少可以调整对美关系。"①中国问题、政府的对华政策,一直是昭和研究会重点讨论的问题。1935 年华北事变后,中日关系日趋紧张,为了集中精力研讨中国问题,1936 年昭和研究会成立了中国问题的专业委员会,各专任委员或是长期研究中国历史社会的学者,或者在中国有驻在经历者,都对中国社会有比较深刻的了解。1936 年 12 月 10 日,西安事变爆发前夕,昭和研究会还在讨论中日关系问题,认为铁路是统一中国的重要工具。如果蒋介石真正统一了中国,与支持各地方政权的列强妥协,列强就会争夺在中国路权,扩张利益。日本应对列强采取不同政策,维护在中国的利益。1936 年 12 月 12 日,西安事变发生后,昭和研究会更加关注中国的形势,认为中国"统一高于一切",中国统一需要西方列强的支持,日本应重视改善与中国的关系,着"外交官、知识分子、中国通参与其中,加深相互之间的认识"②。

1937 年 7 月 7 日,卢沟桥事变爆发。昭和研究会中国问题委员会 7 月 8 日立即召开会议研究局势,认为"支那(原文如此,下同)事变爆发,我国面临着从未有过的国难,对政治、经济、文化等各方

① [日]兵头彻、大久保达正、永田元也编:《昭和社会经济史料集成·第 31 卷·昭和研究会资料》第一卷,第 38 页。
② [日]《昭和研究会中国问题委员会记录》,[日]兵头彻、大久保达正、永田元也编:《昭和社会经济史料集成·第 31 卷·昭和研究会资料》第一卷,第 310 页。

面的问题,需要制定紧急对策、探讨根本方针"①。现在"南京政府正在促进统一,蒋介石及其南京政府都努力完成经济建设任务,极力避免与日本尤其是与关东军发生冲突"②。对日本来说,卢沟桥事变与近代历次对华战争时的形势不同,必须认真对待,最好能就地解决事变,不要扩大事态。昭和研究会立即把报告送给近卫。7月9日,近卫内阁确定不扩大战争的方针。尽管现存文献没有明确记载日本政府"不扩大"方针与昭和研究会建议有多大关联度,但是,至少说明昭和研究会的对策建议,对近卫内阁是有参考价值的。

卢沟桥事变是日本全面侵华战争的起点,正如中日共同历史研究的最终报告指出的,卢沟桥事变的确有一定的突发性质。事变后日本政府紧急商讨形势与对策,经过短暂的争论,迅速做出增兵华北的决定,企图对中国"一击"就结束战争。

卢沟桥事变后,国共两党从敌对走向合作,中国建立了最广泛的抗日民族统一战线,开始了艰苦卓绝的全民族抗战。全面抗战初期,中国军队虽然顽强抵抗,付出了巨大的牺牲,但是,由于中日两国国力相差很多,中国大半国土沦于敌手。日军在一年多的时间里相继占领了北平、天津、太原、上海、南京、武汉、广州等大城市,虽然没有三个月就灭亡中国,但是,战场上的节节胜利,让日本以为征服中国的目的就要达到了。特别是 1937 年底日军占领了国民政府首都南京,日本国内一片欢呼。然而,日军虽然占领中国

---

① [日]昭和研究会:《昭和十四年度研究大纲》,[日]兵头彻、大久保达正、永田元也编:《昭和社会经济史料集成·第 34 卷·昭和研究会资料》第四卷,东京:大东文化大学东洋研究所出版,2008 年,第 17—18 页。

② [日]《支那問題委員会第二次会議要録》,《昭和社会经济史料集成·第 31 卷·昭和研究会资料》第一卷,第 436 页。

大片领土,却没有泯灭中国人的抗战决心。国民政府在南京占领后,决定将首都西迁,继续坚持抗战。

卢沟桥事变后,在政府和媒体的煽动下,日本国内出现了空前的"赤诚报国"热,各种"膺惩"中国的声音不绝于耳,要维护日本在中国的特殊利益。在举国处于疯狂战争状态的形势下,昭和研究会却对日本政府的增兵举措忧心忡忡,他们担心战场上的形势,可能不会朝着预计的方向发展,甚至与日本政府的愿望背道而驰。如果不迅速结束战争,可能导致战争走向长期化,这对人力、物力有限,资源匮乏的日本来说,是非常不利的,甚至会给国家带来灭顶之灾。昭和研究会希望首相近卫文麿当机立断,采取断然措施,就地解决事变,防止战争扩大和长期化。日本著名的中国问题专家、支持建立伪满洲国的橘朴,对卢沟桥事变表现出极度忧虑,他说:"住院时,得知突然发生了支那事变,自己的精神受到了极大打击,此后,数年都处于身心疲惫状态。"①他并不反对日本侵略中国,而是担心如果战争扩大,不可能实现立即征服中国的目的,长期战争对日本十分不利,所以,他是在为日本的利益担心。橘朴认为,九一八事变虽然仅仅过去六年,但是,中国社会发生了显著的变化,实力已经非昔日可比。国民政府通过币制改革、开展经济建设和国防建设,大大提高了基本国力。尤其西安事变后,国共两党事实上结束了内战,民族主义深入人心,并在中国的政治舞台上发挥着前所未有的作用。日本政府作出扩大战争的决策,显然,是对中国现状缺乏了解。橘朴所担心的也是昭和研究会的忧虑之处。

昭和研究会认为军部太过乐观,担心日本扩大战争会陷入长期战争的泥沼。7月15日,昭和研究会发表《北支事变对策(草

---

① [日]橘朴:《手を携へ》,《江汉杂志》第1卷,汉口,第11号,1939年6月,第39页。

案)》，提出在华北设立缓冲地带、不扩大战争等对策建议。当然，所谓"不扩大"并非放弃日本侵略政策和侵略利益，而是认为以中日两国国情和华北目前形势看，就地解决事变对日本更加有利。如前所述，卢沟桥事变后，日本政府迅速放弃就地解决的方针，决定增兵中国，战争从平津扩大到华北、华东、华南等广泛的地区。昭和研究会认为事已至此，与其一味地责备军部狂妄、政府失策，不如"贡献"自己的智慧，帮助政府找到解决之道，尽早走出困境。

为了实际了解卢沟桥事变后中国社会状况，1937 年 10 月，昭和研究会的后藤隆之助、酒井三郎等主动深入到中国东北、内蒙古、华北、华中等地进行考察。他们提醒日本政府，民族主义在今日中国具有深刻的影响，卢沟桥事变后，中国民族主义的矛头直接指向日本，日本迫切需要根除中国民族主义的影响。如果战争长期持续下去，将于日本不利，"对日本国民来说，不应否认支那问题是今后数十年需要关心的问题"①，解决战争的出路在于中日"协同""合作"，于是，他们在考察研究的基础上，提出了"东亚协同体"论，可以说，"东亚协同体论是事变的直接产物，是面对事变后的严峻形势而提出的"②。由此可见，"东亚协同体"论比卢沟桥事变后"扩大派"的"一击"结束战争论更具有欺骗性，对中国的实际危害也更大。

12 月，昭和研究会又发表《支那事变解决及战后北支经验的一般方针与对策（草案）》，提出中国应放弃一切抗日政策，在华北划定"非武装地带"等损害中国领土主权的要求。昭和研究会尽管对

① ［日］尾崎秀实:《现代支那論》,《尾崎秀实著作集》第二卷,东京:劲草书房,第195 页。
② ［日］桥川文三:《近代日本政治思想史》第二卷,下册,东京:有斐阁,1978 年,第 358 页。

政府制订扩大战争方针存在疑义,但是,作为首相近卫文麿的"智囊团",又不能指责政府,而是极力为近卫首相辩解,认为是军部压迫近卫政府作出扩大决策的。"近卫公竭尽全力不使事变扩大。日支事变是军队搞的,内阁努力坚持不扩大方针,但是,缺乏抑制军队行动的实力"①,军部将政府拖入扩大战争之路。那么,昭和研究会在扩大战争的现实面前,就只能帮助政府找到解决事变之道。昭和研究会认为,结束战争不仅需要现实对策,还要有长期控制中国的方略,找到化解中国民族主义的办法。战争不能只依靠武力解决,须以新的理论来取代中国民族主义,使中国人愿意与日本"合作"。这种取代中国民族主义的理论就是"东亚协同体"论。昭和研究会认为"东亚协同体"论博采当今世界上各种理论之长,"从更高的角度超越了已经破产的近代主义,比自由主义、马克思主义、全体主义等体系更具有优越性。它立足于传统,又非单纯地复活封建的东西,亦非止于空疏自负的言辞。通过对东洋文化和西洋文化的新反省,站在现在的历史阶段,是应世界环境而生的思想创造"②,"东亚协同体"论是振兴亚洲的最重要的理论,既可以克服自由资本主义的弊端,又与马克思主义不同。中日两国可以在协同主义的旗帜下,以卢沟桥事变为契机,通过建立"协同体",实现"共存共荣",构筑长期和平、合作的关系。

三、"东亚协同体"论之"兴亚"观

　　"东亚协同体"论是卢沟桥事变后,昭和研究会为早日结束战

---

① [日]《后藤隆之助氏谈话速记录》,内政史研究资料第 69 辑,内政史研究会编(印刷品),1968 年,第 120 页。
② [日]三木清:《续新日本の思想原理 协同主义の哲学的基础》,《三木清全集》第 17 卷,东京:岩波书店,1968 年,第 535 页。

争而提出的,是当时颇具代表性的"兴亚"理论。"东亚协同体"论的内容非常庞杂,昭和研究会没有像"东亚联盟"协会那样创办专门的刊物,其基本主张反映在各项专题报告中,会员的想法发表在《改造》《中央公论》等比较有影响力的杂志上。其中比较有代表性的著作包括:昭和研究会编写的《日本经济改组试案》《协同主义的经济伦理》《政治机构改革大纲》,三木清《新日本的思想原理》《新日本的思想原理续篇》《协同主义之哲学基础》,尾崎秀实《东亚协同体的理念及其客观基础》,山崎靖纯《作为长期建设目标的东亚协同体论之根本理念》,高桥龟吉《我的实践经济学》等。20世纪60年代,日本先后出版了昭和研究会会员撰写的回忆性著作:后藤隆之助监修的《昭和研究会》、酒井三郎的《昭和研究会——某些知识分子的轨迹》、1968年内政史研究会编的《后藤隆之助氏谈话速记录》(印刷品)。2005年大东文化大学东洋研究所整理出版了7卷本《昭和研究会资料》,收录了昭和研究会所有公开或者保密的文件,为研究"东亚协同体"论提供了丰富的史料。其中尾崎秀实关于"东亚协同体"基本理论的论述、三木清关于中日文化比较研究、腊山政道关于协同体关系理论研究、高桥龟吉关于协同主义经济研究等,都在当时有比较大的影响。"东亚协同体"论内容很多,涉及政治、经济、文化、国际关系等各方面的理论,概况来说,就是要建立以中日协同经济体制为核心、中日两国文化提携为纽带、以东亚地域合作为框架的"东亚协同体",首先在中日两国之间建立起"民族协同""经济合作",进而实现东亚各国"共存共荣",携手建设"大东亚共荣圈"之目标。"东亚协同体"论发展了近代以来的"兴亚"论,使亚洲主义从民间走向官方。尽管"东亚协同体"论使用了"协同""合作"等字眼儿,但是,其背后隐含着维护和扩大日本在中国"特殊利益"的目标,从智力上协助了侵略战争。"东亚协同体"的"兴亚"主要包括以下几个方面的内容。

　　首先,用"东亚协同体"论消除民族主义在中国的影响,把中国对日抗战引向与日本"合作"。昭和研究会认为,卢沟桥事变后,国共两党捐弃前嫌,建立了抗日民族统一战线,但是,国共两党的目标不同,统一战线内部存在不同的阶级、阶层、团体,各个阶级、阶层、派别的政治主张并不一致,这就使抗日民族统一战线中必然产生矛盾、摩擦,甚至可能走向破裂,"从支那社会结构来看,统一战线中包含着勉强的、不合理的成分,存在着可能破裂的危险因素"①。这是因为,国共两党的经济、政治、对外政策等方面存在根本的分歧和矛盾,两党"同床异梦",抗日民族统一战线中"离心"与"向心"两种因素并存,而国共两党利益冲突终会导致其矛盾无法调和。日本要充分利用抗日民族统一战线中的矛盾,扩大"离心"力,以"协同"思想把握中国的"民心",使中国从抗日救亡转向对日"合作"。

　　昭和研究会认为,卢沟桥事变后中国人的民族向心力在增强,但是,整体来说,中国人的民族认同、民族意识形成得比较晚,中国人的国家和民族意识还比较淡漠。相对于国家利益,中国人更关心自己的实际利益。日本应乘中国人的民族意识不够强的时候,给予一些经济利益,以萌发他们的"亲日"感情,"说到底,支那人是求利的,给其利益就能使他们产生亲日感情。救济支那民众的生活,就可以收揽人心,进而统治支那"②。昭和研究会提出,日本以"协同""合作"作为口号,加之施以一些小恩小惠,就可以淡化中国

――――――――――――――

① [日]尾崎秀实:《民族運動の特質》,《尾崎秀实著作集》第二卷,第270页。
② [日]昭和研究会:《一体支那はどうなるのか》,[日]兵头彻、大久保达正、永田元也编:《昭和研究会资料》第一卷,第58页。

人的国家、民族意识,转而与日本合作。昭和研究会不乏中国问题"专家",他们对中国历史、文化、社会、风俗等进行过比较深入的研究,对卢沟桥事变后的中国的社会状况有一定的了解。然而,其研究也存在致命的弱点,就是看到了中国政治没有完全统一,各个阶级、阶层的政治诉求、经济利益、价值观等方面有很多分歧,但是,低估了"天下兴亡匹夫有责"历史传统的影响和作用,尤其是低估了近代以来中国人民族意识、民族情怀的成长与发展,以为靠"利益"就可以诱使中国人放弃抗战。

中国抗日民族统一战线中的确存在分歧和矛盾,有时矛盾还比较尖锐和激烈。然而,中华民族整体利益高度一致,中国人的民族觉悟在提高,在中华民族面临生死存亡的关头,无论是政治上业已成熟的中国共产党,还是执掌国家大权的中国国民党,都以国家和民族利益为重。抗日民族统一战线中虽然有分歧、矛盾、摩擦,甚至发生皖南事变那样的激烈军事冲突,但是,国共两党最终能够以民族大义为重,以政治手段解决矛盾,抗日民族统一战线始终没有破裂。昭和研究会对中国社会情况有很多研究,对不同党派的政治主张、利益诉求以及存在的分歧是有所了解的。然而,他们对中国人民族意识、民族自觉的认识又存在着多关注表象、关注细节,而深入认识不足等问题,对中国问题的观察,经常只见树木不见森林,"东亚协同体"论并非结束战争的"良策",更不能扭转日本最终失败的命运。

其次,打着"兴亚""联合"、共同抵抗西方列强等旗号,要求东亚各国忠诚、服从日本的"领导"。"东亚协同体"论与近代以来日本的"兴亚"有异曲同工之处,都是以反抗西方列强的名义,扩张日本利益。有日本研究者认为"东亚协同体"论为"日本思想上的创造",主要就是因为它继承了亚洲主义的目标,又适应了中日战争形势下建设"东亚新秩序""大东亚共荣圈"的需要。

"东亚协同体"论认为日本"领导"下的东亚驱逐西方侵略,并不是将东亚封闭起来,而是要光大东亚的思想,泽惠世界。日本的目标不仅在东亚,而且要向更加广泛的地域扩张,甚至"领导"世界,"东亚思想不是单纯的地域主义,即地域分离主义、地域闭锁主义乃至地域便利主义,或者是更简单的地理上的宿命论、风土主义等,那样就不会有世界史上统一的理念。特别注意不能将东亚仅仅限于地域主义,仅从地域考虑就难符思想之名。日本只有打出世界史发展统一的理念,才能使本次事变获得世界史的意义"①。就是要乘卢沟桥事变,确立日本在东亚的"领导"地位,加强日本在世界的地位。

再次,东亚各国应在日本"领导"下,建立经济协同体制,以充实东亚的经济实力,打破西方列强的经济束缚和压迫,实现东亚经济的自主和解放。昭和研究会认为东亚需要建立统一的"经济协同体","东亚经济协同体"是"多个国家或者民族结合起来,统一综合运营其经济"②。伪满洲国与日本之间已经形成了密切的区域经济集团,为中日经济上的"协同""合作"提供了经验。现在的形势下,"经济协同体"主要包括日本、"满洲国"和中国,这是东亚"经济协同体"的基础,他们之间要"实行通货合作,日满华三国在人力、物力、资源、技术等方面分工协作,实现三国的共存共荣"③。建立"经济协同体"主要是为了对抗西方列强的经济侵略,适应当今经济区域化的发展趋势,使东亚各国在世界经济中处于有利地位,

① [日]三木清:《東亜思想の根拠》,《三木清文集》第十五卷,东京:岩波书店,1985 年,第 309 页。

② [日]昭和同人会编著、后藤隆之助监修:《昭和研究会》,第 243 页。

③ [日]昭和研究会:《资金统制研究会要录》,《昭和研究会资料》第一卷,第 490 页。

"这并非日本的经济侵略,而是顺应世界经济区域化的要求,发挥和深化区域经济的作用"①,"在世界经济民族主义的潮流中,日本真挚地提出建立东亚经济协同体,有其必然性"②。"东亚协同体"论预言,随着形势的发展,经济协同体的范围将越来越大,参与的国家会越来越多。"东亚协同体"论反复强调日本倡导"经济协同"不是为了经济侵略,但是,在对"经济协同体"的论述中,无不反映着日本经济侵略的真实目的。

"东亚协同体"论批判自由资本主义经济完全以营利为目的,是为了满足资本家个人欲望,造成私欲膨胀,危害国家利益,"1929年以后的世界经济危机暴露了世界资本主义经济生产的弊端"③。"在经济危机面前,各国都实行以自己为中心的'利己'政策,世界经济的自由通商体制崩溃,世界一体的国际经济体制瓦解。其中1932年8月英国的《英帝国特惠关税制度》,是对世界经济最致命一击。当时英国处于世界经济的领导地位,英国为了保护本国产业,对英帝国以外进口的商品进行限制,在英帝国内部实行自给自足有利措施(牺牲英帝国以外各国的利益)。"④英国的政策不仅导致自由通商体制崩溃,还迫使日本不得不走向对外扩张道路,"《英帝国特惠关税制度》对世界政治的影响是巨大的。对英帝国和美国来说,区域经济的自给自足经济政策纯属国内问题。但是,这种政策实行的前提是要有一定的领土规模。日本(德国、意大利)等

---

① [日]尾崎秀实:《支那事変と東亜における新秩序の要望》,《尾崎秀实著作集》第三卷,第150页。

② [日]尾崎秀实:《支那事変と支那経済》,《尾崎秀实著作集》第三卷,第83页。

③ [日]昭和研究会:《ブロック経済の生成と其の意義》,《昭和研究会资料》第三卷,第199页。

④ [日]高桥龟吉:《私の实践経済学》,东京:东洋经济新报社,1976年,第257—258页。

国土狭小,要实行这种政策只能对外扩张领土。即,对英美大国来说不过是纯粹应付不景气的国内经济政策,但对日本(德国、意大利等)来说,就成了重大的国际问题。《英帝国特惠关税制度》极大地刺激了日本的民族主义",英国的做法,使一些国家不得不进行战争冒险。不久,领土面积比较小的德国、意大利和日本,为了形成自己的区域经济,走向了"扩张领土的战争道路","日本进入满洲,形成了'日满区域经济圈',又在太平洋战争中,举起了'东亚共荣圈'(东亚区域圈)的旗帜,这是因为英国采取的'英帝国区域'政策所引起的"①。"东亚协同体"论借批判自由资本主义,把日本对外扩张渲染成是为了自身生存而迫不得已,是西方列强压迫所致,国土狭小的日本很无辜,对外扩张乃无奈之举。这种理论不仅为日本发动侵略制造借口,也成为战后日本否认侵略战争的重要理由。

实行东亚经济上的"协同",就要统一经济布局,在日本"领导"下,制订东亚经济的计划和发展,在矿产、资源等重工业部门及农业部门建立合作经济体制,满足国防经济的需要。"首先要从根本上确立协同主义区域经济,以实现三国间(指日、'满'、华)的经济结合与新建设"②,既可以加强中国的经济力量,又能在资源、市场上满足日本的需求,确立以日本为核心的东亚新经济关系。"开发支那资源,确保日本的原料供给,支那应确保商路畅通"③,从而建立中日经济上的相互依存的体制,提高东亚地区的经济力,综合有

---

① [日]高桥龟吉:《私の实践经济学》,第 258—259 页。

② [日]昭和研究会:《支那事变の现段阶における帝国の外交方策》,《昭和研究会资料》第三卷,第 288 页。

③ [日]昭和研究会:《日本资本主义の发展と大陆政策》,《昭和研究会资料》第三卷,第366 页。

效地发展东亚区域经济。为让中国"甘心"接受日本经济领导,"东亚协同体"论强调协同体经济是互惠的,不是像与西方那样的隶属关系,"诸民族、诸领域间是互惠关系,不是隶属关系。协同体成员的政治经济发展水平不同,自然需要领导的民族或者国家。领导国家义不容辞地担当下列任务,即在政治方面,阻止其他强大国家的侵略,防止在未发达国家建立殖民关系,以一定的政治经济意识形态(如共产主义的阶级斗争、世界革命)扰乱协同体"①。其实,这种"领导"就是在东亚排除西方列强势力,虽称"互惠",但是,东亚各国在经济上要满足日本的国防需要,接受日本的领导和经济计划,从本质上讲,与西方列强的"支配""隶属"并没有区别,不过是换了个名词而已。

东亚在日本的"领导"下,实行经济上的分工合作,日本作为亚洲唯一经济强国,承担协同体内的工业生产。中国、"满洲国"负责为日本提供工业原料,弥补日本资源匮乏的缺陷。经济协同体的农业生产,就是确保粮食等各种农产品的自给供应,以适应国防工业的需求,"在日、满、支区域经济圈内,确保粮食等农作物的自给化、增加出口农作物,为此,要进行农业开发、生产,综合统制配给,改善生产条件"②。中国的资源和市场是日本经济发展的重要条件,"日本经济将来必须将重点放在支那,日本的经济繁荣与支那密切相关"③,毫不讳言要把中国作为日本的原料供应地和商品市场,保证日本在中国的"特殊权益","支那大陆作为日本经济发展

①［日］昭和同人会编著、后藤隆之助监修:《昭和研究会》,第 244 页。

②［日］昭和研究会:《長期建設下農業政策要綱試案》,《昭和研究会资料》第六卷,东京:大东文化大学东洋研究所出版,2005 年,第 97 页。

③［日］昭和研究会:《日本大陸政策の基本的方向と対支関係、特に北支問題》,［日］兵头彻、大久保达正、永田元也编:《昭和研究会资料》第一卷,第 440 页。

的市场、原料供应地是不可争辩的事实。另外,从国防的角度考察,还必须重视大陆的其他地域"①。为得到中国的资源和市场,"东亚协同体"论要求中国实行与东亚经济协同体相适应的关税政策,不能用关税壁垒阻碍日本商品进入中国市场。"支那现有的进口税率需要按照日满支区域经济发展的需要进行合理改正。支那原则上不能实行保护关税政策。"②而中国关税适应东亚经济协同体发展的需要,就是让中国经济受日本的控制,"首先要从国防和经济的角度,去思考日满支区域经济以及更广泛的东亚地域经济。从国防角度来说,最重要的是有长期构想,从大陆作战与大洋作战两个方面来考虑"③,为日本不断扩张战争积蓄经济基础。

　　至于东亚各国在"协同体"中的地位和作用,"东亚协同体"论提出,协同的核心为中、日、"满"三"国",它们之间要在经济、政治、国防上实行密切"协作"。昭和研究会认为,"经济协同"不是为了日本,而是为了创造东亚各国解放之基础,"将东亚地域、民族、文化接近的各国,首先在日本、支那、满洲国间建立国家协同体。日本要将政治、经济、文化的综合革新的成果反映到支那被占领地区,使支那民众充分理解日本的诚意,为东亚协同体的建立而合作。东亚协同体并非一朝一夕能够建成"④,协同体的建设须有中国人的协助、参与和支持,要"使支那民众了解日本始终在忠实地

---

① 〔日〕尾崎秀实:《東亜協同体の理念とその成立の客観的基礎》,《尾崎秀实著作集》第二卷,第 310 页。

② 〔日〕昭和研究会:《日支貿易政策要綱案》,《昭和研究会资料》第三卷,第 367 页。

③ 〔日〕昭和研究会:《東亜ブロック経済研究会第十回会議記録》,《昭和研究会资料》第三卷,第 419 页。

④ 〔日〕山崎靖纯:《長期建設の目標としての東亜協同体の根本理念》,《評論》,东京,1938 年 12 月号。

恪守东亚民族自主与协同的原则,这样才有可能解决卢沟桥事变"①,这也是实现"东亚协同体"的最重要的条件。"确立东亚区域经济框架时,不能仅从经济的视角看问题,必须导入一定程度的政治观念"②,就是东亚各国从欧美列强压迫下解放出来。经济协同体的建设,无论对日本还是对中国都是一项长期、艰巨的任务,并非权宜之计。显而易见,所谓"经济协同"就是阻碍中国近代工业的发展,使之永远作为日本农业、原材料的供应地,服从日本"国防经济"的需要,受日本经济上的支配与掠夺。平野义太郎还提出超越民族之"大地域主义"主张,提出超越国家界限,把国防、财政、外交等放在东亚整个大的地域范围内考量,保证东亚各民族内政、经济、文化、传统等最高限度的自主独立。超民族的协同体"尊重各民族的个性、安定和提高各民族的生活、各民族参加东亚联盟政治、排除各民族的利己主义,协同建设东亚新秩序",它"与帝国主义不同,帝国主义引起母国与殖民地国家的对立,而大地域主义则以国防、财政、外交为大地域单位,最大程度地保留地域内各民族内政、经济、文化、传统的自主独立,是新的政治原理"③,能实现东亚各民族的团结,以适应亚洲各国民族主义的诉求。大地域主义自诩超越了西方帝国主义,可以在东亚建立起统一的国防、财政、外交,主张东亚各国交出国家主权,由日本统一"指导"这些国家的政治、军事与外交,说白了,其实是亚洲门罗主义的翻版。

最后,用"东亚协同体"论化解、消除中国的民族主义,诱使中

---

① [日]昭和研究会:《常任委员研究会记录》,《昭和研究会资料》第一卷,第 62 页。

② [日]昭和研究会:《东亚ブロック经济研究会第十一回会议记录》,《昭和研究会资料》第三卷,第 447 页。

③ [日]橘樸、细川嘉六、平野义太郎、尾崎秀实等:《東洋社会の構成と日支の将来(検討会)》,《尾崎秀实著作集》第五卷,东京:劲草书房,1977 年,第 306 页。

国从对日抗战转向与日本合作,尽早结束战争,让日本从长期战争中拔出脚来。昭和研究会认为卢沟桥事变后中国的民族主义集中体现在对日抗战,而日本政府、军部对中国民族主义的作用了解不够,日本要达到彻底征服中国的目的,单纯依靠武力是不够的,必须重视与中国的"协同""合作"。昭和研究会认为中国民族主义的矛盾指向日本,是受到了英美等西方国家的蛊惑,是被歪曲了的排外的民族主义,是西方列强误导了中国。他们批判欧美列强为了控制中国,使用各种手段在中日两国之间制造矛盾,将中国的民族主义引向对日抗战;中国为得到西方帝国主义的援助,拒绝与日本提携、合作,实行排日政策,终于导致中日矛盾激化。"英美帝国主义打着支援旧国民政府(指蒋介石为首的国民政府,引者注)统一中国的旗号,将中国的民族主义巧妙地引向了抵抗日本,共产党也以对日抗战为条件,提出了与国民政府妥协的方案"①,"我们认为中国民族运动是基于凡尔赛和莫斯科版民族理论的,企图以此获得民族独立和自由,是非常危险的"②。日本大举对中国用兵,中国民族主义主要目标必然是针对日本侵略的,"东亚协同体"论把卢沟桥事变爆发、中国抗日斗争一概归结于西方的挑拨、误导,以此混淆视听,转移中国人的视线。日军大兵压境,却让中国人与他们共同"抵抗"西方列强,无异于痴人说梦。

昭和研究会认为化解中国民族主义、早日结束中日战争,最重要的不是武力,而是消除中国人的民族意识,让中国人认识到中日两国是命运息息相关的国家,都有反抗西方压迫的愿望,中国坚持

①[日]宫坂二三夫:《日支经济合作の限界》,《东亚联盟》,北平,1941 年第 9 期,第40 页。

②[日]加田哲二:《东亚に於ける民族问题》,《东亚联盟》,东京,1940 年第 1 期,第26 页。

抗日对其民族解放毫无意义。中国必须改弦更张,与日本实行紧密"合作","东亚各民族首先是日支两民族不能再继续对立抗争了,日满支协同在经济上扩大生产力,在政治军事上协同行动"①。日本政府也应了解"东亚协同"对解决中日战争的意义,调整对华政策,"与整个支那为敌,无益于改善日支关系"②,中日战争决不是仅靠武力就可以解决的,要认识中国社会、经济、民族的特点。"支那民族居住在广阔的地域,有 4 亿多人口,这对理解支那非常重要。更重要的是,我们不能静止地认识支那问题,而应动态地观察,或者说要与民族发展方向一致。"③现在中国从普通农民到贩夫走卒,甚至街头流浪少年都可以成为抗日游击战的战士,这不仅是政治问题,而且是民族问题。"支那以低下的经济力、不完全的政治体制、劣弱的军队抵抗至今,其原因就是民族问题"④,"解决支那事变归根结底就是日本如何解决中国的民族问题,解决支那问题要与民族问题结合起来"⑤。日本政府须综合考虑对中国政策,政治、军事、经济、文化并行,"若抛开政治工作,军事难以支撑;如果脱离经济工作,政治工作就不能顺利发展,导致经济、投资皆处于极其不安定的政治环境之中。因此,政治安定是一切的基础。政治工作无论在南方还是北方都很重要,要建立没有抗日观念的亲

---

① 〔日〕昭和研究会:《東亜協同体の建設》,《昭和研究会資料》第三卷,第 287 页。

② 〔日〕昭和研究会:《国共関系の現状と動向》,《昭和研究会資料》第一卷,第 439 页。

③ 〔日〕尾崎秀实:《東亜協同体の理念とその成立の客観的基礎》,《尾崎秀実著作集》第二卷,第 311 页。

④ 〔日〕尾崎秀实:《東亜協同体の理念とその成立の客観的基礎》,《尾崎秀実著作集》第二卷,第 312 页。

⑤ 〔日〕尾崎秀实:《支那の変貌》,《尾崎秀実著作集》第二卷,第 284 页。

日政权"①。"仅对中国进行军事占领,日本不过是中国的卫兵、佣兵"②而已,这不是日本大陆政策的终极目的,而应让中国人理解大陆政策,以为是自身解放之必须。因此,解决中日战争,须综合运用政治、经济、思想等因素。昭和研究会自信:"东亚协同体论与其他理论不同之处在于它随着支那事变具体发展而不断认识支那民族问题的意义"③,了解民族主义在中国的作用,按照这个思路能够结束中日战争。

昭和研究会还强调"文化"尤其是日本文化在"协同体"中的作用,提出加强中日两国的文化沟通,共同创造适合"协同体"的新文化,实现东亚的长久和平。人类文明进程中始终伴随着战争,但是,我们必须区分正义战争和非正义战争,侵略战争是非正义的、野蛮的,危害人类的和平与进步。昭和研究会很清楚日本发动战争的性质,他们硬要为野蛮的侵略战争贴上"文化""文明"的标签,"中日战争时期,知识分子普遍重视文化阐释,其实当时'文化'这个词反映了日本国内的倾向……创造出部分与全体、个人与国家统一起来的全体主义。通过文化,更容易与德国、意大利合作。因而,20 世纪 30 年代日本人频繁使用文化这个词汇"④。他们提出"协同主义"是亚洲的新文化,"亚洲各国民理解协同主义,就能团结一致","超越资本主义、共产主义、全体主义的新思想是协同主

---

① [日]昭和研究会:《支那问题委员会第四回会議要録》,《昭和研究会资料》第二卷,第73 页。

② [日]兵头彻、大久保达正、永田元也编:《昭和社会经济史料集成·第 31 卷·昭和研究会资料》第三卷,第 62 页。

③ [日]尾崎秀实:《東亜協同体の理念とその成立の客観的基礎》,《尾崎秀实著作集》第二卷,第 318 页。

④ [日]入江昭著、兴梠一郎译:《日中关系この百年》,第 101—102 页。

义"①。"东亚协同体"论强调,在战争中,拥有精锐武器、掌握先进科技固然重要,但是,日本的最终目标是要彻底征服中国,不是单纯的武力进攻,要获得中国的民心,要让中国人从心底里敬佩日本、服从日本"领导",就需要重视文化的作用,文化才是根本的、最终起作用的因素。"文化是根植于我们身体中的文化力,事变(战争)时间越长越显示出其力量"②,文化沟通可以解除中国人的抗日斗争,实现中日两国间的真正亲善,这比政治、军事、经济都重要。"文化秩序与政治秩序的最终目标是一致的,文化与政治具有共同的基础,这个共同的基础就是民众"③,其提出文化沟通的目的昭然若揭。最早使用"东亚协同体"论一词的杉原正己主张:"与西洋对立的文化意识,应创造新的世界观,致力于亚洲新文化意识。这个世界观拒绝资本主义和共产主义,取而代之的原则是使亚洲觉醒、统一"④,文化可以对人的思想观念、行动方式产生重要影响,决定着人的行动。昭和研究会是日本知识分子团体,这些人比日本军部更了解文化是长期起作用的因素,更善于打着复兴亚洲文化的幌子,从"智力"上协助战争。

　　"东亚协同体"论认为,中日两国文化相比,日本文化具有明显的优势,"日本文化是以世界无与伦比的一君万民国体为基础的,是协同主义的根本所在。日本文化具有特殊的包容性、进取性和智慧性"⑤,日本精神、文化不仅是日本的,还应向东亚传播,在东亚大放光彩。"日本文化中同时存在着最古老和最新的东西,它既积

---

① [日]昭和同人会编著、后藤隆之助监修:《昭和研究会》,第303页。
② [日]三木清:《政治と文化》,《三木清全集》第十四卷,第177页。
③ [日]三木清:《新世界観の要求》,《三木清全集》第十四卷,第77页。
④ [日]入江昭著、兴梠一郎译:《日中关系この百年》,第100页。
⑤ [日]《新日本的思想原理》,载《昭和研究会》附录资料,第328页。

极吸收西洋文化,又最大限度地保留着东洋文化,日本文化是东洋文化的代表,东洋文化所有重要的因素都在日本得以保留,并发挥着作用"①,而中国文化进步很慢,其保守的尚古主义导致其不积极接受先进文化,日本文化比中国文化更有"知性","现在日本文化优越于支那文化,但是,我们不能轻视支那数千年的文化力量"②。战争正在一步步从武力争夺演变为文化战争,中日之间必将进行长期的文化斗争,日本要在文化斗争中取胜,一方面要挖掘日本优秀的文化,并发扬光大,另一方面则须使中日文化相互提携。"东亚协同体论提倡日支文化提携,相互尊重民族的差异、社会发展的现实、文化传统的差异,才可能实现文化提携"③,文化提携对于东洋永久和平具有重要意义。为此"我们不能抽象地否定日本和支那的民族主义,而是要超越它,创造出更高的文化,即日本和支那自身产生的、作为整体的东亚协同体的新文化。这次事变就是东亚新文化建设的契机,这个伟大事业需要日本与支那提携完成"④。"东亚协同体"论认为:"从世界历史发展的角度看,东亚文化无论在空间上还是在时间上,都具有特殊意义。"⑤中日两国应在大亚洲主义、王道政治的基础上,创造共同的亲善思想文化。"东亚协同体不仅包括区域经济,还应在政治、经济、文化、国防等诸方面形成日、满、支紧密结合,协同体才名实相符。"⑥"东亚协同体"论从维

---

① [日]三木清:《国民文化の形成》,《三木清全集》第十四卷,第 337 页。
② [日]三木清:《政治と文化》,《三木清全集》第十四卷,第 177 页。
③ [日]尾崎秀实:《東洋社会構成と日支の将来》,《尾崎秀实著作集》第五卷,东京:劲草书房,1977 年,第 306 页。
④ [日]三木清:《政治と文化》,《三木清全集》第十四卷,第 182 页。
⑤ [日]三木清:《政治の哲学の支配》,《三木清全集》第十五卷,东京:岩波书店,1985 年,第 35 页。
⑥ [日]《新日本的思想原理》,《昭和研究会》附录资料,第 319 页。

护日本在中国"特殊权益"的视角,阐释文化及文化提携作用,认为文化是长期的,甚至最终起决定作用的因素,"毋庸讳言,客观上起了为日本帝国主义侵略辩护的作用"①,这也正是"东亚协同体"论强调"文化"目的之所在。

第二节　"东亚协同体"论的解决战争之道

一、以协同主义解决卢沟桥事变

"东亚协同体"论是卢沟桥事变后正式形成的,其直接目的就是要迅速解决事变,避免日本陷于长期战争的困境。因此,昭和研究会阐述了卢沟桥事变对建立"东亚协同体"的意义,把侵略中国的卢沟桥事变,说成是亚洲民族解放的起点,鼓吹日本是要通过事变"帮助"中国驱逐西方列强的统治,实现中日两国的"合作""协同",不是要吞并中国。"东亚协同体"论主要从以下几个方面论述卢沟桥事变对东亚解放的意义。

第一,大力阐述卢沟桥事变的意义,认为卢沟桥事变不是日本要侵略中国,而是"帮助"中国实现民族独立的具体行动,卢沟桥事变是亚洲各国摆脱西方殖民压迫的先声,为日本侵略辩护。昭和研究会认为卢沟桥事变在东亚历史发展中,具有"进步性"和"合理性",是亚洲各国走向民族独立的起点。那么,日本为何要"善意"地"帮助"中国呢? 那是因为东西方文化是根本对立的,而日本与中国地理接近、人种相同、文化相似,一直珍惜与中国的友谊,致力于"帮助"东亚各国实现民族解放,使有色人种从白人的压迫下解

---

① [日]铃木正、李彩华:《アジアと日本》,东京:农文协,2007 年,第 29 页。

放出来。

　　昭和研究会并不否认近代以来日本推行的大陆政策,认为大陆政策并非日本向邻国侵略扩张,而是为了东亚各国摆脱白人的压迫,"使有色人种从白种人的压迫下解放出来","帝国的大陆政策不仅求日本的发展,而且要救济和解放东洋被压迫民族"①。中国人却不理解日本,把民族解放运动的矛头直指日本,"支那事变不是因为中国民族主义反抗日本大陆政策所致,是与世界规模的帝国主义各种势力对立,在中国的爆发"②,是东西方对立在中国的反映,"独辟蹊径"地从东西方文明对立的角度,阐述事变在中日两国共同反对西方列强上的"进步"意义。卢沟桥事变"从半殖民地支那驱逐欧美帝国主义势力的层面上讲,有进步意义,是民族解放战争和民族自卫战争"③,中日可以借事变爆发之机,排除西方在东亚的势力,实现东方的解放。"此次事变绝非单纯的突发事件,是满洲事变以来东亚历史转换的继续,更是现实世界矛盾的集中体现。当今世界,无计划的资本主义体制走投无路,造成生产力、军事力低下的国家分立,西洋列强统治下的世界出现矛盾,世界历史将进入大转换时代"④,可以说,卢沟桥事变顺应历史潮流的发展,是东洋反抗西洋压迫的必然结果,也应该成为中日两国携手抵御西方列强的新起点。

　　近代以来中国屡遭列强侵略,民族独立成为中国最迫切的任

① [日]多田骏:《对支基础的观念》,《东亚联盟》,东京,1940年2月号,第140页。
② [日]昭和同人会编著、后藤隆之助监修:《昭和研究会》,第238页。
③ [日]昭和研究会著:《支那事变に対处へ根本方案に就て》,[日]兵头彻、大久保达正、永田元也编:《昭和研究会资料》第二卷,第486页。
④ [日]昭和研究会著:《国民運動とは何か　東亜協同体建設への道》,[日]兵头彻、大久保达正、永田元也编:《昭和研究会资料》第三卷,第279页。

务,无数志士仁人为之终生奋斗。中国人民反对一切外来压迫,无论这种压迫来自东方,还是西方。日本的侵略使中华民族面临亡国灭种的危险,国共合作是顺应历史潮流,结成抗日民族统一战线,共同抗击日本侵略。匪夷所思的是,"东亚协同体"论避开卢沟桥事变、日本发动全面侵略中国战争不谈,转移话题,把卢沟桥事变与中日共同反对西方侵略联系起来,说明中日命运共同、利益攸关。"暂不说遥远的过去,就是近一、二个世纪,东洋遭受西洋各国的统治。东洋完全隶属于西洋的统治之下。日支关系的复杂性就是因为东洋隶属于西洋引起的。与这种隶属性相联系,日支事变就不仅是日支两国的问题。东亚协同体论的提出,首先是从东洋隶属于西洋这种现实中产生的。"①"东亚协同体"论与近代以来日本的亚洲主义一样,把侵略说成是为了使中国从白人帝国主义的压迫下解放出来。这表明昭和研究会对于卢沟桥事变的性质、日本发动战争的目的了然于胸,偏要挖空心思地为日本"找理"。他们了解民族独立是近代以来中国人梦寐以求的理想,企图以反对西方列强唤起中国人的共鸣。他们从东西方文明对立的角度,把日本与列强区别开来,先把日本打扮成与中国一样遭到西方压迫的"弱者",进而说明日本发动战争是为了亚洲利益,以为这样就可以转移中国人的斗争视线,与日本"合作"。这番"高论"显示了昭和研究会作为近卫的"智囊",为日本政府开脱战争责任不遗余力,其指鹿为马、偷梁换柱的做法,无法改变日本侵略中国的事实,也无法动摇中国人捍卫国家主权的意志。结果只能是欲盖弥彰,自欺欺人。

"东亚协同体"论还将卢沟桥事变与亚洲民族的解放联系起

① [日]昭和同人会编著、后藤隆之助监修:《昭和研究会》,第239页。

来,认为卢沟桥事变是解放亚洲的大陆政策的一个新起点,"现在
大陆政策包括两方面的内容:一是实现以日本为中心的亚洲民族
解放,让亚洲各国完全脱离欧美的羁绊;二是防止苏联的国际共产
主义势力"①。亚洲各国要反抗欧美列强的压迫,也应注意防止苏
联共产主义的侵蚀,不受白色和赤色帝国主义压迫,因此,"赋予支
那事变以世界历史意义","使中国放弃抗日政策,承认日本在华北
的特殊利益,同时以事变为契机在世界及东亚不同层面上,调整日
支关系"②,使中国人放弃对日抗战,还要"以事变为契机,阐述日本
精神"③,让日本之优秀精神普照东亚乃至世界,进而形成真正意义
上的"东洋"。卢沟桥事变后,拥有先进文化、发达经济的日本"领
导"东亚弱国一同反抗西方列强的侵略,在世界舞台上与西方列强
分庭抗礼。昭和研究会妄称卢沟桥事变具有世界历史意义,恰好
说明了其为日本独占亚洲辩解的本质。

　　第二,以卢沟桥事变为契机,建立东亚经济协同体制,控制中
国的经济命脉,积蓄进一步扩张的经济实力。卢沟桥事变后,日本
政府在国内推行"国防献金""战争储蓄"等强制性措施,充实经济
力量。昭和研究会非常清楚经济在战争中的作用,认为一切战争
都要以经济实力为后盾。日本虽然经济上是亚洲的先进国家,实
现了近代化,但是日本的资源匮乏,要想在中国站稳脚跟,就需要
控制占领区的经济,他们提出了打破西方列强经济压迫与束缚,建

---

① [日]昭和研究会:《昭和研究会常任委员研究会記録》,《昭和研究会资料》第一卷,第
　46 页。
② [日]昭和研究会:《事变解决の一般的目的、対象及び目的》,《昭和研究会资料》第二
　卷,第 151 页。
③ [日]三木清:《现代日本に於ける世界史の意義》,《三木清文集》第十四卷,东京:岩波
　书店,1985 年,第 145 页。

立东亚经济协同体制的主张。

昭和研究会鼓吹中日两国有相同经济诉求,建立"经济协同体"可以克服资本主义带来的弊端,满足东亚地区国防经济建设的需要。昭和研究会认为日本已经进入明治维新以来又一个新的历史发展阶段,现在更需要最大限度发挥东亚区域经济的作用,共同排除苏联、欧美对东亚的经济威胁。日、"满"、华三"国""忠实地执行相互依存的原则,在日、满、支区域经济内,各自建设国家,进而发展为整个亚洲地区的经济集团"①,建立"经济协同体"不仅是日本的需要,也是中国和"满洲国"经济发展的需要,是建设东亚共同国防经济、排除西方侵略的需要。昭和研究会的"东亚经济协同体",就是为日本全面控制东亚各国经济命脉,增强日本继续战争实力制造借口。

昭和研究会强调充分发挥东亚"经济协同体"的作用,必须有领导核心,担任东亚协同领导的国家,必须有雄厚的政治、经济实力。从目前东亚各国的发展状况来看,具备领导能力的只能是日本,因为"日本已经成为世界强国,更是亚洲的强国。日本与支那大陆的经济联系远远超过英美等国"②。在东亚各国中,中国是最值得关注的国家,其幅员辽阔、资源丰富,但是,中国社会发展远远落后于日本,其经济结构中的现代成分微弱,中国人的政治能力欠缺,需要"强国"日本的"帮助","中国人没有能力从经济上建设国家,更不可能实现真正的民族统一"③。日本当之无愧地是东亚"经

---

① [日]昭和研究会:《对支経済工作の基本政策に関する意見書》,《昭和研究会资料》第三卷,第375页。

② [日]尾崎秀实:《最近の段階における日支関係》,《尾崎秀实著作集》第一卷,第66页。

③ [日]酒井三郎:《昭和研究会—ある知識人集団の軌跡》,第64页。

济协同体"的领导,这不是日本自封的,也是半殖民地中国对日本的热切期望,"以日本为盟主,可以最大限度地发挥东亚的经济、政治力量,开发满、支经济,提升满、支国民在世界政治经济中的地位"①。昭和研究会认为,近代以来,中国一直为废除不平等条约而努力,但是,收效甚微,一直没有实现领土主权的独立。究其原因,是因为西方列强控制了中国的经济命脉。按照"东亚协同体"论的主张,中日两国首先建立起来经济协同体,中国就可以在日本的"领导"下,铲除英美帝国主义在华势力,废除不平等条约,在经济上获得解放。"东亚协同体"论有意贬低中国人自主建设国家的能力,以日本有能力担任东亚经济"领导"为名,为在经济上取西洋列强而代之,实行对中国的经济"独占"寻找依据。

　　第三,卢沟桥事变为中日两国的文化协同提供了新的机会,昭和研究会鼓吹应大力弘扬东方文化,为"东亚协同体"奠定深厚的文化基础。昭和研究会中的很多人是中国问题研究专家,有到中国考察、游历、生活的经验,是地地道道的"中国通"。他们重视文化在解决卢沟桥事变中的作用,提醒日本政府重视文化的作用,赢得中国的"民心"。昭和研究会认为日本可以借卢沟桥事变,向中国大陆传播日本优秀的文化。"要把日本精神扩大到东洋连带可能的范围内,东洋连带与东洋和平,都是世界文化交流中实现世界康宁必不可少的元素"②,中国人应该理解卢沟桥事变对于"解放"东亚的意义,认识日本文化的价值和作用,其实就是让中国承认日本文化比中国文化优秀,自愿接受日本的"领导"。

---

① [日]昭和研究会:《ブロック経済の生成と其の意義》,《昭和研究会资料》第三卷,第205页。

② [日]昭和研究会:《昭和塾趣意书》,《昭和研究会资料》第五卷,第148页。

昭和研究会主张日本应该重视占领区的文化协同,通过学校教育、社会教育等来培养中国人的"亲日"感情,增强对日本文化的认同感,"扫除排日侮日感情,实行亲日教育。改订教科书,普及日语研究;改良对支文化设施,增设类似同文书院式的学校,改进教学内容,协助电台、报纸、杂志、电影、戏剧、音乐等改进基本设施和栏目内容"①,以各种手段宣传中日"亲善"思想。文化协同"毋庸讳言,客观上起了为日本帝国主义侵略辩护的作用"②。

此外,昭和研究会还提出了一些就地解决卢沟桥事变的具体对策。在卢沟桥事变后,昭和研究会立即讨论了《北支事变对策(草案)》,向首相近卫文麿提出建议,尽量以外交手段解决事变:承认蒋介石国民政府在长城以南的统治权,在华北设立缓冲地带,"在准备军事行动的同时,准备与南京政府进行外交斡旋。日本不派一般的使馆参事去从事外交谈判,应立即组成以外务大臣为首的外交团去南京,要求南京政府承认我方的要求"③。后藤隆之助直接向近卫文麿建议:"为迅速解决事变,内阁首长应去南京与蒋介石谈判"④,即使谈判破裂,日本也可以向世界昭示和平之姿态,在外交上取得主动。据说近卫文麿接受了这个建议,"准备让宫崎龙介⑤作为使者去谈判"⑥。宫崎龙介7月24日计划从神户搭船去中国,上船时被日本宪兵逮捕。7月底,日军占领北平、天津等

---

① [日]昭和研究会:《东亚に於ける文化的共同への着手》,《昭和研究会资料》第四卷,第299—300页。
② [日]铃木正、李彩华:《アジアと日本》,第29页。
③ [日]《北支事变对策(草案)》,《昭和社会经济史料集成·第31卷·昭和研究会资料》第一卷,第447页。
④ [日]酒井三郎:《昭和研究会—ある知識人集団の軌跡》,第77页。
⑤ 宫崎龙介是孙中山的好友宫崎滔天的长子。
⑥ [日]酒井三郎:《昭和研究会—ある知識人集団の軌跡》,第78页。

地,随后发动太原会战、淞沪会战等战役,很快占领中国东南沿海的大城市。日本以为战争就要结束了,与蒋介石国民政府谈判之事不了了之。昭和研究会中的"中国通"很多,他们提出的对策建议,针对性强,有的直接被政府采纳,有的成为政府决策的参考,反映出其智力支持、协助对外侵略的作用。

二、用"东亚协同体"瓦解抗日民族统一战线

卢沟桥事变后,日本企图通过给中国致命"一击",迫使中国屈服,达到彻底征服中国的目的。1937 年底,日军占领国民政府首都南京,日本以为战争有望结束。然而,在南京即将被占领之际,国民政府宣布首都内迁,继续抗战,日本"速战速决"的战略计划破产。昭和研究会在日军占领南京之际,曾经向日本政府建议,应重视民族主义在中国的影响,虽然国民政府首都南京被占领了,但是,战争不可能就此结束,"中国军队一旦被追赶到云南、四川,支那也绝不会低头。中国军队就是被追到云南、四川更远的地区,支那事变也不能解决,因此,除与蒋介石握手之外,别无解决之途"[1]。随着日军占领广州、武汉,其进攻能力达到了极限,日本不得不调整对华政策,准备应付长期战争。日本政府也在国内强化了战争体制,扩大军费来源。1938 年 7 月,日本内阁确定编制下一年度财政计划时,确定了以下方针:"要做好长期战争的准备,强化战时经济体制,按照计划供应物资的精神编制预算,节约重要物资和海外物资"[2],在物资调整局下设立对煤炭统制协议会,统一管理煤炭的生产、供给和分配,满足不断扩大战争的经济需要。

---

① [日]昭和同人会编著,后藤隆之助监修:《昭和研究会》,第44 页。
② [日]《朝日新闻》,东京,1938 年 7 月 8 日。

日本陷入长期战争的泥沼,无论政府如何实行经济统制,也无法改变其国小、资源匮乏的现实,更无法满足继续战争的需要。战争长期化,也影响到了百姓生活,生活必需品供应日趋紧张。日本政府要求国民坚忍持久,在日常生活中实现"爱国""报国",通过节衣缩食、过艰苦生活来支持战争。1937 年 10 月,日本发布《消费节约通告》,1938 年 1 月,发布《代用品指示通告》,规定生活必需品,如白糖、火柴、肥皂、布料等凭票证供应,制作代用火柴、代用硬币等,百姓生活水平迅速下降。由于生活物资奇缺,造成黑市交易火爆。1938 年 7 月 2 日,商工省发布《国策训令》,对"棉织品、皮革制品实行限量供应,每人只能购买一件,囤积居奇属于不爱国行为"[①],媒体和社会舆论都引导民众过简朴生活,对浪费行为进行谴责。在长期战争的形势下,日本普通民众的生活受到影响,占领南京时的举国战争狂热很快为对现实生活的不满所取代。

为了早日结束战争,1938 年底,日本政府连续发布第二次、第三次对华声明,一改"不以国民政府为对手"的狂妄,提出与中国携手"建设东亚新秩序"。首相近卫文麿在广播讲话中,这样解释所谓的"建设东亚新秩序",声称日本"不是要征服中国,而是与中国携手,促进中国的新生,来共同分担建设'新东亚'伟业,确立东亚新的和平体制,建设以道义为基础的东亚各国的自主联合"[②]。

昭和研究会支持政府调整对华政策,认为"建设东亚新秩序"与完全依靠武力不同,这个调整可以早日结束战争。日本政府的声明体现了"东亚协同体"对解决战争的意义。日本要大力宣传"建设东亚新秩序",消除中国民族主义的影响,把对日抵抗引向与

---

① [日]《朝日新闻》,东京,1938 年 7 月 3 日。
② [日]《朝日新闻》,东京,1938 年 12 月 23 日。

日"协同"。三木清在昭和研究会的"七日会"①上做《支那事变之世界史意义》报告,认为中日战争的意义在于东亚的统一和解决资本主义弊端,近卫声明让他们"觉得就像在迷途中看到了明灯"②,给日本带来了希望,"建设东亚新秩序"政策付诸实践,将"使日本走向新的道路,也将使支那获得新的发展"③。昭和研究会开始大力阐述"东亚新秩序"政策,"在东亚建立新秩序是结束东亚不幸的唯一方法"④,是解决中日战争的"良策"。昭和研究会认为,"建设东亚新秩序"政策表明了日本与中国合作的"诚意",希望中国予以呼应。"日本首先打出东亚新体制,具有不可磨灭的世界历史意义,这是要冲破建立在殖民地统治基础上文明末路的具体方案"⑤,可以使中国人认识到与日本携手合作的重要性,是中国实现民族独立的唯一途径。认为"建设东亚新秩序"政策表明日本综合运用外交、政治、文化等手段,对待战争问题,这可以使列强承认"东亚新秩序中帝国理所当然地居于主导地位,避免受到欧美各国的掣肘,使它们承认帝国的指导地位"⑥,取得欧美各国对东亚新秩序的谅解。此外,还要使列强认识到援助蒋介石政权无益于远东和平及他们的利益。由于"建设东亚新秩序"违背了"门户开放、利益均沾"原则,损害了欧美列强的在华利益,引起欧美各国的强烈反对。

---

① "七日会"是昭和研究会每月 7 日召开的汇集了各界骨干分子的座谈会。

② [日]酒井三郎:《昭和研究会—ある知識人集団の軌跡》,第 163 页。

③ [日]尾崎秀实:《現代支那論》,《尾崎秀实著作集》第二卷,第 195 页。

④ [日]尾崎秀实:《東亜新秩序の現在と将来》,《尾崎秀实著作集》第二卷,第 356 页。

⑤ [日]昭和研究会:《東亜経済ブロックの特質とその世界史的意義》,《昭和研究会资料》第四卷,第 286 页。

⑥ [日]昭和研究会:《支那事変の現段階に於ける帝国の外交方策》,《昭和研究会资料》第三卷,第 266 页。

由于蒋介石并不理会日本"建设东亚新秩序",仍然坚持抗战。昭和研究会认为蒋介石的做法,致使日本无法与之合作。既然如此,日本就必须对重庆政府实行军事打击和经济封锁,直至其彻底崩溃,"击溃中国抗日政权,促进支那民众从抗日的妄想中觉醒,消除欧美苏联等对中国的策动,只有遵循日本提出的东亚新秩序原则"①,在这个政策下实现中日的"合作""和平",蒋介石政权还在坚持抗日,也不可能与共产党分道扬镳,更不可能与日本共同承担建设东亚秩序。日本应该继续加强对国民政府的分化工作,策动其中的亲日分子"建立亲日的新中央政权,必须认识到汪精卫的重要地位,建立新的中央政权,是帝国新秩序建设不可或缺的抉择"②,提出新的亲日政权应包括临时、维新、蒙疆等各个傀儡政权,要统一中国各种防共亲善要素,汪精卫是不二人选。果然如昭和研究会所料,汪精卫响应近卫对华政策,脱离抗日阵营,在日本支持下,建立了伪国民政府。

汪精卫伪国民政府建立后,在国内外陷于十分孤立的境地,甚至政令不出南京城门。昭和研究会因为一直建议政府要继续拉拢汪精卫,吹捧汪精卫伪国民政府的统治力,认为与汪精卫伪国民政府实行"合作",战争有望早日解决。而汪精卫伪国民政府的建立,也从一个方面证明了"建设东亚新秩序"是顺应历史发展潮流的,符合亚洲各国的利益。"建设东亚新秩序"在中国得到了部分实现,部分中国人认识到日本与欧美列强分裂中国政策不同,消除了对日本的"误解",认识到日本"为了东亚的安定,确保东亚经济、军

① 〔日〕昭和研究会:《東亜協同体の建設》,《昭和研究会资料》第三卷,第288页。
② 〔日〕昭和研究会:《東亜新秩序建设的外交方案(秘)》,《昭和研究会资料》第四卷,第292页。

事、政治地位,造成东洋民族解放之基础"①。他们认为汪精卫与日本"合作"开了一个好头,此后会有更多的中国人认识到日本是为了中国的"自主""独立",所采取的武力手段是不得已而为之。如果再放入理解了日本的"好意",东亚的"协同""新秩序"就有希望了。

昭和研究会认为"建设东亚新秩序"不是空穴来风,而是融合了中日两个民族的理想,即中日两国要在政治、经济、文化等方面携手,为东亚的复兴而努力。"在目前阐述东亚新秩序内容的语言中,东亚协同体之理念最能体现其理想主义方面的特征,与倡导东亚新秩序的近卫思想最为接近"②,"东亚新秩序"表达了日本国民善良的愿望,有别于"亚洲门罗主义"或者"大亚洲主义",是卢沟桥事变以来日本重新认识中国政治、经济、文化等的结果,是日本对大陆的新理解。

昭和研究会认为,如果按照"建设东亚新秩序"的原则去做,重庆政府必将放弃抗日政策,参加到"建设东亚新秩序"中来。现在"以重庆为核心的国民仍然在激烈地抵抗,表明理想与现实之间的矛盾"③,要使理想与现实一致,就要设法让重庆政府意识到"东亚新秩序是东亚各国相互密切联系的纽带,而且这种结合不仅仅是一般意义的联系,是来自内部的最紧密的关系;东亚新秩序非排他的,是世界新秩序的一环。东亚各国保持其独立性,清算一国榨取

---

① [日]昭和研究会:《ブロック経済の生成と其の意義》,《昭和研究会资料》第三卷,第206页。

② [日]尾崎秀实:《东亚新秩序の现在と将来》,《尾崎秀实著作集》第二卷,350—351页。

③ [日]昭和研究会:《新政治体制研究资料(第一号)》,《昭和研究会资料》,第六卷,第209页。

他国的帝国主义殖民地"①。重庆政府若有此觉悟,就会转变政策,由对日抗战转为对日"合作"。为使重庆政府改弦更张,日本必须对其施加政治、经济、军事压力。

为了向重庆施加压力,日军封锁国际上支持中国抗战的交通要道,向支持蒋介石政府的国家施加压力,并不断对重庆进行大规模的轰炸。1940年5月初的轰炸,"空袭重庆,扬子江北岸的中心城区弹如雨下,燃起了熊熊大火。中国方面受到巨大损失,大公报社起火被毁"②,日军还向长江南北中国军队控制的战略要地发动大规模攻势,企图彻底摧毁重庆的抗战力量。"东亚协同体"论认为,日本政府的一系列军事、政治、经济行动,是为让重庆政府认识到日本"封锁中国沿海、占领重要港口,向重要据点进攻。占领援蒋通道、向支援蒋介石的国家施加压力等等,这些都不是为了消灭支那,而是为了日本和支那的生存"③,为了使中国从欧美的压迫下获得解放,"支那民族如果认识到,日本是在忠实地实行东亚民族的自主和协同原则,日支战争可能解决"④,"东亚新秩序"建设便大有希望。

1940年7月2日,日本陆、海、外三省提出了加强日德意关系提携案,认为,"在当前形势下,为加强包括南洋在内的东亚新秩序建设,帝国须速与欧洲正在为新秩序建设而战的德意建立紧密协作关系,以达成帝国之目的,并增强欧战之后帝国在世界格局中的地位"⑤,呼应希特勒在欧洲打破凡尔赛华盛顿体系,建立欧洲新秩

---

① 〔日〕尾崎秀实:《支那事变と東亜に於ける新秩序の要望》,《尾崎秀实著作集》第三卷,第152页。

② 〔日〕《朝日新闻》,东京,1940年5月4。

③④ 〔日〕昭和研究会:《新内閣と事变处理》,《昭和研究会资料》第六卷,第211页。

⑤ 〔日〕日本外务省编:《日本外交年表并主要文书》下,第434页。

序的构想。昭和研究会认为,历史已发展到"建设世界新秩序"的阶段,日本充分认识到自己在世界新秩序中应承担的责任,率先提出了"建设东亚新秩序"的目标并全力实施之。"东亚新秩序"不是孤立的,是世界新秩序的重要一环,与希特勒的欧洲新秩序密切相关,"建设东亚新秩序与建设欧洲新秩序如车之两轮,东洋政治局势已经与欧美政局紧密联系在一起。日本应在世界政治发展中找准自己的位置。为达到目的首先要解决支那事变"①,中日两个东亚大国相互理解与提携,发挥在建设东亚新秩序和世界新秩序中的核心作用,不仅可以实现东亚的民族协同,而且可以建立世界新秩序,从西方列强的压迫下彻底解放出来。

　　昭和研究会建议为了早日结束战争,日本政府应加紧对中国的文化宣传,成立专门负责占领区文化工作的中央机关,对华的文化工作应紧密联系"建设东亚新秩序"的政策,在日常生活中渗透中日"合作"的思想。比如占领区张贴"建设东亚新秩序""东亚解放、东亚共同"等标语,增强宣传"东亚新秩序"的实际效果,从学校教育、社会教育等方面,渗透中日协同的观念,全力推进新秩序的建设。

　　随着"建设东亚新秩序"的提出,如何维护占领区的稳定,实现"以华制华""以战养战",成为日本面临的重要问题。昭和研究会建议近卫成立专门的对华机构,统一对华政策。近卫采纳了这个建议,1938 年 10 月成立"对支院",专门负责制定对华政策。

---

① [日]尾崎秀实:《東亜共栄圏の基礎に横たわる重要問題》,《尾崎秀实著作集》第三卷,第 221 页。

三、在"东亚协同体"论下建设"共荣圈"

日本实施建设东亚新秩序政策,彻底告别了华盛顿体系,要在远东建立以日本为核心的国际新秩序。日本"东亚新秩序"的政策,遭到了中国的反对,也引起了西方列强的不满,美国等西方国家开始对日本实行经济上的封锁,日本军需原料更加困难。为了攫取更多的资源,第二次近卫内阁成立后,制定向更广阔地区进犯的新国策。1940 年 8 月,日本政府制定《基本国策要纲》,将 1938年底制定的"建设东亚新秩序"政策,发展为"建设大东亚新秩序"。"大东亚"扩大了日本进军的范围,要在太平洋更广泛的地区与欧美各国争夺殖民地,获得更多的资源。日本提出"大东亚"的范围,是"以日满支为基础,包括太平洋上的德国曾经委托统治的各岛、法属印度及太平洋岛屿、泰国、英属马来、荷属东印度、缅甸、澳大利亚、新西兰以及印度等"①,即"日满华及东经 90 度至 180 度之间、南纬 10 度以北的南北各地区"②,在这些地区建立"大东亚共荣圈"。

昭和研究会紧密配合日本政府的南下扩张政策,提出"东亚"不仅包括亚洲地区,还应包含南洋广大地区,这些地区历史上与日本有密切关系,"历史上的南亚地区特别是南洋与锁国前的日本有相当密切的关系。但是,在德川三百年的冬眠时间里,欧美势力占领了这些地区"③。日本提出"大东亚共荣圈",号称要驱逐英美资本主义在这些地区的势力,建立以日本为核心的新秩序,打破欧美

①［日］《日獨伊軸強化に関する件》,《日本外交年表并主要文书》下,第 450 页。
②［日］《杉山ノート》下,东京:原书房,1989 年,第 88 页。
③［日］尾崎秀实:《南方問題と支那問題》,《尾崎秀实著作集》第三卷,第 196 页。

压迫东亚民族的旧秩序,彻底解放中国与"南方"各国、各民族。认识"东亚新秩序"发展到"大东亚共荣圈"在东亚具有历史必然性,"支那问题与南方问题的基本意义是民族问题。这些地区一直在西方殖民统治下呻吟,各民族的自我解放是东亚新秩序不可或缺的因素。通过支那民族的解放和自立,日支两个民族实行正确的协同,是确立东亚共荣圈的基础"①。在"大东亚共荣圈"内,各民族紧密团结,不仅日本能够获得经济、国防所必需的资源,而且整个东亚共荣圈内的社会经济也能够得到发展。

　　昭和研究会论证扩大"东亚协同体"的必要性,认为中日战争与"南进"建设"大东亚共荣圈"是相互关联、相互促进的,结束中日战争可以为"南进"提供基础和经验。中日两个民族的"协同"是日本与东亚各国共存共荣的前提,"支那问题与南方问题不是选择哪一个的问题,是日本以国家命运相赌的问题,与建设东亚新秩序是同一个问题"②,要以同一个指导精神、同一个方式去解决中国问题和南方问题。日本的"东亚新秩序"必然与美国的东亚政策、世界战略发生矛盾,"解决事变之路,就是要努力创造世界新秩序,除此之外别无他途"③,从这个意义上讲,"东亚共荣圈并非日本一时的权宜之计,是为了日本国家民族的长远发展,也是为了东亚各国的自立和繁荣"④。要确立东亚共荣圈内的组织,使共荣圈内各领域建立紧密的联系,以适应日本对资源乃至战略上的需要,"东亚共荣圈各民族的利益是一致的,尊重东亚诸民族的自主,携手建设共

---

① [日]尾崎秀实:《東亜共栄圏の基礎に横たわる重要問題》,《尾崎秀实著作集》第三卷,第 223 页。

② [日]尾崎秀实:《南方問題と支那問題》,《尾崎秀实著作集》第三卷,第 201 页。

③ [日]尾崎秀实:《転機を孕む国際情勢と東亜》,《尾崎秀实著作集》第三卷,第244 页。

④ [日]尾崎秀实:《东亚共荣圈の新课题》,《尾崎秀实著作集》第五卷,第 186 页。

荣圈内各方面的紧密联系"①。建设"大东亚共荣圈"在剧烈变化的
国际形势下,要改变依靠欧美的外交政策,"毋庸置疑、八纮一宇、
世界一家的理想靠我国来强力推进,东亚建设是我国的历史责任,
是百年大计"②。"东亚协同体"论一方面论证日本南进的必然性、
合理性,阐述日本与东亚、太平洋地区历史上的紧密联系,认为都
要反对白人帝国主义的压迫,"南进"在反对欧美列强的目标上与
这一地区是一致的;另一方面,提示日本政府在南进时不要忘记
解决中日战争,以解除南进的"后顾之忧"。

昭和研究会认为建设"东亚新秩序"就要确立与之相适应的内
外政策,在日本建立强有力的政治体制与军事上的"南进"相适应。
昭和研究会认为,在建设"大东亚共荣圈"阶段,日本应强化政府的
权力,掣肘军部,将一亿人动员起来,拧成一股绳,统合国民力量,
以造成建设"大东亚新秩序"的雄厚基础。"在中日战争期间曾出
现多次解决事变的机会,但是,这些计划都被军部破坏了。"③昭和
研究会提出建立直属天皇的"国防御前会议",以抑制军部权力。
为此,日本需要重组和改造现有政党,效仿德国建立起"一国一党"
的高度集权的政治体制,强化政府权力。昭和研究会认为,现在日
本的各个政党"悬浮于社会各阶层的上面,不能提出打开时局的政
策,为一部分人的利益相互倾轧,分散了国民的力量。因此,必须
建立集合全体力量、代表全体意志的政治力量"④,实现举国一致。

昭和研究会关于强化政府权力的对策建议,很符合近卫文麿
的思想。首相近卫文麿为政治改革做了积极准备,成立了新体制

---

① [日]尾崎秀实:《东亚共荣圈の新课题》,《尾崎秀实著作集》第五卷,第186页。
② [日]中野登美雄:《新政治体制と行政の指导》,《昭和研究会资料》第六卷,第212页。
③ [日]昭和同人会编著、后藤隆之助监修:《昭和研究会》,第118页。
④ [日]昭和同人会编著、后藤隆之助监修:《昭和研究会》,第204页。

准备委员会,后藤隆之助担任新体制准备委员会的常任委员。
1940 年 10 月 12 日,日本成立了大政翼赞会,首相近卫文麿担任大
政翼赞会的总裁,日本新体制运动开始。近卫文麿提出:"大政翼
赞会的宣言、纲领一言以蔽之,就是'实践大政翼赞之道'。翼赞运
动非部分团体参加的,而是全体国民的运动,国民要时刻怀着对上
御一人(指天皇,引者注)的奉公赤诚,这就是实践大政翼赞臣民之
道,也是本会成立的唯一宗旨"①,以集中全体国民的力量,为建设
"大东亚共荣圈"而努力。大政翼赞会有一套完备的组织机构,东
京设立大政翼赞会本部,各道府县、郡市、町村建立大政翼赞会支
部。大政翼赞会的活动一直延续到 1945 年 6 月 13 日日本战败投
降前夕。近卫文麿、东条英机、小矶国昭、铃木贯太郎等都以首相
身份,担任大政翼赞会总裁。

　　为了支持近卫新体制、全力投入大政翼赞的新体制之中去,昭
和研究会于 1940 年 11 月 19 日宣布解散,骨干会员分别到大政翼
赞会各部、局担任重要职位。昭和研究会的发起者后藤隆之助担
任了大政翼赞会组织局局长,常任委员后藤文夫为大政翼赞会中
央协力会议长,并在东条内阁时期担任大政翼赞会副总裁。昭和
研究会会员们以"大政翼赞"的形式继续做政府的"智囊"。在大政
翼赞体制下,日本国内禁止一切政治结社,日本民政党、政友会等
既存政党,纷纷自动解散,与大政翼赞会合流,以在新体制中获得
主动。1942 年 4 月 30 日,日本进行第 21 次众议院选举,选举前日
本成立翼赞政治体制协议会,协议会推荐的候选人中,有 81.8% 当
选为新一届国会议员。

　　在大政翼赞法西斯体制下,日本社会动员渗透到各个方面,各

_____

① [日]《朝日新闻》,东京,1940 年 10 月 14 日。

行各业、各种民间组织都被纳入"大政翼赞之道"。1942 年 5 月—6
月,在大政翼赞会旗下,日本成立了许多"报国"组织,包括"日本文
学报国会""大日本产业报国会""农业报国会""商业报国会""日本
海运报国会""大日本妇人会""大日本青少年团"等,它们都是大政
翼赞会的外围组织。12 月 23 日,成立了"大日本言论报国会",准
备在政府领导下,"举国一致"完成建设"大东亚共荣圈"的使命。
日本国民被编入町内会、部落会、邻组等基层组织,这些组织要求
国民相互监视,限制了国民基本的政治权利和言论,事实上造成了
"一国一党"的新体制。大政翼赞运动开始后,日本战争动员进一
步升级,政府严禁一切不满战争的言论,镇压反对战争的团体和政
党。在法西斯体制的高压下,日本一些"左翼"人士和劳农政党政
治上"转向",而坚持反战立场的共产党受到迫害,被迫转入地下。
昭和研究会积极参与大政翼赞运动,助力政府强化日本法西斯集
权体制,为"举国一致"的战争体制推波助澜。

　　日本全面侵华战争时期,以昭和研究会为代表的日本知识分
子,不满军部的专横跋扈,希望通过政治革新,实行"一国一党"的
体制,限制军部的权力,"举国一致"建设"东亚新秩序"。他们一改
往日的矜持与孤傲,挺身而出,主动为政府"分忧"。"为了向东亚
新秩序建设的进步方向发展,学者也抛弃过去的静观态度,在各自
专业领域积极建言,协助新秩序。"①他们并不反对维护日本在中国
的"特殊利益",无论其政治倾向是左、是中,还是右,都希望以"东
亚协同体"论化解中国的民族主义,对中国注重战略,更要注意争
取民心,通过在占领区渗透东亚协同的思想,削弱中国人的民族意
识,达到"不战而屈人之兵"的目的。

---

① [日]昭和同人会编著、后藤隆之助监修:《昭和研究会》,第 239 页。

日本战败投降后,昭和研究会成员回忆其主张与活动,并没有反省智力协助战争的责任,而是叹息昭和研究会作为近卫的智囊,没有能够协助政府限制住军部的权力,导致日本的失败,认为这"既是近卫的悲剧,也是昭和研究会的悲剧"①。从他们的回忆中,可以看出昭和研究会的历史观、战争观。正如日本学者指出的,"这些知识分子,不管从哪一方面说,都是想站在日本的立场上,对中国问题、亚洲问题积极地开展探讨"②,他们是为了实现日本的利益,而为日本利益不惜对中国进行侵略,侵害中国的主权。

在日本,一提起昭和研究会,人们立即联想到这是一个日本知识精英团体,是近卫的"智囊团"。这个团体中的很多人对中日两国的历史文化有比较深入的了解,完全知晓日本发动战争的性质和目的,却提出"东亚协同体"论,为侵略战争打上"文明""解放"的标签,从思想文化上为侵略战争助力。

---

① [日]昭和同人会编著、后藤隆之助监修:《昭和研究会》,第 285 页。
② [日]野村浩一著、张学锋译:《近代日本的中国认识》,北京:中央编译出版社,1999年,序言。

第六章 "大东亚共荣圈"的"兴亚"主张与实施

第一节 "大东亚共荣圈"论的提出

一、"大东亚共荣圈"论的提出与内容①

日本侵华战争时期，在中国占领区大搞奴化宣传，在沦陷区到处张贴"建设东亚新秩序""大东亚共存共荣"等标语。"大东亚共荣圈"与"东亚联盟论""东亚协同体"是侵华战争时期日本最有代表性的"兴亚"论，"大东亚共荣圈"因为不仅是对外扩张的理论，还直接化作为日本的对外扩张政策，所以其知名度更高。在日本，最早提出"大东亚共荣圈"这一概念的，并不是知识分子或者政党领

---

① 关于"大东亚共荣圈"论的研究，本人曾发表过《从"亚洲一体"到大东亚共荣圈——日本对外侵略理论的演变及影响》，《东方外交史丛书（一）——东方外交史之发展》，澳门大学出版社，2009 年；《对日本侵华时期的东亚联盟论、东亚协同体论、大东亚共荣圈论的评析》，《党史研究资料》2000 年第 9 期等文章，本章采用了以前研究的一些资料和观点。

袖,而是日本陆军省军务局军事课长岩畔豪雄大佐和陆军省军务局的堀场一雄大佐。岩畔豪雄是日本知名的陆军特工,是东条英机非常信任的人。堀场一雄写过《支那事变战争指导史》一书,对九一八事变后日本不断扩大战争,最终走向失败的原因进行过分析,该书的中译本为《日本对华战争指导史》,由世界知识出版社出版。

岩畔豪雄和堀场一雄是日本陆军省的重要官员,他们为什么提出"大东亚共荣圈"这一主张呢?20世纪40年代初,日军已经深陷中国战场,战略物资捉襟见肘,加之美国等西方国家开始了对日本的封锁禁运政策,日本资源匮乏的弱点凸显,国民生活水平严重下降,日本人的厌战情绪增长。"大东亚共荣圈"的提出,主要是为了解决战争不断扩大形势下,日本资源不足的困难。虽然"大东亚共荣圈"也打着"道义""东亚解放""共存共荣"等旗号,但是,"大东亚共荣圈"提出后,并没有像"东亚联盟""东亚协同体"那样,由某些团体或某个阶层的人进行系统的阐释,形成比较完备的理论形态。但由于"大东亚共荣圈"适应了日本扩大战争的需要,被直接化作日本政府的对外政策,其影响不容小觑。

1940年7月,近卫文麿准备二度出任首相。为研究未来日本的内外方针,7月19日,近卫文麿在其东京的荻洼别墅召开组阁筹备会,准备出任新一届内阁的官员出席了会议,这次会议被称为荻洼会议。参加荻洼会议的各省官员,就日本面临的内外形势以及新政府的施政方针进行了讨论,形成了《荻洼会议备忘录》。备忘录认为西方列强在东亚以及相邻地区有很多殖民地,威胁着东亚地区的和平与安全,不利于东亚新秩序的建设,因此,"东亚新秩序包括英法荷葡在东亚及邻接岛屿的殖民地,要对这些地区采取积极的对策","力避与美国无谓的冲突,要排除美国以实力干涉建设东亚新秩序"①。这里,提出日本对欧洲列强在东亚的殖民地采取积极对策,尽量避免与美国直接冲突。

7月26日,第二届近卫内阁在《荻洼会议备忘录》的基础上,制定了日本《基本国策纲要》。此纲要不仅把建设东亚新秩序发展为建设大东亚新秩序,还把之前的"帝国"一词改为"皇国",突出日本在世界中的地位,要以"八纮一宇"的肇国精神扩大战争规模,最终统治世界。近卫文麿很清楚日本提出的大东亚新秩序是为了在广泛的地域内掠夺资源,尽早解决对中国的战争,在此基础上才可能建设日本为核心的新秩序。7月27日,日本召开大本营与政府联络会议,通过了《伴随世界形势变化处理时局纲要》,确定日本的基本方针是"帝国与世界形势的变化相适应,改善内外形势,在促进中国事变迅速解决的同时,捕捉良机,解决南方问题"②。《伴随世界形势变化处理时局纲要》与《基本国策纲要》关于日本对外政策已经发生了一些变化,日本将结束对中国战争与南进作为同时并行的两个任务,不再是先解决中日战争再实行"南进"。也就是说,日本政府认为,在中国侵略战争没有结束之前,只要认为形势有利,就向南洋广大地区进军。"南进"被正式提到了政府对外政策的日程上。

松冈洋右担任第二届近卫内阁外相。1940年8月1日,松冈洋右阐述了新一届政府对外关系的基本方针,首次公开使用"大东亚共荣圈"这个概念。也就是说,岩畔豪雄和堀场一雄提出的"大东亚共荣圈"设想,正式被日本政府应用到对外政策上。松冈洋右认为,中国、日本、伪满洲国是建设"大东亚共荣圈"的重要一环,要

---

① [日]日本外务省编:《日本外交年表并主要文书》下,第436页。
② [日]日本外务省编:《日本外交年表并主要文书》下,第437页。

在此基础上,确立"世界和平"。

　　日本政府提出"大东亚共荣圈"这个概念后,京都学派的"国士"们从历史研究的角度,为"大东亚共荣圈"提供理论注脚。水野正次出版了《大东亚战争的思想战略》一书,从理论上鼓吹建设"大东亚共荣圈"的必要性和紧迫性。矢野仁一出版了《大东亚史的构想》一书,将过去京都学派重点研究的"中国史""东洋史"扩展为"大东亚史",积极配合日本政府建设"大东亚共荣圈"的政策。京都学派的另一位代表人物滨田耕作 1937 年担任京都帝国大学校长,被称为"日本考古学之父",他在东亚文明考古方面卓有成就,考古活动的足迹遍及日本、朝鲜半岛和中国东北。日本侵华战争时期,其所谓的"东亚文明"考古学研究,也在客观上配合日本侵略战争。滨田耕作的考古学研究"在使用'东洋'和'支那'概念为核心的时代,表面看起来,他的这一视野多少还具有若干进步意义在内。但是,当时日本政界和军界正在鼓吹'满蒙领土非支那论'和'大东亚共荣圈',他以'东亚'取代'支那',客观上起了配合作用"①,考古学研究成为政治的仆人。

　　相对于"东亚联盟"论、"东亚协同体"论重视"文化""协同","大东亚共荣圈"直截了当地表示,要解决日本面临的现实问题,它没有经过日本政界精英或政府智库做理论分析,再以对策建议方式呈现给政府,而是因为更加具有针对性,解决日本迫在眉睫的资源不足问题,一经提出,马上就成为日本政府的对外政策。"大东亚共荣圈"政策提出后,日本"国士"们,主动从历史研究、文化传播、文明起源等方面论述其必要性,积极附和对外扩张的需要,为这个政策提供理论上的支撑。

---

① 刘正:《京都学派》,北京:中华书局,2009 年,第 160 页。

　　"大东亚共荣圈"就是以东亚"共存共荣"为幌子,建立政治上以日本为主宰,在地理上以日、"满"、华为基础,将来还要包括东南亚、澳大利亚和新西兰以北的广大地域的殖民帝国。日本提出"大东亚共荣圈"的目的,最主要的是垄断"共荣圈"内的资源和市场,利用这广大地域的资源,建立军事战略基地,确立日本的统治权。"大东亚共荣圈"从地理上扩展了东亚新秩序的范围,日本外相松冈洋右提出,建立"大东亚共荣圈",是日本扩大经济、资源的需要,"在各国推进经济集团化建设时,日本同样要扩大通商贸易所必需的地域"①。"大东亚共荣圈"无论以什么漂亮的词句进行修饰,其解决日本经济困难之目的才是根本所在。日本关于"大东亚共荣圈"的地理范围,随着战争范围的扩大而扩大,太平洋战争爆发后,不仅包含了整个东南亚地区,甚至扩展到澳大利亚、新西兰。日本提出"决定共荣圈缔约界限最重要的必要条件是经济条件。如果东亚地区不能充分满足必要的经济条件的话,只要地理相邻,就必须扩大到东亚以外的地域"②,日本建设"大东亚共荣圈",就是要获得东亚以及太平洋广大地区的物质资源,满足其不断扩大战争的需要。

　　日本提出建设"大东亚共荣圈",必然与欧美在东南亚等地区的利益发生冲突。于是,日本实行外交与军事相配合的策略,与在欧洲发动进攻建立新秩序的德国建立同盟关系。1940年9月,日本与德国、意大利结成军事同盟。1941年4月13日,与苏联签订《日苏中立条约》,免除日本南下的后顾之忧。日本不断扩大战争。1940年9月,日军入侵法属印度支那北部,启动"南进"程序。1940

---

① [日]松冈洋右:《松冈外相演说集》,第13—14页。
② [日]前田光雄等:《大东亚共荣圈的民族》,东京:六盟馆,1942年,第14页。

年9月26日,美国宣布禁止向日本输出铁屑、钢材等经济制裁措施,这是自1937年卢沟桥事变以来,美国对日本实行的最为强硬经济制裁。日本本来就是一个资源匮乏的国家,战争的长期化,使其资源不足劣势更加明显。美国禁运制裁,加剧了日本军事物资的困难。日本向东南亚地区进犯,夺取锡矿、橡胶、石油等军事资源的要求愈加迫切,加快了发动所谓"大东亚战争"的步伐。

日本在紧锣密鼓地推进"南进"计划,认为美国是日本南进的最大障碍。为了麻痹美国,1941年1月,日本主动提出与美国进行外交谈判,掩护其战争准备。当时,美国为了控制大西洋,极力保持太平洋上的和平,避免在太平洋上与日本发生冲突。日本抓住了美国的心理,一方面派驻美国大使野村吉三郎与美国国务卿赫尔进行谈判;另一方面,日本加紧南进的准备。1941年1月16日,日本参谋本部与陆军省制定了《大东亚长期战争纲要》,既要抓住南进的机会,又加强对苏备战,还要对中国施加压力,促使中日战争结束。1941年5月,美国决定将《租借法案》适用于中国,加强了对中国抗战的援助。美国以大量武器弹药援助中国,客观上加强了中国抗战力量。日本面临日益不利的形势,加快了"南进"步伐。1941年6月22日,德国撕毁德苏互不侵犯条约,袭击苏联,德苏战争爆发。德苏战争完全出乎日本的意料,日本与苏联签订的中立条约仅仅过去两个多月,如何应对欧洲形势的变化,日本政府一筹莫展,陷入混乱。因为如果按照日德意三国同盟条约的内容,日本应该对苏联宣战,但是,日本刚刚与苏联签订了中立条约,不好立即撕毁。日本政府经过反复讨论后,决定"积极推进南进步伐,根据形势的发展来解决北方问题"①,将"南北并进"作为下一步的方向。

---

① [日]日本外务省编:《日本外交年表并主要文书》下,第531页。

二、所谓的"大东亚共荣圈"建设

1941 年 7 月 16 日,第二届近卫内阁总辞职。18 日,近卫组成第三届内阁。第三届近卫内阁是短命的。日本在南进与北进攻打苏联问题上,无法解决分歧。1941 年 9 月,日本御前会议通过《帝国国策实施纲要》,决定"为了完成自存自卫,在不惜与美(英)开战的决心下,拟以 10 月下旬为目标,完成战争准备"①。近卫一直希望通过外交途径解决问题。日本海军联合舰队研究了对美军西太平洋基地的奇袭计划。近卫文麿依然希望通过与美国谈判,改善与美国的关系,度过困难。陆相东条英机明确反对美国提出的日军撤出中国长城以南和法属印度支那的条件,认为如果按照美国的条件,日本自卢沟桥事变以来的成果就化为乌有,不仅如此还会威胁到日本在朝鲜半岛和中国东北的统治。东条英机在内阁会议上,提出近卫首相应该引咎辞职。1941 年 10 月,近卫辞去首相之职,第三届近卫内阁寿终正寝。10 月 18 日,东条英机组成新一届内阁。东条英机不仅担任首相,还兼任陆相。东条英机上台后,立即加快了"南进"的步伐。11 月 1 日,日本召开大本营政府联络会议,制定了《帝国国策遂行要领》,提出"帝国为打开现时危局,实现自存自卫,建设大东亚新秩序,决心对美英荷开战。为此采取下列措施:决定武力发动时间为 12 月初,陆海军须完成作战准备;强化与德意的合作;武力发动前与泰国建立紧密的军事关系"②。12 月 7 日,日本海军联合舰队突袭位于夏威夷的美国太平洋海军基地,太平洋战争爆发。日本将这场战争称之为"大东亚战争",就是要

① [日]日本外务省编:《日本外交年表并主要文书》下,第 544—545 页。
② [日]日本外务省编:《日本外交年表并主要文书》下,第 554 页。

宣扬"解放"大东亚的"合理性"与"正义性"。

　　珍珠港是美国在太平洋上最大的海军基地。日本采取惯用的突然袭击方式,美国太平洋舰队猝不及防,损失严重。据统计,此战美国共有 18 艘舰只被击沉没、击伤,陆海军共有 300 余架飞机被击毁,3 500 余名官兵死伤。亚利桑那号战列舰沉入海底,舰上 1 000 余名士兵丧生。日军以比较小的代价,取得了远距离奇袭的胜利。日本天皇随即发表了对美国及英国开战的《宣战诏书》,诏书称"朕现在对美国及英国宣战,朕望我陆海官兵努力奋战",日本"亿兆一心、举国家之力,彻底达到战争之目标"。《宣战诏书》颠倒黑白,"今不幸与美英两国开战,是迫不得已,非朕之本意"①,污蔑中国扰乱东亚和平,美英助长"东亚祸乱",日本为了"自存自卫""确保东亚和平"而发动战争。太平洋战争爆发后,东条英机公开提出"建设大东亚共荣圈",而不再使用近卫内阁时期的"建设大东亚新秩序",要由日本来"统一世界"。东条英机在第 78 次帝国议会上发表演说,鼓吹"帝国不得已向南方地区发起新的行动,排除英美暴政、恢复大东亚地区本来秩序的时刻来到了,要向着新的大建设目标迈进"②。这里,"大东亚共荣圈"的范围不仅包括日本、中国、伪满洲国、西南太平洋地区,还包括澳大利亚、印度等国家和地区,日本要把这里变成其国防资源圈,扩大了山县有朋的"利益线"范围,是近代以来日本大陆政策发展的新阶段。

　　太平洋战争爆发后,重庆国民政府在对日宣战的同时,对日本的同盟国德国、意大利宣战。中国共产党 12 月 9 日发布《中国共产

---

① [日]日本外务省编:《日本外交年表并主要文书》下,第 573 页。
② [日]高岛正:《大東亜戦争に直面して一東條首相演説集》,东京:改造社,1942 年,第 76 页。

党为太平洋战争的宣言》,表示中国政府和中国人民坚决站在反法西斯国家一边,中国人民要与美国、英国等国一道,为保卫独立、自由与民主,坚持抗日战争直至最后的胜利。太平洋战争爆发后,中国政府建议中、美、英、苏、荷五国订立联合作战计划。这一计划迅速得到美国的积极反应。1942年1月1日,美国、英国、苏联和中国领衔签署《联合国家宣言》,中国第一次以大国身份参与国际政治,表明中国的持久抗战在牵制日本法西斯方面发挥了巨大作用,得到了世界强国的肯定,中国抗战与世界反法西斯战争紧密地联系在一起,中国的国际地位获得空前提升。

太平洋战争爆发后,日本将东南亚广大国家和地区纳入"大东亚共荣圈"的范围,并作为日本的领土或者其"保护领土"进行控制,这些地区成为日本宣称的"共存共荣""自给自足"地区,日本对其资源进行疯狂掠夺。1942年1月21日,东条英机提出:"帝国据国家总力进行大规模作战向建设大东亚共荣圈迈进。大东亚共荣圈建设的基本方针是,大东亚各国及各民族各尽其力,确立以帝国为核心的基于道义的共存共荣秩序。这次新参加建设的地区,资源极其丰富,但是,最近百年来饱受美英两国的压榨,影响了文化发展。帝国来到这些地区,是为了确立大东亚的永久和平,进而与盟邦一道建设世界新秩序,这是亘古未见的大事业。"[1]日本侵占东南亚以及太平洋地区后,打着"解放"被白人压迫的东亚各民族旗号,谴责欧美在东亚地区的掠夺与殖民,造成了东亚地区的贫穷与困苦。日本为了东亚各民族的利益才不惜与欧美强国开战,东亚各国应该充分理解日本的目标,自觉地为建设"大东亚共荣圈"贡献人力与资源。

---

① [日]江口圭一:《大系日本の历史14》,第30页。

　　为了有效地利用东亚的资源、发展经济,日本鼓吹"大东亚共荣圈"在经济上应紧密结合,成为一个命运共同的整体。为了东亚的"解放",东亚地区的各国应脱离与欧美国家的联系,与日本保持经济往来,实行分工合作,适应国防需要,"以日本为工业国,以其他各国为资源国,则可实现东亚共存共荣"①。日本提出了建立"大东亚共荣圈"后,重新对东亚各国的产业进行了分工。按照这种分工,日本是东亚地区的先进国家,担负着主要工业产品的制造、开发,掌握东亚地区的金融和主要商业贸易。伪满洲国主要经营农业和初级工业产品,中国关内地区负责供应日本的资源、从事轻工业生产,东南亚各国家和地区主要提供农矿资源、进行纤维等产品的加工。日本对占领区进行了巧取豪夺,日本大藏大臣毫不隐晦地说:"在相当长的时间内,无法顾及当地居民的生活,暂时实行榨取的方针"②,为了日本的战争需要对东南亚地区进行杀鸡取卵式的掠夺。日本在所谓的大东亚共荣圈采取各种手段实行经济掠夺,包括直接抢夺占领区人民的财产,建立各种"国策"公司,打着经济开发的名义抢夺工农业资源。日本还在各占领区强制推销无担保的纸币和军用手票,掠夺占领区人民的财产。

　　由于侵略战争的不断扩大,日本很多成年男子被征兵到战场上,其国内劳动力资源日益紧张。为了继续军事工业及重工业的建设,日本除动员妇女走出家庭,参加社会活动和体力劳动外,还在各占领区采取欺骗、绑架等方式大量强制招募劳工到日本从事繁重的体力劳动,其中中国劳工数量巨大。据统计,从 1943 年 4 月—1945 年 5 月,中国有 38 935 人被掳到日本作劳工,其中死亡

---

① [日]石原广一郎:《南日本の建設》,东京:清水书房,1942 年,第 159 页。
② [日]杉山元:《杉山ノート》下,第 431 页。

6 830 人,死亡率高达 17.5％。①日本民间爱好和平的友好人士多次对中国劳工情况进行调查研究,认为中国劳工的死亡人数远不止于此。"其中死亡率最高的仁科矿山高达 52％,而以掳掠劳工的批次计算,1944 年 11 月川口组芦别矿业所,第二次掳掠的 100 名中国劳工,到日本战败,劳工归国前,竟有 65 人死亡,死亡率更高达 65％。"②被绑架到日本的中国劳工,为了生存不断进行反抗斗争。1945 年 6 月 30 日,被抓到秋田县花冈"鹿岛组"(鹿岛建设公司)做苦工的劳工,不堪忍受每天 15 至 16 小时的超强度劳动以及残酷的折磨,发动了暴动。劳工们打死监工,逃往花冈附近的狮子森山,这就是著名的花冈起义(花冈暴动)。日本出动 2 万军警围捕劳工,共有 418 中国劳工因此命丧日本。1948 年 3 月,联合国远东国际军事法庭在横滨成立 BC 级军事法庭(第八军法会议),以杀害虐待俘虏罪对"鹿岛组"的 4 名监工以及 2 名警察判处死刑或 20 年徒刑(后均被释放)。1958 年 2 月 9 日,中国山东省劳工刘连仁在日本北海道石狩当别町奥泽山中被人发现,是日本战争时期迫害中国劳工的又一铁证。

太平洋战争爆发后,日本在占领区的疯狂劫掠、屠杀,给这些国家的人民造成了巨大的灾难,也遭到被侵略国家人民的反抗斗争。日本一方面镇压被占领地区人民的反抗斗争,另一方面继续打着"兴亚""解放东亚"的旗号进行欺骗宣传,宣扬东西方文化传统、人种不同,批判西方文化物质第一,充满功利与战争。东方文化注重精神和道德,是和睦、共荣的。日本宣传近代以来西方各国对东亚的入侵,造成了东方文化的没落,东方人把西方文化作为标

---

① 《人民日报》,2002 年 1 月 8 日。

② 陈景彦:《二战期间在日中国劳工问题研究》,长春:吉林人民出版社,1999 年,第5页。

准。"大东亚战争"为振兴东方文化提供了好机会,日本所做的一切都是为了"解放"东亚各国,实现与这些国家的"共存共荣"。日本认为中国及东亚各国,不了解日本人的苦衷,加之一直受欧美列强的蛊惑和欺骗,造成日本与这些国家的矛盾,为西方的扩张提供了可乘之机。现在东亚各国终于认识到团结一致的重要性,进入到了建设"大东亚共荣圈"阶段。东亚各国应与日本合作,共同完成历史赋予东亚各国的使命,复兴东方文化,光大东洋文化。日本虽然声称要从欧美压迫下"解放"东亚各国,但是,实际推行的却是赤裸裸的殖民统治。1942年3月,日本成立"南方开发金库",发行"南方开发金库券"以及"军票",肆意掠夺东南亚各国的财产,导致东南亚地区民众生活极度困苦,出现了严重的通货膨胀和饥荒。这些地区根本见不到日本所说的"共存共荣",而是哀鸿遍野、人民惨遭屠戮。事实证明,"大东亚共荣圈"是日本取英美殖民而代之的侵略圈,而且其殖民统治的残酷程度,比西方列强有过之而无不及。

《大西洋宪章》是1941年8月14日美国总统罗斯福与英国首相丘吉尔签署的联合宣言,宪章的目标是宣布对德战争的目的和战后和平的处置。《大西洋宪章》不承认法西斯国家以侵略手段造成的领土变更,表示尊重各国人民选择其政府形式的权利,恢复被武力剥夺的各国主权,各国在贸易和原料方面享受平等待遇,促进各个国家在经济方面最全面的合作,摧毁纳粹暴政后重建和平,公海航行自由,各国必须放弃武力削减军备,解除侵略国家的武装。《大西洋宪章》强调了对法西斯国家作战目的、战后重建进步民主和平的目标,对于建立国际反法西斯统一战线,打败德、日等法西斯国家的侵略,起到了积极作用。《大西洋宪章》尽管有许多不足,但是,宪章对于团结和动员世界各国人民加强合作,共同打败德、意、日侵略者,起到了积极作用。在太平洋战争尚未爆发,美国尚未宣布参加反法西斯战争时,其能与英国一起发表如此明确的声明,对德、意、日法西斯国家是个沉重的打击。日本作为发动侵略战争的法西斯国家,竟然鼓吹《大东亚共同宣言》体现了《大西洋宪章》的精神,简直是滑天下之大稽,令人不齿。显而易见,日本召开大东亚会议,主导发表《大东亚共同宣言》,其目的是掠夺亚洲太平洋地区的资源,为实行经济榨取制造依据,加强日本对于东亚各国的控制。

三、"兴亚"旗号下的战争动员

太平洋战争初期日军在战场上的胜利,给日本国民带来了新的希望,很多人有从重压之下获得解放的感觉。

日本政府借机鼓动国民的战争情绪,加强了举国一致的战争体制,要求国民在后方支持战争。日本知识分子纷纷著书立说,继续从文化上支持日本扩大战争的政策。币原坦马上根据形势需要出版了《大东亚之育成》一书,在《朝日新闻》《东京日日新闻》等重要报纸上刊登广告,称这本书"是我国文教领域有重要影响力的大东亚地域专家所著,现在我们正在倡导的大东亚共荣圈建设,其实古代就早已有之并已经付诸实践。这本书是从考古学的角度进一步加以实证考察、论证"①,这时候在日本就连考古学都成了附会发动侵略战争歪理的工具。一些日本学者打着科学研究的幌子,主要是谴责西方的殖民侵略,为日本扩张寻找依据。兴亚日本社出版了柴田贤一的《白人侵略南洋史》,大日本雄辩会讲谈社出版京都帝国大学吉田三郎的《粉碎美国的野心》,外务省调查部监修了

---

① [日]《朝日新闻》,东京,1941 年 12 月 15 日。

《法属印度支那经济发达史》等专著。这些著作无不以日本发动"大东亚战争"是为了"帮助"东亚各国反对白人的压迫,批判美英等列强对东亚的掠夺、压迫立论,目的是让东亚各国不要抵抗日本。爱国新闻社出版内藤英雄的《新加坡》一书,该书在《朝日新闻》刊登了广告,广告没有介绍这本书中关于新加坡历史文化风俗等方面的内容,而是以"美国在东亚据点的暴露"[①]这种富于蛊惑性的用语,批判美国盘踞东亚的野心,让读者通过阅读该书,进一步理解建设"大东亚共荣圈"的意义。

　　侵华战争时期,日本加强了对报刊、广播等媒体的控制。在太平洋战争爆发前的1940年12月,日本政府成立内阁情报局,来掌控舆论。1941年1月,日本根据《国家总动员法》,制定对报纸、杂志、广播等传播媒体的限制令,禁止发表妨碍国家重大决定的言论,对一般性通信报道也有很多限制。在严格的新闻管控下,日本新闻媒体根本不能客观报道国内外形势,遑论批评政府了。太平洋战争前,日本国内媒体一直渲染所谓"A(美国)B(英)C(中国)D(荷兰)包围圈"的威胁,诱导国民关注形势,支持政府扩张政策。太平洋战争爆发后,日本政府更加严格地控制报刊、广播、出版等新闻媒体,市面上充斥着国防教育和国防建设的书,研究社会主义、马克思主义的著作绝迹,就连宣传自由主义著述也被禁止。1943年日本政府又通过《关于确立战时国民思想的基本方策要纲》,提出:"应动员学者、思想家以阐明皇国之道,清除现在学界、思想界的自由主义、个人主义和社会主义及其影响,确立完全以真正日本精神为基础的各种学说,并渗透于实际的教育教化

---

① [日]《朝日新闻》,东京,1941年12月19日。

之中。"①

　　日本政府实行严格的舆论控制，宣扬国家主义、日本文化的书籍大量出版。富山房书房出版发行了《第三战线——宣传战之基调》。② 该书认为，在当前形势下，应该重视舆论宣传的作用，媒体要重点揭露美英各国对亚洲的侵略压迫，阐明日本发动太平洋战争的正义性和必要性。侵华战争后，特别是太平洋战争爆发后，日本有关"国防建设"的书籍大行其道，要日本"全体国民正确理解国家的目标，理解新日本的政治理念，实行护持国家的方法"③，以实践"臣民之道"。大日本雄辩会编辑、讲谈社出版的《现在时局下的防空》，大日本出版株式会社编辑出版的《国防教育》，企划院研究会著、新纪元社出版的《国防国家纲领》，国防文化编著、万里阁出版的《国防政治学》等，都是著名的"国防教育"书籍，不断在《朝日新闻》《日日新闻》《读卖新闻》以及杂志上刊登广告，扩大影响力。而由秀文阁书房出版的野依秀市编著的《实践"臣民之道"》一书，得到当时日本军人、右翼分子的大力推荐，"头山满以及陆军大将南次郎、林铣十郎、本庄繁、板垣征四郎等倾力推荐，海军大将山本英辅、丰田副武，藏相贺屋兴宣为该书题字，文学博士三宅雪岭做序"。海军大将末次信正编写了《世界战争与日本大义》一书，被报纸吹捧为："末次大将最明确地指出了日本发展的方向，透彻地分析世界新秩序与大东亚战争的趋势。"④

　　日本的知名杂志社也不甘落后，从文化上支持太平洋战争。

---

① ［日］《戦時国民思想の基本方策を確立する要綱に関する》，《资料日本史 13》，第200 页。

② ［日］《朝日新闻》，东京，1941 年 12 月 14 日。

③ ［日］《朝日新闻》，东京，1941 年 12 月 18 日。

④ ［日］《朝日新闻》，东京，1942 年 1 月 4 日。

1942 年初,《改造》《文艺春秋》《中央公论》《日本评论》《现代》《新亚细亚》《东亚解放》《公论》等著名政论性杂志,在召开的新年座谈会上,组织专家、学者和媒体人就"建设大东亚共荣圈"问题开展笔谈,各个杂志纷纷开设"大东亚战争"专栏。专栏主要是批判美英压迫东亚民族的政策和实际危害,从"兴亚"的角度鼓吹太平洋战争是日本"领导"东亚驱逐西方侵略的攘夷战争,是为了实现日本与东亚各国"和衷共济、共存共荣"。"为了大东亚的防卫,需要将确保帝国必要的战略要冲及人口稀薄地区、缺乏独立能力地区作为帝国的领土,鉴于历史上的政治状况,在大东亚战争及大东亚建设上的需要,容许这些地区独立,至于统治的方式及独立的样式、条件、时间等在考察各项事情后决定。"①认为"天皇陛下为了大东亚的建设即亚洲解放,向美英两国的宣战大诏是拯救亚洲十亿民族的福音,是世界史上万古不变的宣言。"②当时日本有影响的政论杂志,是思想文化支持战争的重要推手。

　　近代日本发动对外侵略战争时,一直重视对国民的宣传和鼓动,可以说,自甲午战争以来,日本政府就支持煽动战争的"笔部队"。所谓"笔部队"就是文人以手中的笔作为支持战争的武器,创作鼓吹战争的小说、诗歌、报告文学等,配合侵略战争。日本发动侵华战争后,文学艺术被纳入战争动员体制中。卢沟桥事变后,日本文学界组成"文学报国会",大量创作所谓的"报国文学"。火野苇平描写徐州会战的《小麦与士兵》发行了 100 多万册。这部小说歌颂"武士道"精神,获得了日本文学界颇具影响力的芥川奖,被吹

---

① [日]《杉山ノート》,第 354 页。

② [日]伊东六十次郎:《大东亚战争と东亚联盟运动》,《东亚联盟》,东京,1942 年第 3
　　期,第 8 页。

捧为世界最高的战争文学作品。火野苇平后来又创作了《土地与士兵》《花儿与士兵》,与《小麦与士兵》共同构成了著名的"士兵三部曲",成为日本战争时期"报国文学"的样板,在日本社会引起了很大反响。太平洋战争爆发后,日本再度出现短暂的"报国文学"的创造高潮,绪方文雄的《陆军病院》①、坂口一郎的《独立机关枪部队》等②都有很高的销量,小说描写了日本士兵为了东亚各国的"解放",为了消灭美英侵略者,勇于牺牲的故事。文学作品语言生动、可读性强,小说就是抓住这些特点,煽动读者的极端民族主义情绪,从文学视角响应政府战争动员号召,支持战争。

　　甲午战争期间,日本就出现了"为鼓舞民心而创作、在社会上广泛传唱'膺惩猪尾奴'的歌曲。这就像强心剂,蔑视支那的思潮迅速弥漫"③。日本发动侵华战争后,文人创作了大量"兴亚"、歌颂"大东亚战争"、歌颂日本军人的歌曲,特别是进行曲。"兴亚大进行曲"是由大政翼赞会、大日本兴亚同盟、日本广播协会共同创作的,号称"兴亚大进行曲,要消灭美英! 十亿人歌唱'亚洲的力量'"④。萩原四朗的"爱国歌曲'羽衣姑娘'则以日本发布宣战布告为背景,表达消灭美英的决心"⑤。这些歌颂日本的战争歌曲中,有很多合唱作品。因为合唱作品气势恢弘,更有感染力和冲击力。如"决战之歌""亚洲的力量"等,号称要让美英"葬身亚洲"⑥,曲调铿锵有力、歌词富于煽动性。

---

① [日]《朝日新闻》,东京,1941 年 12 月 23 日。

② [日]《朝日新闻》,东京,1942 年 1 月 24 日。

③ [日]河源宏:《近代日本のアジア認識》,东京:第三文明社,1976 年,第 41 页。

④ [日]《朝日新闻》,东京,1941 年 12 月 17 日第 2 版广告。

⑤ [日]《朝日新闻》,东京,1942 年 1 月 1 日第 5 版广告。

⑥ [日]《朝日新闻》,东京,1942 年 1 月 17 日(夕刊)第 1 版广告。

　　明治维新后,随着日本步入近代化发展道路,西方的电影技术也传到了日本。19世纪末,日本出现了无声电影,此后,日本电影从无声到有声。20世纪30年代日本有很多电影摄制公司,电影作为新兴娱乐方式走进普通日本人的生活。在战争形势下,日本加强了对电影的控制,鼓励电影公司拍摄所谓的"国策电影",战争影片增多。大村益次郎是近代日本著名的军事家,明治维新前大村益次朗在长州藩进行军事改革,指挥讨幕军打败了幕府军。他在创建日本近代军事体制中,起过重要作用,1869年死去,被日本封为"战神"。影片《木村益次郎》通过歌颂木村益次郎在日本近代军队建设中的作用,唤起日本人的"国防意识",使其支持侵略战争。影片公司在《朝日新闻》等发行量很大的报刊上刊登广告,号称影片是"描写热血男儿的生涯,一曲悲剧大构思的画卷"①。故事片《大海之母》所做的广告,号称影片能够"唤起一亿同胞的感动"②,让人有一睹为快的冲动。《朝日新闻》等大报为这些电影刊登大幅广告,与其说是要扩大票房,不如说是为动员民众的战争情绪。

　　日本的百货商场还经常举办以战争为主题的绘画、摄影等展览会。展览会会场一般都在大百货商场的"慰问袋用品"特卖会旁边,便于观众参观展览后,购买慰问品。1941年的岁末,正值日本发动太平洋战争后不久,日本漫画会在著名的银座松屋百货店举办《对美漫画展》。大阪每日新闻社也在松坂屋百货店举行"一亿奋起,崛起之秋为主题的必胜太平洋战"③的主题作品展览会。松坂屋还在东京上野、银座等地的各个分店举办慰问品专场特卖会,

---

① [日]《朝日新闻》,东京,1942年1月9日第4版广告。
② [日]《朝日新闻》,东京,1942年1月26日第4版广告。
③ [日]《朝日新闻》,东京,1941年12月19日第4版广告。

鼓吹"以国运相赌之战,要沉着冷静,坚持到最后,特设立皇军慰问品卖场"①,招揽顾客前往选购慰问品。1942年1月13—30日,日本报知新闻社、东京日日新闻社、同盟通讯社、中外商业新报社、读卖新闻社、国民新闻社、朝日新闻社、都新闻社等多家平面媒体,与著名的大百货店合作,举办"大东亚战争展",展览得到陆军省、海军省、情报局的鼎力支持。展览方表示要"请观众见证日本民族的世纪发展,观看大东亚战争展"②。伊势丹、东横、高岛屋、松屋、松坂屋、三越、白木屋等百货商场设立了七个分会场,各会场分别以泰国法属印度支那、总论、荷属印度尼西亚澳洲、菲律宾、中国、美国、马来西亚缅甸为主题,这些百货公司为展览提供场地,同时也分发商品推销广告,销售商品与协力战争两不误。如高岛屋就有"把相关物品放进慰问袋中"③的广告词。日本商家利用宣传战争实现盈利,而"慰问袋"的推销,又为战争推波助澜。

相扑被称为日本的国技,虽然有研究表明相扑起源于中国,但是,这种比赛在中国早已没有市场。相扑短时间决定胜负、部分体重级别对抗等特性,深受崇尚强者的日本人的喜爱,相扑比赛一直有很多观众。日本的国技馆在相扑比赛季,不断在报纸上刊登"爱国捐献大相扑大会"④的广告,为战争筹集资金。

为了让日本人了解南洋资源的状况,各出版社争相编辑出版介绍南洋各国资源、经济开发、风土人情的书籍,如:一井修著《东亚国土计划》、野村贞吉著《新加坡与马来半岛》、下田博著《南洋经

---

① [日]《朝日新闻》,东京,1941年12月23日第4版广告。

② [日]《朝日新闻》,东京,1942年1月13日第4版广告。

③ [日]《朝日新闻》,东京,1942年1月10日第4版广告。

④ [日]《朝日新闻》,东京,1942年1月13日第3版广告;《朝日新闻》,东京,1942年1月19日第3版广告;《朝日新闻》,东京,1942年1月24日第3版广告等。

济论》、贺川英夫著《南洋诸国的资源与产业》、内田义信编《东亚的矿物资源》,等等。书籍并非仅仅一般性地介绍东亚各国的资源分布、产量、开发状况等基本国情,而是要阐述这些国家的资源对日本生存的意义,鼓吹这些地区虽然资源丰富,但是,它们的国家根本没有能力开发这些资源,只有"将非有力民族居住的地方当作日本的领土",才能"为东亚诸民族开发利用"①,即日本掌握其资源,是为了所谓的生存、自卫。《新经济》杂志组织召开了"大东亚解放构想座谈会",讨论"决战形势下重要产业、石油、铁、橡胶、洋灰等资源"②的开发利用,提出在"大东亚战争爆发前,敌我经济力量在钢铁、煤炭、石油、造船、汽车等方面的差距非常明显,这些经济上的不利态势,因初战的赫赫战果而大大地得到了缓解"③。总体来说,日本地少人多,南洋地区大量未开发的资源,应该为日本所拥有,去进行有效的开发。朝日新闻社组织编写了《大战下的最新世界大地图》,收录有太平洋详图和东亚共荣圈详图,④直观地呈现东亚太平洋的人口、资源开发等信息。

　　太平洋战争爆发后,日本人短时间内有从重压之下获得解放的感觉。但是,日本人天生的危机感,让他们意识到美国强大的国力、军力不可小觑,战争如果继续下去,日本本土都有可能受到战争的波及,如果再遭到美军空袭,安全实在堪忧。日本从事民用建筑设计、施工的公司,开始生产挖掘防空洞的工具,并大量刊发广告,称自己公司的"防空壕由内务省指导,帝国防空事业社负责设

---

① [日]《石原莞尔选集 4》,第 161 页。

② [日]《朝日新闻》,东京,1942 年 1 月 16 日第 3 版广告。

③ [日]宫崎正义:《大东亚战争及最终战与经济联盟》,《东亚联盟》,东京,1943 年第 2 期,第8 页。

④ [日]《朝日新闻》,东京,1941 年 12 月 19 日。

计施工"①,质量有保证。大日本防空事业公司还介绍了自己的产品,可以用于"工厂、家庭的防空壕挖掘,拥有无可比拟的市内施工能力"②。日本建筑机械制造企业大力推销挖防空洞的产品,既有为了公司生存考虑的因素,其实也是日本人对战争前途深切忧虑的反映。日本商家适应市场需要,生产防备空袭的防空洞挖掘设备、防空遮光幕布等,以"为预备战时之需③"。另一方面,战争体制下日本人也要生活,电灯泡是生活必需品。但是,当时日本企业生产的灯泡寿命比较短,生产电灯泡企业,为了表明自己产品质量好,在广告中经常使用"一亿向前,火之球,马自达灯泡"④等双关语。电灯泡又称"火球",这则广告让消费者将火球与让敌人葬身火海联系起来,表现日本的战斗决心。战争时期日本本土人口大约六千多万,如果加上日本殖民的朝鲜、台湾,人口大约一亿。日本的商业广告经常用"一亿"这个数词来表示举国一致的决心。

为了积蓄战争资金,日本政府号召国民参加"爱国"储蓄,大藏大臣贺屋兴宣号称"理财圣手",他主导大藏省制定了奖励储蓄、战时财政等政策,提出"储蓄报国:储蓄是一亿国民的旗帜"⑤,有许多鼓动国民参加储蓄的宣传,"储蓄报国:国民力量表现在储蓄中"⑥"储蓄报国:一亿人心中准备着储蓄单"⑦,等等。日本邮局发行了战争国债,号召日本人去购买。从太平洋战争爆发到 12 月 13 日,

①⑥［日］《朝日新闻》,东京,1941 年 12 月 12 日。

②［日］《朝日新闻》,东京,1941 年 12 月 17 日。

③［日］《朝日新闻》,东京,1941 年 12 月 12 日、12 月 14 日、12 月 17 日、1942 年 1 月 8 日的广告等。

④［日］《朝日新闻》,东京,1941 年 12 月 22 日。

⑤［日］《朝日新闻》,东京,1941 年 12 月 11 日。

⑦［日］《朝日新闻》,东京,1941 年 12 月 13 日。

短短的几天之内,日本各界为战争的捐款达到八百万日元。① 日本政府要求国民应"毫无疑义地舍弃一切私利而奉公。以义勇公之心去殉国,是我日本精华之所在"②。媒体提出生活革新,打出了"奢侈品是敌人"的口号。在这种形势下,生产美容用品的公司销售受到影响,为了推销商品,美容化妆品公司将女性健美与"铳后支援"联系起来,出现了诸如:"塑造简朴的女性美。铳后需要身心健全的女性,首先要有健康的皮肤,请使用防止洗脸、入浴后皮肤干燥的基础化妆品"③的宣传。可以说,太平洋战争后日本的战争动员到达了无孔不入的地步。

日本"举国一致"体制随着战争进程而不断强化,日本政府对出版、学术研究有更加严格的限制,"政府有权对报纸及其他出版物的内容进行限制直至禁止"④,社会各个角落无不卷入战争体制之中。报纸在新闻报道中宣扬日本"是东亚的轴心国家,而其他国家是卫星国家,只有依靠我国的领导或培养才能获得发展"⑤,鼓吹"东亚共荣圈并非日本的权宜之计,是为了日本国家民族的长远发展,也是为了东亚各国的自立和繁荣"⑥。在日本政府的控制和舆论的鼓动下,日本人的"报国"情怀融入"战时"生活中,就连牙膏、肥皂、灯泡等日常必需品,也被赋予了保卫"皇国"的特殊意义,如"全力保卫我们的领空、我们的国土!狮王牙膏"⑦。狮王公司是明

---

① [日]《朝日新闻》,东京,1941 年 12 月 14 日报道:"瞬间突破八百万元。"

② [日]津田信吾:《日本の进む道》,《东亚联盟》,东京,1940 年第 11 期,第 12 页。

③ [日]《朝日新闻》,东京,1942 年 1 月 11 日。

④ [日]《法令全书》,昭和 13 年《法律》,东京,第 109 页。

⑤ [日]《资料日本现代史·13》,第 171 页。

⑥ [日]尾崎秀实:《东亚共荣圈の新课题》,《尾崎秀实著作集》第 5 卷,第 186 页。

⑦ [日]《朝日新闻》,东京,1942 年 1 月 20 日。

治时代创立的企业,其生产的牙膏、肥皂、洗涤用品、非处方药等在日本享有盛誉,其中的狮王牌牙膏更是拳头产品,直到今天仍然占有巨大的市场份额。狮王公司在牙膏广告中,用"保卫我们的领空"字样,借助狮王的威力来表明牙膏的清洁力,太平洋战争后狮王形象契合日本炫耀威力,决胜美英的目标,广告一语双关。

　　太平洋战争爆发后,日本为了保证军需,还大量征集国内商船运输军用物资。这些商船没有基本的防御设备,在运输过程中,多数被美军击沉在海上。笔者多次到神户的"战殁船和海员纪念馆"参观。纪念馆以"海员誓不再战"作为展馆的主旨,指出"从中日全面战争到 1945 年 8 月军国日本失败,因战时动员,很多船员和民间船舶被卷入战争,在南方海域和日本沿海中船沉人亡。'海上墓碑'不会随时间流逝而被消失,那是沉没的船和遇难者在无声倾诉","对海洋国家日本来说,与海外诸国保持友好协调关系,营造和平之海是生存的绝对条件,我们海员誓言不再让大海成为战场",在表达建设"和平之海"决心的同时,认为日本政府一意孤行发动战争是导致民间商船与船员牺牲的原因。"日本 1941—1945年与美国、英国、荷兰、中国等世界上许多国家进行第二次世界大战,这是'无谋'的战争,导致众多船只在战争中沉没"①,认为对于资源匮乏的日本来说,实行和平政策,才能与各国友好相处,获得生存与发展的条件。战殁船和海员纪念馆将目前收集到的,从1942 年到 1945 年被政府征集用于军资运输商船的情况进行统计,将被击沉商船名称,建造年代,被炸沉的时间、地点,沉船起火时的照片等详细列出。根据他们的调查、核实,太平洋战争爆发后,日本总计征用 7 240 艘商船,其中汽船 3 575 艘,机帆船 2 070 艘、渔

---

① [日]战殁船与海员资料馆解说词。

船1 595艘。商船被击沉后,有60 608名船员遇难,其中包括许多刚刚走出商船学校校门的十几岁少年。遇难船员来自日本北海道、本州、九州、四国、冲绳等地,还有少量的朝鲜、中国台湾、桦太以及外国船员(当时日本将朝鲜、中国台湾等殖民地以外地区的人称为外国人)。通过照片和数字,可以看到战争后期日本政府为挽救失败命运的孤注一掷和垂死挣扎。

总之,太平洋战争爆发后,日本举国处于极为疯狂的战争狂热之中。日本政府对内实行法西斯专制统治,日本国内的反战团体及其反战活动受到残酷镇压。日本共产党只能在地下活动,影响力和号召力十分有限。分散于民间的反战组织及其反战活动,由于没有统一的领导和目标,也难以形成规模,对战争体制的影响微乎其微。这样太平洋战争爆发后,日本支持战争的狂潮愈演愈烈。在"举国一致、坚忍持久"的战争体制下,日本政府宣传"产业报国"、践行"臣民之道",实行疯狂的战争动员和社会控制,鼓吹"东亚共荣圈并非日本一时的权宜之计,是为了日本国家民族的长远发展,也是为了东亚各国的自立和繁荣"①,实际危害了人类的正义、和平与光明,给世界人民带来了巨大灾难,最终害人害己,这个教训应该永远铭记。

第二节 "大东亚共荣圈"的覆灭

一、世界反法西斯战争形势的发展

日本自1931年发动九一八事变以来,不断扩大对中国的侵略,1937年7月7日,挑起全面侵华战争。日本严重侵害了中国的

①[日]尾崎秀实:《东亚共荣圈の新课题》,《尾崎秀实著作集》第5卷,第186页。

主权和利益,也进一步加剧了国际形势的紧张态势,实际上打破了第一次世界大战后形成的相对稳定的世界格局。中国作为国际联盟的成员之一,一直没有放弃利用外交手段制止日本的侵略。但是,无论是九一八事变还是卢沟桥事变,西方国家为了自身的利益,并未对日本采取应有的压制措施,意图通过绥靖政策来换取和平,助长了日本进一步扩大侵略的气焰。1937 年 7 月 16 日,美国国务卿赫尔发表了《关于国际政策基本原则之声明》,提出在谈判和协议的基础上解决调整国际关系,切戒使用武力,但是,没有明确提出制止日本的侵略,是一个空洞而抽象的声明,泛泛地希望"和平解决国际冲突"。

9 月 12 日,中国国民政府第二次向国联提出申诉,国联咨询委员会向日本发出邀请信。日本拒绝第三者调停,认为"日中间的问题,日中两国依据事实,能够找到公正妥善解决的办法"①。国联在没有日本参加的情况下,召开会议专门讨论中国的申诉,10 月 6 日,国联通过了关于中日战争的决议。决议指出日本在华的行动"违背了日本在九国公约及巴黎非战公约下所负义务",对中国表示同情和支持,建议成员国"单独援助"中国。法国认为"任何行动,没有美国的参加是不行的"②。这时,欧洲形势日益紧张,英国与德国的矛盾激化,只要日本对中国的侵略还没有影响英国在华利益,它就不会关心中日之间的战争。淞沪抗战爆发后,国民政府一再提醒英美,日本的侵略将威胁英美在中国的利益和威望,英美不应漠视日本的侵略。1937 年 10 月,美国罗斯福总统发表"隔离演说",由于美国孤立主义者的攻击,罗斯福总统又发表"炉边谈

---

① [日]赤松枯之:《昭和十二年的国际形势》,日本国际协会,1938 年,第 462 页。

② 顾维钧:《顾维钧回忆录》第 2 分册,北京:中华书局,1985 年,第 409 页。

话",强调召开九公约国会议是为了调停中日战争,而非对日本实行制裁。11 月,九国公约缔约国在比利时首都布鲁塞尔举行会议。会议通过共同宣言和声明,指出在法律上"根本不存在任何国家动用武装力量去干涉他国内政的法律依据",驳斥了日本提出的中日直接交涉的论调,"如果这个问题上让中日单独解决,则武装冲突……将永无止境"①。布鲁塞尔会议没有对日本采取实际制裁措施,直至发动太平洋战争,英美才对日本宣战。

　　日本在远东破坏国际秩序的同时,希特勒统治下的德国极端民族主义泛滥,1939 年 9 月 1 日,德军对波兰发动突然袭击。波兰军队虽奋力抵抗,但终究力量有限,没有抵挡住德国的"闪电战",波兰覆亡。希特勒进攻波兰,英国、法国等波兰盟友,宣布对德国开战。然而,英国、法国并没有向波兰提供任何实际的支援,出现了"奇怪的战争"。1940 年 4 月,德国又发动"闪电"攻势,占领了丹麦、挪威、卢森堡、荷兰、比利时等国。德军还绕过法军重兵设防的马其诺防线,侵入法国境内。1940 年 5 月,英法联军在法国敦刻尔克大撤退。1940 年 6 月,德国对法国发动了总规模的进攻,法国迅速投降。

　　一连串的军事胜利,使德国的扩张野心进一步膨胀。1941 年 6 月 22 日,德国单方面撕毁《苏德互不侵犯条约》,向苏联发起突然袭击,苏军猝不及防。德军长驱直入,平均深入苏联境内六百公里。1941 年 9 月 6 日,德军进攻莫斯科,苏联开始了艰苦的莫斯科保卫战,粉碎了德国军队迅速占领莫斯科的企图。1942 年初,苏军反击歼灭德国军队 50 万人。1942 年 7 月 17 日,德国发动斯大林

---

① 李世廉等:《第二次世界大战起源历史文件资料集》,上海:华东师范大学出版社,1985年,第 64—66 页。

格勒战役。苏联军队顽强抵抗,德军始终未能完全占领这座城市。苏军集中兵力,对斯大林格勒附近的德军主力实行分割包围。1943年2月,苏军取得斯大林格勒战役的胜利。苏军开始转入战略反攻阶段,第二次世界大战进入转折点。1943年8月,苏联红军在库尔斯克会战中挫败德军在东线最后一次战略攻势。

德国、意大利的军队除在欧洲扩张战争外,还向北非进攻。1943年4月,北非的德意军队在英军的打击下投降。1943年7月,美英军队在意大利的西西里岛登陆,墨索里尼政府垮台。9月,意大利政府宣布投降,德意日法西斯轴心国开始瓦解。

1944年6月,英美军队发起诺曼底登陆战役,成功地开辟了第二次世界大战的欧洲第二战场,迫使德军两面作战,加速了德国的失败。5月8日,德国签署无条件投降书,欧洲战场的战争宣告结束。

在欧洲战场发生重大转机之时,以美国为首的反法西斯主要国家开始规划第二次世界大战结束后的世界秩序。中国人民艰苦的持久抗战,有力地支持了世界反法西斯战争,减轻了美军在太平洋战场的压力。美国看到了中国持久抗战在抵抗日本中的作用,为了发挥中国抵抗日本侵略的作用,也为了美国在战后东方新秩序中处于有利的地位,1943年1月,美国与中国签订《关于取消美国在华治外法权及处理有关问题之条约》(中美新约),英国与中国同名条约也在重庆签字。美英放弃在中国的治外法权及其他特权,废除两国与中国签订的辛丑条约,终止依该条约及附件所享有的一切权利,交还租界,撤销两国在中国沿海和内河航运的特权等等。中美、中英新约的签订,从法理上结束了其在中国的特权,使中国获得了与西方国家平等的地位,中国人近百年来废除不平等条约的目标得以实现,并开始作为世界上重要的大国参与国际事务和战后世界秩序的规划。

1942 年 1 月，美、英、苏、中、法等 26 个国家签署了《联合国家宣言》，蒋介石还是中国战区的最高统帅，中国的国际地位比以前有所提高，国民政府也通过一系列的国际活动，确立并提高其国际地位。1943 年 10 月，美、英、苏三国外长在莫斯科举行会议，通过了关于普遍安全的宣言。美国坚持宣言以包括中国在内的四国名义发表，中国代表在宣言上签字。这表明中国作为四大国之一，在国际事务中发挥作用。1943 年 11 月 22—26 日，中美英三国首脑蒋介石、罗斯福、丘吉尔及其随从人员在埃及首都开罗会晤，签署了《开罗宣言》。中国作为大国，参加了联合国等国际组织的创立，这是中国国际地位的提高，也对最终战胜日本侵略有重要意义。

二、日军在战场上接连失利

日本发动太平洋战争之初，靠偷袭占到便宜。但是，好景不长，战争形势很快朝着不利于日本的方向发展。1942 年 6 月，日本海军为消灭美国太平洋舰队，决定发动中途岛战役，企图再次通过突然袭击，给美国海军以重创。美国方面在中途岛战前破译了日本海军密码，掌握了日本海军的作战计划，制订了有针对性的计划。中途岛战役，美军以少胜多，取得重大胜利。中途岛战役意义重大，改变了太平洋地区日美航空母舰实力对比，日本在太平洋战场开始丧失战略主动权，战局向有利于反法西斯一方发展。1942年 8 月，美国开始实施攻占太平洋诸岛的作战。9 月，美军在瓜达尔卡纳尔岛海战中取得胜利，日军损失惨重。美军占领瓜岛，成为太平洋战争的转折点。日本失去了在太平洋战场上的主导权，海军与日本本土的联系中断，在兵员补充、武器补给、粮食供给等方面，都出现了严重困难。日本在太平洋各岛开始了疯狂的"玉碎"

作战，做最后的挣扎。

东条英机政府为了提高军需物资的生产，设立"监察使"，"派有经验的人到各个军需工厂，督导生产，以期提高效率。同时，在内阁设立'军需省'，以实业家为军需大臣，全力进行以建造飞机为主的军需品生产"①，然而，这些措施都没有取得什么实际效果。1944 年 6 月，美军占领塞班岛后，日本舰队完全失去空中优势，不断遭到美军空军和海军的袭击，而且日本本土经常遭到轰炸，很多军需工厂被炸毁，日本国内更加一片混乱。

太平洋战争爆发后，中国战场仍抗击着半数以上的日军，中国的抗战减轻了盟军在太平洋战场上的压力，使日本与德国东西并进计划化为泡影。中国军队还组织远征军出国开赴缅甸对日作战，在一次对日作战中，解救 7 000 名英军官兵。中国驻印军、远征军的缅北、滇西反攻，为收复缅甸奠定了基础。中国的抗日战争既是为中华民族独立、主权而战，也是为世界和平、正义、进步而战。1943 年 11 月，中美英三国首脑举行开罗会议，会上通过的《开罗宣言》，是战后处理日本问题的重要依据，宣布"三国军事方面人员，关于今后对日作战计划，已获得一致意见。我三大盟国决心以不松弛之压力，从海、陆、空各方面，加诸残暴之敌人。此项压力已在增长之中。我三大盟国此次进行战争之目的，在于制止惩罚日本之侵略。三国决不为自身图利，亦无拓展领土之意。三国之宗旨，在剥夺日本自 1914 年第一次世界大战以后在太平洋所夺得或占领之一切岛屿，在使日本所窃取于中国之领土，例如满洲、台湾、澎湖群岛等，归还中国"②。该宣言明确肯定了中国保持领土完整、收

---

① ［日］重光葵：《昭和の動乱》，东京：中央公论社，1952 年，第 222—223 页。
② 《国际条约集（1934—1944）》，北京：世界知识出版社，1961 年，第 407 页。

复失地的权力,确认中国对于台湾的主权地位。

日本打着反对欧美白人压迫,共同建设"大东亚共荣圈"的旗号侵略其他国家和地区。但是,其侵略扩大遭到了东亚以及太平洋国家的抵抗,日军在战场上不断失利,面临的困难越来越多,其失败已成必然。

三、"大东亚共荣圈"覆灭

日本在太平洋战场对美军失去空中优势,采取了更加疯狂的手段,企图做最后的挣扎。为了抵抗美军的优势,1944 年 10 月 20 日,日本建立了特别攻击队即"神风"特攻队,以"一人一机一弹换一舰"的有去无回自杀式手段,用飞机去撞击美国舰艇编队、登陆部队及固定的机群目标。"神风"就是台风,1274 年和 1281 年,忽必烈率军两次对日本东征,都因为海上突如其来的台风,导致元朝的舰队损失,东征损兵折将,无功而返。日本人认为是神武天皇的鬼魂掀起的"神风"击退了元军,用"神风"命名敢死队,其实是日本人在必败的战争形势下,进行垂死挣扎心态的反映。笔者 2018 年夏天到发现汉代金印的志贺岛,岛上不仅有金印公园,还有"元寇史迹蒙古冢"。日本南九州市的知览,是日本本土唯一的"神风"特攻队基地,战后建立了特攻和平会馆。在会馆的展览提纲中写道:"我们应该感谢特攻队员以及在各个战场上牺牲的人给今天日本带来的和平,追思特攻队员的遗德,绝不能重演战斗机上装满炸弹冲向敌机那样无视生命、无视尊严的战法了。不要让这些悲剧重演。"①知览特攻和平会馆前广场上的和平碑上书:"超越国家、超越民族,宣誓和平。"这个纪念馆保存的是神风特攻队员为国家牺牲

——————————

① [日]知览特攻和平会馆解说词。

的历史记忆,并没有思考、反省这些年轻生命消逝的原因,也没有反思战争的性质。

随着德、意法西斯覆灭,日本与希特勒在东西方共同打破凡尔赛华盛顿体系,建设新秩序的计划破灭,日本在国际上更加孤立。德国投降后,世界反法西斯力量将作战重心东移,全力对付日本。在反法西斯战争即将取得胜利之际,1945 年 2 月,美、英、苏三国首脑在雅尔塔举行秘密会议,签订了《苏美英三国关于日本的协定》,规划了战后秩序。日本在太平洋战场、中国战场节节败退的情况下,仍然企图负隅顽抗,提出"本土决战""一亿玉碎",做最后的挣扎。6 月下旬,美军进攻并占领冲绳,完成了"越岛进攻"的最后一战。同时,美军还对日本东京、名古屋、大阪等工业城市进行大规模轰炸,日本完全丧失了制空权。

为了督促日本早日投降,1945 年 7 月,美、英、苏三国首脑在柏林西南的波茨坦召开会议,以宣言的形式,发表了《美中英促令日本投降之波茨坦公告》,敦促日本所有武装部队立即无条件投降,否则日本将迅速毁灭。《波茨坦公告》还重申"《开罗宣言》之条件必将实施,而日本之主权必将限于本州、北海道、九州、四国及吾人所决定其他小岛之内"[1]。日本政府认为《波茨坦公告》不过是《开罗宣言》的老调重弹,没有什么价值,决定"不予理会"。

日本公开拒绝《波茨坦公告》,盟国决定对日本实行最后打击。1945 年 7 月 27 日至 8 月 1 日,盟国飞机在日本东京等大城市上空散发传单和《波茨坦公告》,警告日本如果不投降,将受到更加严厉的打击。8 月 6 日和 9 日,美国在日本的广岛和长崎投下原子弹,

---

[1] 世界知识出版社编:《国际条约集(1945—1947)》,北京:世界知识出版社,1959 年,第 78 页。

造成这两个城市平民的巨大伤亡，也加速了日本投降。8 月 8 日，苏联对日宣战。8 月 9 日，百万苏联红军越过中苏、中蒙边境，向驻扎在中国东北的关东军发动进攻，关东军迅速溃败。8 月 9 日，毛泽东发表《对日寇的最后一战》，要求八路军、新四军及其他人民军队，向侵略者进攻。中国战场全面进行对日反攻作战。8 月 9 日，日本召开最高战争指导会议，讨论是战还是降的问题。日本政府认为已经到了不得不接受《波茨坦公告》的时候了。8 月 10 日，日本外务省通过中立国瑞士和瑞典政府，将接受《波茨坦公告》的照会转交中、美、英、苏四国政府。8 月 14 日，日本召开御前会议，决定接受《波茨坦公告》，并正式照会中、美、英、苏四国政府。15 日，日本天皇以广播讲话的形式发表《终战诏书》，宣布日本军队无条件投降，日本发动侵略战争最终以失败而告终，其“大东亚共荣圈”的迷梦彻底破灭。

战后“大东亚共荣圈”无论是作为侵略理论，还是侵略政策，受到了人们的唾弃与批判。“大东亚共荣圈”是近代以来“兴亚”的新演进，它企图以“共荣”“沟通”等名义，“化解”中国日益高涨的民族主义，把中国的对日抗战引导到对日“合作”上来，为野蛮的侵略战争打上“大义名分”的标签，使侵略利益“合法”化。

终章　对"兴亚"论的反思与批判①

第一节　战后处理日本发动战争的责任

一、清算日本发动战争的罪行

1945 年 8 月 15 日,日本天皇以"玉音"播放(广播讲话)的形式,宣布接受波茨坦公告,日本战败投降。9 月 2 日,在停泊于日本东京湾的密苏里号军舰上,反法西斯盟国举行了日本投降签字仪式,第二次世界大战正式结束。第二次世界大战,不仅改变了原有的世界格局,而且催生了新的世界秩序。在第二次世界大战中,发

---

① 与本章相关的内容,本人曾发表过《战后日本军国主义暗流存在的原因及影响》,《新视野》1999 年第 2 期;《日本近代的"皇国"观念与对外侵略战争》,《群言》2005 年第 9 期;《简论近代日本人中国观的演变及其影响》,《首都师范大学学报》2007 年第 7 期;《日本军国主义会卷土重来吗?》,《中国社会科学报》2014 年 4 月 5 日;《研究抗战 以史为鉴 珍爱和平》,《北京党史》2014 年第 5 期;《从外务省解密档案看中日关系发展中的"求同存异"》,《当代中国史研究》2011 年第 6 期;《不能忘却的记忆》,《中国社会科学报》2014 年 12 月 12 日;《战后日本的历史教育与教科书事件》,《历史教学问题》2015 年第 6 期。

动战争的德、意、日三个法西斯国家战败,其国力被极大削弱。反法西斯一方的英、法等国也遭受了严重创伤,其基本国力、国际政治影响力大幅度下降。在西方资本主义世界中,只有美国一枝独秀。美国本土没有受到战争损害,战争期间军事工业、科技获得很大发展,美国是世界上唯一掌握和实际运用核武器的国家。有强大的国力作后盾,其理所当然地成为西方资本主义国家的领头羊。战后社会主义力量也获得发展,社会主义制度超出一国范围,在东欧、亚洲的许多国家,共产党掌握或者参与政权。第二次世界大战后,世界范围内形成了美国与苏联主宰的"雅尔塔体系",成为新的国际秩序的基础。

日本宣布投降后,美国派出数十万军队,打着"盟军"的名义进驻日本,在东京成立以麦克阿瑟为首的盟军最高统帅司令部,美国的国家意志、对日政策都是通过盟军总部以各种形式实行。战后美国也要求其他国家派军驻扎日本。战后苏联国际影响力提升,它不愿意让军队置于美国指挥之下,且苏联对日出兵的目的已经达到,苏联表示不派兵去占领日本。美国要求中国派遣 10 个陆军师及空军去占领日本。国民政府决定以陆军青年军 3 个师编成对日派遣军。经过与美方协商,中国拟定派一个陆军师——荣誉二师去占领日本,名为"中国驻日占领军"。但是,由于国民党发动内战,国内形势紧急,派兵日本不了了之。英国战后实力削弱,无力派出对日占领军队,英联邦派了少数部队到广岛县的吴市,很难对美国产生牵制作用。可以说,美国实行什么样的占领政策,决定着战后追究日本战争罪行是否彻底,决定着日本的政治走向。

美国政府于 1945 年 9 月 22 日公布《投降后初期美国对日方针》,表达对日的目标是:保证日本不再威胁美国或世界和平与安全,把日本建成尊重其他国家权利,在联合国宪章的理想和原则之中,符合美国目标的、和平与负责任的政府。1945 年 11 月 1 日,美军参谋长联席会议向盟军司令官发出《投降后初期对盟国最高司令官占领及管理日本的基本指令》,指令表示,要尽量保证日本不再威胁世界的和平与安全,要创造各种条件,使日本最终作为负责任的且为和平的一员参加国际社会。战后美国很快就决定了对日本改革的目标,即实行民主化和非军事化的改革。所谓民主化,不仅是要消除日本的专制主义及其思想,将资产阶级民主主义制度和思想导入日本,还要消灭寄生地主制和解散财阀,铲除专制主义的经济基础。非军事化,就是清除日本军国主义和法西斯主义在社会各个方面的影响,解散日本的法西斯主义团体,还要从制度层面消除军国主义和法西斯主义的土壤。美国解散了日本军队及其统帅机关,实施了惩罚战争罪犯及战争鼓吹者等在内的措施,"美军不仅占据着胜利者的地位,而且还以改革者的身份推进日本的'非军事化'改革。美国将二战爆发的原因归结为日本和德国的军国主义,因此认为,只有对日本进行改革,瓦解日本军国主义存在的社会结构,削弱日本的军事能力,才能构建世界和平。抱着这样的目的,他们在进驻日本之前就制订了详细的计划,当军队进驻日本后,就开始按照计划在日本推行非军事化和民主化"①。美国的对日占领政策,就是要实现上述目标。在占领初期,美国对日本实行了较为严厉的制裁政策,对其政治、社会、教育等方面实行了一系列改革。

首先,美国主导日本以国家大法的形式,确立民主制度,防止重新发动战争。美国对日本实行了以民主化、非军事化为目标的改革,要从根本上改变近代形成的以天皇为核心的专制体制,制定

————————

① 〔日〕吉田茂:《激荡的百年史》,西安:陕西师范大学出版社,2006 年,第 87 页。

民主精神的宪法,取代《大日本帝国宪法》。1946 年元旦,天皇发表
《人间宣言》,回归人类,不是什么"现人神",日本天皇走下神坛。
战后对于如何处理日本天皇和天皇制,国际社会存在着不同看法。
多数反法西斯国家认为,日本天皇对发动战争负有不可推卸的责
任。日本人从小受"忠君爱国"毒害,青年因为"忠君"而走上对外
侵略的战场,成了炮灰。战后的日本要走和平道路,就必须废除落
后于时代的天皇和天皇制。"天皇很令人担心,战争结束时,日本
国民全部服从天皇的命令。如果今后仍服从天皇的命令,还可能
会发生不幸事件。因此,强烈要求废除天皇制,并且认为天皇是战
犯。"①美国国内对于是否保留天皇和天皇制也存在不同看法,很多
人表示,天皇制与民主精神不相符,落后于时代,应该彻底废除,警
惕日本今后还以天皇的名义发动对外战争,危害世界的和平。

　　面对国内外要求废除天皇制,甚至要求追究天皇战争责任的
呼声,驻日盟国最高司令麦克阿瑟却另有一番打算,他认为天皇在
日本人心目中具有不可替代的地位,盟军"没发一枪,没流一滴血,
就占领了日本,证明了日本天皇的力量非常强大。对日本来说,天
皇是很必要的,应协助日本维护天皇制"②,日本天皇对美国来说,
还有利用的价值,美国可以用天皇的影响,减少占领压力。美国还
可以借助改革,把日本变为亲美国家,从敌人、对手变为盟友,协助
美国的亚太地区战略。麦克阿瑟力排众议,认为:"天皇至少有 100
万军队的价值。"③美国政府赞同麦克阿瑟的看法,1946 年 2 月,麦
克阿瑟对日本提出修改宪法的三个原则:"一、天皇为国家元首,皇

---

① [日]《战后日本防卫问题资料集》第 1 卷,东京:三一书房,1991 年,第 67 页。
② [日]《战后日本防卫问题资料集》第 1 卷,第 66 页。
③ [日]林健太郎:《历史からの警告》,东京:中央公论社,1999 年,第 75 页。

位世袭,根据宪法行使职务及权能,根据宪法反映国民的意志。
二、废除作为国家主权发动的战争。日本放弃战争作为解决纷争
手段乃至保持本国安全手段。三、废除日本的封建制度。"①以麦
克阿瑟的"宪法三原则"为基础,美国着手对《大日本帝国宪法》进
行修改,将主权从天皇转移到国民身上,赋予国会真正的立法权
力,成为国家的最高权力机关。

　　日本政府于 1947 年颁布《日本国宪法》。《日本国宪法》在第
一章天皇第一条"关于天皇地位和国民主权"中明确规定,"天皇是
日本国的象征,是日本国民统一的象征,其地位以主权所在的全体
日本国民的意志为依据"。《日本国宪法》第二章为"放弃战争",在
宪法第九条"放弃战争,否认军备及交战权"中明确规定:"日本国
民衷心谋求基于正义与秩序的国际和平,永远放弃以国权发动的
战争、武力威胁或武力行使作为解决国际争端的手段";"为达到前
项目的,不保持陆海空军及其他战争力量。不承认国家的交战
权"②。日本明确放弃战争,专守防卫,保证战后日本走上和平道
路。1947 年的日本宪法又被称为"和平宪法"。

　　其次,解散日本军队,建立远东军事法庭,审判日本发动战争
的罪行,摧毁日本发动战争的能力。1946 年 1 月 4 日,盟军总司令
部公布《解除公职令》,开除军国主义、国家主义等右翼分子的公
职。此令让日本 20 多万人丢失了公职。美国还下令解散金鸡学
院、建国会、"东亚联盟"等 27 个右翼团体。美国通过日本政府宣
布解散参加支持战争的财阀,释放政治犯。

　　1946 年,盟国制定了远东军事法庭宪章,决定在东京设立国际

———————————

① [日]《战后日本防卫问题资料集》第 1 卷,第 67 页。
② [日]《日本国宪法》,2014 年。

军事法庭,审判发动战争的罪犯。日本首相东条英机等 28 名犯有严重战争罪行的甲级战犯被送交远东军事法庭审判。经过一年多的漫长审判,东条英机、土肥原贤二、广田弘毅、板垣征四郎、木村兵太郎、松井石根、武藤章 7 人,以反和平罪、违反战争法规罪和反人道罪,被法庭宣布处以绞刑。16 人被判处无期徒刑,2 人被判处有期徒刑。可以说,日本的战争罪犯受到了应有的惩罚。当然,远东军事法庭的审判也是很不彻底的,为日本军国主义的存续,留下了祸根。日本在美国监督下,遣散多达 740 万人的军队,解散日本最高军事指挥机关"大本营"以及相应的军事机构。为了维护治安,日本被允许保留 9 万多警察。警察只有少数人配手枪,其他人没有任何武器。美国还命令日本拆迁和销毁机器设备,消除日本制造武器的工业能力。

最后,美国主导日本颁布一系列法令、法规,全面推动日本政治、经济、社会等领域的民主化。美国通过日本政府公布了《教育基本法》(1947 年 3 月),着手对日本的教育制度进行改革。教育改革对于日本走上民主道路非常重要。明治维新后,日本确立"文明开化"的基本国策,希望通过学习西方先进的科学技术,促进日本人与社会的文明和进步。然而,日本学习西方并不彻底,保留了许多封建残余。明治政府先后颁布《学制》《教育令》等法规,仿照欧美建立小学、中学、大学等各级各类学校,确立了近代教育制度和学校教育的基本方向。然而,日本又很重视对学生进行思想控制。1890 年,日本天皇颁布《教育敕语》,中小学都开设以《教育敕语》为核心的修身课,系统向学生灌输"忠君爱国"等观念。战争结束前,日本的学校教育以《教育敕语》为圭臬,系统向学生灌输"忠君爱国"的落后思想,30 年代日本发动侵华战争后,中小学的修身、国语、音乐、美术等教科书中,充斥着歌颂士兵"精忠报国""舍身取义"等宣传军国主义的内容,把学生培养成时刻准备为天皇献身的工具。

在教育改革中,战后日本政府提出了贯彻民主、自由的原则,秉承"传承文化特色,培养历史思维能力,养成具有积极生存于国际社会日本国民的自觉与资质"①的理念,废除了带有严重封建色彩的"忠君"史观教育,在学校教育中贯穿西方民主、自由思想,消除封建思想赖以传播的渠道,使日本真正走向民主化道路。教育改革是对日改革最重要的内容之一。经过教育改革,日本取消了战前中、小学校的修身课,日本历史、日本地理课合并改为"社会科",目的是避免学校成为灌输军国主义思想的场所。

在政治方面,战后日本政府推行政教分离政策,放松了对工人运动和工会组织的控制,解除了党禁,实施言论与新闻自由。1947年日本政府颁布并实行了一系列法律法令,如《劳动基准法》《独立禁止法》《地方自治法》等,改革中央与地方的政治体制。在地方自治制度的改革中,实行知事、市町村长直接选举,扩大地方权力,削弱中央对地方的控制。

日本解散财阀、切断财阀家族对下属企业的控制,政府出台了很多法律,制定《禁止垄断法》《经济力量过度集中排除法》等,铲除日本财阀封建统制形式,采取禁止垄断的措施,缩小现有企业中经济力量过度集中的状况。在农村实行土地改革、劳动民主化,寄生性地主阶级被消灭,改变了封建土地所有制,农村的商品货币经济迅速发展起来。经济立法和一系列政策措施,为日本战后经济的恢复和发展奠定了基础。

战后美国主导下的日本政治、经济、军事、教育等方面的改革,

---

① [日]外务省百年史编纂委员会编:《外务省的百年》下,第172页。

基本铲除了日本发动战争的经济、政治和社会基础,建立了保证民主的制度和体制,日本真正走上了民主化道路,走上了和平发展的道路。战后改革是明治维新后,日本社会的又一次重大变革。

二、美国转换对日政策

美国战后对日本改革政策,铲除了军国主义的温床,促进日本走上和平发展道路。然而,由于国际形势风云变幻,美国对日政策并没有一以贯之,很快发生了变化。战后世界形成社会主义和资本主义两个阵营,国际政治向两极对立发展。美国代表的西方资本主义国家对社会主义国家和共产党领导的国家,采取敌视、封锁和遏止政策,美苏两个超级大国在世界范围内的争夺对立加剧,影响了各国关系的发展。日本投降后,国民党发动内战,企图消灭中国共产党,继续国民党一党独裁。然而,形势却朝着蒋介石期望的反方向发展,中国共产党领导的新民主主义革命即将取得胜利,国民党失败成为必然。美国出于其全球战略的考虑,希望日本成为其东方新的盟友,承担更多对抗苏联和中国的责任,不愿对日本实行过度的"压制",不让共产主义在亚洲"蔓延"和"扩散"。美国调整了对日占领政策,从"改革"日本转变为"复兴"日本,发挥日本在亚洲防范社会主义、共产主义中的"防波堤"作用。1950年朝鲜战争爆发,美国进一步加大了对日本的扶植力度。

早在1947年5月,美国副国务卿艾奇逊就提出:"欧洲和亚洲的复兴,就是要重建作为其工厂的德国和日本。"[1]5月5日,美国国务院政策规划研究室主任乔治·凯南提出,为了防止共产主义势力进入亚洲,就要复兴日本,让日本为远东地区的稳定与繁荣做

---

① [日]原荣吉:《日本の战后外交史潮》,东京:庆应通信出版,1984年,第28页。

贡献。1948 年 8 月,美国国务院政策设计室戴维斯提出:"对日本
媾和应促进美国在日本和太平洋地区的目的",即促成出现一个稳
定的"对美国友好的、一旦需要随时可以成为美国可靠盟友"的日
本。[①] 1948 年 10 月,美国国家安全委员会研究了对日政策,提出
美国下一个时期对日政策的重点是发展日本经济,扩大日本出口,
对日本真正用于和平目的的物资生产、进口不进行限制,把日本建
成抵抗共产主义的堡垒。美国改变了惩办日本军国主义势力、削
弱日本军工体制的政策,就是要利用日本防止社会主义、共产主义
在东亚"蔓延"。

　　朝鲜战争爆发后,美国急于让日本发挥防止共产主义势力蔓
延的作用。1951 年 5 月,美国制定《在亚洲的目标政策和行动方
针》,提出"美国在亚洲的目标、政策和行动方向,应有益于加强自
由世界相对于苏联势力范围的全球目标,并根据美国的势力与其
他在世界上承担的责任之间的相应关系来确定"[②]。这份文件提出
"帮助日本成为一个对美国友好的、自力更生的国家,使其能够维
护自己的内部安全并防御外来侵略,从而促进远东地区的安全与
稳定"[③]的对日政策。美国的目的明确,即扶植日本成为维护美国
在亚洲利益的力量。

　　美国改变了占领初期对日一系列惩罚性措施,不再拆除日本
的工业设备作为战争赔偿一部分,减少日本的战争赔偿。美国开
始允许日本生产一定数量的军用装备,日本的重工业和化学工业
企业,为美军生产了大量的军火和军用物资。据统计,在朝鲜战争

---

① 冯昭奎等:《战后日本外交》,北京:中国社会科学出版社,1996 年,第 75 页。
② 陶文钊编:《美国对华政策文件集(1949—1972)》第 1 卷,上,北京:世界知识出版社,
　2003 年,第 149 页。
③ 陶文钊编:《美国对华政策文件集(1949—1972)》第 1 卷,上,第 151 页。

期间,"日本电力的 70％、煤炭的 80％、船舶与陆地运输的 90％,都用来满足美军在朝鲜作战之需要"①,日本名副其实地成了美军的军备物资供应地。美国首任驻日大使墨菲承认,如果没有日本的物资供应,没有熟悉朝鲜情况的日本专家协助,美国和联合国肯定会在朝鲜遇到更多、更大的困难。美国还对日本实行直接的经济援助,1945 年到 1951 年,美国以"占领地区救济基金"和"占领地区经济复兴基金"的名义,向日本提供了多达 21.28 亿美元的经济"援助"。美国还给予日本大量的军事"援助"。

　　为了建立与日本的同盟关系,美国一手操纵了国际社会的对日媾和,日本选择站在美国为首的"自由世界"一边,配合美国的全球战略。朝鲜战争爆发后,美国为了更加有效地利用日本的军事基地,急于与日本结束战争状态。日本由于发动侵略战争,战败投降时,与世界上大多数国家中断了外交关系,还撤回了在少数中立国家的外交官员,成了"国际孤儿"。"(1945 年 10 月 25 日)总部指令日本引渡驻外大使馆、公使馆资产和停止外交活动","(命令)致使日本驻瑞士、瑞典、葡萄牙、阿富汗、冰岛以及梵蒂冈等中立国的公使丧失了外交职能"。"11 月 4 日,总部又发出指令:'今后,除了得到盟军最高统帅许可,日本政府应终止与各中立国政府及其驻日代表之间的关系'。"②战败后,日本面临恢复发展经济的任务,希望早日结束与交战国的战争状态,重返国际社会,为经济社会秩序的恢复创造有利条件。首相吉田茂很清楚日本的形势和目标,提出"当务之急就是缔结和约,恢复独立和主权。为此,必须尽早向

---

① 吴学文、林连德、徐之先:《当代中日关系(1945—1994)》,北京:时事出版社,1995 年,第 6 页。

② [日]猪木正道著,江培注、郑国仕、赵安博译:《吉田茂的执政生涯》,北京:中国对外翻译出版公司,1986 年,第 79、80 页。

国内外声明作为一个民主国家、和平国家的诚意，以取得信赖"①。美国加快对日媾和正中日本的下怀。1950 年 11 月，美国制定《对日媾和七原则》，明确对日媾和的国家是"与日本交战国家的全部或一部，在同意提案的基础上，实行媾和"②，媾和内容包括日本加入联合国，担负国际安全与和平的责任，日本归还领土的范围等等。美国的目的是要把日本纳入美国的世界战略体系之中。在《对日媾和七原则》中，美国暗示参加对日媾和的，可能是对日作战的一部分国家，有意排斥中国。美国违背第二次世界大战盟国关于不得单独对日媾和的协议，破坏战后由美苏英中四国外长会议在协商一致的基础上讨论对日媾和问题的协议。

　　1951 年 9 月，美国主导的对日媾和会议在旧金山召开，美国拒绝中国派代表参加会议。旧金山对日媾和会议，有 51 个国家参加。日本与参加会议的 48 个国家签署了《对日和约》，苏联、波兰、捷克斯洛伐克虽然派代表参加了会议，但是，没有在和约上签字。旧金山和约明确：自条约生效时起，签字国与日本的战争状态即告终止。签字国"承认日本人民对于日本及其领海有完全的主权"，"各盟国及日本决定，他们此后之关系将是有主权的平等国家间之关系，在友好的结合下进行合作，以便促进他们共同的福利及维持国际和平与安全。因此，愿缔结和约，借以解决一切由于他们之间存在之战争状态所引起而尚未解决的问题。日本与每一盟国间之战争状态，依照本条约第二十三条之规定，自日本与该盟国间所缔结之本条约生效时起，即告终止"③，日本与 48 个国家结束了战争

---

① ［日］猪木正道著，江培注、郑国仕、赵安博译：《吉田茂的执政生涯》，第 97 页。
② ［日］《战后日本防卫问题资料集》，第 2 卷，第 22 页。
③ 《战后中日关系文献集 1945—1970》，第 104 页。

状态,获得了国际法意义上的独立。

中国对旧金山会议及"旧金山和约",提出了抗议,声明:中华人民共和国没有参加的旧金山和会以及旧金山对日和约,是非法的,和约是无效的。"旧金山和约"签订后,美日两国签署了《美日安全保障条约》,美国单方面宣布解散"远东委员会"和"盟国对日理事会"。美国占领军在和约签订 90 天后,改称驻日美军,美国对日本的控制权,通过日本政府和法律予以实施。美国通过旧金山媾和与日美"安保"体制,把日本纳入其远东的所谓"集体保护"与"安全保障"的轨道,日美同盟成为美国的亚洲军事体系的重要组成部分。旧金山媾和会议标志着盟国对处理日本战争问题的结束,日本与众多国家结束了战争状态,以新的姿态参与国际事务。日本成为美国在远东的基地,实际处于美国的半占领状态,在国际政治上唯美国马首是瞻。

最后,美国重建日本有效的军事组织,重新武装日本。1950 年7 月 8 日,美国总统杜鲁门任命麦克阿瑟为联合国赴朝鲜军总司令。麦克阿瑟立即致函日本首相吉田茂,要求日本建立 75 000 人的国家警察预备队,海上保安人员增加 8 000 人,填补驻日美军赴韩参战留下来的空白。吉田茂在参众两院会上呼应美国的朝鲜政策,他说:"北朝鲜共军越过三八线,入侵韩国。事实说明,共产主义势力已经迫近我国周边地区,我国已经受到了其威胁。所以,那些主张全面媾和、永久中立的人,即使是出于真正的爱国心,其言论也是完全脱离实际的,是陷入共产主义圈套的危险思想。"①日本不仅将共产主义视为威胁其安全的势力,而且在尚未完全摆脱被占领地位时,就选择了与美国为首的西方国家为伍,参加到防止社

---

① [日]吉田茂:《十年回忆》,东京:东京新潮社,1958 年,第 4 卷,第 230 页。

会主义扩散的反共大合唱中。1950年12月,日本制定了关于部队编成及组织规程,在全国范围内招募警察预备队,警察预备队实际上是日本重整军备的预演。

1951年2月,日本首先募集预备队干部,制定募集干部的具体办法,日本很快"重新启用了245名业已被开除的陆军士官和海军将校"①。这些将校都是侵略战争中的军官,他们并没有认真反省过自己对于侵略战争的责任,现在日本政府将其招募到警察预备队之中,不能不引起人们的担忧。

由于美国改变对日政策,日本军国主义的战争罪行没有得到彻底清算,负有战争责任的罪犯,许多提前释放,被开除公职者恢复公职。那些鼓吹"东亚联盟""东亚协同体""大东亚共荣圈"的官员、政客官复原职,他们不可能认真反省自己在侵略战争中的责任,也不可能深刻反思其配合侵略战争而鼓吹的各种"兴亚"理论,反而为日本战败惋惜。更有甚者,他们在日本成为经济大国后,重新拾起"大东亚战争是解放战争"的论调,为侵略战争翻案活动,形成一股歪曲战争性质的翻案逆流,影响着日本的政治走向和历史教育,流毒至今没有彻底消除。

第二节　战后"兴亚"论的存续与影响

一、为侵略战争助力的"兴亚"论未被彻底批判

第二次世界大战结束后,盟国分别对德国和日本法西斯发动战争的罪行进行了审判。如前所述,远东军事法庭对日本反和平

① [日]《战后日本防卫问题资料集》,第2卷,东京:三一书房,1991年,第267页。

罪、违反战争法规罪和反人道罪的各级战犯进行了审判,并判处各种刑罚。但是,与纽伦堡国家法庭审判德国纳粹战犯相比,远东军事法庭的审判很不彻底,一些罪大恶极的战犯并没有受到审判,特别是对发动战争负有不可推卸责任的日本天皇,没有被起诉,也没有出庭作证。这显然不利于清算日本军国主义发动战争的罪行。美国主导的远东国际法庭,在起诉危害和平罪的时候,并没有追究日本天皇的战争责任,这显然不利于彻底铲除军国主义思想,不利于日本政府深刻反省战争责任。近代日本天皇有很大权力,《大日本帝国宪法》规定,"大日本帝国由万世一系之天皇统治之",天皇"神圣不可侵犯",天皇"为国之元首,总揽统治权"。近代日本的三权分立,是在天皇制下的,与西方的三权分立很不同,日本的内阁、议会、军部各自为政,它们都向天皇负责。天皇实际上控制了国家的最高权力,是权力结构的中心。战争时期,天皇是军队的唯一绝对的统帅。日本天皇对侵华战争负有直接与间接、实际上或道义上的责任。

　　日本著名历史学家井上清指出:"天皇作为唯一最高的军队统帅,认可了其所属军部进行的战争;又作为政府的任命者,任命了以主战论而闻名的人为首相;并作为唯一最高的主权者,直接决定开战。……军国主义在日本得以横行的原因,是由于存在着这样的天皇,是由于一切权力都集中在天皇手中,同时也是由于向国民灌输信仰天皇的结果。"①日本天皇的重臣和政府官员都清楚天皇在战争中的作用,知道天皇对战争的责任。代表日本政府接受投降的铃木贯太郎首相认为,"陛下承担战争责任最为合理,但在今天

---

① [日]井上清著,辽宁大学哲学研究所译:《天皇制》,北京:商务印书馆,1975 年,第151 页。

日本的情况这样混乱,换成任何人也不会使日本复兴起来。……所以不应考虑退位等问题。我决不赞成天皇退位,应该继续在位来承担责任"①。

　　虽然日本天皇发表"人间宣言",《日本国宪法》中天皇只是象征性的,没有任何实际权力。但是,由于国际社会没有追究天皇的战争责任,日本继续保留天皇,日本国民理所当然地认为,当年他们是为天皇、为"皇国"而战,既然天皇没有战争责任,自己也就没有必要反思战争责任。日本青年出于"爱国""忠君"要求参军,成为侵略战争的牺牲品。经历了战争的日本人认为,他们参加或者支持战争,是为了"皇国"命运,为了"解放"受西方列强压迫的黄种人。天皇对于发动战争没有责任,作为普通国民有什么需要反思的吗?日本人更多强调他们遭受的战争灾难,如日本是世界上唯一遭受核武器攻击的国家,日本才是最大的战争受害者,而根本不去反思日本发动战争给邻国人民造成的灾难。还有人打着反对一切战争的旗号,否认战争有正义与非正义之分,日本人"对过去的战争充满被害者意识,很少考虑对亚洲各国人民来说,日本是加害者"②,至今在日本社会中,"被害"意识仍然远远高于"加害"意识。

　　朝鲜战争爆发后,许多战犯重新回到政府部门任职。例如:岸信介被定为甲级战犯嫌疑犯,但是被无罪释放后重新步入政坛,还担任日本首相。很多对侵略战争负有责任的日本政界、军界、财界的官僚没有受到惩罚或者追究。一些参与策划侵略战争的罪行没有受到追究,"东亚联盟""东亚协同体""大东亚共荣圈"等"兴亚"

---

① [日]井上清著,吉林大学日本所译:《天皇的战争责任》,北京:商务印书馆,1983年,第198—199页。

② [日]粟屋宪太郎等:《战争责任·战后责任——日本とドイツはどう違うか》,东京:朝日新闻社,1994年,第9页。

论没有受到批判,直接责任者有的没有被起诉,有的很快被释放出来。这直接影响了日本人对战争性质的认识,也为后来历史修正主义思潮提供了温床。"东亚联盟"论的炮制者石原莞尔,因为一直主张对苏防卫,不主张对美开战,在远东军事法庭是被作为证人传讯的,根本没有追究其发动九一八事变的责任。

如前所述,提出"东亚协同体"论的昭和研究会成员,很多都在侵略战争时期担任政府要职。日本战败投降后,美国对日本实行占领,这些人有的受到解除公职处分,有的被远东国际法庭定为犯罪嫌疑人,受到审判,并被判刑。但是,由于朝鲜战争爆发后,美国改变对日政策,要"帮助日本成为一个对美国友好的、自力更生的国家,使其能够维护自己的内部安全并防御外来侵略,从而促进远东地区的安全与稳定"①。这些战争嫌疑犯重新恢复公职,被判刑的提前出狱,甚至重新执掌政治权力。昭和研究会成员也先后被提前解除处分和刑罚。

战争结束后,昭和研究会发起者后藤隆之助被解除公职。但是,随着1947年东西方冷战开始美国关注在亚洲防止社会主义蔓延,尤其是中国新民主主义革命即将取得胜利、朝鲜战争爆发,美国开始全力扶植日本。后藤隆之助的处分被撤销。后藤隆之助恢复公职后,立即发起组织昭和同人会,负责编辑、出版近卫文麿传记,为近卫文麿洗去战争责任。他一直强调近卫文麿作为日本首相,卢沟桥事变后反对扩大战争,也不愿意对美开战。但是,近卫作为贵族公卿,他没有实力去阻止军部的主张与行动,把近卫说成是热爱和平的人。

1950年3月7日,麦克阿瑟颁布命令:所有根据远东军事法庭

---

① 陶文钊编:《美国对华政策文件集(1949—1972)》第1卷,上,第151页。

判决书仍在日本服刑的战犯，都可以在刑满前依据"宣誓释放制度"予以释放。近卫的智库昭和研究会的很多会员在战后又步入政坛，参与国家政策的制定。1958 年 4 月 7 日，贺屋兴宣等 10 名甲级战犯被赦免出狱。出狱后，贺屋兴宣再次步入政坛，当选过众议院议员，担任过岸信介内阁的经济顾问，在池田勇人内阁中担任法务大臣，还出任过自民党政调会长等职务，是自由民主党的右翼。1962 年，贺屋兴宣担任日本遗族会第四代会长，与甲级战犯板垣征四郎之子板垣正一起，为"表彰英灵事业"奔走，实现日本政府阁僚参拜靖国神社合法化，达到以国家名义保护靖国神社的目的。他是日本少有的在战前、战后都出任阁僚的官员。战后他不改反共立场，反对中日邦交正常化。

昭和研究会的另外一位骨干常任委员后藤文夫，被远东国际军事法庭定为甲级战犯嫌疑犯后被免于起诉。1953 年后藤文夫当选为参议院议员。昭和研究会的常任委员高桥龟吉战后一度被解除公职，1956—1973 年任拓殖大学教授，通商产业省顾问。昭和研究会的常任委员腊山正道一度被解除公职，后担任御茶水女子大学校长，专门研究民主社会主义。昭和研究会委员、近卫秘书风见章一度被解除公职，1952 年当选为众议院议员，担任日本社会党顾问。1958 年 7 月，与中岛健藏等联名发表《反省侵略中国的声明》，主张与中国建立友好关系。战后特殊的国际环境下，被判刑的甲级战犯及甲级战犯嫌疑犯旋即出狱，有的被重新启用，甚至重新担任政府要职。昭和研究会会员重新活跃在日本政治、教育、经济等领域。

日本大量的甲级战犯嫌疑犯被重新启用，不利于彻底清算发动侵略战争的罪行，更不可能彻底批判侵略理论。而战后被解散的右翼团体，又蠢蠢欲动，到 1951 年夏，日本各类右翼团体恢复到

540 个。这些右翼组织,公开否定侵略战争的性质,鼓吹日本发动的是"解放"战争。20 世纪 80 年代,随着日本经济高速增长,国内极端民族主义泛滥,否定侵略的思潮兴起。日本一些政要、学者,重新拾起"兴亚"理论,为战争翻案。

二、日本否定侵略战争的思潮及表现

随着日本经济高速发展,日本追求政治保守化和右倾化趋势增强。1982 年 11 月,日本首相中曾根康弘提出了"战后总决算"的口号,要以普通国家的身份参与国际事务,不再做"经济巨人、政治侏儒",要向政治大国目标迈进。1983 年 1 月 24 日,中曾根在国会发表演说,"迄今为止,我们一直在为追赶坡上的一朵云(指欧美发达国家)而努力,而现在这朵云已经消失,我们需要创造更新的一朵云"①,展示其政治抱负。中曾根康弘的"战后总决算",表达了振奋民族精神,增强国民的国家意识的理想,助长了日本国内极端民族主义情绪膨胀,日本出现了一股否定侵略战争性质的思潮。

1978 年《中日和平友好条约》签订之际,日本右翼分子将东条英机等 14 名甲级战犯的亡灵以"昭和殉难者"的名义,移放到靖国神社供奉。东条英机、山本五十六等战争罪犯用过的物品被放进神社的游就馆,供民众参观瞻仰。1985 年 8 月 15 日,日本首相中曾根康弘率 18 名内阁成员以公职身份参拜了靖国神社,开启了现任内阁首相以公职身份参拜靖国神社的先例。中曾根认为必须提高日本人的自信心和民族自豪感,进行"教育改革",改变强加给日本的"东京审判史观"。日本政府一方面表示要"深刻认识过去曾给以亚洲国家为中心的人们带来的重大痛苦和损害",另一方面却表示参拜的"目的在

---

① 刘迎春:《中曾根政权与日本的转折》,《日本问题资料》1987 年 10 月。

于追悼为保卫祖国和同胞献出宝贵生命的阵亡者"①,这种模糊日本军国主义发动侵略战争性质的做法,为日本军国主义翻案的一股思潮,不能不引起亚洲各国人民的警惕和关注。

日本少数政界要人公开掩盖战争罪行,歪曲日本发动战争的性质,推卸历史责任。在战争责任问题上,日本政府一向采取抵赖的手法,对强掠中国劳工、从军慰安妇、使用细菌武器等战争犯罪,一般采取根本否认的态度。在这些犯罪资料被发现,实在无法否认时,就把责任推给民间团体,减轻政府的战争责任。

我们发现,在对待侵略战争历史问题上,德国和日本有很大不同。战后的德国彻底反省了纳粹罪行,向欧洲各国表示真诚道歉,赢得了欧洲主要国家的谅解,现在德国已经成为欧洲政治的重要力量。而日本经常有政治家、学者、媒体人,公开否认侵略战争性质,对战争罪犯顶礼膜拜,影响了日本与亚洲邻国的关系。有学者指出,战后德国舆论界流行着"第二罪"的观点,即"将希特勒时代所犯的罪行称为'第一罪','第二罪'是指从心理上抑制或否定'第一罪'。但是在日本不要说对'第二罪',即使对'第一罪'都没有作正面的论述"②,"由此可见日德的根本区别是政治上、道义上的"③。的确,日本政府在强征劳工、强征慰安妇、实施细菌战等一系列战争罪行上,一直否认或者回避责任。还有人以反对一切战争为由,否定侵略战争性质,甚至鼓吹战争是双方的事,主张"双方责任论",实际上是"大东亚战争解放论"的翻版;有人以"超越国

---

① 《战后中日关系文献集(1971—1995)》,第550页。

② [日]粟屋宪太郎等:《战争责任·战后责任　日本とドイツはどう違うか》,东京:朝日新闻社,1994年,第11—12页。

③ [日]粟屋宪太郎等:《战争责任·战后责任——日本とドイツはどう違うか》,第11页。

家、超越民族,宣誓和平"的名义,否认日本发动战争的侵略性质。少数日本政客以中日文化不同为名,认为中国反对日本政府要员参拜靖国神社是不尊重日本文化,干涉日本内政。

日本还有意否认或者淡化日本发动侵略战争的责任,企图用错误史观影响教育下一代。1947 年日本公布了《教育基本法》《学校教育法》等法规,战前、战中学校、社会教育中的"皇国史观"受到批判。然而,随着美国转变对日政策,日本国内保守势力、右翼势力将修改历史教科书作为否定侵略性质、篡改历史的突破口和重点。他们攻击战后日本历史教育中贯穿着"自虐史观""战胜国史观""马克思主义史观"。1955 年 8 月,民主党在选举之际,提出了"刷新文教"的口号,在各地散发《可忧虑的教科书》选举宣传册子,认为日本现在的教科书中存在着严重的政治"偏向",应该加以纠正。他们提出把 8 月 15 日日本"战败日"改为"休战日"。1955 年11 月,日本政坛的两大保守政党自由党和民主党联合,组成了新的自由民主党。自由民主党在国会众参两院一直占有决定多数议席,形成了保守与革新两大政党对立的"五五年体制"。在日本保守政党长期执政的形势下,文部省的历史教育方针倒退,多次修订小学到高中的《学习指导要领》,修改历史教科书的审定标准。

1957 年 2 月,岸信介任日本内阁首相。1960 年 1 月 19 日,日本与美国签署《相互合作及安全保障条约》(《新安保条约》),日本的防御范围扩大到菲律宾以北地区、韩国和中国台湾地区,不断增强军备。以日美《新安保条约》为背景,日本国内的保守势力呼吁,加强对学生进行"爱国""国防"教育。应该说,历史教育贯彻"爱国"精神本无可非议,但是,日本保守势力所说的"爱国"是战中的"忠君爱国",不是客观认识本国历史基础上的爱国,这一举动引起日本进步势力的担忧。

20 世纪 80 年代日本成为世界第二经济大国,日本人终于走出了战败的阴影,民族自信心空前提高。日本欲从经济大国走向政治大国,提高民族自信心。日本政府官员公开否定侵略历史,因"失言"而下台者增加,日本右翼学者、保守势力不仅公开否定侵略战争,还企图将错误的历史观传给下一代,从根本上动摇中日关系发展的政治基础,由此引发了 80 年代的"教科书事件"。

1981 年 6 月,文部省公布了 1982 年高中社会科教科书的审定结果。各个出版社送审的教科书全部合格。但是,文部省对审定合格的教科书提出了修改意见,要求作者将"侵略"一律改为"进出",淡化或删减南京大屠杀等重要历史事实,要将历史教科书中"占领南京的日军屠杀了大量非战争人员,遭到国际舆论的谴责"改为"占领南京时,由于中国军队的激烈抵抗,日军蒙受很大损失,激愤而起的日军杀害了许多中国军民,受到了国际的谴责"①,把南京大屠杀说成是中国军队的抵抗造成的,只字不提日军杀害中国和平军民的数量,更不说明屠杀对象是日军占领南京城后的平民和放下武器的士兵。1982 年 7 月 26 日,中国外交部要求日方纠正文部省审定教科书中的错误,切实负起责任,不要用错误的史观教育下一代,避免再次发生类似的事件,指出:"只有如实说明这段历史,才有助于教育我们的子孙后代永远牢记这个历史教训,使中日两国人民世世代代友好下去。"②日本方面表示,政府将负责纠正教科书中存在的问题,通过修改教科书审定标准,从本年度起可望纠正教科书中有关问题的表述;关于已经审定的教科书,将通过发表

---

① 田桓主编:《战后中日关系文献集(1971—1995)》,北京:中国社会科学出版社,1997年,第 353 页。

② 田桓主编:《战后中日关系文献集(1971—1995)》,第 353 页。

文部大臣见解,刊登在《文部公报》上下达,在教学中实际满足中方的要求。中国希望日本政府履行诺言,尊重历史事实,以利于中日关系的发展。邓小平指出:"最近日本修改教科书篡改历史,给我们提供了一个重温历史、教育人民的机会。这件事不仅教育了中国人民,也教育了日本人民,其实这是一件很好的事情。更重要的是我们的那些娃娃,那些年轻人需要这一课。他们不大懂历史,有些历史已被忘记了。特别是现在我们实行对外开放政策,鼓励外国投资,讲友好,就容易忽视这一面"①,在讲友好的同时,要重视历史教育,目的是促进中日关系健康发展。

1982年日本历史教科书第二次"改恶"事件,遭到了亚洲邻国的强烈抗议。此后,日本提出教科书编写中的"近邻国际原则",即在叙述日本侵略战争时,应该考虑亚洲国家的国民感情。但是,实际上日本人的历史认识却不断倒退,并在历史教科书编纂上反映出来。

2000年9月,"新历史教科书编纂委员会"编写了《新历史教科书》,教科书否认日本侵略历史、淡化甚至美化日本军国主义罪行,文部科学省审定该教科书合格,由日本扶桑出版社出版。《新历史教科书》与之前的"改恶"教科书相比,问题更加严峻,不再是具体史实的歪曲,而是从头至尾贯穿着"皇国史观"的黑线,与战前的教科书一样,宣扬"神国"观念,鼓吹日本国家、文明的优秀,近代历史部分则全面歪曲历史,否定日本的侵略性质。

21世纪的历史教科书事件,不是孤立的,是近年来日本政治保守化在历史教育中的反映,日本政治日趋保守化、右倾化,为历史

---

① 冷溶、汪作玲主编:《邓小平年谱 1975—1997》(下册),北京:中央文献出版社,2004年,第851—852页。

教科书歪曲事实、"改恶"提供了政治基础。教育是系统工程,关系到一代乃至数代人的人生观、价值观和历史观的养成,对未来日本社会的发展有重要影响,应引起日本政府的高度重视。

三、日本为"兴亚"论"正名"的表现

第二次世界大战后,东西方国家共同抗击法西斯的斗争终结。由于意识形态对立,西方国家视共产主义为洪水猛兽。1946 年 3 月,英国前首相丘吉尔访问美国。他在美国发表了耸人听闻的"铁幕演说",警告美国国民要特别警惕共产主义,"现在从波罗的海的什切青到阿德里亚海的里雅斯特湾,正在降下铁幕"①。这一演说在西方国家中引起了强烈的反响,西方资本主义国家要在世界范围内,冲破共产主义的"铁幕"。美国要发挥日本在东亚防止共产主义"扩散"的作用,使其具有抵抗共产主义的能力,美国开始改变其对日改革政策,从将日本视为要摧毁的敌国变成要拉拢的盟友,从铲除日本军国主义基础、实现日本的民主化政策转变为重建日本、扶植日本。

由于美国对日政策的改变,没有彻底清算日本发动战争的罪行,为侵略战争服务的亚洲主义理论也因此没有受到应有的批判。如前所述,"兴亚"论自产生之日起,就是以日本利益为核心的,它虽然打着亚洲"联合""连带"的招牌,但是,所谓"连带""合作"是日本人的想法,并不能代表亚洲各国的认识。亚洲主义的终极目标,是把日本建成亚洲最强大的国家、向亚洲邻国扩张,是对外侵略思想。亚洲主义在不同的历史阶段,以各种形式呼应日本政府的对外扩张政策,在中日战争时期更是演变为"东亚联盟""东亚协同

---

① 〔日〕原荣吉:《日本の戦後外交史潮》,东京:慶應通信株式会社,1984 年,第 25 页。

体”等侵略理论,从思想上支持侵略战争,是日本对外侵略政策的一部分。如果说中日战争时期,亚洲主义与以前有什么区别的话,那就是亚洲主义者以做政府顾问、担任政府官员等方式,更加直接地影响和参与政府制定对外政策,使亚洲主义从民间正式走向了官方,从幕后走到台上。

日本战败投降后,国际社会追究日本的战争责任,军国主义史观受到批判,以日本历史学研究会、国际政治学会为代表的学术团体,在研究中尊重历史,反省日本发动侵略战争的责任。日本最大的教职工组织——教职员组合,主张正确认识和尊重历史,应把真实的历史教给学生,提出“绝不把学子再送上战场”的口号。在反思历史的潮流中,日本一些学者如安藤安太郎、平野义太郎、河原宏、竹内好、丸山真男等开始反思亚洲主义及其影响,其中比较典型的是竹内好。竹内好是日本著名的文学评论家、鲁迅研究专家,战争期间就曾经多次到中国进行学术研究与考察。战争中期曾经应征入伍,写过支持日本对外扩大战争的《大东亚圣战宣言》。战后竹内好从亚洲主义的角度对侵略战争进行反思,他提出日本人应该认识战争责任,反省加害责任,认识亚洲主义协助战争等问题。在批判亚洲主义基础上,他还提出了新亚洲主义,主张亚洲各国在相互尊重的基础上,实现合作、联合。竹内好关于亚洲主义的思想,在日本学界引起了很大反响,支持与反对者都有。赞同反思亚洲主义协助战争责任的学者认为,日本提出的亚洲主义完全以维护“皇国”日本的利益为前提,“皇国”是指“以天照大神为黄祖的万世一系天皇统治的国家”①,许多年轻人正是被维护“皇国”国体蛊惑,走上战场的,战争给日本带来了巨大灾难。亚洲主义实际是

----

① [日]阿部猛:《太平洋战争と历史学》,东京:吉川弘文馆,1999 年,第 39 页。

国权主义、国家主义,其走向对外侵略是必然的。

战后日本一直有人为"兴亚"论辩解,为侵略战争翻案,其中包括日本的学者、官僚。这些人认为,近代日本以"兴亚"为目标和使命,日本不是为了自身的利益,而是为了帮助同为黄种人的亚洲邻国,从西方殖民压迫下"解放"出来。曾任伪满洲国总务厅次长、甲级战犯嫌疑犯岸信介就说过:"在满洲国的建设中,闪耀着民族协和、王道乐土理想的光辉"①,日本所做的一切,都是为了帮助中国抵抗西方的侵略。1993 年 8 月,日本自民党议员组成"重新认识历史委员会",认为南京大屠杀是中国人"虚构"的,大东亚战争是"解放"战争,是为了日本的"自存自卫","从军慰安妇"是商业行为等等。这里使用了早在 1945 年 12 月,就被盟军最高司令官总司令部禁用的"大东亚战争"一词,因为该词有美化建立"大东亚共荣圈"之嫌。"重新认识历史委员会"故意使用"大东亚战争",其目的不言自明。该委员会还邀请 19 位历史学者、媒体人,举行面向社会大众的演讲,演讲内容都是否定日本发动侵略战争性质、鼓吹日本发动的是"解放"被压迫民族的圣战。1995 年 8 月 15 日,该会将讲演编辑成《大东亚战争的总结》一书,在日本公开出版发行。

20 世纪 50 年代,日本开始出版"东亚联盟"论、"东亚协同体"论等侵略战争时期关于"兴亚"论的资料,学者开始研究"兴亚"理论。其中有学者明确指出,"东亚联盟""东亚协同体""大东亚共荣圈"等理论,从思想上支持了日本政府的对外侵略,它们不仅是对外侵略理论,而且也是具体的侵略政策。有学者提出,"东亚联盟"论与直接进行武力侵略的主张相比,其差异不过是"粗暴的、愚蠢

---

① [日]满洲回顾集刊行会编:《ぁ,满洲——建国产业开发手记》,东京:同会出版,1965年,第 87 页。

的帝国主义与取得对方谅解进行统治的贤明帝国主义之区别"①。
"东亚联盟"论提出"我国掌握东亚的国防、经济,在解放东亚的名
义下,取得统治权力,这对他民族来说,不过只是在外表上稍微放
松一些帝国主义统治,其主张是不现实的"②。上述观点认为"东亚
联盟"论是为日本侵略服务的,是帝国主义的侵略理论,是比较客
观的评价。日本还有人提出"东亚联盟"论有值得肯定的一面,还
有的公开赞扬"东亚联盟"论,肯定日本的侵略战争。

　　值得注意的是,日本一些学者虽然也承认侵略战争的性质,承
认"东亚联盟"论、"东亚协同体"论、"大东亚共荣圈"论等"兴亚"
论,从思想上配合了日本对外侵略政策。但是,他们又强调这些理
论与军部侵略政策的不同,部分地肯定这些理论所谓的"积极作
用",有人甚至认为这些理论有反省和抑制日本国家主义的含义,
"东亚联盟论提出'彻底清算'过去的帝国主义"③,这对"殖民主义
自不待言,而且包含着对自以为是的日本主义的否定"④。还有人
提出"东亚联盟"论中包含着理解中国、朝鲜等国家要求民族独立
主张,支持这些国家民族独立和民族自决,"东亚联盟""充分注意
到居住在满洲的汉民族,规定参加联盟的国家以平等为基础实行
联合,联盟的基础是王道……,它实际反映了当时中国高昂的民族
主义"⑤,"东亚联盟将战争转为实现民族提携的联盟论,对日本侵

① [日]五百旗头真:《东亚联盟的基本性格》,《アジア研究》第 22 卷第 1 号,东京,昭和
　　50 年,第 36 页。
② [日]冈义武:《国民的独立と国家理性》,《近代日本思想史讲座 8》,东京:筑摩书房,
　　1960 年,第 72 页。
③ [日]冈义武:《国民的独立と国家理性》,第 71 页。
④ [日]桥川文三:《东亚新秩序の神话》,《近代日本政治思想史 2》,东京:有斐阁,1970
　　年,第 357 页。
⑤ [日]冈义武:《国民的独立と国家理性》,第 71 页。

略中国有一定的批判,至少表现了抑制的姿态"①。这明显地是以形式上的平等、独立,掩盖日本侵略扩张的本质。如果说这种观点不是有意为日本侵略辩护,至少也是没有看到本质。还有一些学者从汪精卫伪国民政府开展了规模庞大的"东亚联盟"运动,来论证"东亚联盟"的积极作用。以汪精卫伪国民政府的"东亚联盟"运动来肯定亚洲主义及其演变。关于汪精卫伪国民政府的建立及其性质,学界已经做过大量研究,在此不做赘述。

昭和研究会无论其政治倾向是左、是中,还是右,在卢沟桥事变后,都毫不犹豫地站在维护"国权"立场上,鼓吹卢沟桥事变是顺应时代发展的产物,有东亚各国摆脱西方压迫的内在"合理"性。昭和研究会作为知识分子的研究国策团体,充分体现出其"智囊"的价值。它与穷兵黩武的军部不同,提出以"东亚协同体论"化解中国的民族主义,达到军事进攻难以达到的目的。关于"东亚协同体"论,日本学者认为首相近卫与军部在战争态度上差异很大,近卫没有达到人们的预期,来抑制住军部的一意孤行,不得已才做出扩大战争的决策,最终导致日本走向失败,认为这"既是近卫的悲剧,也是昭和研究会的悲剧"②。

为日本"大东亚共荣圈"翻案的就更多了,鼓吹日本发动的太平洋战争是"解放"亚洲各国的战争。从总体上说,日本学者的研究中还没有认真反思"东亚联盟"论、"东亚协同体"论、"大东亚共荣圈"论等在"智力"上协助战争方面的责任。

随着当今世界政治经济联系越来越紧密,区域合作不断发展,有日本学者因此肯定"东亚联盟"等理论,认为石原莞尔的"东亚联

---

① ［日］古屋哲夫编:《日中战争史研究》,第 371 页。
② ［日］昭和同人会编著,后藤隆之助监修:《昭和研究会》,第 285 页。

盟主张日、满、华紧密提携,建立抵制欧美先进国侵略的东亚联盟,这种观点可以说是现在欧盟的先驱思想"①,石原莞尔预见到了世界发展的趋势,如果按照石原的设想去做,日本就不至于战败,世界和平就实现了。这些学者不去反省发动侵略战争的责任,而是对日本战败表示惋惜,缺乏对战争性质的认识。日本政府提出的"一亿总忏悔"实际是在模糊战争责任。石原莞尔在远东军事法庭上的表现,使一部分日本人认为石原莞尔比自杀未遂的东条英机有担当,东条英机是军阀,断送了日本,"战后石原莞尔在日本仍有很多崇拜者"②,甚至吹捧石原莞尔是没有缺点的完人,以此肯定"东亚联盟"论。

总之,近代日本的"兴亚"论是为维护日本利益而提出的,在日本发动全面侵华战争时期,这些理论发生了新的变化。日本至今仍然缺乏对侵略历史的深刻反省,更没有认真反思侵略战争时期以亚洲"协同""共荣"为幌子的扩张理论。有人认为战后菲律宾、马来西亚、缅甸、印度等亚洲国家获得独立,是因为太平洋战争扫除了旧殖民体系的结果,从而肯定"大东亚共荣圈"。这是对历史的极大歪曲。日本发动太平洋战争是要驱逐在亚洲广大地区的西方殖民势力,由自己取而代之,独占这些国家的资源,建立以日本为盟主的"共荣圈",不是要根除帝国主义奴役、压迫政策,更不是为了亚洲的繁荣。战后亚洲各国独立,是各国人民自己努力奋斗的结果,不是日本的"恩赐",更不是侵略战争的"成果"。战后国际社会对日本战争罪行的审判并不彻底,其扩张理论更没有受到清

---

① [日] 仲条立二、菅原一彪:《石原莞尔のすべて》,东京:新人物往来社,1989 年,第 78 页。

② [日] 大杉一雄:《日中十五年战争史》,1986 年,第 131 页。

理和批判,但是,这不意味着日本因此可以不对"东亚联盟""东亚协同体"等侵略理论进行深刻的反省,更不能成为日本政府推卸战争责任的理由。

四、对日本"兴亚"理论的几点思考

日本侵华战争时期的"东亚联盟"论、"东亚协同体"论、"大东亚共荣圈"论等侵略理论,打着"兴亚"旗号的侵略理论,都强调"化解"中国日益高涨的民族主义,把对日抗战引导到对日"合作"上来,为野蛮的侵略战争打上"大义名分"的标签。日本全面侵华战争时期的各种"兴亚"论有几个明显特征。

首先,配合日本对外侵略战争的进程与对外战争政策的需要,打着"和平""协同"等旗号,来瓦解中国的抗日阵营和中国人的民族精神,达到"不战而屈人之兵"的目的。随着战争长期化,日本国小、兵员少的问题日益突出,日本政府提出"建设东亚新秩序"政策,企图拉拢中国抗日营垒中的不坚定分子,早日结束战争。"东亚联盟""东亚协同体"等,从不同角度阐释近卫三原则和"建设东亚新秩序"政策,适应政府对外扩张政策的需要,并不断扩大其思想上的影响。"东亚联盟"论、"东亚协同体"论都认为日、"满"、华(支)是东亚新秩序的核心,东亚的复兴首先需要这"三国"联合起来,只要三者相互提携,东亚就能够摆脱西方列强的统治,实现东亚民族的"解放"。随着日本向"南洋"发展,进而发动太平洋战争,它们又提出联盟、协同体需要向更广阔的范围发展,表明了其思想上协助侵略战争的本质。

其次,强调东西方文明对立,批判西方殖民主义、帝国主义的压迫,为日本控制东亚制造根据。无论是"东亚联盟"论,还是"东亚协同体"论,都认为西方文化是"霸道"的,东亚文化是以"道义"

"王道"为核心的。近代以来,在西方列强侵略、压迫下,东亚文化受到破坏,日本发动战争的目的就是为了"复兴""还原""再建"东方文化。日本是亚洲唯一独立、主权国家,东亚各国要摆脱西方列强压迫,就要在日本"领导"下,建设东亚文化。所谓东亚文化圈建设,随着日本侵略战争的扩大而扩展。

再次,组织"兴亚"团体,宣传"协和""共存共荣"的主张,为日本侵略政策提供理论注脚。"东亚联盟""东亚协同体"论,从不同角度呼应日本政府"建设东亚新秩序"的政策,主张以亚洲主义理论化解中国的民族主义,把中国的抗战引向对日"合作",把汪精卫建立傀儡政权作为印证其理论价值的案例,认为只要日本加大对重庆国民政府的打击,就可以瓦解中国的民族主义,使日本摆脱长期战争的泥沼。它们通过自己的组织、刊物等从"联盟""协同"的角度,论证中日共同"建设东亚新秩序"的必要。

随着战争呈现长期化态势,日本国民生活水平下降,国内出现了厌战情绪,"东亚联盟""东亚协同体"等理论,都煽动日本国民,为了"解放"亚洲,应忍受暂时的饥饿,完成历史赋予日本"领导"亚洲的使命。"东亚联盟"协会还通过演讲会、报告会等活动,要求日本人应该节衣缩食,共度时艰。昭和研究会则提出加强中日的经济协同,保证战争需要。

日本全面侵华战争时期的"东亚联盟"论、"东亚协同体"论、"大东亚共荣圈"论等,无不打着中日"协同""共荣"的旗号,鼓吹日本是东方文明的代表者,作为亚洲唯一资本主义强国,有"义务"帮助邻国驱逐西方列强的侵略。他们通过充当政府智囊、创办刊物等方式,用亚洲主义的理念去影响政府对外政策,为侵略扩张提供依据。在日本"举国一致"的战争体制下,富于"理性"思维的知识分子曾经批评过政府的对外侵略政策,对军部一味扩大战争表示过担忧和不满,认为军部肆意妄为,会将日本至于万劫不复之地。当然,其出发点是为日本考虑的。战争期间日本知识、政治精英站在了政府一方,主张以"合理""合法"的形式,维护以武力扩张所取得的侵略权益,主动为日本对外侵略提供理论、思想上的支持,与政府沆瀣一气,成为侵略战争的推手。

在人类历史发展的进程中,形成了不同类型的文明,近代以前"其实有四个世界:东亚世界、印度世界、伊斯兰世界和欧洲世界。他们有自己的文化和生活方式,有独特的历史"①,无论古代还是现代,各种文明不断进行着交往与互动。文明各具特点,没有高低、优劣之分。异文明交流、融合,可以使人类共享一切文明的成果,推进世界的进步与发展。在不同文明的流动中,须彼此尊重,取长补短,不能故意抬高自己,贬低他人;更不能以狭隘的种族、文化观念,排斥其他文明,作为扩张自身利益的根据。

当今世界各国、各地区之间的联系比以往任何时候都密切。任何国家都有权力维护自身的利益,但是,在国与国的交流中,各国在维护本国利益的同时,也应尊重他国的利益,本着平等互利、和平共处的原则处理国与国的关系。各国都不应把自己利益凌驾于他国主权利益之上,也不能打着"合作""领导"的旗号,要求别国服从自己的利益,贬低他国的历史与文明。中日战争时期,日本的"东亚联盟"论、"东亚协同体"论、"大东亚共荣圈"论等侵略理论,打着东西方文明对立、人种差异等旗号,批判白人帝国主义对东亚的奴役和压迫,为日本主导亚洲提供理论支持。这些理论为侵略战争披上了"文明""解放"的外衣,给东亚各国人民带来了巨大灾难,这个教训应永远记取。

①［日］土肥恒之:《世界史像と世界史认识》,《世界思想》2013年春第40号,第56页。

　　现在东亚及世界的形势已不同于 20 世纪三四十年代,也与冷战刚刚结束的时期大不相同。中国已经成为亚洲地区最大的经济体,中日关系、东亚地区关系都发生了深刻变化,以日本为核心的“雁阵”型经济不复存在,未来东亚各国更期待着“平轴”式的发展。东亚地区未来的合作,无论是经济一体化还是构建命运共同体,在政治上都要以平等、相互尊重为前提。各国既要维护本国的利益,也应尊重他国的主权和利益,本着平等互利、和平共处的原则处理相互之间的关系,以和平、协商的方式对待分歧与矛盾。东亚各国只有相互尊重,才能达到相互理解和信任,把矛盾、摩擦限制在一定的范围内,地区和平才有可能实现。

参考文献

中文部分

1. 文献

北京市档案馆编:《冀东日伪政权》,北京:档案出版社 1989 年。

北京市档案馆编:《日伪北京新民会》,北京:光明日报出版社 1989 年。

复旦大学历史系编译:《日本帝国主义对外侵略史料选编(1931～1945)》,上海:上海人民出版社 1975 年。

顾维钧:《顾维钧回忆录》第 2 分册,北京:中华书局 1985 年。

黄美真、张云编:《汪伪政权资料选编:汪精卫国民政府成立》,上海:上海人民出版社,1984 年。

黄美真、张云编:《汪伪政权资料选编:汪精卫集团投敌》,上海:上海人民出版社,1984 年。

冷溶、汪作玲主编:《邓小平年谱 1975—1997》(下册),北京:中央文献出版社,2004 年。

李世廉等编:《第二次世界大战起源历史文件资料集》,上海:华东师范大学出版社,1985 年。

辽宁省档案馆编:《"九·一八"事变档案资料精编》,沈阳:辽宁人民出版社 1991 年。

《马克思恩格斯选集》(4卷)，北京：人民出版社，1995年。

《毛泽东选集》(4卷)，北京：人民出版社1991年。

美国国务院编：《美国外交文件(日本1931～1941)选译》，北京：中国社会科学出版社，1998年。

秦孝仪主编：《中华民国重要资料初编——抗日战争时期　绪编(1、2、3)》，台北：中国国民党“中央委员会”党史委员会，1981年。

世界知识出版社编：《国际条约集(1934—1944)》，北京：世界知识出版社，1961年。

《孙中山全集》，北京：中华书局，1980—1986年。

田桓主编：《战后中日关系文献集》(1945—1970)，北京：中国社会科学出版社，1996年。

田桓主编：《战后中日关系文献集》(1971—1995)，北京：中国社会科学出版社，1996年。

汪伪宣传部编：《汪主席和平建国言论集》《汪主席和平建国言论续集》。

王芸生：《六十年来中国与日本》，北京：生活、读书、新知三联书店，1979年。

[日]猪木正道著、江培注、郑国仕、赵安博译：《吉田茂的执政生涯》，北京：中国对外翻译出版公司，1986年。

2. 著作

蔡德金：《历史的怪胎——汪精卫国民政府》，桂林：广西师范大学出版社，1993年。

[英]弗·卡斯顿：《法西斯主义的兴起》(中译本)，北京：商务印书馆，1989年。

高军等主编：《中国现代政治思想评要》，北京：华夏出版社，1990年。

郭德宏主编：《抗日战争研究述评》，北京：中共党史出版社，1995年。

何应钦：《日军侵华八年抗战史》，台北：黎明文化事业公司，1982年。

贺渊：《三民主义与中国政治》，北京：社会科学文献出版社，1995年。

胡德坤：《中日战争史(1931—1945)》，武汉：武汉大学出版社，1988年。

解学诗:《历史的毒瘤——伪满政权兴亡》,桂林:广西师范大学出版社,1993年。

解学诗:《伪满洲国史新编》,北京:人民出版社,1995年。

[日]近代日本思想史研究会:《近代日本思想史》,北京:商务印书馆,1992年。

[德]莱因哈德·屈恩尔:《法西斯主义剖析》(中译本),北京:军事科学出版社,1992年。

李阁楠:《日本的世界战略》,长春:东北师范大学出版社,1994年。

李廷江:《日本财界与辛亥革命》,北京:中国社会科学出版社,1994年。

李卓、高宁主编:《日本文化研究》,北京:中国社会科学出版社,1998年。

[日]历史研究委员会编:《大东亚战争的总结》(中译本),北京:新华出版社,1997年。

[美]鲁思·本尼迪克特:《菊与刀》(中译本),北京:商务印书馆,1996年。

彭明:《中国现代政治思想史十讲》,郑州:河南人民出版社,1986年。

陶文钊编:《美国对华政策文件集(1949—1972)》第1卷,上,北京:世界知识出版社,2003年。

王晓秋:《近代中日关系史研究》,北京:中国社会科学出版社1997年版。

王勇:《中日关系史考》,北京:中央编译出版社,1995年。

[奥]威尔海姆·赖希:《法西斯主义群众心理学》(中译本),重庆:重庆出版社,1990年。

吴廷璆:《日本史》,天津:南开大学出版社,1994年。

吴廷璆主编:《日本近代化研究》,北京:商务印书馆,1997年。

[英]小泉八郎:《日本与日本人》(中译本),海口:海南出版社,1994年。

许介麟:《谁最了解日本》,北京:中国文史出版社,1989年。

杨曾文:《日本佛教史》,杭州:浙江人民出版社,1995年。

杨曾文主编:《日本近现代佛教史》,杭州:浙江人民出版社,1996年。

叶险明:《马克思的世界历史理论与现时代》,北京:清华大学出版社,1996年。

［日］依田熹家：《日本帝国主义和中国》（中译本），北京：北京大学出版社1989年。

俞辛焞：《孙中山与日本关系研究》，北京：人民出版社，1996年。

赵建民主编：《日本通史》，上海：复旦大学出版社，1989年。

中国社会科学院近代史所编：《日本侵华七十年史》，北京：中国社会科学出版社，1992年。

朱庭光主编：《法西斯体制研究》，上海：上海人民出版社，1995年。

朱庭光主编：《法西斯新论》，重庆：重庆出版社，1991年。

［日］竹内好著，李冬木、赵京华、孙歌译：《近代的超克》，北京：生活·读书·新知三联书店，2005年。

3. 报刊资料

抗战时期出版刊物：

《大亚洲主义与东亚联盟》（南京），1941—1945年1—12期。

《东亚联盟》（北平、广东、南京、武汉），1940—1945年1—12期。

孙铮：《日本大政翼赞运动概观》，汪伪外交部亚洲司研究室丛书，1940年。

《政治月刊》，1941—1944年1—12期。

《中日文化月刊》（南京），1941—1945年1—12期。

现在出版报刊：

《北京档案史料》，1987—2020年各年份的1—6期。

《北京日报》，1952年10月1日—2020年12月31日。

《光明日报》，1949年7月1日—2020年12月31日。

《近代史研究》，1980—2020年各年份的1—6期。

《抗日战争研究》，1991—2020年各年份的1—4期。

《民国档案》，1985—2020年各年份的1—6期。

《人民日报》，1949年1月1日—2020年12月31日。

《日本问题研究》，1985—2013年各年份的1—4期;，2014—2020年的1—6期。

《日本学刊》,1986—2020 年各年份的 1—6 期。

《日本研究》,1985—2020 年各年份的 1—4 期。

《世界历史》,1980—2020 年各年份的 1—6 期。

日文部分

1. 文献

高島正编:《大東亜戦争に直面して一東條首相演説集》,东京:改造社,
1942 年。

角田順編:《石原莞爾資料・国防論策》,东京:原書房,1967 年。

今井武夫:《支那事変の回想》,东京:みすず書房,1964 年。

満洲回顾集刊行会编:《ぁ,満洲——建国产业开发手记》,东京:同会出
版，1965 年。

日本国際政治学会编:《太平洋戦争への道 別巻資料篇》,东京:朝日新聞
社,1963 年。

《石原莞爾选集》(1～7),東京:たまいらぼ社,1986 年。

《松岡外相演説集》,东京:日本国際協会,1941 年。

《太平洋戦争への道　開戦外交史 別巻資料篇》,东京:朝日新聞社,
1988 年。

外務省編纂:《日本外交年表及主要文书》,东京:原書房,1978 年。

《尾崎秀実著作集》第 1—4 卷,东京:劲草書房,1977 年。

《現代史資料 11　続満洲事変》,东京:みすず書房,1965 年。

《現代史資料 13　日中戦争》,东京:みすず書房,1978 年。

《現代史資料 7　満洲事変》,东京:みすず書房,1964 年。

伊藤隆等编:《東條内閣総理大臣機密記録》,东京:東京大学出版会,
1990 年。

《战后日本防卫问题资料集》第 1—3 卷,东京:三一書房,1991 年。

《昭和思想集 2》,东京:筑摩書房,1978 年。

重光葵:《昭和の動乱》、东京:中央公論社,1952 年。

《资料日本现代史 2》,东京:大月書店,1980 年。

《资料日本现代史 8》,东京:大月書店,1983 年。

2. 著作

[瑞士]フリードマン　バートラ著、[日]喜多元子译:《嫌われる日本人》,东京:日本放送出版协会,1994 年。

阿部猛:《太平洋战争と历史学》,东京:吉川弘文館,1999 年。

安井三吉:《盧溝橋事件》,东京:研文出版,1993 年

安在邦夫等:《日本の近代》,东京:梓出版社,1989 年。

坂口明著:《国連——その原点上現実》,东京:新日本出版社,1995 年。

成沢米三:《石原莞爾》,东京:経済往来社,1969 年。

大江志乃夫:《御前会议》,东京:中央公论社,1991 年。

大杉一雄:《日中十五年战争史》,东京:中央公论社,1986 年。

大杉一雄:《日中十五年战争史》,东京:中央公論社,1996 年。

島田俊彦:《関東軍》,东京:中央公論社,1967 年。

東亜文化研究所编:《东亚同文会史》,东京:霞山会,1988 年。

儿島襄:《太平洋戦争》上、下,东京:中央公論社,1967 年。

服部卓四郎:《大東亜战争全史》,东京:原書房,1973 年。

岡本幸治编:《近代日本のアジア観》,东京:ミネウァ書房,1998 年。

高木清寿:《东亚の父一石原莞爾》,东京:東京たまいらぼ社,1985 年版。

古屋哲夫编:《日中戦争史研究》,东京:吉川弘文館,1984 年。

河原宏:《近代日本のアジア認識》,东京:第三文明社,1976 年。

河原宏:《アジアへの思想》,东京:川島書店,1968 年。

吉见义明:《草の根のファシズム》,东京:東京大学出版会,1987 年。

加藤佑三:《近代日本と东アジア》,东京:筑摩書房,1995 年。

江口圭一:《大系日本の歴史 14》,东京:小学館,1989 年。

今井清一:《日中戦争論》,东京:日本評論社,1979 年。

酒井三郎:《昭和研究会》,东京:講談社 1985 年。

栗田尚弥:《上海東亜同文書院》,东京:新人物往来社,1993 年。

林房雄:《大東亜戦争肯定論》,东京:番町書房,1970 年。

林健太郎:《歴史からの警告》,东京:中央公論社,1999 年。

刘傑:《日中戦争下の外交》,东京:吉川弘文館,1995 年。

馬場伸也:《満洲事変への道》,东京:中央公論社,1975 年。

木村武雄:《石原莞爾》,东京:土屋書店,1979 年。

桥川文三:《近代日本政治思想》,东京:未来社,1987 年。

桥川文三、松本三之介编:《近代日本政治思想史》上、下,东京:有斐阁,1974 年。

橋川文三编:《近代日本政治思想史 2》,东京:有斐閣,1970 年。

秦郁彦:《軍ファシズム運動史》,东京:河出書房新社,1962 年。

秦郁彦:《昭和史の軍人たち》,东京:文芸春秋,1982 年。

NHK 取材班:《周恩来の決断》,东京:日本放送出版協会,1993 年。

日本歴史学研究会编:《太平洋战争史 1 満洲事变》,东京:东洋経済新報社,1954 年。

入江辰雄:《石原莞爾——永久和平の先駆者》,东京:たまいらぼ社,1985 年。

山口重次:《悲劇の将軍石原莞爾》,东京:世界社,1952 年。

山中恒编:《暮らしの中の太平洋战争》,东京:岩波书店,1989 年。

矢野仁一:《近代支那论》,京都:京都弘文書房,1923 年。

矢野仁一:《満洲国历史》,东京:目黒書店,1933 年。

松沢哲成:《アジア主义とファシズム》,东京:れんが書房新社,1979 年。

藤本治毅:《石原莞爾》,东京:时事通信社,1995 年。

藤原彰:《日本近代史 3》,东京:岩波书店,1980 年。

武田邦太郎:《永久和平の先駆石原莞爾——その生涯と思想、信仰》,东京:武田和平研究所,1988 年。

西乡钢作:《石原莞爾》,东京:橘書店,1937 年版。

小林英夫:《昭和フィシスト群像》,东京:校仓書房,1984 年。

小林英夫编:《帝国というゝ幻想》,东京:青木書店,1998 年。

小松茂朗:《陸軍の異端児一石原莞爾》,东京:潮書房光人社,2012 年。

信夫清三郎:《日本外交史》,东京:每日新聞社,1974 年。

信夫清三郎:《日本政治史》(1～4),东京:南窓社,1976 年。

伊藤隆等编:《東條内閣総理大臣機密記録》、东京:東京大学出版会,
1990 年。

原荣吉:《日本の戦後外交史潮》,东京:慶應通信株式会社,1984 年。

遠山茂樹等:《昭和史》,东京:岩波書店,1973 年。

中村菊男:《満洲事变》,东京:日本教文社,1965 年。

仲条立二、菅原一彪:《石原莞爾のすべて》,东京:新人物往来社,
1989 年。

3. 刊物

战争时期出版刊物

《北海道タイムス新聞》,1931 年 7 月 1 日—1932 年 12 月 31 日。

《朝日新聞》,1931 年 8 月 1 日—1945 年 8 月 20 日每天的报纸。

《東亜連盟》(東京),1939 年 1—2 期;1940—1944 年各年份的 1—12 期;
1945 年 1—8 期。

《東亜連盟ニュース》,1940—1944 年 1—12 期。

《都新聞》,1931 年 10 月 1 日—1937 年 7 月 31 日。

《建国教育》(長春),1932—1937 年各年份的 1—6 期。

《満蒙評論》(大連),1932—1945 年各年份的 1—6 期。

《日日新聞》,1931 年 9 月 1 日—1945 年 8 月 16 日。

《特高月報》,1942 年第 2 期。

《協和運動》(長春),1932—1940 年各年份的 1—6 期。

《新民運動》(北平),1938 年 1—6 期。

《中国民報》,1931 年 1—12 月各期。

现在出版的相关刊物:

《国際政治》,1985—1990 年的 1—6 期。

《季刊現代史》,1980—1990 年各期。

《近きにめりて》,1990—2000 年各期。

《社会科学研究》,1985—1995 年的 1—6 期。

《文芸春秋》,1990—2000 年的 1—6 期。

《現代中国研究》,1990—2010 年的 1—4 期。《アジア研究》,1980—1990
年各期。

《伝統と現代》,1985—1990 年各期。

《政経論叢》,1980—1990 年的各期。

《中央公論》,1980—2000 年的 1—6 期。

《自由》,1980—1990 年的各期。

索　引

后　记

　　1995 年，我考取中国人民大学博士研究生，有幸拜中国现代史大家彭明先生门下。彭老师带博士生有两个方向：中外政治思想和民国人物研究。在政治思想这个研究方向中，师兄师姐多以中国近代政治思想为主。我怀着忐忑的心情，向导师报告想做抗战时期日本侵华理论研究的想法，得到了导师的首肯。于是，我将"东亚联盟"论作为博士论文选题。关于"东亚联盟"论。1989 年我作为教育部（当时国家教委）公派出国留学人员时，曾经在神户大学的图书馆看到了相关的资料，初步了解到日本、韩国学者的研究状况。当时，国内学者研究日本侵略理论的还很少。确定博士论文选题后，我向国内知名的汪精卫伪国民政府研究专家蔡德金先生请教，蔡老师不仅充分肯定研究问题的价值和意义，还经常打电话告知日本相关资料和最新研究状况，鼓励我在学术上敢于突破和创新。我的日本导师安井三吉先生寄来《石原莞尔选集》以及日本研究石原莞尔的许多著作。我在国家图书馆复印了日本"东亚联盟"协会出版的《东亚联盟》（月刊），还查到了北平、汉口、广东、南京等"东亚联盟"组织的相关刊物，全心投入研究。我的博士论文得到了答辩委员会老师的高度评价，在博士论文基础上出版的专著得到了北京市哲学社会科学优秀成果二等奖。

　　1999 年我再次到日本做为期一年的研究工作,期间在国会图书馆、外交史料馆、神户大学图书馆、大阪大学图书馆等,继续搜集"东亚联盟"的资料,又搜集到"东亚协同体"论、"大东亚共荣圈"论等日本侵华战争时期影响较大的"兴亚"论的资料,研究范围得以不断拓展。此次,我对日本"兴亚"论的研究,入选张宪文先生的"抗日战争专题研究"项目,倍感荣幸。

　　在书稿即将付梓之际,思绪万千。衷心感谢导师彭明先生把我带进学术研究殿堂,无论是读博期间,还是毕业以后,导师一直关注我的学术成长,并不断给予悉心指导、鞭策和鼓励。我深知自己天资平平,没有老师的耳提面命,只能永远懵懵懂懂地站在学术门外。彭老师是公认的学术大家,但是,导师为人谦和,著述丰富。导师的品格、学风深深地影响着我,是我一生的财富。在神户大学留学时指导教授安井三吉先生治学严谨,在研究方法、研究视角和研究资料方面给予我许多指导和帮助。1990 年,安井老师带我到日本防卫省(当时的防卫厅)战史资料馆查资料,仿佛就在昨天。安井老师严谨的学风、客观的研究立场,得到中国学者的交口称赞。感谢研究过程中给予帮助的王桧林老师、郭大钧老师、小林英夫教授、西村成雄教授等各位专家,对书稿的肯定。感谢所有关心、关注我成长的师长、学友。

　　学海无涯,本书是我对日本"兴亚"论研究的一个小结,希望拙著能为抗日战争史研究、中日关系史研究,贡献绵薄。本人深知自己学识有限,书中肯定有不少纰漏,望各位方家指正。

史桂芳

2019 年 12 月